一元論の多様な展開

近代ドイツ哲学から、世紀転換期の英米哲学を経て、現代の分析哲学まで

小山 虎 編著
KOYAMA Tora

晃洋書房

まえがき

小山　虎

一．「一元論」とは何か?

本書のテーマは一元論である。本題に入る前に、まずこの「一元論」という名称について説明しておきたい。

そもそも「一元論（Monism）」とは、なんらかの哲学的問題の答えが何か「一つのもの」によって与えられる、という考え方一般のことである。一般というのは、その哲学的問題がどのようなものか、そしてこの「一つのもの」が何なのかは、一元論であること自体にとっては問題ではないからだ。それがなんであれ、哲学的問題の答えが一つのものによって与えられると主張されるのであれば、その見解は「一元論」に分類されるのである。

この説明だけでは掴みどころがないように思われるかもしれない。別の仕方で説明しよう。何か二つのものによって答えが与えられると主張されるならば、その見解は「二元論（Dualism）」と呼ばれる。二元論の代表は、心身二元論（Mind-body dualism）、すなわち、心と体は全く異なる二つのモノ——通常は「実体（substance）」とされる——であり、一方を他方に還元することや、一方が他方に依存しているということはない、という哲学的見解である。もし心身二元論に対し、心と体は別のものではなく、一つだと反論するならば、その見解は一元論となる。

このとき、反論の仕方が原理的に三つあることに注意されたい。まず、心こそが真の実体であり、体は心に還元されるか、あるいは依存しているとする反論がある。逆に、体こそが真の実体であり、心の方が体に還元されたり依存していると反論することもできる。そして最後に、心も体も真の実体ではなく、第三の実体が存在し、心も体もこの第三の実体に還元されるという反論もある。これら三つの見解は、その内容は全く異なるだけでなく、相反するものであるにもかかわらず、すべて「一元論」なのである。

このように、一元論は極めて一般的な分類名称にすぎない。一元論は、なんらかの哲学的見解のことでなければ、特定の見解と強く結びついているということもないのである。

それではなぜ一元論をテーマにしたのか、と思われるかもしれない。もちろん本書でテーマにするのは、このような一般的な意味での一元論ではない。本書で取り上げるのは、一元論と呼ぶことのできる様々な哲学的見解の中の特定の――それも特に興味深い種類の――一つである。それは、この世界には一つのものしかない、という一元論だ。この一元論が正しければ、あなたが手にしている本書も、今座っているイスも、そしてあなた自身でさえ、少なくとも単独では存在していないことになる。むしろすべては一つ――すなわち「全体」――であり、それだけが真の意味で存在するのだ。これこそが本書の核となる一元論であり、これを否定する立場はすべて「多元論（Pluralism）」となる。以下で単に「一元論」と述べた場合は、常にこの多元論と対立する意味での一元論のことを指す。

いくら哲学ではどんな突拍子もない見解でも許容されるとはいえ、さすがに「この世界には一つのものしかない」はないだろう、と思われた方もいらっしゃるかもしれない。事実、少なくとも二〇世紀の間、一元論は哲学者の間では全く支持されてこず、歴史研究を除けば、まともに検討されることすらめったになかった。それ以前の宗教的思想が哲学に猛威を振るっていた時代では、一元論は決して珍しい見解ではなかったのだが、宗教よりも科学が大きな力を持つようになってしまえば、哲学者が一元論のことを真剣に検討することは難しくなっていたのだ。一元論はおおよそ百年ほどの間、過去の遺物のような扱いを受けていたと言ってもよいほどである。

だが、二一世紀に入り、流れが大きく変わることになる。決定的だったのは二〇一〇年、アメリカの哲学者ジョナサン・シャファーの論文「一元論――全体の優先性（Monism: The Priority of the Whole）」（Schaffer [2010]、本書第一三章）の公刊だ。本論文でシャファーは、百年ものあいだ哲学を支配してきた一元論を軽視する風潮を批判し、様々な観点から一元論を擁護した。本論文により、一元論は死の淵から蘇り、哲学の表舞台へと劇的なカムバックを果たしたのである[1]。

一元論復活の影響は現代哲学にとどまらなかった。なぜなら、前述のように一元論は二〇世紀ではまともに論じられることも少なかったのだが、それ以前では全くそんなことはなく、むしろ一九世紀の後半までは、一元論は主要な哲学的立場の一つだったからだ。シャファーは前述の「一元論」論文で、哲学史上の一元論者として、パルメニデス、プラトン、プロクロス、スピノザ、ヘーゲル、ブラッドリーの名前を挙げている。こうした哲学者が一元論について述べていることは、一元論をめぐる現代の議論にも応用できるのではないか。現代哲学における一元論の復活は、こうした哲学史上の関心を呼び起こしたのだ。特にスピノザ研究は迅速であり、二〇一二年には『スピノザの一元論（Spinoza on Monism）』（Goff [2012]）という論文集が出版されている[2]。

一方で、一元論についての新たな歴史研究は、シャファーが挙げる哲学史上の一元論者たちに関する疑義を提起した。彼らは本当に一元論者なのか、一元論者だとしてもいかなる意味での一元論なのか、それはシャファーが擁護した一元論と同じものなのか。[3]こうした疑義は、シャファーが目指した一元論の擁護に対しては不利に働いたが、一元論の復活にとっては決定的とも言える有利な材料を与えることになった。結局のところ哲学史上の一元論者は、一元論ということで正確にはどういうことを主張していたのか。また、彼らの思索の中には、現代の一元論者にも利用可能な洞察が含まれているのではないか。そうした洞察には一元論に肯定的なものもあれば否定的なものもあるのではないか。要するに、一元論が現代哲学と哲学史研究の両方にまたがる研究トピックであることが明らかとなったのである。

　ところで、現代哲学における一元論復活の舞台となったのは分析哲学である。分析哲学は、特にその初期には哲学史からの断絶が強調されており、今でも歴史研究を軽視する風潮は少なからず見られる。だが、その一方で、今日では哲学史への接近は分析哲学の至るところで生じているのも事実である。形而上学や倫理学におけるアリストテレス主義は、もはや主流派の一つとなって久しいと言ってもよいほどであり、[4]ウィルフレッド・セラーズ、ジョン・マクダウェル、ロバート・ブランダムなどの、いわゆるピッツバーグ学派の哲学者によるカント解釈、ヘーゲル解釈は、分析哲学ではなくカント哲学やヘーゲル哲学の専門家にとっても無視できないものになっている。[5]前掲の『スピノザの一元論』も、こうした分析哲学の哲学史への接近によって生まれたものだ。

　しかし、一元論に関しては、少々事情が異なる。前述のように、一元論は特定の哲学者や学派、あるいは地域や時代と結びついたものではないからだ。一元論ということで連想される哲学者の筆頭はおそらくスピノザだろうが（だからこそ、『スピノザの一元論』はすぐさま出版された）、少なくともシャファーの規定に従う限りでは、スピノザが一元論者と考える専門家はほとんどいない。[6]一元論に関する現代の議論を正しく評価するためには、少数の特定の哲学者に注目するのではなく、哲学の歴史の中で、一元論がどのように論じられてきたかを見る必要があるのだ。

　本書が目指すのは、まさにこの「哲学の歴史の中で、一元論がどのように論じられてきたか」を見定めるための材料を提供することだ。もちろん、古代ギリシャから二〇〇〇年以上にも及ぶ哲学の歴史全体をカバーするのは難しい。本書の出発点となるのは、「一元論」という用語が哲学史に登場した一八世紀である。一元論に賛成するにせよしないにせよ、一八世紀から二一世紀まで、足掛け四世紀（本書第四章で扱われる「一元論」登場以前の一七世紀を含めるならば五世紀）にわたって一元論がどのように論じられてきたかを確認することは、一元論について考える際の必須の材料になるに違いない。

二．本書のあらまし

本書は三部構成になっている。第Ⅰ部はドイツ語圏における一元論、第Ⅱ部は英語圏における一元論、第Ⅲ部は現代における一元論がそれぞれテーマとなっている。

第Ⅰ部　ドイツ語圏における一元論――一元論とスピノザ哲学

第Ⅰ部のテーマは「ドイツ語圏における一元論」だが、中心となる時代は一七世紀から一九世紀にかけてであり、中心人物は、しばしば一元論と結びつけられるスピノザである。第Ⅰ部では、「一元論」概念がどのように成立したのか、それに関してスピノザ哲学がどのような枠割を果たしたのか、そして、当時の哲学者者がどのようにスピノザと対峙したのかを見ていく。

第Ⅰ部の最初の章は「一九世紀のドイツ語圏における「一元論」の概念史」（太田匡洋）である。もともと「一元論」という用語は、一八世紀ドイツの哲学者ヴォルフによって導入されたものである。そもそもはデカルトの心身二元論に対立する見解を指すものとして導入された「一元論」は、時代を経るにつれてその意味が拡張されていく。その中で、一七世紀の哲学者であるスピノザの思想が「一元論」へと取り込まれ、さらには、一元論に対立する見解は「多元論」だとみなされる――あるいは、多元論と対立するものとして一元論が理解される――ようになる。こうして一九世紀のドイツにおいて、この世界には一つのものしかないという、本書の意味での「一元論」の用法が定着するである。

本章で太田は、膨大な資料を駆使し、「一元論」概念の歴史的変遷を立証していくのだが、彼によれば、多元論と対立する意味での一元論の確立には、ドロービッシュやロッツェといったヘルバルトの系譜に連なる哲学者たちが大きく関与している。一元論概念の変遷の背景に彼らのような、いわば「多元論者」の存在があったことは大いに注目に値する。

続く第二章「初期近代ドイツ哲学における一元論の諸相――バウムガルテンにおける心身二元論とスピノザ論の交叉という視点から」（津田栞里）で焦点が当てられるのは、ヴォルフと同時代の哲学者であり、ヴォルフ学派としても知られるバウムガルテンである。ヴォルフの用語を引き継いだバウムガルテンにとって、「一元論」とはあくまで心身二元論に対立する概念のままである。しかし、津田によれば、バウムガルテンのスピノザ論は、ヴォルフのスピノザ論とは大きく異なる点が二つある。まず、バウムガルテンが「スピノザ主義」と呼ぶものは、実体はただ一つしか存在せず、それが神であると主張する立場のことである。つまり、「一元論」という言葉は用いられないものの、多元論に対立するものとみなされているのである。

もう一つは、バウムガルテンはこの「スピノザ主義」を、世界は神の部分であり、全体は部分に優先するがゆえに神は世界に優先する、とみなしていることである。この「全体は部分に優先する」は、じつはシャファーが一元論を擁護するために持ち出した論点だった[7]。つまり、バウムガルテンが「スピノザ主義」と呼ぶ立場は、本人はそれを「一元論」とは呼ばないにもかかわらず、シャファーの一元論の主な要素が先取りされているのである。

第三章「ヘーゲルのスピノザ「反駁」――体系に対する反駁の可否と真理をめぐって」（真田美沙）で俎上に上げられるのは、シャファーがスピノザとともに哲学史上の一元論者として名前を挙げていたヘーゲルである。しかし、ヘーゲル自身は「一元論」という用語を用いることもなければ、スピノザ、あるいはパルメニデスらと同じ哲学を共有していたということもなかった。むしろヘーゲルのスピノザ論は、スピノザ哲学に対する「反駁」である。

本章で真田が示しているように、ヘーゲルが主著『大論理学』で与える「絶対者」の叙述はスピノザ的な実体を念頭に置いたものであり、同時にスピノザ哲学に対する「反駁」である。この「反駁」に対しては、ヘーゲルのスピノザ理解は、一八世紀後半にスピノザ哲学をめぐる「汎神論論争（Pantheismusstreit）」を引き起こしたヤコービの『スピノザ書簡』から大きく影響を受けたものであって、ヤコービの枠組みからすればむしろ矛盾に他ならないという批判もある。しかし、ヘーゲルの真理観からすれば、そもそも反駁とは矛盾を含む自己論駁を含む思弁的プロセスなのである。

ヘーゲル哲学に対して一元論という名称を与えることには、どこまでも舌足らずな印象を与えると真田は言う。おそらくポイントとなるのは、ヘーゲルが人間の自由を求めている点だろう。つまり、この世界には一つのものしかないという本書の意味での「一元論」は、ヘーゲルが目指したものではなく、せいぜい副産物にすぎない、ということなのではないだろうか。また、この点については、後にイギリスで「新ヘーゲル主義者（Neo-Hegelian）」と呼ばれる一元論者と乖離が見られることも注目に値する。

本書第Ⅰ部の最後、第四章「ライプニッツ哲学における一元論・多元論の可能性」（三浦隼暉）は時代を少し遡り、ライプニッツに焦点を当てる。スピノザと同じく一七世紀に生きたライプニッツは、スピノザに強い影響を受けつつも、それから離反した「多元論者」の代表的哲学者と言ってよいだろう。しかし、三浦によれば、ライプニッツ哲学には、実は様々な一元論的側面と多元論的側面が潜んでいる。

まず、ヴォルフ自身がライプニッツを一元論に分類している点が注目される。しかし、ヴォルフの「一元論」は、あくまで心身二元論に対立するものであった。つまり、我々が日々目にするような物体はあくまで現象にすぎず、無数のモナドこそが真の実体であるというライプニッツの立場は、ヴォルフの分類では一元論に分類されるが、無数のモナドが存在するのだから、その意味ではやはり「多元論」である――これで話は終わりではない。モナドが物体に優先する真の実体だとしても、モナドは世界を映す鏡であり、ゆえに映し出される世界はモナドに優先する。では、その世界にはいくつものがあるのだろうか？興味深いことに、若き日のライプニッツがスピノザ主義を受け入れていた可能性が指摘されている。ということは、スピノザに倣い、神と世界を同一視した「一元論的モナドロジー」も理論的には可能だったということにならないだろうか。

第Ⅱ部　英語圏における一元論——一元論的観念論から多様な実在論へ

第Ⅱ部のテーマは「英語圏における一元論」であり、中心となる時代は、「一元論」という用語がドイツ語圏から輸入され定着した一九世紀後半から二〇世紀前半にかけてである。第Ⅱ部では、英語圏で一元論対多元論という対立図式がいかにして定着したか、そこにブラッドリーに代表される「新ヘーゲル主義者」と呼ばれる哲学者たちがどのように関わっていたか、そして、この対立と分析哲学、プラグマティズム、フランス哲学との関係を見ていく。

第Ⅱ部の最初の章は「一九世紀の英語圏における「一元論」の概念史」（太田匡洋）である。太田は第一章と同様に、膨大な資料に基づいて、ドイツ語圏から英語圏へと輸入された一元論概念の変遷を追っていく。

第一章で見たように、「一元論」はヴォルフが導入した用語だった。その後、様々な変遷を経て、本書の意味での「一元論」という用法がドイツ哲学において定着するのだが、この「一元論」の用法は、イギリス、そしてアメリカへと輸入されるのだ。それは一九世紀の終わり、イギリスでは「新ヘーゲル主義」あるいは「イギリス観念論（British Idealism）」が最盛期を迎えている頃だった。

太田の分析によれば、英語圏に「一元論」が輸入された当時は、スピノザや汎神論と結びつけられることもあったものの、基本的にはヴォルフの用法に従うものであり、ドイツ哲学の紹介という側面が強かった。それが大きく変化するのは、「多元論者」ロッツェの著作が英訳されることによる。翻訳を行ったのは、グリーンやボーザンケットら、後に「新ヘーゲル主義」（あるいはイギリス観念論）と呼ばれるようになる哲学者グループだった。こうして、英語圏でも一元論対多元論という対立図式が成立する。

注目すべきは、シャファーが哲学史上の一元論として名前を挙げる哲学者の一人、ブラッドリーである。ブラッドリー自身は一元論陣営から一線を画そうとしていたにもかかわらず——とはいえ、彼は「実在は一つである」と述べているのであるが——ドロービッシュやヘルバルトといった「多元論者」を批判したがために、一元論者として認知されるようになる。結果的に、新ヘーゲル主義を牽引していたブラッドリーは一元論者だとみなされるようになり、「ブラッドリー＝新ヘーゲル主義＝一元論」という図式が定着するのである。

続く第六章「普遍者の実在性をめぐって——ブラッドリーの一元論的観念論とムーア・ラッセルの多元論的実在論」（伊藤遼）では、ブラッドリーの一元論的観念論と、分析哲学の始まりともされるムーアおよびラッセルの多元論的実在論の争点がどこにあったのかが検討される。周知のように、ブラッドリーらの新ヘーゲル主義は一九世紀末に最盛期を迎えるが、ムーアとラッセルによる反駁を受けて衰退し、分析哲学へとその座を譲ることになる。

伊藤によれば、普遍者の実在を認めるか否かがブラッドリーとムーア・ラッセルのあいだの対立軸の一つである。ブラッドリーが普遍者は具体的な実在から切り離された「観念」であり、したがって自存的な存在者ではないと考えるのに対し、ムーアとラッセルは普遍者を自存的な存在者である「概念」ないし「項」だと考える。そして彼らは、普遍者が実在することに基づいてブラッドリーを批判するのだが、これはブラッドリーが受け入れる前提ではないため、一元論的観念論の内部にある不整合を示すものにはならない。かつては分析哲学全体が反形而上学的だとされていた。分析哲学の端緒の一つである観念論論駁に、普遍者の実在という形而上学的前提があったというのは、なかなかに興味深いことでないだろうか。

ブラッドリーの一元論的観念論と対立していたのはムーア・ラッセルだけではない。当時ブラッドリーの論敵だった多元論者の代表は、プラグマティズムで知られるアメリカの哲学者ジェイムズである。第七章「ウィリアム・ジェイムズの多元論とその二つの源泉」(山根秀介)では、非連続性と外的関係という、ジェイムズの多元論の根底にある二つの概念が検討される。

まず、外的関係はブラッドリー批判の文脈で登場する。ブラッドリーにとっては、ただ一つの存在者である絶対者だけが存在し、関係および関係項は自存的ではない(ゆえに普遍者も実在しない)。したがって、「内的」関係はありえても、「外的」関係はありえない。これに対しジェイムズは、内的か外的かという二者択一を拒否し、あらゆる関係は純粋な内的関係と純粋な外的関係という両極あいだを揺れ動くと主張する。そして、十分に外的な関係がありうるために、結果的にジェイムズの立場は一元論ではなく多元論に分類される。

ジェイムズの多元論の根底にあるもう一つの概念、非連続性に関して山根が引き合いに出すのが、フランスの哲学者ルヌヴィエである。ジェイムズの非連続性概念は、ジェイムズ自身が認めるようにルヌヴィエから影響を受けたものであり、ヘルバルトの系譜に属する「多元論者」とは異なる多元論のルーツがあることが伺える。

この時代には、ムーア、ラッセル、そしてジェイムズと同様にブラッドリーを批判しつつも、彼らのような多元論ではなく、一元論的な実在論を志向した哲学者も存在した。その代表がアレクサンダーである。第八章「時空、決定、創発――アレクサンダーの時空の形而上学とベルクソンの予見不可能な新規性の創造」(米田翼)は、一元論復活に伴い再検討されているアレクサンダー哲学、特に時空を究極的実在とする彼の時空の哲学――いわば、時空一元論――に焦点を当てる。

アレクサンダーは長らく忘却されてきたが、一九世紀から二〇世紀初頭の英語圏では大きな影響力を持っており、創発主義(emergentism)の代表的哲学者の一人として、また、現代の分析哲学ではトロープ説の提唱者であるD・C・ウィリアムズや、オーストラリアの代表的哲学者D・M・アームストロングに影響を与えたことで知られている。しかし、米田が注目するのは、むしろ同時代の哲学者であるベルクソンとの関係である。

アレクサンダーによれば、時空の外には何も存在しない。時空は唯一の究極的実体であり、その部分である時空領域は全体に依存する。すなわち、シャファーの一元論およびバウムガルテンのスピノザ主義と軌を一にしている。また、ベルクソンを引用しつつ、時空は成長するものであり、すべてが与えられているのではないと主張するが、こうしたベルクソンからの強い影響をアレクサンダー本人が認めているのが、『スピノザと時間』という書物であることも見逃せない。

第Ⅲ部　現代における一元論——J・シャファーの優先性一元論をめぐって

第Ⅲ部のテーマは「現代における一元論」であり、中心人物は一元論復活の立役者シャファーだ。第Ⅲ部では、一元論の復活の背景と、シャファーがどのような議論を展開していったかを見ていくのだが、シャファーが哲学史上の一元論者とみなす「新ヘーゲル主義者」たちの一元論擁護が改めて再検討されるとともに、現代における一元論の一例として、時空の哲学における一元論が検討される。

本書第Ⅲ部の最初の章は、冒頭でも述べた現代の分析哲学における一元論の復活の経緯を追った第九章「一元論はどのようにして現代に蘇ったのか——分析形而上学的観点から」(小山虎)である。小山によれば、一元論復活の背景にあるのは、「メタ存在論」と「メレオロジー」という二つの理論であり、特に後者をめぐる議論が一元論復活の呼び水となったという。つまり、シャファーの一元論は、もともとはこの二つの理論を前提として理解されるべきものだ、ということになる。

分析哲学の専門家であっても、メタ存在論やメレオロジーについてはあまり聞いたことがないという方もおられるに違いない。分析哲学(なかでも特に存在論や形而上学)では、特定の種類のメタ存在論とメレオロジーがほとんど暗黙のうちに前提とされてきた。それぞれ、「クワイン型メタ存在論」および「一般外延メレオロジー」と呼ばれるものであり、これらが暗黙の前提となったのは、ひとえにクワインの多大な影響力のせいである。ただし、分析哲学の方法論や概念的基礎についての研究が進むにつれて、これらが暗黙の前提となっていることが自覚されるようになっており、二一世紀に入ってからはこれらを前提としない基づく研究が盛んになっている。シャファーによる一元論復活にこのような特定の歴史的背景があることは、一元論について論じる際に留意しておくべきことであろう。

第一〇章「一元論に関する現代の議論——J・シャファーによる擁護」(雪本泰司)で検討されるのは、シャファーの議論の内実である。シャファーは一元論論文を含む一連の論文で一元論を擁護しているが、まず雪本が強調しているのは、シャファーによる存在一元論と優先性一元論の区別の重要性である。前者は、ただ一つのものしか存在しないという主張であり、文字通り一元論であるが、後者は、存在者のあいだの依存関係に着目する。ほとんどの存在者は他の存在者に依存して存在しているにすぎないが、その依存関係――シャファーはこれの矢印の向きを反対に解釈して「優先性関係」として考えるのだが――を辿っていけば、他のものに依存しない存在者に突き当たる。そのような、いわば自存的な存在者は一つしか存在しない、というのが優先性一元論の主張なのである。

雪本はまた、シャファーがブラッドリーら新ヘーゲル主義者による論証を「内的関係からの論証」として再構成している点にも注目している。シャファーによれば、内的関係からの論証は存在一元論ではなく優先性一元論を擁護するための議論として理解すべきなのであり、したがって存在一元論の擁護であることを前提した反論は成り立たないのである。ブラッドリーとその批判者のあいだの論争では、自存的対象や内的関係が焦点となっていた（本書第Ⅱ部）。シャファーはそれを現代的観点から解釈し直すことで、新たな一元論の可能性を開いたのだ。

しかし、シャファーによる新ヘーゲル主義理解はどこまで妥当なのだろうか。第一一章「一元論的観念論者としてのスピノザ像を遡及する――忘れ去られた研究者を介して」（立花達也）は、スピノザ研究の観点からこの点を批判的に検討する。シャファーいわく、ラッセルは新ヘーゲル主義者（イギリス観念論者）が存在一元論を支持していると誤って解釈していた。なぜなら、ラッセルは一元論と多元論の対立を観念論と実在論の対立とみなしていたのに対し、新ヘーゲル主義者は部分と全体のどちらが優先するかの問題だと考えていたからだ。そしてシャファーが根拠として持ち出すのが、新ヘーゲル主義者の一人ジョアキムのスピノザ論である。

しかし立花によれば、ジョアキムのスピノザ解釈は、現代のスピノザ研究の視点からはスピノザに忠実なものとは言い難い。たしかにジョアキムは部分と全体という観点からスピノザについて論じているが、結論的にはスピノザの論証は矛盾していると診断して存在一元論に至っている。そしてそれはブラッドリーの立場でもあると考えているのである。むしろラッセルはジョアキムの解釈に忠実に従い、スピノザとブラッドリーを結びつけていたのだ。

第Ⅲ部の最終章、第一二章「時空の哲学における一元論」（大畑浩志）で論じられるのは、時空の哲学である。アレキサンダーは時空を唯一の究極的実体とする一元論を唱えていた（本書第八章）。シャファーによれば、時空の哲学で有力な立場の一つとして知られている「超実体説（super-substantivalism）」と呼ばれる立場を採用するならば、アレクサンダーが主張していたような時空一元論が導かれるのだ。超実体説によれば、机や猫や電子といった物質的対象はすべて、それらが占める時空領域へと還元される。そして、そもそも時空領域とは、時空全体の特定の領域のことにすぎないのだから、時空に関しては全体が部分に優先すると考えるのは自然である。こうして優先性一元論が導かれるのだ。

大畑は、多元論的な超実体説を検討した上で、超実体説と一元論の結びつきはやはり強いと結論する。一元論はスピノザやブラッドリーの名前を結びつけられることが多く、シャファー自身もその点を強調するが、現代の一元論は、じつはアレクサンダーを引き継いだものであり、物理学を踏まえた時空の哲学に基づく一元論であることに特徴があると言えるのかもしれない。

第Ⅳ部　翻訳編

本書には、以上の一二章に加えて、一元論を現代に復活させたシャファーの論文「一元論――全体の優先性」(Schaffer [2010]) の邦訳と、モーエンス・レルケの論文「スピノザの一元論？どんな一元論？」(Spinoza's Monism? What Monism?)」(Lærke [2012]) の邦訳を収録した (それぞれ、第一三章と第一四章)。前者については これまで述べてきたとおりだが、後者は、スピノザがシャファーの意味での一元論者でないことを論じたものだが、スピノザ研究者がシャファー論文を検討したものの代表格であり、一元論に関心があれば誰にとっても一読に値する。

これまでの三部にこれら二篇の邦訳を併せて読むことで、一八世紀 (ないし一七世紀) から現代までの足掛け四世紀にわたる一元論の哲学史を概観できるはずである。

三．本書の狙い

このように本書は、一八世紀 (正確には一七世紀) から現代に至る一元論の哲学史を、三部構成で概観できるようになっているのだが、各部の方向性が全く異なっていることに注意されたい。まず、第Ⅰ部と第Ⅱ部はどちらも哲学史に属する内容であるが、テーマはドイツ近代哲学と二〇世紀初頭 (ないし世紀転換期) 英米哲学というように異なっている。そして第Ⅲ部は、哲学史の要素も含まれるものの、基本的に分析哲学に関わる内容である。このため、各部の理解しやすさは、読者がどのような予備知識を持っているかによって大きく変わってくるはずである。たとえば、ドイツ哲学 (たとえばカントやヘーゲル) に親しんだ読者であれば、第Ⅰ部は興味深く読めても、第Ⅱ部は英米のマイナーな哲学者がたくさん登場して困惑を覚えるだろうし、第Ⅲ部に至っては議論の進め方が違いすぎて、まるで別分野のようにすら見えるのではないだろうか。逆に、分析哲学に慣れ親しんだ読者であれば、第Ⅲ部はさほどの苦労もなく読めるとしても、第Ⅰ部と第Ⅱ部は、どのような議論が展開されているかがわかりづらく、よく知らない人名がたくさん登場する歴史研究のようにしか見えないかもしれない。

このような事情があるために、本書を頭から通読することはあまりお勧めできない (もちろん、腕に覚えのある読者は、ぜひそうしていただきたい)。むしろ、自分が比較的慣れ親しんでいると思われる分野に近い部分から読み始めるのをお勧めする。それがドイツ哲学なら第Ⅰ部から、分析哲学なら第Ⅲ部から、といった具合だ。その後で、特に関連が深いと思われる他の部の章を読むのがよいだろう。これを手助けするために、各章には関連する他の章に言及した脚注が含まれている。

このような構成をしているために、本書の通読するのには時間がかかるだろう。ましてや全体を理解するのはなおさらだ。しかし、本書を通読し、一元論について時代と言語を越えた理解を得られたとき、一元論が、その単純な名称とは裏腹に、いかに多様な展開をしてきたかにあなたは感銘を覚えるだろう。また、その複雑な経緯についても印象に残るはずである。だから本書を読み終えた後には、おそらく哲学が、さらには哲学史が、それまでとは全く異なったもののように見えてくるはずである。なぜなら、長い哲学の歴史の中で、一元論だけが複雑な経緯を経て多様に展開したなどとは考えにくいからだ。哲学上の様々な見解が、じつは一元論と同様に、極めて複雑な経緯を辿って多様に発展したものなのかもしれない。もしあなたが本書を通じて、哲学と哲学史についてこうした思いを馳せるようになったのであれば、本書の狙いは達成されたのである。

注

（1）現代哲学における一元論復活の経緯については、本書第九章（小山担当）を見られたい。

（2）この論文集には、Schaffer［2010］（本書第一三章）が再録されているだけでなく、スピノザの立場がシャファーの規定する一元論に当てはまらないと論じたLærke［2012］（本書第一四章）も収録されている。

（3）とりわけシャファーによる一元論擁護には、一九世紀から二〇世紀にかけての世紀転換期にイギリス哲学を支配したイギリス観念論者の議論を再構成したものが含まれているため、この点は重要だ。この点について詳しくは本書第一〇章（雪本担当）を見られたい。

（4）形而上学におけるアリストテレス主義についてはTahko［2011］を見よ。倫理学におけるアリストテレス主義の代表はAnscombe［1958］から発展した徳倫理である。Hursthouse［2016］を見よ。

（5）Cf. 大河内［二〇一七］。

（6）スピノザがシャファーの規定するような一元論者ではないことについては、Lærke［2012］（本書第一四章）を見よ。また、スピノザの一元論的形而上学がどのようなものであるかについては、Tachibana［2020］やGarrett［2021］を見よ。

（7）一元論復活のきっかけとなったSchaffer［2010］のタイトルは「一元論――全体の優先性」であった。

文献

Anscombe, G. E. M. [1958], "Modern Moral Philosophy," *Philosophy*, 33 (124), 1–19.
Garrett, Don, [2021], "Monism, Spinoza's Way," *The Monist*, 104, 38–59.
Goff, Philip, [2012], *Spinoza on Monism*, Palgrave Macmillan.
Hursthouse, Rosalind and Glen Pettigrove, [2016], "Virtue Ethics," *The Stanford Encyclopedia of Philosophy* (*Winter 2018 Edition*), Edward N. Zalta (ed.), 〈https://plato.stanford.edu/archives/win2018/entries/ethics-virtue/〉.
Lærke, Mogens, [2012], "Spinoza's Monism? What Monism?," in Goff [2012], 244–261.
Schaffer, Jonathan, [2010], "Monism: The Priority of the Whole," *Philosophical Review*, 119, 31–76. (Reprinted in Goff [2012], 9–50.)
Tachibana, Tatsuya, [2020], "Spinoza on Contemporary Monism: A Further Discussion," *Annals of the Japan Association for Philosophy of Science*, 29, 93–105.
Tahko, Tuomas E., (ed.), [2011], *Contemporary Aristotelian Metaphysics*, Cambridge: Cambridge University Press.〔邦訳：T・

E・タフコ（加地大介・鈴木生郎・秋葉剛史・谷川卓・植村玄輝・北村直彰訳）『アリストテレス的現代形而上学』春秋社、二〇一五年）
大河内泰樹［二〇一七］「プラグマティズム・自然主義・ヘーゲル」『哲学の探求』第四四号、一九三―二〇七頁。

目次

第二章　初期近代ドイツ哲学における一元論の諸相　34
――バウムガルテンにおける心身二元論とスピノザ論の交叉という視点から

津田栞里

第Ⅱ部　英語圏における一元論
――一元論的観念論から多様な実在論へ

第Ⅳ部　翻　訳　編

第Ⅰ部　ドイツ語圏における一元論

――一元論とスピノザ哲学

第一章　一九世紀のドイツ語圏における「一元論」の概念史

太田匡洋

はじめに

本章の目的は、「一元論（monism）」という概念が、哲学史のうちにいかにして登場して、いかなる変遷を遂げてきたのかを、概観することである。

「一元論」という概念の最初の登場は、一八世紀のドイツまで遡る。しかしこの概念は、登場した時から、現代のような多様な意味を担わされていたわけではない。この概念が登場した当時、この概念の射程は、心身二元論という極めて限定的な文脈へと限定されていた。しかし、一九世紀に入り、とりわけカント以降におけるドイツ哲学の展開の中で、本概念の継承と発展が集中的になされることで、本概念は新たな局面を獲得し、現在に至る幅広い概念へと発展を遂げることとなる。このような、本概念の複雑な歴史的経緯と、その多様な文脈の重なり合いは、今日における本概念の用いられ方の多義性にも反映されている。

また、本概念の発展を扱う際には、語圏の問題を無視することはできない。本書で扱う「一元論」概念の隆盛は、英語圏を舞台として展開されている。しかし、本概念の歴史的な出典はドイツ語圏の思想であり、本概念の登場とその発展は、ドイツ語圏において成立したものである。さらに、英語圏における「一元論」概念の登場と発展の背景には、ドイツ語圏の思想の流入という契機が大きく関わっている。したがって、今日における「一元論」のルーツをたどるためには、まずドイツ語圏における本概念の変遷へと目を向けなおす必要がある。

そこで本章では、ドイツ語圏における本概念の用例史を概観することによって、本概念の黎明期にはじまり、その意味の拡張へと至る歴史的道程へと光を当てる。本概念の出現は、一八世紀にヴォルフが、心身二元論の文脈で、「二元論」の対概念として導入したことに端を発している（本章第一節）。それが、一九世紀初頭になると、テンネマンによって意味を拡張されるとともに、ドイツ観念論の文脈へと順応させられた（本章第二節）。さらに一九世紀前半には、この概念をヘーゲル主義者のゲッシェルが哲学の理念として用いたことで、特定の哲学の立場を積極的に表現するキャッチフレーズとして、同時代の哲学の理念としてドイツに定着することとなる（本章三．一）。また、スピノザの哲学が「一元論」と同一視されだしたのも、一九世紀中旬のドイツ語圏においてであり、この時期になると、スピノザの哲学が「汎神論」などと並んで、「一元論」へと取り込まれることとなる（本章三．二）。

一九世紀中旬になると、ヘルバルトの思想の受容を機縁として、「一元論」の対概念として「多元論」が取り上げられる（本章四．一）。この対立図式が、哲学史を再構成するためのフレームワークとして利用されると同時に（本章四．二）、ロッツェやハルトマンなどによって鍵概念として用いられる（本章第五節）。それと並行して、おもにハルトマンによって、汎神論からの差別化を図った「具体的一元論」が構想されるとともに（本章第六節）、ランゲを機縁とするかたちで、「一元論」が科学やプラトニズムと接続される（本章七．一）。最終的に、ヘッケルなどの著作を通じて（本章七．二）、「一元論」概念の徹底的な主流化と用法の一般化が行われることとなる（本章第八節）。

一．黎明期
——「心身二元論」における「一元論」と「二元論」

一．一．クリスチャン・ヴォルフ[1]による導入と用例

「一元論」という概念の、近世における最初の用例は、一八世紀のドイツ講壇哲学に属するクリスチャン・ヴォルフの著書において[2]、おもに「一元論者たち（Monisten/monistae）」というかたちでもたらされる[3]。

一般に、本概念の初出は、クリスチャン・ヴォルフのいわゆる『ドイツ語形而上学』の第二版以降に収録されている「第二版への序文」のなかに認められている[4]。本概念は、「思惟実体」と「延長実体」の対立、すなわち**心身二元論の文脈**において登場する。ここでは、心身二元論をめぐる立場が、「思惟実体」と「延長実体」という二種類の実体のうち、両方を認める「二元論者」と、片方のみを認める「一元論者」へと分類されたうえで、「一元論者」の取りうる立場として、「観念論者（idealista）」と「唯物論者（materialista）」という下位区分がなされている。この、ヴォルフによる分類方法が、後世に受け継がれることによって、「一元論」という概念もまた、広く知れわたるようになる[5]。

ヴォルフ『神、世界、人間の精神、そしてあらゆる事物一般についての理性的思考』（一七二二年）

これに対して、独断論者は二つの分派に分けられる。というのも、彼らは事物について唯一の種類のみを主張するか、二通りの種類のものを想定するかのいずれかだからである。前者は**一元論者**と呼ばれ、後者は二元論者と呼ばれる。さらに一元論者には二通りの種類がいる、すなわち観念論者と唯物論者がいる。前者は、たんなる精神、すなわち、

物質からなるのではなく、我々が単純な事物とよぶもの――ライプニッツのモナドにあたるもの――に属するような事物のみを認める。（Wolff [1722], Vorrede zu der andern Auflage）

ヴォルフ『合理的心理学』（一七三四年）

§32 **一元論者**とは、ただ一つの実体の種類のみを認める哲学者である。それゆえ、物質存在（materialia）ないし物体にのみ存在を認めるのは（も）一元論である。

§33 唯物論者とは、物質存在ないし物体にのみ存在を認める哲学者である。

§36 観念論者とは、我々の精神のうちなる観念的な物質の存在のみを認めて、さらに実在的世界および物体の存在を否定するものである。

§39 **二元論者**とは、物質的実体および非物質的な実在を認めるものである。すなわち、物体に対して精神の観念の外なる実在的存在を認めて、かつ精神の非物質的な存在を擁護するものである。（Wolff [1734], p. 24）

一・二・ヴォルフ以降――ツェードラーの事典におけるヴォルフの定義の反復

前述のようなヴォルフの用法は、ツェードラーの『万有事典』においても繰りかえされる。この事典は、様々なトピックを分野横断的にドイツ語で紹介した大著で、一八世紀ドイツ語圏における重要文献の一つであるとされる。[6] ここでも「一元論者（Monista/Monisten）」という項目が設けられたうえで、ヴォルフの定義が反復されている。

ツェードラー『あらゆる学問と技術・芸術に関する周到な大事典』（一七三九年）

一元論者とは、[7] **ただ一種類の本質のみの存在を世界のうちに認める分派である**。一元論者は、さらに二種類に分けられる。彼らの一部は、物質的な本質すなわち物体以外は認めておらず、唯物論者と呼ばれる。第二二巻二〇二七頁の唯物論の項目を参照。それ以外は、純粋な精神だけを認めているもので、この精神は、観念形成、すなわち物体的な事物を外的な感官の助けなしに表象する能力を旨とするとされており、この人々は観念論者と呼ばれる。しかし、観念論者もまた、何千もの物体的な被造物もろとも、その天地を見ている。彼らが言うには、これらすべての物体的な事物は、ただ観念形成を行う精神の構想（Einbuldung）のうちにおいて、そのようにして存在するにすぎない。このような考え方は、なかでもマルブランシュとバークリーが好んだものである。後者の種類には、いわゆる独我論者も数えられる。独我論者は、彼ら自身とその魂以外には、彼らによって思考される他のすべての本質が、ただの観念に過ぎないものであると見なしている。この考え方は、この一世紀において、パリにいるマルブランシュの後継者が公に説いているのみならず、多くの支持者を獲得している。(Zedler [1739], p. 1153)

二　ドイツ観念論の「一元論」への取り込み
——テンネマンの哲学史記述

ヴォルフ以降[8]、「一元論」概念の一つの転機となるのが、テンネマンの哲学史記述である[9]。

テンネマン『哲学史綱要』においては、ヴォルフによる用法が踏襲されつつも、**シェリングの「同一哲学」**が、「一元論」という枠組みのもとで整理される。さらに、一二巻からなる『哲学史』の第七巻においては、おもに宗教的な文脈のもと、ヴォルフの用法を超えた新たな用例が認められる。この後者の用法は、テンネマン自身においても例外的なものに留まるとはいえ、その後の「一元論」概念の展開を予告するものとなっている。

テンネマンの哲学史は、一定の影響力を持っていたため、これらの著作に「一元論」という概念が登場したことは、一つの転換点となったと考えられる[10]。

テンネマン『大学の講義のための哲学史綱要』第二版（一八一六年）

認識の手段に関しては、独断論者は、狭義の感性主義者ないしは合理主義者であるか、その両者の合一である（知的直観）。認識の源泉に関しては、経験主義者ないし理性主義者であるか、両者の合一である。最後に、諸事物の本質に関しては、**二元論ないし一元論**である。そして、後者は肯定的かつ否定的である［一方を肯定して一方を否定する］場合は、唯物論者あるいは精神論者（Spiritualisten）であるが、肯定のみの［両者を肯定する］場合は、同一性の体系となる。（Tennemann [1816], p. 33, §62）

この『哲学史綱要』においては、ヴォルフの用法が再現されつつも、ドイツ観念論の哲学が、「唯物論」と「精神論」の対立という図式のうちに取り込まれている。とりわけ、ここで指示されている同一性の体系とは、シェリングの同一哲学であると考えられる[11]。

本文献はテンネマンの死後も改版を重ねており、一八二九年にはアマデウス・ヴェントによる改訂がなされた第五版（Tennemann [1829]）が出版される。第五版においては、本節は§59へと移されたうえで、後半部の「諸事物の本質に関しては」という記述が、「基礎的原理の数に関しては」へと改訂されている[12]。

テンネマン『大学の講義のための哲学史綱要』第五版（一八二九年）

認識の手段に関しては、独断論者は、狭義の感性主義者ないしは合理主義者であるか、その両者の合一（混同をともなう場合——知的直観——と、混同をともなわない場合がある）である。認識の源泉に関しては、経験主義者ないし理性主義者であるか、両者の合一である。最後に、**基礎的原理の数**に関しては、**二元論ないし一元論**である。そして、後者の形式に属するのは、唯物論者ないしは精神論者、および絶対的同一性の体系である。（Tennemann [1829], p. 33, §62）[13]

このテンネマン『哲学史綱要』第五版は、三年後に英訳される。これによって、英米圏における「一元論（Monism）」概念の最初期の用例がもたらされたと考えられる（本書第五章を参照[14]）。

三．ゲッシェルの「思想の一元論」とその受容

三．一．「一元論」の主題化

三．一．一．ゲッシェルによる「一元論」の主題化

テンネマン以降、「一元論」概念の射程を大幅に拡張したのが、ゲッシェルによる「一元論」の主題化である[15]。ここでは、従来の用法を踏まえつつも、「物質」と「精神」という対立図式を超えて、「存在（Sein）」と「思考（Denken）」のあいだの対立へと、焦点が当て直されている。この「存在」と「思考」という対立図式は、カント以降のドイツ哲学を捉えるうえでの典型的な枠組みであるため、ゲッシェルの記述によって、「一元論」という概念が、同時代の思想的文脈へと順応させられるとともに、その射程が大きく拡張されたと考えられる。

さらに、ここでの「一元論」は、「二元論」の克服として持ち出されており、哲学の目的となるべき境位としての、**「思想の一元論」**の優位が唱えられている。これによって、「一元論」という立場が、積極的な哲学的立場を表明するための概念へと刷新されたと考えられる。

ゲッシェルは、「思想の一元論」の模範を、ヘーゲルの哲学に認めている[16]。これによって、「一元論」という概念は、ヘーゲルの哲学の主題として認知されるようになる。さらに、ゲッシェルは神学的な題材についても扱っているため、ゲッシェルの用法は、神学においても「一元論」という概念が受容される契機となる[17]。

ゲッシェル『思考の一元論』（一八三二年）

現在の哲学の転換点についての以下の論考は、なによりも次の論文と結びついている。それは、疑いの余地なき誠実さと明敏さをもちながら、この転回点となりえなかった、ライプツィヒのヴァイセ教授の論文である［…］。一一五年前に、彼と同じ日に亡くなったライプニッツのモナドロジーは、いまや思弁的論理学のうちで**思想の一元論**へと変容を遂げた。そして、彼の遺骸は、ともに一つの目標を追っていたフィヒテの横で安らっている。というのも、フィヒテが必然的なものとして求めていたものこそが、ヘーゲルが辿りついたものであり、フィヒテが具体的な自我のうちに探し求めたものこそが、ヘーゲルが、存在としての純粋な思考、概念のうちに探し求めたものだからである。いま

や三者とも、安らぎのうちに統一されている。（Göschel [1832a], intro.）[18]

このすべての哲学の宿敵は、二元論である。この二元論は、存在と思考あるいは内容と形式の対立に基づいており、この対立を根源的で現実的なものとして説明する。あるいはむしろ、自然と精神の対立を存在と思考の対立へと高めることで、その闘技場のただなかで精神論のうちに唯物論そのものの名残を残しておく。二元論とは、人間がつねに逃げ惑うとともに——というのも理性は絶えず統一へと向かうから——、まるで魔術のごとく、縛り付けられているあまり、そこから逃れられないように感じるものなのである。（Göschel [1832a], p. 7）

ゲッシェル『ヘーゲルとその時代』（一八三二年）

絶対的理念とは、まさに存在と思考の存在であり、それゆえ思考と存在の思考としての、実体的な理念であり、さらにそれによって、包括的な思考、包括的な主観性——**思想の一元論**なのである。（Göschel [1832b], p. 75f）[19]

また、Göschel [1832a] においては、すでに「思想の一元論」と「汎神論」の相違へと注意が促されている。この記述のうちに、後世における「一元論」と「汎神論」の結びつきの予兆を見てとれる。

もし神から始めたならば、**汎神論**へと陥る。この汎神論は、最近では最高の一神論と呼ばれているものであるが、このような汎神論は、思弁的論理学を支配する**思考の一元論**からも、論理一元論からも、区別されなければならない。（Göschel [1832a], p. 39）

三．一．二．ゲッシェルの評価と受容

三．一．二．一．クルークの哲学事典による紹介

このゲッシェルの著書は、翌年に出版されたクルークの哲学事典に反映される。本文献は、当時の哲学のキーワードを解説した事典である。ここでは「一元論」という項目が設定されており、（1）ヴォルフ以来の伝統的な用法と、（2）ゲッシェルの著書を反映した新たな意味の解説、がなされている。

この事典においては、ゲッシェルによる用法と、ゲッシェルの著作へと言及がされたうえで、「一元論」の属するトピックが、**「神学」**および**「ヘーゲル主義」**へと結びつけられる。また、ゲッシェルについては、「熱心なヘーゲル主義者」（Krug [1833], p. 300）であると同時に、「もとは法律家であるが、同時に極めて正統派の神学者でもある」（ibid.）と紹介されている。

クルーク『哲学的諸学問およびその文献と歴史の百科事典』（一八三三年）

一元論（ギリシャ語のモノス（唯一）から）は、二元論と対立している。この概念は、二元論と同様に、人間学的なものと、神学的なものがある。／一．**人間学的一元論**は、人間

のうちに、唯一の活動原理だけを認める。もし、呼吸したり消化したりしているのが物体〔身体〕であるのと同様に、人間とは思考したり意欲したりしている物体にほかならないのだと言って、この活動原理をたんに物質的な事物とみなす場合、このような一元論は、唯物論的な一元論、あるいはまったくの唯物論と呼ばれる。他方で、人間は精神にほかならず、その精神が外的には物体的なかたちで現れているにすぎず、それゆえいわゆる人間の身体は、他の物体的事物すべてと同じく、精神のたんなる表象（観念）に過ぎないのだと言って、上述の原理をたんに精神的な存在と見なす場合、このような一元論は、精神論的な一元論、あるいは精神論、または観念論と呼ばれる。両方の表現を参照のこと／二．**神学的一元論**は、一神論とも呼ばれる体系である。最近では**ヘーゲル哲学**も、すべての現実性をたんなる概念から構成しようとすることから、**思想の一元論**と呼ばれている。**ゲッシェル**は、その最新の著作（『ヘーゲルとその時代』S.75）において、次のように述べている「概念は絶対的理念に根差し、絶対的理念において頂点に達する。この絶対的理念によって、概念はその真理態へと至る。絶対的理念とは、有限なものと無限なものの統一、存在と思考の統一、それゆえ客観と主観の統一である」。（Krug [1833], p. 918）

なお、本文献の第一版に相当するKrug [1927], p. 795 にも„Monismus"という項目は収録されているが、当然ながらゲッシェルについての記述は収録されておらず、「一元論」概念に関する理解も、基本的にはヴォルフ以来の定義を踏襲したものとなっている。ただし、「神学的一元論（Der theolog. Monismus）」という項目自体はすでに収録されており、「神学的一元論とは、一神論とも呼ばれる体系と同じものである」（p. 795）というごく簡潔な説明が付されている。この説明文が、後の第二版においては、前述のような大幅な増補を加えられることとなる。

三．一．二．二．ローゼンクランツによる紹介[20]

また、ゲッシェルの著作は、ヨハン・カール・ローゼンクランツによっても紹介されている。ローゼンクランツは、ヘーゲル中央派として知られているが、彼の著書『ヘーゲル学派の批判的解説』においては、ゲッシェルの著書が肯定的に紹介されたうえで、「一元論という名前がここから一般的に受けいれられた」（Rosenkranz [1840], p. 350）という評価が添えられている。ここでもまた、ゲッシェルの紹介に際しては、そのヘーゲル主義との関わりに加えて、神学との関わりが前面に出されている。

ローゼンクランツ『ヘーゲル学派の批判的解説』（一八四〇年）

そして、トールクとヘーゲルのあいだに、感情と絶対知のあいだに、今度はゲッシェルが立っている。彼は一八三二年に、その「法律家の書類仕事の断片」の第一部を出版した。ここに至って哲学は、神学の領土を法にも認めるよう要求したのである。教会による贖罪の教えは、新たな保証を見いだした。ヘーゲルの法哲学の根本規定は、プロイセンのラント法に含まれたものとして紹介されていた。それゆえに、ゲッシェルは、貴族的な一派の関心を呼び覚ましたのである。／しかし、多岐にわたる人々のもつ意義がもっとも強力に姿を現わしたのは、ヘーゲルが死んだ直後であった。小著『思考の一元論』において、ゲッシェルはヘーゲル哲学の本質を、強い説得力をもって叙述した。そしてただちに、小著『ヘーゲルとその時代』において、現代と科学のすべての要素に言及しつつ、世間へと姿を現したのである。彼の書いた二つの著書は、**一元論という名前がここから一般的に受けいれられたこと**と、後者によってヘーゲル哲学について簡単に知ることのできる大衆向けの教科書が得られたという点で、一貫性をもっていた。／『箴言』においてゲッシェルが眼中においていたのは、聖書である。彼が示したのは、宗教的と見なされているヤコービの哲学が、正当なキリスト教すなわちカトリックから、いかに離れたものであり、他方でヘーゲルの哲学を聖書の文言の徹底的な解釈と見なすことが、いかに正当であるかということである。『思考の一元論』および『ヘーゲルとその時代』においては、とりわけ哲学がその眼中におかれており、聖書とゲーテはたんに二番手であるにとどまる。彼の『ゲーテの試作と思索のあり方の記述についての談話』（一八三四年）においては、ついにゲーテが中心点となり、ヘーゲルと聖書はその円周となる。（Rosenkranz [1840], p. 349f）

三．二．一元論の意味の拡張——スピノザ・汎神論へのトピックの拡張[21]

三．二．一．「一元論」の主題化とトピックの拡張

以上のようにして、「一元論」という概念は、哲学的思考の原理を表現するものとして、積極的な意味を担わされるようになる。このような「一元論」のあり方は、ゲッシェル以降の哲学者たちによっても引き継がれ、その用例を通じて意味が徐々に拡張されていく。

その一例として、アウグスト・ネアンダーによる神学の著作が挙げられる。本文献においては、「一元論」および「二元論」をキーワードとして、神学の議論が展開されている。ここでは「二元論」が、思考の原理を表現する概念として導入されているほか、「一元論」が「汎神論」と結びつけられている。

ネアンダー『キリスト教と教会の普遍史』（一八四三年）

一元論は、人間にとって直接的に確かであるべきもの、人間の人倫的意識の法則と事実に、対立する。それと同じように、二元論は、統一を要求する理性の本質と、矛盾する。一元論は、自らの前方へと広がってゆくことで、二元論へと通じている。そして、すべてを概念把握しようとする要求から生じた二元論は、まさにこの努力によって、統一を求める理性の衝動のために、その二性を根源的な統一へと

還元して、その統一のうちに解消するよう、追い込まれる。

［…］このようにして、この二元論は、絶対的な一元論のうちに解消し、そして汎神論のうちに解消するのである。（Neander [1843], p. 648）

また本文献では、プロティノスの思想が「新プラトン主義的一元論（der neoplatonische Monismus）」（Neander [1843], S.675）として特徴づけられている。ここにおいて、神学の文脈における「一元論」概念の拡張と、「一元論」概念の「新プラトン主義」との結びつきが見てとれる。

三．二．二．スピノザに対する「一元論」という評価

さらに、一九世紀の中盤になると、スピノザの哲学が、「一元論」として特徴づけられるようになる。また、その際の根拠として、スピノザの思想における、「実体」の唯一性が強調されている。

シャールシュミット『プラトンとスピノザ』（一八四五年）

だが、もしスピノザが、それぞれ区別された精神と延長を、一つの実体の概念および秩序のもとに結合したのであり、それゆえ一元論者になったのだとすれば、プラトンは第一の思考と延長実体を切り離して、いわば媒体としての諸観念によって、新たに結合したのである。（Schaarschmidt [1845], p. 16）

クーノ・フィッシャー『論理学と形而上学あるいは知識学』（一八五二年）

フィヒテのカントに対する関係は、スピノザのデカルトに対する関係と同じである。スピノザは、思惟実体と延長実体というデカルトの二元論を、一つの絶対的実体という概念のうちに解消した。フィヒテは、自己意識と物自体というカントの二元論を、一つの絶対的な自己意識という概念のうちに解消した。スピノザの原理は、実体の一元論であり、フィヒテの原理は、自己意識の一元論である。スピノザは理性（諸事物の本性）を、意識なき原因性として把握し、フィヒテは理性を、自己を意識した原因性として把握している。（Fischer [1852], p. 28）

コラム：「唯一論（Unismus）」と「二元論（Dualismus）」の対立

当時、「一元論」と「二元論」という対概念に代えて、「唯一論（Unismus）」と「二元論（Dualismus）」という対概念が用いられることもあった。その一例として、Tennemann [1809], p. 156 の記述が挙げられる。

また、別の例として、Jäsche [1828] においては、「唯一論（Unismus）」（Jäsche [1828], p .82）と「一元論（Monismus）」（Jäsche [1828], p. 97）という両方の言葉が用いられたうえで、それぞれが「二元論（Dualismus）」と対立させられている。

四．「一元論」と「多元論」の対置[22]

四．一．ヘルバルトを媒介とした「一元論」と「多元論」の同列化

四．一．一．ヴォルフ以降における「多元論」の位置づけ

ゲッシェルは、「一元論」概念の拡張をもたらしたが、「一元論」を「二元論」の対義語として用いるという点に限っては、あくまでもヴォルフ以来の用法を踏襲していた[23]。「一元論」が「多元論」と対置されるようになるのは、以下で述べるように、ヘルバルトの思想の登場と、それに対する評価を機縁としていると考えられる。

ヴォルフ以来、「一元論」は「二元論」の対義語であり、この「一元論」の下位区分として、精神だけを実体として認める「観念論者（Idealisten）」と、物質だけを実体として認める「唯物論者（Materialisten）」に区別されていた。そして、「観念論者」の下位区分には、「独我論者（Egoisten）」と「多元論者（Pluralisten）」という、二つの立場が認められている。観念論者が自らの精神のみを実体として認めて、他の存在者を単なる観念へと還元する場合には、観念論者は「独我論者」と呼ばれる。他方で、自らの精神のみならず、他の存在者に対しても、精神としての実体性を認める立場を取る場合、観念論者は「多元論者」と呼ばれる。このように、「一元論」と「二元論」、「独我論」と「多元論」という、二種類の対立概念は、そもそも文脈を異にするものとして、用いられてきた。

もっとも、「多元論者」と「二元論者」が、特定の思想的枠組みのもとで重なりを見せうることは、一八世紀の時点ですでに指摘されている[24]。しかし、「二元論者」と「多元論者」を直接的に対立させる用例は、長らく登場しなかった。そのような用法が登場する契機の一つとなったのが、カントに由来する超越論的観念論の立場を、ライプニッツのモナドロジーの枠組みへと変形した、ヘルバルトの思想の登場である[25]。

四．一．二．ドロービッシュのヘルバルト擁護とトレンデレンブルクの応答

四．一．二．一．「二元論」と「多元論」の対立図式の登場——ドロービッシュのヘルバルト擁護

一九世紀上旬にかけては、「一元論」はあくまでも、「二元論」の対立概念として用いられていた。このような状況のなかで、「一元論（Monismus）」「二元論（Dualismus）」「多元論（Pluralismus）」の三つの概念を並列的に用いだした最初期の人物の一人が、ヘルバルトから影響を受けた、数学者・哲学者であるモーリッツ・ヴィルヘルム・ドロービッシュである。彼は、ヘルバルトの思想をパラフレーズする過程で、これらの概念を並列的に用いるようになる。

ヘルバルトの思想は、実在の根源的な多性（Mehrheit）を容認する立場に立っており、ヘーゲルやシェリングの思想的枠組みと、しばしば対比されてきた。そのような対立関係を整理し

なおすにあたって、ヘーゲルらの立場がゲッシェル以来の「一元論」というキーワードによって整理される反面、ヘルバルトの思想は「多元論」というキーワードによって特徴づけられることで、「一元論」と「多元論」が同一平面上で論じられるようになる。そして、このような用法の最初期の登場の一つが、Drobisch［1840］に認められる。

ドロービッシュ『宗教哲学の根本教説』（一八四〇年）

まずは、あらゆる汎神論の根本性格を、理論的観点から考察するならば、**「一にして全」の一元論は、モナドロジーの多元論と、険しく対立している**。「もしモナドが存在しなければ、スピノザが正しいこととなろう」とライプニッツが述べたように、**ヘルバルト**は、しかもライプニッツ以上の根拠をもって、次のように述べることができる。「もし実在的存在者がないならば、シェリングとヘーゲルが正しいこととなろう」。（Drobisch［1840］, p. 233）

このDrobisch［1840］の記述は、後にMager［1847］, p. 662において、その抜粋が掲載される。Mager［1847］は、重要書籍の一部をテーマ別に抜粋したもので、ここでは「二二六節：進展——汎神論批判へ（M・W・ドロービッシュ『宗教哲学の根本教説』二三〇—二四九頁）」と題された章のなかで、前述の引用文を含む一連の記述が掲載されることとなる。

四．一．二．二．ドロービッシュとトレンデレンブルクの応酬

四．一．二．二．一．ドロービッシュによるトレンデレンブルク批判

ドロービッシュはさらに、当時の雑誌（*Zeitschrift für Philosophie und philosophische Kritik*）に掲載された論文において、トレンデレンブルクへの言及のもと、同じ論点を反復する。

ドロービッシュ「ヘルバルト形而上学に対するトレンデンブルクによるいくつかの反論について」（一八五二年）

ヘルバルトの形而上学において、感性的に知覚可能な諸現象からなる世界全体が基づいている究極の根拠は、諸々の単純な実在者、端的に存在するものである。これらの実在者は、唯一の絶対的定立へと重なりあうことはない。絶対的定立とは、複数のものなのである。というのも、各々の感覚によって強いられる先は、一つの絶対的定立であり、それどころか、内属の問題の解決から生じた結論、絶対的定立の複数性だからである。**ヘルバルトの存在論は、一元論でも、二元論でもなく、多元論なのである。**（Drobisch［1852］, p. 17）

四．一．二．二．二．トレンデレンブルクによる応答

これに対してトレンデレンブルクは、前述のDrobisch［1853］を出典表記しつつ、ドロービッシュの批判に応ずる。ただし彼は、ヘルバルトの哲学が「多元論」であると認めている反面、この「多元論」という概念を、「一元論」や「二元論」と並置

することはなく、あくまでも従来的な用法を守っている。

トレンデレンブルク『哲学に対する歴史的寄与』（一八五五年）

目的の考察を、理論的なものから、すなわち説明と認識から取り上げてしまうこと、その反面で、この目的の考察を、美感的なものに割り当てることで、目的論的な世界観を、美感的で宗教的な世界観によって説明するが、しかし存在論的な原理としては黙認すること（Metaphysik 1. S. 106. Drobisch iu der Zeitschrift XIII. S.39.）、これらのことは、なんの助けにもならない。このような区別は作為的である。美学もまた、その美学の形而上学をもっている。そうでなければ、美的なものからこっそりと、真なるものが逃げ出すこととなる。目的の考察が、真の意味で宗教的な原理となるのは、それが存在論的な原理でもある場合だけである。というのも、そうでなければ、この考察は、信仰の基礎づけではなく、信仰の欺きとなるからである。／遂行された目的は、実在者の数多性に対して、思想の統一を付加することとなるであろう。あるいは、より厳密にいうならば、そのような目的は、思想の統一によって、実在者の数他姓を規定することになるであろう。かの実在者の孤立化は、すでに根源からして廃棄されているのである。**ヘルバルトの多元論**は、思想の統一に由来する一つの全体という教説へと、作り直されることとなろう。（Trendelenburg [1855], p. 345)

四．一．二．三．「多元論」の意味の転換

「多元論」という概念は、ヴォルフ以前から用いられていた概念であるが、ドロービッシュによる「一元論」との対置によって、その内実に変容がもたらされたと考えられる。

　前述のように、ドロービッシュに至るまでは、「多元論」はあくまでも「観念論」の下位概念であり、その「多元性」が意味するのは、観念の保持者としての精神実体の複数性であり、その限りにおいて「多元論」の含意する多元性は、あくまでも数的なものに留まっていたといえる。

　しかし、ドロービッシュ以降、「多元論」という概念は、質的な多様性を含意するようになる。「多元論」という言葉を用いることによってドロービッシュが試みているのは、ヘルバルトにおける実在の多性を特徴づけることである。しかし、ヘルバルトによる実在の多性は、諸々の実在が有する質的な相違のうちに、その力点を有している。それゆえ、「多元論」という概念は、ドロービッシュによる用例を経て、単に数的な複数性を指す概念から、質的な複数性を含意する概念へと、変容をもたらされたと考えられる。

四．一．三．その他の状況——英語圏への流入の伏線

その後の哲学史記述においても、ヘルバルトの哲学は、ヘーゲルやシェリングとの対比のもとで語られる。ただし、そのすべてにおいて、「一元論」と「多元論」が対立的に用いられて(26)いるわけではない。その一例として、Chalybäus [1843] が挙げ

られる。

このChalybäus [1843] は、カントからヘーゲルに至る哲学史を略述したものである。(27) ここでは、ゲッシェルの枠組みに立脚することで、「一元論（Monismus）」という概念を軸に据えるかたちで、哲学史が説明される。また、ヘルバルトの哲学が、ドイツ観念論と対比するかたちで紹介されており、「実在者の数多性」というキーワードが前面に出されている。

本著作では、「多元論（Pluralismus）」という表現は直接的には登場しない。しかし、後に本文献が英語圏にもたらされる際に、「多元論」概念の流布に重要な意味をもつこととなる。

四．二．「一元論」と「多元論」の対立図式の受容

四．二．一．フランツ・クサヴァー・シュミット＝シュヴァルツェンベルクによる「一元論」と「多元論」の神学における対置(28)

以上の「一元論」と「多元論」の対立図式は、その後の哲学および神学においても受容され、用例が散見されるようになる。その一例として、シュミット＝シュヴァルツェンベルクによる用例が挙げられる。ここでは、従来の哲学の諸概念および哲学史を整理するための問題設定として、「一元論と多元論」と題された節が設けられ、七〇頁にわたる叙述が展開されている。

本文献では、哲学の根本理念が「自発性（Spontaneität）」と「有機体（Organismus）」の二つへと同定されたうえで（Schmid-Schwarzenberg [1857], p. 117）、いずれに力点を置くかに応じて、哲学の取りうる立場が「一元論」と「多元論」へと区別される。そして、「一元論」の哲学者として、フィヒテ、シェリング、ヘーゲルが、「多元論」の哲学者として、ライプニッツ、カント、ヘルバルトが挙げられている。

シュミット＝シュヴァルツェンベルク『キリスト教の宗教哲学』（一八五七年）

> 私は、二つのポイントを確認することによって、新たな哲学の根本性質を与えようと考えた。それゆえ、最高度の批判の基本線も、この新たな立場から引き出されなければならない。さて私は、以下の諸命題を定立する。一．二つの根本理念のいずれをも洗練しない体系は、哲学の名のもとにはない。二．自発性という根本理念を無視して、有機的統一という根本理念の偏重へと堕した体系は、必然的に**一元論**の名のもとに至らざるをえない。三．有機的統一という根本理念を無視して、自発性という根本理念の偏重へと堕した体系は、必然的に**多元論**の名のもとに至らざるをえない。（Schmid-Schwarzenberg [1857], p. 118）
>
> **多元論**はライプニッツ、カント、ヘルバルトによって打ち立てられた。他方で**一元論**は、フィヒテ、シェリング、ヘーゲルによって、打ち立てられた。（Schmid-Schwarzenberg [1857], p. 133）

四．二．二．哲学における「一元論」「多元論」の枠組みの中心化[29]

以上のような用例を受けて、一九世紀の後半になると、哲学の文脈においても、「一元論」と「多元論」が対概念として用いられるようになる。その際、哲学における「一元論」と「多元論」の受容は、ショーペンハウアーやエドゥワルト・フォン・ハルトマンの支持者によって行われており、その際の「一元論」概念の用法は、必ずしもヘーゲルの哲学の立場を象徴するものではなくなっている。このようにして、ヘーゲルの哲学へと限定されない仕方で、「一元論」概念が主題化されるとともに、「一元論」と「多元論」[30]は、**「世界観（Weltanschauung/Weltansicht）」**を表現する概念として、用いられるようになる。

その一例として、ショーペンハウアー哲学の流布に多大な貢献をしたことで知られるフラウエンシュテットの著作である『知性的・物理的・道徳的世界および、生の哲学に対する寄与に対する展望』（Frauenstädt［1869］）を挙げることができる。本文献では、「Ⅱ．自然的世界の概観（Blicke in die physische Welt）」の「一．宇宙論的題材（Kosmologisches）」と題された章のなかで、「一元論と多元論（Monismus und Pluralismus）」という節が設けられて、両者の特徴が論じられている。

さらに、フラウエンシュテットと同じくショーペンハウアー研究で知られるヴェネツィアーナーもまた、「一元論」と「多元論」の対立関係のもとで、「一元論」を主題的に扱っている。その典型が、『汎精神――無意識の哲学との関わりにおける汎心論の特質』（Venetianer［1874］）であり、本文献では、「汎心論（Panpsychismus）」が主題とされている。本文献の冒頭では、哲学的な世界観の類型として、「一元論」「二元論」「多元論」が並列的に用いられたうえで、以下のように述べられている。

ヴェネツィアーナー『汎精神――無意識の哲学との関わりにおける汎心論の特質』（一八七四年）

全体精神、生気、神とは、精神である。この精神は、これまですべてであったし、今もすべてであり、すべてであり続けるであろう。／総じて存在するすべてのものが、ともにそれであるような何かが存在している、とする世界観がある。このような世界観は、**一元論**と呼ばれる。これに対立しているのが、そのような何かなど存在しない、とする世界観である。この世界観のもとには区別がある。その一つが**二元論**であり、この二元論は、神と呼ばれる一なる存在と、諸事物の数多性のあいだに、何らかの隔壁を断固として保持しようとするものである。もう一つは**多元論**であり、この多元論は、たんに複数の事物（諸々の原子や実在者）だけを認める立場である。以下では、**多元論も二元論も同様に不可能であり、すべての世界観は一元論的であらざるをえない**ことを、示したいと思う。（Venetianer［1874］, p. 1）

他にも、断片的な出現として、ユリウス・バーンゼン『哲学史――ショーペンハウアーの諸原理に基づいたヘーゲル＝ハルトマンの進化主義への批評』においては、「多元論者（Pluralisten）」

と「その一元論の論敵（sein monistischer Gegner）」という表現が、対立的に用いられる（Bahnsen [1872], p. 71）。

また、フランツ・ホフマン『哲学論集』第三巻においては、「唯物論者が多元論者（原子論者）であったのに対して、ミレトス学派は一元論者であった」と述べられて、両者が対比されている（Hoffman [1872], p. 184）。また、S・A・ビュク『有機的構造からみたソクラテス以前のギリシャ哲学』においては、「一元論者たち」という題名のもと、エレア派、ヘラクレイトス、当時のソフィストたちが主題的に扱われている（Byk [1877]）[31]。このようにして、「一元論」と「多元論」の対立が、哲学においても定着するようになる。

五．ルドルフ・ヘルマン・ロッツェとエドゥワルト・フォン・ハルトマンにおける「一元論」と「多元論」[32]

五．一．ルドルフ・ヘルマン・ロッツェ[33]

以上のようにして、哲学においても「一元論」と「多元論」という対立概念が、中心的に用いられるようになる。

この「一元論」および「多元論」という対立概念を用い、また、この対立軸のもとで理解されてきた主要な哲学者として、ヘルバルトの弟子筋として知られる**ルドルフ・ヘルマン・ロッツェ**が挙げられる。彼もまた、「一元論」と「多元論」という対立図式を用いて、しばしば議論を整理したうえで、その記述の端々において、多元論的な世界観の抱える矛盾および不可能性を指摘して、「一元論」の優位を主張している。

ロッツェ『ミクロコスモス』（一八六四年）

多元論的な世界観は、互いに独立した、実在的で根源的な本質の数多性を前提として、それらが一般的な諸法則にしたがってなす相互作用から世界の歩みを産出できると信じている。我々の確信したところでは、**いかなる多元論的な世界観も不可能であること**を、我々は見出した。（Lotze [1864], p. 556）

ロッツェ『哲学体系　第二部　形而上学』（一八七九年）

このような［互いに関係の無い諸事物が相互に関わりをもたねばならないという］偏見は、断念されなければならない。互いに独立した諸事物の数多性は、不可能である。そのあいだで相互作用が可能とされるような、すべての諸要素は、唯一の真に存在するものの諸部分と見なされなければならない。**我々の世界観の当初の多元論は、一元論に譲歩しなければならない**。この一元論によって、つねに把握できない移行の働きが、内在的な働きへと転ずるのである。もとより、世界の歩みという出来事を、諸根拠からの帰結として把握する必要だけから、かの絶対的な多元論の不可能性に対する最初の示唆が、もたらされていた。（Lotze [1879], p. 137）

ロッツェ『宗教哲学綱要』（一八八二年）

本文献では「多元論と一元論（Pluralismus und Monismus）」と題された章が設けられたうえで、以下のように述べられている。

〔多元論にみられる〕そのような矛盾が旨とするのは、二つの命題の結合である。これらの命題は、自然科学的な世界観の**多元論**が、相互に直接に生じさせるものである。その第一のものは「互いにまったく関わりのない等根源的な諸事物からなる数多性が存在する」というものであり、第二のものは、「しかし、あるものが他のものに向けられるという仕方で、それらの事物は互いに関係する」というものである。〔しかし、以下のような見方を取る限り〕諸事物のあいだのこのような共鳴（これは、すでに示したように、諸事物のあいだのあるものからの移行によって把握されるわけでも、ある法則の支配によって把握されるわけでもない）を正当化することは、けっして可能ではないこととなろう。（Lotze [1882], p. 22)

なお、本文献の第二版（Lotze [1884a]）においては、内容が大幅に書き換えられて、「一元論」および「多元論」に関する記述が大幅に削除される。そして、英語圏においては、第一版の英訳と第二版の英訳が、それぞれ別の翻訳者によってもたらされることとなる。

ロッツェの思想に対する評価は、二分化している傾向にある。初期および晩年においては、「一元論」と見なされる傾向が認められる反面、ヘルバルトとセットで「多元論」とみなす立場も一定数認められる。

〔二元論とみなす立場〕

コルニル『今日の発展の危機における唯物論と精神論』（一八五八年）

ロッツェが二元論的な立場から出発して、精神論的な一元論へと駆り立てられるのに対して、〔小〕フィヒテはそれとは反対に、精神論的な一元論から出発して、二元論へと戻ってくる。この二元論は、彼の人間学のいたるところで、ロッツェに対して論駁しようとしているものである。（Cornill [1858], p. 66)

ライト「ロッツェの一元論」（一八九七年）

ロッツェは、実体という古典的な術語を維持しつつも、実体に対する見方を因果性によって定義する。ロッツェにとって、すべての存在は、たんに因果的であるのみならず、統一的である（Microcosmus, bk. IX, c. I, §5; also bk. III, c. 5, §4）。これが、**彼が戦い求める一元論**であり、この言葉だけでもシラー氏の抗議への反論として有効であると思われる。[34]（Wright [1897], p. 60)

〔多元論とみなす立場〕

ヨードル「ドイツ哲学における体系形成の新たな試み」（一八九五年）

> ヘーゲルとショーペンハウアーの「一元論」に対して、ヘルバルトとロッツェの「多元論」が対置される。多元論にとっては、最高に現実的なものとしての存在の統一は、直接的で確かなものとは見なされない。その反対に、諸事物の数多性と多様性が、直接的で確かなものと見なされる。（Jodl [1895], p. 527）

「多元論」――フリードリヒ・キルヒナー『哲学基礎概念事典』（一九〇七年）より

> 多元論（語源はラテン語）と呼ばれるのは、世界が個々の本質の数多性から成立しているという考え方である。これに属するのが、原子論、モナドロジー、ヘルバルトとロッツェの形而上学である。（Kirchner [1907]）

このように、ロッツェの思想に対する評価は、「一元論」と「多元論」の二つの軸のあいだで揺れ動くことになる。

このロッツェの影響を受けた思想家として、「イギリス観念論」に属する哲学者たちが挙げられる。また、アメリカで活躍するボーデン・パーカー・ボウンにも影響が認められるほか、アメリカで「一元論」概念の流布に貢献することとなるジョサイア・ロイスが、ロッツェのもとに留学している。このような状況のもとで、ロッツェを取り巻く「一元論」と「多元論」の思想状況が、後の英語圏へと影響を与えたと考えられる。

五・二・エドゥワルト・フォン・ハルトマン

「一元論」「多元論」という対立図式の中心化に貢献したもう一人の主要な哲学者として、エドゥワルト・フォン・ハルトマンが挙げられる。その一例として、一八七一年に出版されたハルトマン『無意識の哲学』第三版においても、「一元論」および「多元論」という概念が多用されており、両者の「綜合」が目指されている。

これらの記述は、同書の第一版から改訂した際に大幅に増補されたものであり、この「一元論」と「多元論」に関する記述の増加の方針は、後の改版と増補に際しても保たれる。また、本文献の第七版が後に英訳されることで、後の英語圏における「一元論」概念の展開に影響をもたらすこととなる。

ハルトマン『無意識の哲学』第三版（一八七一年）

> 私は、抽象的観念論と抽象的一元論に対して、実在的な世界のうちなる個体の唯一性と権利を、ヘルバルトと同様に、決然と保護して大事にする。その一方で、この客観的現象の世界を超えた、超越的・形而上学的な価値に対する、個体のあらゆる要求は、根拠も正当性もない越権として、同様にきっぱりと否定する。そして、個体を永遠かつ超越的な本質や実体へと膨張させる多元論に比べたら、実在的な世界の背後にある超越的・形而上学的なものをきっぱりと

否定するような多元論ですら、より許容しうる哲学的な多元論であると、私は見なしている。［…］それゆえ、無意識の哲学は、一元論と、多元論的な個体主義の、真の和解なのである。それは、これら二つの側面の各々を、正当なものとして承認し、各々に相応しい（形而上学的または自然学的・実在的な）領野を、各々に対して示し、両者を止揚された諸契機として自らのうちに統一することによって、なされるのである。（Hartmann [1871], p. 598)

六．「具体的一元論」の成立
――汎神論からの差別化の試み

以上のような「一元論」と「多元論」の対立関係の成立と並行して、一八五〇年代の後半に入ると、**「具体的一元論（der konkrete Monismus)」**という立場が登場する。この立場は、「汎神論」に代表されるような、個物の実在性を認めない立場に対して、**個物の実在性**を認めつつ、究極的な原理の唯一性を主張するものである。この立場においては、汎神論やスピノザ主義が、ともに個物の実在性を認めない立場として同一視されたうえで、まとめて「抽象的一元論」と呼ばれて斥けられている。このようにして、「一元論」という概念は、汎神論からの差別化を達成することとなる。[35]

六．一．シェーナッハによる「具体的一元論」の主題化

「具体的一元論」という概念を提唱した最初期の哲学者として、ゲオルク・シェーナッハという人物が挙げられる。

シェーナッハ『形而上学――具体的一元論の体系』（一八五六年）

上述の［形而上学の］区別からすでに明らかなように、この［シェーナッハ自身の述べる］形而上学は、あらゆる汎神論的な形而上学と、すなわち神の本質と世界の本質を一致させて一つのものとなす、あらゆる形而上学と、異なるものである。この形而上学の見方は、むしろ本質からしてキリスト教的な形而上学である。キリスト教的な形而上学によれば、神は初めから自らのうちで完結した精神であり、かつ世界を自由に創造したのであり、自己発展の要求によって駆り立てられて世界を創造したわけではない。この形而上学は、神を世界のうちに消失させるたんなる内在の体系ではなく、神によって世界を超えた超越の体系であるが、内在を排除しないような超越の体系なのである。この形而上学は、**神と世界を同一の本質であるとする抽象的一元論の体系ではなく、神と世界を互いに完全に独立したものとする抽象的二元論の体系でもなく、具体的一元論の体系である**。この体系によれば、神によって立てられた世界は、**神から区別されていながら、神によって満たされ支配されており、神との調和と統一へともたらされている**のである。（Schenach [1856], p. 11)

同書の主張および「具体的一元論」というフレーズは、前述のSchmid-Schwarzenberg [1857], p. 344f. などでも紹介されることとなる。

六・二・エドゥワルト・フォン・ハルトマンによる「具体的一元論」の展開

前述の「具体的一元論」という概念は、ハルトマンによって用いられることで、広く知られるようになる。ハルトマンは、「具体的一元論」という概念を、なかば周知の概念として導入したうえで、自らの立場を表現するための重要概念として用いている。

ハルトマン『倫理的意識の現象学』（一八七九年）

> 個体主義的ないし原子論的な多元論は、抽象的一元論と同じく、真の道徳には至りえない。というのも、前者は、世界全体の統一を完全に独立した諸実体の外的な集合へと貶めるものであり、これに対して後者は、有機的・心理的な個体の実在性を、真理なき仮象へと蒸発させるものだからである。（Hartmann [1879], p. 776）
>
> ここでも、有神論の誤った介在が姿を見せている。そして、容易には理解しがたい、具体的一元論による意識の真なる綜合が、把握されるまでの長い間、このような誤った介在が、その地位を保っている。（ibid., p. 804）

ハルトマン『人類の発展段階からみた人類の宗教的意識』（一八八二年）

> それゆえインド的な一元論は、主観的観念論の裏面である。またそれゆえに、例えばエレア派やスピノザの一元論よりなおも確実に、抽象的一元論であると断罪される。複数のものの実在性を排除するのではなく包括するものが、真の具体的一元論である。この具体的一元論は、自然主義から直接的な仕方で生じうるものではなく、抽象的一元論が自ずから転ずるものでもない。具体的一元論を生み出すために、歴史が必要とするのは、有神論を通り抜けることであり、まずは先立って、抽象的一元論と同じく有神論を完全に為し尽くすことである。（Hartmann [1882], p. 278）

これらのハルトマンによる用法が契機となり、「具体的一元論」という概念の出典は、ハルトマンに求められるようになる[36]。

また、これらの著作が出版されたのは、後にアメリカで「一元論」概念を広めることとなるカールスが、一八八四年にアメリカに拠点を移す前のことであり、これらの動向がカールスによる「一元論」概念へと反映されることで、アメリカにおいて「一元論」が主流化するための理論的基盤となったと考えられる。

七．一九世紀末における「一元論」の主流化

七．一．「一元論」・科学・プラトニズムの結合

七．一．一．ランゲ『唯物論史』

前述の「一元論」概念の拡張と並行して、一九世紀の後半になると、「一元論」の概念がもつ科学との親和性や、世界を記述するための説明原理としての整合性が、強調されるようになる。その一つの参照項として、ランゲ『唯物論史』の記述が挙げられるようになる。

本文献自体は、「一元論」に言及する回数は少なく、「多元論」との対立も用いられない。しかし、一八七三年／一八七五年の改版・増補時に、「一元論」への言及が増加するほか、「一元論」の正当性が指摘されるようになる。

ランゲ『唯物論史――現代におけるその意義の批判・2』第二版（一八七五年）

科学というものは、一元論的な世界を知らない。というのも、科学から見れば、理念のうちなる生はすべて、心理学的なプロセスに支えられており、たとえ無限に微細かつ深いところでなされるものだとしても、結局は他のすべての心理的プロセスと同じ自然法則にしたがっている。その限りにおいて、一元論の要求は、徹頭徹尾、正当化されている。（Lange [1875], p. 566）

このような脈絡のもと、本文献においてはケンブリッジ・プラトニストであるジョン・トーランドへと言及がされて、その思想の唯物論的な性格が指摘される。

過去の唯物論者たちは、すべての力を、物質の運動、圧力、衝突に還元している。また、とりわけトーランドが模範的な仕方で成し遂げたように、物質をそれ自体で運動するものとして、それどころか、ほかならぬその静止を、運動のたんなる特殊な事例として把握している。この時の彼らの事柄の捉え方は、ビュヒナーよりはるかに正確かつ首尾一貫したものである。（ibid., p. 96）

ランゲ『唯物論史――現代におけるその意義の批判・1』第二版（一八七三年）

唯物論は、スピノザの観念論的な汎神論からは遠く隔たっている。しかし、ジョルダーノ・ブルーノの実在論的な汎神論とは容易に調和する。そして、この実在論的な汎神論は、我々のトーランドの立場でもある。（Lange [1873], p. 150）

これらのトーランドに対する好意的な言及が、後の「一元論」の主題化に際して、典拠として参照されることとなる。

七．一．二．ジョン・トーランドへの言及と「一元論」の主題化

本著においては、ランゲの名前を典拠として挙げつつ、一元

論と科学の結合の歴史的起源が、トーランドに求められている。

ベルトルト『ジョン・トーランドと今日の一元論』（一八七六年）

すでに二〇年前にヘトナー氏が、それまでの哲学史が、**トーランド**の哲学の著作について言及してこなかったことに対して、驚きを表明していた（Geschichte der englischen Literatur. Braunschweig 1856. 8. p. 167. – 3. Aufl. Braunschweig 1872 p. 175）。それから一〇年後、**ランゲ氏**が、唯物論史からみたトーランドの意義を強調した（Geschichte des Materialismus und Kritik seiner Bedeutung in der Gegenwart. Iserlohn 1866. 89. p. 149 ff. – 2. Aufl. Leipzig und Iserlohn 1873. I. p. 272ff.）。それにもかかわらず、哲学史のなかでトーランドが占めるべき場所について、いまなお詳細な議論がなされていない。（Berthold [1876], p. 3）

ロックの哲学からトーランドは、神学に対する戦いの武器を取りだした。この戦いは、人類の精神的な発展にとって多くの帰結をもたらすものとなった。ニュートンの研究と結合させられたロックの哲学のおかげで、トーランドは自らの自然哲学の諸論文のための刺激を得たが、これらの諸論文は、かの**一元論**の萌芽を含むものであり、**この一元論は、今日において、つねに一層力強く展開されはじめている**。（ibid., p. 23）

ヴィルト『一元論（汎神論）について』（一八七四年）

「汎神論」という名称は、我々の知る限り、ジョン・トーランドがその『パンテイスティコン』で用い始めたものである。この「汎神論」という名称よりも、**「一元論」**というより的を射た表現が、正当にも好まれはじめている。（Wirth [1874], p. 1）

しかし、**一元論者**の主張によれば、その世界観のもとでもたらされるかもしれない困難は、**多元論者**の世界理解がもつ困難よりも少ない。そして、このことが、一元論的な体系にのみ、未来が続くことの、決定的な根拠なのである。というのも、個々の存在のあいだの、認識可能で恒常的かつ統一的な仕方で作用する一般的な関係が、いかにして可能であるかを示すことを、多元論は明らかに失敗せざるをえないからである。むしろ、諸事物のあいだの相互作用は、それが一つの全的な存在の部分・項として捉えられる場合にのみ、説明できるものとなる。（ibid., p. 19）

七．二．ヘッケルによる一元論

以上のような状況のもと、「一元論」概念がドイツにおいて**主流化**する大きな契機となったのが、エルンスト・ヘッケルによる「一元論」概念の主題化である。[37]

ヘッケルは生物学者であり、当時の生物学の問題であった「形態論」の問題を取り上げて、この解決の鍵を「共通祖先論（Abstammungstheorie/Deszendenztheorie）」へと求めることで、「一元論」を支持している。

ヘッケルは、この問題を取り巻く当時の学術的状況を、「機械論的ないし一元論的な自然科学の半面」(Haeckel [1866], S.149)と、「生気論的ないし二元論的な自然科学の半面」(ibid.) のあいだの対立図式へと整理する。そのうえで、「共通祖先論」という原理に立脚することで、この「形態論」を、前者の「一元論」によって説明しようとする。

ヘッケル『有機体の一般形態学』(一八六六年)

さてしかし、この**一元論的な理解**は、祖先論［共通祖先論］によって与えられたものである。この祖先論は、(繁殖との脈絡における)遺伝と、(採食において根拠づけられた)適応の、生理学的な機能のうちに、機械的に作用する形態発生の原因を指摘することで、有機体の形態学の全体を一元論的に説明するものである。それゆえ我々の信ずるところでは、一九節で根本性質を説明する祖先論の計り知れない価値を、もっともうまく説明しているのが、次の言葉である。祖先論とは、進化史の全体を、一般的な因果法則によって、科学的に基礎づけるものである。(Haeckel [1866], p. 9)

また、ヘッケルによれば、前述の「祖先論」を通じた自然の一元論的な説明は、「神」の表象へと結びつく。このようにしてヘッケルの「一元論」は、生物学にとどまらず、哲学的・神学的な諸問題をも射程に収めるものとなる。

一元論は、自然の全体における統一を指摘することを通じて、ただ一なる神のみが存在しており、この神が自然現象の全体において自らを現わしていることを、同時に示している。一元論は、有機的・無機的な自然の現象全体を、一般的な因果律によって基礎づけて、この現象全体が「作用原因」の結果であることを指摘することによって、神が事物すべての必然的な原因であり、法則そのものであることを、同時に示す。一元論は、ほかならぬ神的な力を自然のうちに認識して、すべての自然法則を神的なものとして承認することによって、最も偉大で崇高な表象へと高揚する。この表象は、すべての動物のなかで最も完全である人間にのみ可能な表象、すなわち**神と自然の統一の表象**である。(ibid., p. 453)

この後もヘッケルは、『自然の創造史』(Haeckel [1868])、『宇宙の謎――一元論哲学についての一般向け論文[38]』(Haeckel [1899]) など、「一元論」を主題的に扱った著書を立て続けに出版することで、「一元論」概念の人口への膾炙に貢献するようになる[39]。

おわりに

本章では、「一元論」概念の成立と、その歴史的な展開を概観した。もともと「一元論」は、「二元論」の対義語としてヴォルフによってもたらされた概念であり（本章第一節）、テンネマンの哲学史記述や（本章第二節）、ゲッシェルの用法をへて（本章三．二）、徐々に哲学一般の中心原理に据えられるようになる（本章三．二）。そして、ヘルバルト受容を契機として（本章四．一）、「多元論」の対立概念へと転回を果たすことで（本章四．二―五）、今日にいたる概念的枠組みが成立した（本章六―七）。

　このような「一元論」の概念史は、「一元論」のような一見いかにも一般的な概念を無批判的に歴史的文脈へと適用したり、「一元論」という名のもとで歴史的に理解されてきた哲学史像をそのまま継承することの問題性を、告発するものであるといえる。実際、今日においてＪ・シャファーを筆頭として隆盛を誇る「一元論」の概念は、それが登場した時点から、現在のような意味を有していたわけではない。今日の我々が理解しているような「一元論」の概念は、様々な変遷を経た末に、一九世紀の後半にいたって、多くの歴史的な前提のもとで、初めて成立したものなのである。それゆえ、シャファーが引き合いに出す「過去の一元論者たち(40)」のなかにも、スピノザを筆頭として、哲学史のなかで作り上げられた虚像が、往々にして含まれている。

　それと同時に、本章で扱った「一元論」の概念史が示しているのは、ドロービッシュやロッツェといった、ヘルバルトの系譜に属する哲学者たちの、哲学史における重要性である(41)。彼らによってなされた歴史的な転回を視野に入れることで、初めて「一元論」概念の歴史的な連続性が見えるようになる。このことは、一九世紀以降の哲学史を再構成するに際して既存の枠組みやディシプリンにとらわれない幅広い観点を確保することの必要性を、示しているように思われる。

注

(1)　クリスチャン・ヴォルフにおける「一元論」の用法については、本書第二章（津田担当）を参照。

(2)　この点については、通説とみなされている。注（4）を参照。

(3)　ただし、Wolff [1734], §39 においては、「二元論（Dualismus）」および「一元論（Monismus）」という表現が登場する。もっとも、この語形による用法は、同時代においても例外的なものにとどまると考えられる。

(4)　Cf. HW, p. 132; Weir [2012], p. 5, 16; Gregory [2012], p. 46; Lærke [2012], p. 258（本書第一四章、注（2））.

(5)　HWによれば、この定義はピエール・ベール『歴史批評事典』(Bayle [1720]) に登場する「唯一論者たち（Unitaires）」と「二元論者たち（Dualistes）」の定義を踏襲したものである。HWでは、ヴォルフがUnitaireという語をMonismusに置き換えた理由として、ベールの辞書には「神学的な脈絡」(HW, p. 133) が認められるのに対して、「神学から独立した術語を発展させようとする講壇哲学の意図」(ibid.) があったと指摘している。なお、「一元論」ないし「一元論者」という語の出現自体は、ヴォルフより以前まで遡りうると考えられるが、ヴォルフによる用法を今日の「一元論」概念の出発点とするのが、通説的な理解となっている。本章も、本概念の初出に限っては、この通説的理解に依拠することとする。

(6)　本文献の位置づけについては、河村［二〇一六］、八〇頁を参照。本節の邦題も河村［二〇一六］にしたがう。

(7)　「ラテン語の一元論者（Monista）はドイツ語の一元論者

（Monisten）を参照」と書かれている。

（8）カントやフィヒテ、ヘーゲルなどの著名な哲学者においては、本概念の積極的な使用は認められない（ヘーゲルと一元論については、本書第三章（真田担当）を参照）。HWにおいても、「一元論の概念は、たしかに早い段階から関連する事典には収録されていたが、何よりも事典や哲学史的な著作のうちで登場するような、めったに使われない講壇用語にとどまっていた。（カント、フィヒテ、シェリング、ヘーゲルにおいては本概念は認められない）」（HW, p. 133）と指摘されている。そして、この時期の文献として、テンネマンの著作に加えて、Hennings [1774], p. 144ff.; Socher [1802], p 197ff.; Krug [1820], p. 322f.; Reinhold [1859], p. 324ff. などの文献が、註のなかで羅列されている。

（9）Cf. Gregory [2011], p. 46f., 64; HW, p. 135. なお、注（8）で引用したHWの記述は、テンネマンの用例の軽視とも取れるが、本概念の用法の新規性を考慮すると、Gregory [2011] が強調するように、テンネマンの用例は一つの転換点であると言える。

（10）また後にみるように、一八三二年に出版された本文献の英訳が、英語圏の「一元論」概念の、最初期における主要な用例とみなされている。Cf. Gregory [2011], p. 46f., p. 64.

（11）Cf. Gregory [2011], p. 47.

（12）Cf. ibid., p. 64.

（13）Cf. ibid., p. 46f., 64.

（14）ただし、テンネマン自身の著作に限れば、すでにこの「一元論」という概念を、より広汎な文脈のもとで用いている例を発見することができる。その一例として、『哲学史』における以下の用例が挙げられる。

テンネマン『哲学史』第七巻（一八〇九年）

　善と悪の根源的存在からなる二元論的体系は、すでに古代よりペルシャとその周辺国家のうちで勢力を広げていたが、今では同じく時代精神の支配のもとで、新たな生命を再び獲得した。理性の活動と想像力の戯れは、この体系に対して異なる段階を与えた。この段階のうちでもとりわけ、再び一元論へと接近したものが、注目に値する。［この宗教においては］二つの互いに対立する根源的存在、善と悪、光と闇、アフラマヅダとアーリマンというものが想定されており、両者は永遠から発して互いに戦っている。しかし、もう一つの段階によれば、一つの永遠なる根源的原理が想定されており、この原理のうちに、光と闇の領主の双方が出自を有しているのであり、その戦闘は悪の完全なる征伐によって終了するのである。**この後者の段階が、より後に試みられた説明であったならば、この試みは理性の進歩と少なからぬ貢献とを示したことになる。**（Tennemann [1809], p. 160）

　この『哲学史』においては、宗教の発展を説明する文脈で、「一元論」と「二元論」という対立図式が用いられている。本文献においては、宗教的文脈において用いられているほか、「理性的認識」という観点から「一元論」の優位が示されるなど、ヴォルフには見られなかった用法を含んだものとなっている。ただし、本文献における用例は、テンネマン全体の用例から見ても、例外的なものに留まる。

（15）Cf. HW, p. 133; Gregory [2011], p. 59, 68; Weir [2011], p. 32; Lærke [2012], p. 258（本書第一四章、注（2））.

（16）ゲッシェルはヘーゲル主義者であり（Gregory [2011], p. 59）、このことは後に見るクルークの事典においても紹介されている。

（17）Gregory [2011] は、ゲッシェルの主張の神学的背景について、以下のように述べている。「ゲッシェルの狙いは、ヘーゲルの哲学とキリスト教的聖職者主義（clerical Christianity）の対立を解消するものとして、一元論を用いることであった。これに関連して、彼が応答していたのはクリスチャン・ヘルマン・ヴァイセ（一八〇一―一八六六）であり、ヴァイセは、すでに一八二九年に、ヘーゲルの哲学における宗教的な表象がもつ内容と形式の「二元論」を批判していた。ヴァイセが述べたところによれば、ヘーゲルが主張したように、純粋に論理的な存在者のカテゴリーから、これらの形式のうちに存在する実在へと移行することは、それを経験のうちに引き込むことなくしては、不可能である。ゲッシェルは、この場合ですら、そのような主張はヘーゲル学派を崩壊させる恐れがあると考えた。ゲッシェルは、ヘーゲルの思想がもつ「一元論的な」構造を強調することで、このような発展に抵抗しようとしたのである」（ibid., p. 68）。

また「神学における一元論の展開」という点について、Weir [2011] は以下のように述べている。「「一元論」という術語は、宗教の歴史のなかで用いられた。その例としては、一神論によって人類が果たした初めて統一的な世界観への突破を賛美したり、グノーシス主義の脅威を特徴づけたりするために、この術語が用いられている。保守派のルター派であるフリードリヒ・ユリウス・シュタールは、カトリックの「二元論」に対して、プロテスタントの「一元論」を、好意的に比較していた。その一方で、教会と国家のプロイセンによる統一は「我々のキリスト教国家の生の本来の一元論」であり、世俗的国家の二元論より優位であると主張する、「キリスト教国家」の支持者もいた」（ibid., p. 32）。この「神学における一元論の受容」という点については、後のNeander [1843]（本章三．二．一）、Schmid-Schwarzenberg [1857]（本章四．二．二）などとも通ずる点であると思われる。なおWeir [2011] がシュタールの文献として挙げているのは、Stahl [1868] である。

(18) Cf. HW, p. 133; Gregory [2011], p. 59, 68; Weir [2011], p. 32; Lærke [2012], p. 258（本書第一四章、注（2））.

(19) 先行研究においては、表題に「一元論」を掲げたGöschel [1832a] が重視されておらず、Göschel [1832b] については、基本的に言及されていない。しかし、後にクルークやローゼンクランツが言及しているのは、むしろGöschel [1832b] のほうである。

(20) Cf. HW, p. 133.

(21) 管見の限り、ゲッシェル以降の「一元論」の概念史については、先行研究では扱われておらず、「一元論」概念が主流化する一九世紀末のエルンスト・ヘッケルに至るまでの期間をすべて無視するか（HW）、概念史ではなく問題史的な観点からヘッケルの思想の足跡を追う（Weir [2011]; Gregory [2011]）という傾向にある。その理由の一端として、本概念を主題的に扱った数少ない研究文献であるWeir [2011]; Gregory [2011] が、あくまでも精神史的な問題意識に立脚したものであることに加えて、Google Booksなどによって資料へのアクセシビリティが向上したのが極めて最近のことであり、それまで一九世紀の文献の逐語的な調査が技術的に困難であったことも、理由の一つとして考えられる。

(22) 管見の限り、「一元論」の「多元論」との対置がどのようにして生じたかについては、先行研究においては言及されていない。その理由の一端として、ヘルバルトの哲学がなかば忘却されてきたことに加えて、一九世紀末のドイツに限定すれば、「一元論」が哲学の原理として主題化される際には、その対概念が「二元論」であるか「多元論」であるかは、あまり問題とされてこなかったことが挙げられる。しかし、後に言及する英語圏においては、「多元論」を対概念とする「一元論」がラッセルらによって葬り去られる反面、「二元論」と「一元論」の対立関係は、「心の哲学」などの文脈で図式として残り続ける。そして、前者の、「多元論」を対概念とする「一元論」が、英語圏において受容される契機となったのは、ヘルバルトの系譜を引いたロッツェの哲学の英語圏への輸入であると考えられる（本章第五章を参照）。それゆえ、「一元論」が「多元論」と対置されるようになったことは、「一元論」の概念史にとって一つの転回点と見なされるべきであり、その転回の出自は、あくまでもドイツ語圏における転回へと遡られるべきであると考えられる。

(23)　この点に限れば、「ゲッシェルの思弁的観念論は、ヴォルフのもともとの意味における純粋な精神論的一元論をひきずった例である」（Gregory [2011], p. 68）というGregory [2011] の指摘は妥当であるといえる。

(24)　たとえばStrodtmann [1752] では次のように述べられている。

シュトロットマン『新・学術のヨーロッパ』（一七五二年）

著者［ヤーコプ・カルポフ］の論駁の仕方は、次のようなものである。観念論者は、その主たる論拠を、物体の不可能性から取り出すことによって、観念論の可能性を証明している。しかし、観念論の可能性から、その現実性へと推論をなすことはできないので、この仕方による反論の源泉は塞がれている。そして、もしそうでないとすれば、観念論者は、物体の現存在について語られるすべてのことを、空虚な駄弁とみなしていることになる、と。次に著者［カルポフ］が考察するのは、観念論者の見解それ自体である。というのも、ここで同時に話題になっているのは、観念論者が物体の実在性を否定する際の、この哲学的な分派の現存在と、その主たる諸根拠だからである。しかし、観念論者は独我論者あるいは多元論者となるため、まずは、いかにして独我論者が多元論者になるべきかが示される。その次に、**多元論者自身が容認している事柄によることで、いかにして多元論者が二元論者になるべきか**が示される。（ibid., p. 485)

他方、Hennings [1775] のように、旧来的な用法を保存した事典も出版されている。Hennings [1775], p. 393.

(25)　ただし、以下で確認するドロービッシュによる用例以前にも、「一元論」と「多元論」を対立的に用いている用例は、いくつか例外的に認められる。たとえばCarus [1809], p. 153においては、「二元論」を「多元論」の下位区分として位置づけたうえで、「全世界（マクロコスモス）と人間世界（ミクロコスモス）の――存在の仕方の諸体系」を、「多元論（三元論 Trialismus、二元論）」と「一元論（唯物論、精神論）」の、二つの立場へと区分している。ただしこのような用例は、あくまでも「二元論」が「多元論」の下位区分となることで初めて成立するほか、ドロービッシュ以降の本概念の用法と比較するならば、あくまでも例外的な用例にとどまる。

(26)　Chalybäus の読み方には諸説あり、木村［二〇一五］は「シャリボイス」（木村［二〇一五］、一六六頁）と、飛田［二〇〇六］は「カリボイス」（飛田［二〇〇六］、八五頁）という読みを当てている。

(27)　本文献は、ヘーゲルの弁証法を、現代よく知られた「正―反―合（These, Antithese, Synthese）」（Chalybäus [1843], p. 354）という形へと定式化した、最初期の文献として知られているので、一定の影響力を有していたと考えられる。Cf. Mueller [1958], p. 413.

(28)　「一元論」という概念が神学において重視されたことは、前述のとおり、Weir [2011] によっても指摘されている（ibid., p. 32, 本章の注（18）を参照）。ただし、Weir [2011] が挙げている例は、「二元論」と対置された「一元論」に留まっている。

(29)　本節に登場する哲学者については、Invernizzi [1994] のなかで極めて詳細かつ網羅的に扱われている。

(30)　「一元論」を「世界観」を構成する原理として用いる潮流は、二〇世紀以降も続く（cf. HW, p. 134; Weir [2011], pp. 23ff.）。それゆえ、「世界観（world view）としての一元論」（Weir [2011], p. 12）に主眼を置いたWeir [2011] のアプローチも、この潮流に重点を置いたものといえる。また、Weir [2011] は、一九世紀の思想における「一元論」の発展を、あくまでも精神史的な観点から跡付けようとしており、「一元論」という概念の用例そのものには注意を払っていないが、実際には一九世紀の後半に入ると、「一元論」という概念そのものが「世界観」を表現するものとして用いられるようになる。

(31) ただし本文献においては、「一元論」という概念はあまり用いられていない。

(32) 本書第五章（太田担当）で確認するように、このロッツェとハルトマンの著作は、後に英訳されることによって、英語圏における「一元論」と「多元論」の対立図式の先駆的用例となる。ただし、本書第一一章（立花担当）の指摘によれば、このロッツェとハルトマンの著作に加えて、Erdmann［1889］の記述もまた、「一元論」と「多元論」という対立図式が英語圏において受容される際の重要な契機となったと考えられる。このErdmann［1889］は、エルトマンがドイツ語で公表した『哲学史綱要　第二巻　近代の哲学』の第三版であるErdmann［1878］の英訳にあたる。以下では、ドイツ語圏における本文献の位置づけについて、簡単に確認しておきたい。

　本文献のドイツ語版の第一版は、一八六六年に出版されているが、第一版の段階では、「一元論」と「多元論」を対置した記述は認められない。しかし、一八七〇年の第二版（以下Erdmann［1870］）になると、スピノザを「一元論あるいは汎神論」（ibid., p. 59）とみなす立場と、スピノザを「多元論」（ibid.）あるいは「多神論」（ibid.）とみなす立場を、対立的構図のもとで説明した記述が増補される。さらに、前述した一八七八年の第三版になると、「スピノザはほかならぬ独立の存在者から解放されることはなく、そのせいで陥る矛盾を隠すために、自らの汎神論と個体論（一元論と多元論）を、〝限りにおいて（quatenus）〟［という言葉］によって区別しようとする。これは、スピノザにおいてあらゆることを可能たらしめた魔法の言葉であると、ヘルバルトが機知をこめて呼んだものである」（Erdmann［1878］, p. 76f.）という記述が増補され、「一元論」と「多元論」が、スピノザの思想のなかで共存する要素として説明されるにいたる。

　ただし、ドイツ語圏における「一元論」概念の変遷からみると、エルトマンのドイツ語版におけるこれらの記述の増補は、「一元論」と「多元論」の対立図式の初期の用例とは言い難く、むしろ他の哲学者による「一元論」と「多元論」という対立図式の導入と、そのドイツ語圏における定着を受けるかたちで、なされたものであるとも考えられる。なお、これらの論点に関しては、立花達也氏からご指摘とご示唆をいただいた。感謝申し上げたい。

(33) Cf. HW, p. 135. 後述のように、「多元論」の対立概念としての「一元論」が、英語圏に流布する契機となったのは、ロッツェの著作における「一元論」への言及であると考えられる。また、ロッツェは、シャファーが「一元論」概念の出典として言及する哲学者のうち、自らが「一元論」という言葉を用いている人物としては、最も古い人物の一人である。本書第一三章付録を参照。

(34) なおシャファーは、一九世紀における「一元論」概念の隆盛を示す証言として、シラーの論文を引き合いに出している。Cf. Schaffer［2010a］, p. 32（本書第一三章冒頭部）. また、HWにおいても、ロッツェの一元論を示す典拠として、ロッツェ自身の記述ではなく、シラーの論文が挙げられている（HW, p. 135f.）。

(35) なお、ここで「具体的一元論」が批判の対象としている「抽象的一元論」という概念に関しては、シェーナッハ以前から用いられている。しかし、その対立概念として「具体的一元論」という概念を打ち出したのは、シェーナッハが初めてであると考えられる。この点からみれば、「具体的一元論」という概念は、それに先行する「抽象的一元論」という批判に対する応答として、必然的に登場した概念であると言える。

(36) このことの理由としては、ハルトマン自身の知名度の高さに加えて、シェーナッハは「一元論」という概念をあくまでも「二元論」の対立概念として用いていることが考えられる。
(37) Cf. Weir [2011], p. 2ff.; Gregory [2011], p. 45ff.; HW, p. 134. なおヘッケルの立場については、Gliboff [2011] において詳述されているほか、その歴史的な影響力の大きさのために、本文献全体を通じて論じられている。
(38) Weir [2011] の題名は、本文献が一九〇〇年に英訳された際のタイトル *The Riddle of Universe* から取られている。ibid., p. 7.
(39) 以上のような経過を経て、一九世紀末になると、「一元論」という概念そのものを主題的に取り扱った著作が急増するようになる。たとえばヴィルヘルム・ライヒェナウ『スピノザから今日までの一元論哲学』（Reichenau [1884]）においては、デカルト、スピノザ、ライプニッツ、カント、ショーペンハウアー、マックス・ミュラーなどが取り上げられている。このようにして、「一元論」の概念は、従来のようなヘーゲル哲学との結びつきを完全に離れて、それ自体で主題化されるようになる。
　その中でも象徴的となるのが、アルトゥール・ドレフス編『支持者達の論文のなかで描かれた一元論』（Drews [1908]）の出版である（Weir [2011], p. 12ff.）。ドレフスは二〇世紀ドイツの「一元論」の重要人物の一人。本文献は二部構成（体系編、歴史編）で共著形式となっており、体系編の冒頭において、「一元論」がいくつかの類型へと区別されて概観されている。本文献で節題に登場する哲学者の名前としては、パルメニデス、ショーペンハウアー、ロッツェ、ヘッケル、ルドルフ・オイケン、エドゥワルト・フォン・ハルトマンなどがいる。

　なお、ヘッケルやドレフスが主体となって、反キリスト教宗教団体である「ドイツ一元論同盟（Deutscher Monistenbund）」が設立されて（Ibid.: HW, p. 135）、一九二九年には会員数が三〇〇〇人を超える。以上のような経過を経て、二〇世紀になると、「一元論」という概念が、ドイツにおいて一般的に用いられるようになる。ただしHWの記述では、「第一次世界大戦後、世界観として登場した一元論は崩壊した」（HW, p. 134）とされたうえで、「一元論は、マルクス主義の文献におけるのを別にすれば、いくつかの無宗教団体の宗教的世界観の定式として用いられたに過ぎない」（HW, p. 135）と述べられており、この「ドイツ一元論同盟」が「一元論」概念の主流化の現象としては認められていない。
(40) Schaffer [2010a], p. 66（本書第一三章付録）. 本章「はじめに」を参照。
(41) このような重要性にもかかわらず、前述のとおり、先行研究においては、ヘルバルトへの言及がなされていない。その理由の一端は、ヘルバルトが哲学史のなかで忘れ去られていることと、無関係ではないと考えられる。

文献

一次文献

Bahnsen, Julius, [1872], *Zur Philosophie der Geschichte: Eine kritische Bepsrechung des Hegel-Hartmannschen Evolutionismus aus Schopenhauerschen Principien*, Berlin: Carl Duncker's Verlag.
Bayle, Pierre, [1720], *Dictionnaire Historique et Critique, troisième édition*, Rotterdam.
Berthold, Gerhard, [1876], *John Toland und der Monismus der Gegenwart*, Heidelberg: Carl Winter's Universitätsbuchhandlung.
Byk, S. A., [1877], *Die Vorsokratische Philosophie der Griechen in ihrer organischen Gliederung, zweite Teil: Die Monisten*, Leipzig: Verlag von Moritz Schäfer.
Chalybäus, Heinrich Moritz, [1843], *Historische Entwicklung der spekulativen Philosophie von Kant bis Hegel, 3 Auflage*, Dresden

and Leipzig: Arnoldische Buchhandlung (1 Auflage: 1837).

Cornill, Adolph, [1858], *Materialismus und Idealismus ih ihren gegenwärtigen Entwicklungskrisen,* Heidelberg: Akademische Verlagshandlung von J. C. B. Mohr.

Drews, Arthur (hrsg.), [1908], *Der Monismus dargestellt in Beiträgen seiner Vertreter,* Jena: Eugen Diederichs.

Drobisch, Moriz Wilhelm, [1840], *Grundlehren der Religionsphilosophie,* Leipzig: Leopold Boß.

——— [1852], „Ueber einige Einwürfe Trendelenburgs gegen die Herbartsche Metaphysik," in *Zeitschrift für Philosophie und philosophische Kritik, im Vereine mit mehreren Gelehrten, Neue Folge, Band 21,* hrsg. von I. H. Fichte, H. Ulrici, I. A. Wirth, Halle: Eduard Anton.

Erdmann, Johann Eduart, [1878], *Grundriss der Geschichte der Philosophie, zweiter und letzter Band: Philosophie der Neuzeit, dritte, vermehrte Auflage,* Berlin: Verlag con Wilhelm Hertz.

——— [1889], *A History of Philosophy, Vol II: Modern Philosophy, edited by Williston S. Hough,* London: Swan Sonnenschein & Co.

Fischer, Kuno, [1852], *Logik und Metaphysik oder Wissenschaftslehre. Lehrbuch für akademische Vorlesung,* Stuttgart: E. P. Scheitlin.

Frauenstädt, Julius, [1869], *Blicke in die intellectuelle, physisiche und moralische Welt nebst Beiträgen zur Lebensphilosophie,* F. A. Leipzig: Brockhaus.

Göschel, Carl Friedrich, [1832a], *Der Monismus des Gedankens: Zur Apologie der gegenwärtigen Philosophie am Grabe ihres Stifters,* Naumburg: Eduard Zimmermann.

——— [1832b], *Hegel und seine Zeit: Mit Rücksicht auf Goethe. Zum Unterrichte in der gegenwärtigen Philosophie nach ihren Verhältnissen zur Zeit und nach ihren wesentlichen Grundzügen,* Berlin: Duncker& Humbolt.

Haeckel, Ernst, [1866], *Generelle Morphologie der Organisme,* Berlin: Georg Reimer.

——— [1868], *Natürliche Schöpfungsgeschichte,* Berlin: Verlag von Georg Reimer.

——— [1899], Die Welträtsel. Gemeinverständliche Studien über monistische Philosophie.

Hartmann, Eduard von, [1871], *Philosophie des Unbewussten, 3tes. beträchtlich vermehrte Auflage,* Berlin: Carl Dunekers Verlag.

——— [1879], *Phänomenologie der sittlichen Bewusstseins: Prolegomena zu jeder künftigen Ethik,* Berlin: Carl Dunekers Verlag.

——— [1882], *Das religiöse Bewusstsein der Menschheit im Stufengang seiner Entwicklung,* Berlin: Carl Dunekers Verlag.

Hennings, Justus Christian, [1774], *Geschichte von den Seelen der Menschen und Thiere: Pragmatisch entworfen,* Halle: Gebauer.

——— [1775], *Johann Georg Walchs philosophische Lexikon, worin die in allen Theilen der Philosophie vorkommenden Materien und Kunstwörter erklärt, aus der Historie erläutert, die Streitigkeiten der ältern und neuern Philosophen erzählt, beurtheilet und die darin gehörigen Schriften angeführt erden; mit vielen neuen Zusätzen und Artikeln vermehret, und bis auf die gegenwärtige Zeit fortgesetzt, wie auch mit kurzen kritischen Geschichte der Philosophie aus dem Bruckerischen grossen Werke versehen, 4 Auflage, Anderer Theil.*

Hoffman, Franz, [1872], *Philosophische Schriften, Band 3,* Erlangen: Verlag von Andreas Deichert.

Jodl, Friedrich, [1895], "Neuere Versuche der Systembildung in der deutschen Philosophie", in *Die Aula: Wochenblatt für die*

Gebildeten aller Stände, München: R. W. Vobach, 17.

Kirchner, Friedrich, [1907], „Pluralismus," in *Wörterbuch der philosophischen Grundbegriffe, 5 Auflage,* Leipzig: Dürr'sche Buchhandlung.

Krug, Wilhelm Traugott, [1820], *System der theoertischen Philosophie. 2tes Theil. Erkenntnislehre, 2te Auflage,* Königsberg: August Wilhelm Unzer.

——— [1833], *Allgemeines Handwörterbuch der philosophischen Wissenschaften nebst ihrer Literatur und Geschichte, zweiter Band,* Leipzig: F. A. Brockhaus.

——— [1927], *Allgemeines Handwörterbuch der philosophischen Wissenschaften, nebst ihrer Literatur und Geschichte: nach dem heutigen Standpuncte der Wissenschaft, 2 Band,* Leipzig: F. A. Brockhaus.

Lange, Friedrich Albert, [1873], *Geschichte des Materialismus und Kritik seiner Bedeutung in der Gegenwart, zweite, verbesserte und vermehrte Auflage, Buch 1,* Iserlohn: Verlag von J. Baedeker.

——— [1875], *Geschichte des Materialismus und Kritik seiner Bedeutung in der Gegenwart, zweite, verbesserte und vermehrte Auflage, Buch 2,* Iserlohn: Verlag von J. Baedeker.

Lotze, Rudolf Hermann, [1864], *Mikrokosmos, Ideen zur Naturgeschichte und Geschichte der Menschheit,* S. Hirzel: Leipzig.

——— [1879], *System der Philosophie, zweiter Teil, Metaphysik, drei Bücher, der Ontologie, Kosmologie und Psychologie,* Leipzig: S. Hirzel.

——— [1884], *Grundzüge der Religionsphilosophie, zweite Auflage,* Leipzig: Verlag con S. Hirzel.

Mager, Karl Wihelm Eduard, [1847], *Die Enzyklopädie oder System des Wissens zunächst als Propädeutik und Hodegetik,* Zürich: Verlag von Meyer und Zeller.

Mueller, Gustav, E., [1958], "The Hegel Legend of 'Thesis-Antithesis-Synthesis'", in *Journal of the History of Ideas,* 19 (3).

Neander, August, [1843], *Allgemeine Geschichte der christlichen Religion und Kirche, Band 2, 2 Auflage,* Hamburg: Friedrich Perthes.

Reichenau, Wihelm, [1884], *Die monistische Philosophie von Spinoza bis auf unsere Tage,* Eduard Heinrich Meyer: Köln and Leipzig.

Reinhold, Ernst, [1859], *Geschichte der Philosophie nach den Hauptmomenten ihrer Entwicklung, 2ter Band: Geschichte der neueren Philosophi bis auf Kant, 5te Auflage,* Jena: Druck und Verlag von Friedrich Mauke.

Rozenkranz, Karl, [1840], *Kritische Erläuterungen des Hegel'schen Schule,* Königsberg: Gebrüdern Bornträger.

Schaarschmidt, Carl, [1845], *Plato et Spinoza: philosophi inter se comparati,* Berlin: Gustav Schade.

Schenach, Georg, [1856], *Metaphysik: Ein System des konkreten Monismus,* Innsbruck: Wagner'sche Buchhandlung.

Schmid-Schwarzenberg, Franz Xaver, [1857], *Christliche Religionsphilosophie,* Nördlingen: C. H. Beck, S. 118.

Socher, Joseph, [1802], *Grundriß de Geschichte der philosophischen Systeme con den Griechen bis auf Kant,* München: Joseph Lentner.

Strodtmann, J. Ch., [1752], *Das Neue Gelehrte Europa als eine Fortsetzung der dreyen Werke, die bisher unter den Aufschriften, Gelehrtes Europa, Geschichte der Gelehrten und Beyträge zur Hisorie der Gelahrtheit, ans Licht gestellt worden, Zweiter Theil,* Wolfenbüttel.

Tennemann, Wilhelm Gottlieb, [1809], *Geschichte der Philosophie, 7tes Band,* Leipzig: Johann Ambrosius Barth.

——— [1816], *Grundriß der Geschichte der Philosophie für den akademischen Unterricht, 2tes Auflage,* Leipzig: Johann Ambrosius Barth.

——— [1829], *Grundriß der Geschichte der Philosophie für den akademischen Unterricht, 5tes Auflage,* Leipzig: Johann Ambrosius Barth.

Trendelenburg, Friedrich Adolf, [1855], *Historische Beiträge zur Philosophie, 2tes Band,* Berlin: G. Bethge.

Venetianer, Moritz, [1874], *Der Allgeist: Grundzüge des Panpsychismus im Anschluss an die Philosophie des Unbewussten,* Berlin: Carl Duncker's Verlag.

Wolff, Christian, [1722], *Vernünftige Gedanken von Gott, der Welt und der Seele des Menschen, auch allen Dingen überhaupt,* Halle: Renger.

——— [1734], *Psychologia rationalis,* Frankfurt and Leipzig: Renger.

Wright, W. J., [1897], „Lotze's Monism," in *Philosophical Review,* 6 (1).

Wirth, Robert, [1874], *Ueber Monismus* (*Phantheismus*) *mit Berücksichtigung der "Philosophie des Unbewussten,"* Jena.

Zedler, Johann Heinrich, [1739], *Das Grosse vollständige Universal-Lexicon Aller Wissenschafften und Künste, Band 21,* Halle and Lipzig: Zedler.

二次文献

HW: A. Hillermann / A. Hügli [1984] „Monismus", in *Historisches Wörterbuch der Philosophie, 6 Band, hrsg. von Karlfried Gründer,* Berlin: Schwabe Verlag.

Bowler, Peter J., [2011], "Monism in Britain: Biologist and the Rationalist Press Association", in *Monism: Science, Philosophy, Religion and the History of a Worldview,* Todd H. Weir (ed.), Palgrave Macmillan: London, pp. 179-196.

Gliboff, Sander, [2011], "Monism and Morphology at the Turn of the Twentieth Century", in: *Monism: Science, Philosophy, Religion and the History of a Worldview,* Todd H. Weir (ed.), London: Palgrave Macmillan pp. 135-158.

Gregory, Frederick, [2012], "Proto-Monism in German Philosophy, Theology, and Science," in *Monism: Science, Philosophy, Religion and the History of a Worldview,* Todd H. Weir (ed.), Palgrave Macmillan: London, pp. 45-70.

Lærke, Mogens, [2012], "Spinoza's Monism? What Monism?," in *Spinoza on Monism,* Phillip Goff (ed.), London: Palgrave Macmillan, pp. 244-261.〔邦訳：モーエンス・レルケ（立花達也訳）、「スピノザの一元論？　どんな一元論？」、本書第一四章〕

Schaffer, Jonathan, [2010a], "Monism: The Priority of the Whole," in *Philosophical Review,* 119, pp. 31-76.〔邦訳：ジョナサン・シャファー（立花達也・雪本泰司訳）、「一元論――全体の優先性」、本書第一三章〕

——— [2010b], "The Internal Relatednes of All Things," in *Mind,* 119, pp. 341-376.

Weir, Todd. H., [2012], "The Riddle of Monism: An Introductory Essay", in *Monism: Science, Philosophy, Religion and the History of a Worldview,* Todd H. Weir (ed.), London: Palgrave Macmillan pp. 1-44.

河村克俊［二〇一六］「ツェードラーの『万有事典』ならびにヴァルヒの『哲学辞典』にみる充足根拠律――一八世紀ドイツの根拠律解釈」、『言語と文化』（一九）、七九―九七頁。

木村周市朗［二〇一五］「アーレンスにおける生の条件と人格権」、『成城大學經濟研究』二〇八号、二〇八―一一一頁。

飛田満［二〇〇六］「『精神現象学』研究史――ドイツにおける二〇〇年」、

『ヘーゲル哲学研究』（三）、八四―九七頁。

その他の文献

Friedrich August Carus, [1809], *Nachgelassene Werke, Vierter Teil, Ideen zur Geschichte der Philosophie,* Leipzig: Iohann Ambrosius Barth und Paul Gotthelf Kummer, S. 153.

Invernizzi, G., [1994], *Il pessimismo tedesco dell' Ottocento. Schopenhauer, Hartmann, Bahnsen e Mainländer e i lovo avversari,* Firenze: La nuova Italia.

Jäsche, G. B., [1828], *Der Pantheismus nach seinen verschiedenen Hauptformen, seinem Ursprungund Fortgange, seinem speculativen und praktischen Werth und Gehalt,* Berlin: D. Reimer.

Stahl, F. J., [1868], *Die gegenwärtigen Parteien in Staat und Kirche, 2te Auflage,* Berlin: Verlag von Wilhelm Hertg.

第二章　初期近代ドイツ哲学における一元論の諸相

――バウムガルテンにおける心身二元論とスピノザ論の交叉という視点から

津田栞里

はじめに

一元論（monism）という概念は一八世紀ドイツの思想家ヴォルフ（Christian Wolff, 1679-1754）によって、物質論者や観念論者といった一種類の実体のみを世界に認める者の呼称、すなわちデカルト（René Descartes, 1596-1650）の心身二元論を背景として成立した諸思想を整理するためのラベルのうちの一つとして誕生した。(1)このような事情は、デカルトの心身二元論が多くの思想グループを成立させ、大規模な論争を巻き起こしていたこと、そしてヴォルフの活動する一八世紀前葉のドイツ哲学にとっては心身二元論が重大な論題の一つであったことを想起させる。しかしながら、この概念が鍵語としての地位を獲得するのはおよそ一世紀後のことであり、(2)そのあいだの著名な思想家が一元論という語を使用した事実を確認することはできない。(3)このことは、ヴォルフとおよそ一世紀後の思想家との間で哲学上の主要問題ないし中心的関心が変化した、つまりパラダイムの転換があったことを示すかもしれない。しかしながら、彼と同時期に活動したヴォルフ学派として知られるバウムガルテン（Alexander Gottlieb Baumgarten, 1714-1762）さえも一元論という表現を用いていないことから、いくらか複雑な事情があるように思われる。というのも、主著『形而上学』の形式から確認されるようにバウムガルテンの思想はヴォルフの体系に倣っており、その術語の多くもヴォルフから引き継いだものであるからである。

では、なぜ一元論という語が近代ドイツ哲学の表舞台から姿を消してしまったのか。私たちはここで、ヴォルフにとっての主要な論題であった、スピノザ（主義）に注目する。ハレ大学哲学部の教授でもあったヴォルフは、一七二一年の「中国人の実践哲学」に関する記念講演をきっかけに、(4)同大学神学部の教授ランゲ（Johann Joachim Lange, 1670-1744）を中心とした敬虔主義神学者たちによって、スピノザ主義者として激しく糾弾されることとなった。以降、およそ二〇年のあいだにわたって繰り広げられたランゲ－ヴォルフ論争は、(5)スピノザ主義者が無神論を意味する当時のレッテルであった点に鑑みて、一八世紀前葉のスピノザ論争と評価できるものである。一八世紀後葉にはメンデルスゾーンとヤコービの汎神論論争が待ち受けているように[(6)]、ある意味で一八世紀ドイツという時代はスピノザ論争の時代でもあったのである。ゆえに、一元論というラベルが採用されなかったことの理由として、当時のスピノザ論争の高まりを仮説的に提示したい[(7)]。つまり、心身二元論という問題そのものがスピノザ論争の一部として扱われたために、スピノザ論において有効的ではなかった一元論という概念が捨象されたという仮説である。

本章はこの仮説の検証を目的として、以下の順序で進められる。まず、ヴォルフによって提示された心身二元論以降の思想地図がバウムガルテンにも継承されていたことを指摘することで、心身二元論という論題の同時代的な有効性を確認する。具体的には、一元論の初出である『世界、魂、人間の魂、そしてあらゆる事物一般に関する神の理性的思弁（*Vernünftige Gedanken von Gott, der Welt und der Seele des Menschen, auch allen Dingen überhaupt*）』（一七二〇年、以下『思弁』）及び『合理的心理学』（一七三四年）の記述から、ヴォルフによる諸概念の定義を紹介した上で、それらとバウムガルテンの『形而上学』における各概念の用例とを比較する。次いで、一八世紀前葉のドイツにおけるスピノザ論と心身二元論の関係を確認しよう。たしかに心身二元論はデカルト以来の主要な論題ではあるものの、ドイツのハレ大学周辺ではスピノザ論の一部として扱われる傾向にあり、さらにランゲ－ヴォルフ論争以降はスピノザ論争の影に隠れてしまっていたことが示唆される。そこで、実際にヴォルフが『自然神学』（一七三七年）で展開した「スピノザ論」（§§ 671–716）やバウムガルテンのスピノザ主義批判において、スピノザと一元論が結びついていないことを指摘したい。一方で、スピノザ（主義）をめぐる同時期の論争に注目する場合、バウムガルテンのうちに多様な一元論の議論の原型を透かしみる可能性を提示する。

一．一元論と心身二元論

一．一．ヴォルフによる一元論の導入

ヴォルフによる「一元論」の最初の用例は、『思弁』第二版序文（Wolff [1722], Vorrede[II]）に確認される[(8)]。そこでは「事物の認識に努め、そして世界を追求したあらゆる知者」、つまり哲学者の分類が行われ、そのうちの一つに「一元論者」が数え入れられた。その後、ヴォルフは再び『合理的心理学』において『思弁』で提唱した分類を取り上げ、それぞれの知者の再定義を行うとともに、注釈のなかでは同時代の思想家の名を挙げている。以下では、これら二つの著作で展開されたヴォルフによる哲学者の分類を紹介しよう。

まず、一切の教説を受け容れずに一切を疑う者は「懐疑論者（Sceptícos）」である（ibid.）。ヴォルフの定義においては、懐疑論者も普遍的な真理を認め、その追求を目指すことから、不可

知論とは区別されねばならない（Wolff [1734], §41）。その点は、古代ギリシア及び古代ローマの懐疑論を代表するセクストス・エンペイリコス（Sextus Empiricus, ca. 160–ca. 210）[9]と、『福音による証明（*Demonstratio evangelica*）』（一六七九年）で知られるユエ（Pierre Daniel Huet, 1630–1721）の名が挙げられていることからも確認できよう（ibid., §41）。その上でヴォルフは、懐疑論者に「一般的に何にも同意せず、何も否定しない」という否定的な評価を下した（Wolff [1722], VorredeⅡ; Wolff [1734], §41）。それに対して、教説を受け容れた後に、実際に現れた事柄を言明する者が「独断論者」であり（Wolff [1722], VorredeⅡ）、彼らは「普遍的な真理を擁護する」、つまり「一般的に何かに同意し、否定する」といわれる（Wolff [1734], §40）。

独断論者のうちで、或る者はこの世界には一種類の事物（Ding）しか現存しないと主張し、また別の者は二種類の事物が現存すると主張する（Wolff [1722], VorredeⅡ）。このとき、前者が「一元論者（monistae）」であり、「物質的な実体と非物質的な現実存在を認める」立場である後者が「二元論者（dualistae）」となる（Wolff [1734], §39）。このとき、彼らはいかなる種類の事物の現実存在を認めるかに応じて次のように区別できる。まず、「物質的な存在ないし物体のみが現存することを認める者」が「唯物論者（materialistae）」であり、たとえばそれはホッブズである（ibid., §33）。それに対して、モナドに相応するような「単一な事物（einfache Dinge）」のみを認め（Wolff [1722], VorredeⅡ）、「私たちの魂のうちに観念的な物体が現存することを認める者」が「観念論者（idealistae）」である（Wolff [1734], §36）。観念論者は「実在的世界と物体の現実存在を否定する」のであって、たとえばそれはバークリーである（ibid., §36）。

最後に、観念論者もまたいくつの本質を認めるかに応じて区別される。「一つの本質より多くのものを認める」ならば、その者は「多元論者（pluralisten）」であり、「自身を唯一現実のものとみなす」ならば、その者は「独我論者（egoisten）」である（Wolff [1722], VorredeⅡ）。さらに独我論者とは、「たしかに魂があるかぎりでただ自身を実在的な現実存在と認める」のであり、たとえばそれはマルブランシュである（Wolff [1734], §38）。

以上から、ヴォルフによる「一元論」の使用には「二元論」が一九世紀以降に確認されるような哲学的術語ではなく、単なるラベルとして導入されたにすぎないという特徴を指摘することができる。『合理的心理学』の定義項のうちで挙げられている思想家の多くが一七世紀から一八世紀に活動をしていた点に鑑みると、ヴォルフの目的とは当時の著名な思想家を心身二元論という同時代の論題へのアプローチとして有効なかたちで整理・位置付けすることであったと評価しうるであろう。実際に、一元論という表現は同著作において定義項以降ではほとんど確認されず、定義項が属する「魂の本性と本質」という節は、二元論者と唯物論者及び観念論者という三項によって議論が進められている。したがって、これらの事情が暗に示しているように、用語がもつ内容の豊かさを問題にすることはあまり有益でないのではないか。むしろ、ここで提示された思想整理の枠組みがバウムガルテンとの比較においては重要である。

一・二・バウムガルテンによる平板化と二元論の消失

ヴォルフ『合理的心理学』に対応する節（「合理的心理学」）を含んだバウムガルテンの主著『形而上学』では、「二元論者」、「唯物論者」、「観念論者」、「独我論者」という四つの用語しか確認することができず、「一元論者」や「懐疑論」、「独断論」は同著作中で扱われていない[10]。さらに、独我論者と対で用いられた「多元論者」も影を潜めている。ただし、バウムガルテンが完全にヴォルフの思想整理を捨象したわけではない。以下で確認するように、バウムガルテンはヴォルフの用語を採用しながらも、自らの問題意識のもとで部分的に改編しているのである。

まず、心身二元論に関わる枠組そのものはヴォルフから継承されている。二元論者は「この世界を精神的なものどもと物体的なものどものみから構成する立場の者」と定義されているし（Baumgarten [1757], §465）、独我論者も「あらゆる世界は単一な存在者であるか、あるいは複合的な存在者である」という視点から「この世界を単一な存在とみなし、自身をそれとみなす者」と定義された（ibid., §392）。さらに、観念論者も「この世界の知性的なモナド」であるところの、「ただ精神のみをこの世界において認める者」であるといわれている（ibid., §402）。

しかしながら、唯物論者については定義文が変更されるとともに、より下位の区分が導入されている。バウムガルテンは唯物論者に「モナドの現実存在を否定する者」という消極的な定義を与えると（ibid., §395）、世界の部分としてモナドの現実存在を認めないような「世界論的な唯物論者」（ibid., §395）と、人間の魂が非物質的な実体であることを否定するような「心理学的な意味での唯物論者」（ibid., §757）とを区別したのである。

バウムガルテンはヴォルフの思想整理の枠組みを大部分ではそのまま受容しているものの、二元論に対して、唯物論、観念論、独我論を定義の上で対立させていない。バウムガルテンにとっては、これらの思想グループは批判対象にすぎず、そこでは自身の理論との区別のみが重要なのである。たとえば二元論者の定義項における「最も完全な世界は独我論的でも、観念論的でもなく、二元論者がこのような世界を知覚する」という記述（ibid., §465）には、ヴォルフとは異なるバウムガルテンの問題意識がよく現れているであろう。さらに、神の現実存在に関する議論のなかでも「独我論者、観念論者、唯物論者を神の現実存在について説得する」といった記述がある（ibid., §856）。バウムガルテンにとって、独我論・観念論・唯物論は心身二元論という枠組ではなく、自身の思想との対立図式のうちに位置付けられているのである。その背景には、少なくとも最初に一元論が導入された一七二二年の頃とは異なる論争の潮流を指摘することができるのではないだろうか[11]。

二　一八世紀ドイツにおける一元論とスピノザ（主義）

二・一・心身二元論から汎神論へ

たしかに心身二元論はデカルト以来の重要な論題であることは疑いえない。しかしながら、一八世紀の前葉にはもう一つの主要な論題、つまりスピノザをめぐる多様な言説があった[12]。そこで、私たちは一八世紀前葉のドイツにおけるスピノザへの言説が三つの論題、つまり汎神論・唯物論・運命論のうちに展開してきたことを確認した上で、心身二元論に関連する唯物論がそのうちの一つに含まれるとともに、論題の比重もランゲ－ヴォルフ論争の際には運命論へと傾いていたことを指摘する。以下では順に三つの論題についてみていこう。

まず、汎神論についてである。スピノザ受容といえばベールの『歴史批評辞典』（一六九七年）に注目することが多いように、ドイツにおいてもその影響は大きかった。ただし、その独訳の刊行が一七四一年であることからもわかるように[13]、実際にはイェーナの敬虔主義神学者ブッデウス（Johann Franz Buddeus, 1667–1729）を通じて、ベールのスピノザ解釈、つまり古今東西の汎神論的な思想に結びつけられた「スピノザ」は広まっていった[14]。ブッデウスは、ヴァハター（Johann Georg Wachter, 1673–1757）による『ユダヤ教のスピノザ主義（*Der Spinozismus im Judenthum*）』（一六九九年）への批判として、『スピノザ以前のスピノザ主義に関する議論（*Dissertatio de Spinozismo ante Spinozam*）』（一七〇一年）を発表すると、神と自然の汎神論的な同一性をスピノザやストア派に共通の問題として指摘したのである[15]。

この時期、スピノザ主義者として批判される思想家の多くが同時に身体によって魂が動かされることを主張する唯物論を支持していたこともあり[16]、「スピノザ」は唯物論と結びつけられていった。トマジウス（Christian Thomasius, 1655–1728）[17]とブッデウスから教育を受けたラウ（Theodor Ludwig Lau, 1670–1740）は、一七一七年の『神、世界、人間に関する哲学的考察（*Meditationes Philosophicae de Deo, Mundo, Homine*）』[18]のなかで、広く汎神論的な伝統からの影響が指摘される記述や機械に見立てた世界の説明を展開している。ラウの著作は当時の知的エリートに強い影響力をもっていたといわれており[19]、まさにラウによって「スピノザ」は広く汎神論的な思想だけでなく、機械論的な唯物論とも結びつけられていったといえよう。

このようにして十分すぎるほどに拡張した「スピノザ」は、無神論を意味するレッテルとして一七二〇年代に脚光を浴びることとなった。それが前述のランゲ－ヴォルフ論争である。そこでは世界や人間を自動機械とみなすようなスピノザ主義者たちが批判の対象となり、「スピノザ」は運命論の代名詞となった。ランゲの解釈では、本来は心身の結合においては魂が身体を動かすにもかかわらず[20]、デカルトは身体の運動を直ちに神に帰属させ、ライプニッツの予定調和説は身体の運動をその機械的な構造や宇宙の構造に依存させるために、両者は人間の自由を否定している[21]。ここで、先に挙げた汎神論や（機械論的な）唯物論が人間の自由を否定するかぎりで運命論のうちに数え入れられたのである。

以上から、「スピノザ」をめぐる三つの論題は、ランゲ－ヴォルフ論争の時点で交叉し、汎神論と機械論的な唯物論があたかも運命論を基礎付けているかのように理解されていたことがわかるであろう。ヴォルフをスピノザ主義者として批判したランゲの問題意識、つまり自由と必然性の問題が軸となり、実体の解釈、つまり実体の数や種類の問題は、運命論として「スピノザ」という論題のうちに回収されたとみなすことが可能である。もちろん、ランゲやヴォルフの記述に目を向けるならば、彼らがスピノザを語る際にデカルトを引き合いに出し、受容初期にみられるような心身二元論の問題を扱っていたことも事実である。ゆえに、心身二元論という問題そのものが時代遅れになったわけではない。一元論を提唱したヴォルフが「スピノザ論」のなかで「一元論」や「二元論」という言葉を用いることなしに心身二元論への応答をしていることからも明らかなように、むしろ「スピノザ」という別の論題のうちに心身問題が置き直されたと考える方が適切である。

二．二．ヴォルフの「スピノザ論」にみる一元論

ヴォルフは「スピノザ論」のなかでスピノザ主義を「無限の属性をもつ唯一の実体のみが認められる学説」と特徴付けると、無限の属性のうちの二つに「無限の思惟と無限の延長」を挙げる（Wolff [1741]. §671）。その上で、「有限な存在者はこの実体の属性の必然的な様態化から生じるのであり、たとえば魂は無限の思惟の様態化から、物体は無限の延長の様態化から生じる」ことを指摘した（ibid. §671）。したがって、ヴォルフが理解するかぎりのスピノザ主義は、前述の一元論と同一視することはできない。一元論が世界に現存する事物の種類が一つと考える立場であるのに対して、スピノザ主義は世界にただ一つの実体のみを認める立場と考えるからである。つまり、実体の種類が一つであるか、あるいは、実体そのものが一つであるかという異なる問題がそこにはある。さらに、先のスピノザ主義は実体の次元ではたしかに一元論であるが、属性の次元では思惟と延長という二元論とみなされるものである。ゆえに、ヴォルフが提唱する一元論の定義において、その「事物」がいかなる次元のものであるのかが十分に限定されていないかぎり、スピノザ（主義）は一元論と同じではないと結論される。スピノザ主義批判にとっては、先に提唱した一元論や付随する思想グループの整理はあまり有効ではなかったのだろう。管見のかぎり、ヴォルフのスピノザ（主義）批判のなかで二元論者はもちろんのこと、唯物論者という表現さえも用いられていないことは一つの証左となる。

加えて、「スピノザ論」がそもそもランゲとの論争を契機に執筆されたことから明らかなように、ヴォルフにとって重要であったのは宿命論あるいは無神論としてのスピノザである。これらの論点がまさにランゲ－ヴォルフ論争の中心的な論点であり、実際にプロイセン政府はヴォルフが無神論者であることを

理由にハレならびにプロイセン全土から追放している[23]。したがって、ヴォルフ自身によるスピノザ解釈はたしかに「スピノザ自身によって明確な言葉で唱えられていること」(ibid., §671)を批判の対象とするが、それでもやはりランゲによる批判というバイアスを経て形成されたものであることにかわりない。

ところが、ランゲによるスピノザ主義の理解はヴォルフとはいくらか異なっている。ランゲは「完全なスピノザ主義」と「部分的なスピノザ主義」を区別すると、それぞれを次のように特徴付ける(Lange [1724], p. 15)。前者は、世界全体を単一の実体と捉えて物体と魂の本質的な区別をしないこと、世界が永遠で無限背進が認められること、そして世界のあらゆる事柄が必然的であること、以上の三つの誤りから構成される。他方で後者は、先の三つの誤りのうちの後ろ二つ、つまり世界の必然性と無限背進の問題と、そこから派生する倫理学の原則に関わる。完全なスピノザ主義の第一の特徴が示すように、ランゲは実体の数が一つであることと種類が一つであることを特に区別してはいない。この点で、ヴォルフの方がよりスピノザそのものに近いといえよう。

三　バウムガルテンのスピノザ(主義)批判にみる一元論

三・一　ヴォルフの一元論やランゲのスピノザ主義批判との関係

では、バウムガルテンにとってヴォルフに提唱された一元論とスピノザ(主義)はどのような関係にあったのだろうか。主著『形而上学』におけるスピノザあるいはスピノザ主義への言及に注目してみよう。そもそもバウムガルテンが『形而上学』のなかでスピノザそのものに言及するのは、第二版序文のみであるといって差し支えない[26]。バウムガルテンは、スコラ学者やデカルト主義者、さらにアリストテレスの名を挙げると、彼らと同じようにスピノザも実体定義に関して誤っていると主張する[27]。そこで引用されたのは『エチカ』の第三定義[28]であり、バウムガルテンの記述に即すならば、「実体はその概念がそこから形成されなければならないような他の事物の概念を要求しない」というものである(Baumgarten [1743], p. 16)。このスピノザ理解は、ヴォルフの「スピノザ論」にも確認することができ、そこではスピノザの実体概念に自存性(aseitas)の意味が引き込まれているというその一つの誤りから多くの誤りが続くと指摘されている(Wolff [1737], §698)。

しかしながら、重要であるのはバウムガルテンとヴォルフがスピノザの実体解釈において、同じ箇所を参照しているにもかかわらず、その批判の焦点がいくらかズレているという点である。ヴォルフに関しては前述のとおりであるが、バウムガルテンの場合は世界内部における実体の数に注目する。バウムガルテンは、スピノザ主義を棄却する論拠として挙げた第三八八項から第三九一項において、「無限な実体が唯一の実体ではない」ことを再三強調し、その上で「無限な実体あるいは神が唯一の実体である」と主張する立場を「形而上学上のスピノザ主義」と名付けている（Baumgarten [1743], p. 22）。つまり、バウムガルテンが想定するスピノザ主義とは、実体の数がただ一つであり、かつ、その唯一の実体が無限実体つまり神であると主張する立場である。この理解は種類の数を問題とする一元論とも、数そのものと種類の数の相違に自覚的と思われるヴォルフの理解とも区別されなければならない。もちろん、両者の相違に無頓着であったランゲの理解とも異なっている。

ただし、神が世界外的な存在者であることを認めない立場に「神学上のスピノザ主義」という名称を与えた点に注目するならば[29]、バウムガルテンもランゲと同様に世界の必然性、つまり運命論をスピノザ主義の一要素であると考えていたことがわかる[30]。以下では、神が世界から離在するか否かという問題と運命論の結びつきを、バウムガルテンによる神の導出の理論に即して説明しよう。世界は「他の系列の部分ではない現実的で有限なものどもの系列」（Baumgarten [1757], § 354）であり、「偶然的に存在しているものども（entia contingentia）」から成立するために（ibid., § 365）、「絶対的に内的に可変的である」（ibid., § 365）。このとき、「偶然的に存在しているものども」はその存在を可能にする他の実体を必要とするから、世界は「世界に外在的な存在者」として（ibid., § 388）、「必然的な実体（substantia necessaria）」である神を、この世界の作用因として要請する（ibid., § 854）。翻って、神を世界の系列の一部に含めてしまったら、世界は絶対的に内的に可変的であることができず、いわば必然的なものの系列となってしまう。したがって、神学上のスピノザ主義は必然的な出来事を世界に認める立場であり、「スピノザ主義的な運命」を帰結する（ibid., § 365）[31]。

三. 二. もう一つの一元論の可能性

さらに、この「神学上のスピノザ主義」のうちに、ヴォルフの一元論とは異なるもう一つの一元論の可能性を指摘することができる。バウムガルテンは神が世界に外在的な存在者であると主張するのだが、彼と「神学上のスピノザ主義」の関係は世界から超越する神と世界に内在する神という対立図式のもとに整理することができる。この超越と内在という図式は、世界創造論のなかにも指摘することができる。すなわち、キリスト教の伝統に則って「無からの創造（creatio ex nihilo）」を唱えるならば[32]、その者は世界に対する神の超越を支持するが、他方で新プラトン主義に源流をもつ[33]「流出による創造（creatio per emanaionem）」を唱える者は、神が世界に内在すると主張する。つまり、超越と内在という対立図式は、無からの創造と流出による創造という伝統的な二つの創造論の議論と地続きなのである。[34]

私たちが注目するのは、流出説に与した場合、世界は神という全体の部分に相当するという点である。[35]つまり、神という全体から世界という部分が誕生し、全体は部分に対して存在論上で先行する。部分に対する全体の先行性は、本書の軸となっているSchaffer［2010］（本書第一三章）の「優先性一元論（priority monism）」に通ずるものがあるのではないだろうか。ヴォルフの一元論が世界における実体の種類が一つであることを意味していたのに対して、「優先性一元論」は世界という部分に対して神ないし自然といった全体が優先すること、つまり部分に対する全体の優先性に焦点が当てられている。[36]バウムガルテンは流出説に対して一元論という言葉そのものは用いていない。しかしながら、一元論という言葉だけに注目するのではなく、スピノザ（主義）批判という同時代の論争的な文脈のうちに位置付け直すことで、実体の種類を問題とする一元論、実体の数を問題とする一元論、そして部分に対する全体の優先性を意味する一元論という、多様な一元論の諸相を描き出すことができるのは非常に興味深い。

管見のかぎり、流出説への批判はヴォルフ『自然神学』のなかに見つけることはできず、ゆえにバウムガルテンが独自に加筆した部分であると推察される。その加筆の目的については詳細な検討が必要だが、流出説への批判のなかでスピノザ批判に該当する記述への参照指示がされていることは、二つの批判のつながりを示唆している。加えて、本章一．一で確認したように、当時すでにスピノザは多様な汎神論思想と結びつけられていた。これらの事情に鑑みると、バウムガルテンは同時代の「スピノザ」を素直に受容していたといえよう。この傾向は、前述の二つのスピノザ主義が第二版での加筆によるのに対して、「世界の絶対的な必然性から生じた運命」を意味する「スピノザ主義的な運命」という記述は初版から一貫している点にも現れている。[37]つまり、初版から一貫してスピノザは運命論と結びつけられており、無神論者を意味するレッテルという当時流布していたイメージがバウムガルテンのスピノザ解釈の基礎にはおかれていた。だからこそ、実体の種類でも、実体の数でもない、もう一つの一元論の可能性を流出説への批判のうちに読み込むことが可能になったのである。

おわりに

ヴォルフによって行われた心身二元論をめぐる諸思想の整理は、そこで使用された世界における実体の種類の一元論という用語こそ確認されないものの、バウムガルテンにも受け継がれていることが明らかになった。また、ヴォルフやバウムガルテンといった一八世紀前葉に活躍した思想家にとって、スピノザと実体の種類の一元論は結びついていなかったことも同時に示された。その背景には、スピノザをめぐる論題の変化の影響があったようである。スピノザの受容初期には一元論のうちに数え入れられる唯物論が議論の中心にあったものの、一八世紀を迎える頃には世界を機械とみなすような機械論的な唯物論が登場し、その後は実体が物質であることよりも、世界に機械的な構造をみる機械論的な唯物論の必然性こそが問題となった。つまり、ヴォルフやバウムガルテンがスピノザ（主義）批判を展開した一七三〇年代以降、スピノザは唯物論に与する一元論者であるよりも、運命論を引き受ける無神論者であったのではないだろうか。先に確認したように、同時期も心身二元論は論題として有効であったことから、時代の転換点があったというよりも、ランゲによるヴォルフ批判の影響が検討されねばならない(38)。同時に、一元論という事柄に改めて注目するならば、実体の数の一元論は「スピノザ」の特長であり続け、さらにバウムガルテンにおいては現代形而上学における優先性一元論とみなしうる流出説が「スピノザ」とのつながりのうちに記述された。ゆえに、心身二元論という一七世紀の論題がスピノザという新しい論題のうちに組み込まれたことで一元論という用語は影を潜めたものの、私たちは現代において確認される一元論の諸相を一八世紀ドイツの「スピノザ」をめぐる言説のうちに見出すことができるのである。

付記

本研究はJSPS科研費（課題番号：19J20034）による研究成果の一部である。

注

（1） cf. Hillermann / Hügli [1984], p. 132.

（2） 本書第一章（太田担当）を参照のこと。

（3） 当時の辞典には確認されるが、カント（Immanuel Kant, 1724-1804）やフィヒテ（Johann Gottlieb Fichte, 1762-1814）、ヘーゲル（Georg Wilhelm Friedrich Hegel, 1770-1831）といった近代哲学を代表する思想家たちは一元論という語を用いていない（cf. Hillermann / Hügli [1984], p. 133）。

（4） そこでヴォルフはスピノザに言及していないものの、最古の中国人が「啓示宗教」や「自然宗教」なくして、徳を実践することが可能であったことを説いた。中国の哲学に言及することは当時珍しくはなかったものの、ヴォルフの講演内容は宗教的真理が啓示によってのみ与えられるとする敬虔主義の立場と対立するものであったために、無神論者の表明としてランゲ等には受けとられてしまったのである（cf. 山本［二〇一六］、二一―四頁）。「スピノザ」という言葉が既に無神論者を意味するレッテルとして十分に流布していたという当時の事情を踏まえるならば、先の講演からスピノザを想起させること、厳密にはヴォルフとスピノザを恣意的に結びつけることは、ランゲにとって容易であったと推察される。

（5） 一七二一年の講演をきっかけにスピノザ主義者というレッテルを貼られたヴォルフは一七二三年にハレから追放され、その後もランゲ-ヴォルフ論争は、バウムガルテンが学んだ孤児院の創設に関わった、ハレ敬虔主義運動の立役者である同大学神学部教授のフランケ（August Hermann Francke, 1663-1727）や、イェーナで活動するブッデウス（Johann Franz Buddeus, 1667-1729）にまで波及していった。一七四〇年にヴォルフがハレに帰還するまで、長きにわたり彼らは論争を繰り広げたのである。ヴォルフ哲学と敬虔主義神学は、方法論上の対立、すなわち啓示の原理と理性の原理のどちらがもう一方に従属するかという問題だけでなく、哲学上の教説において対立していた。つまり、ヴォルフが予定調和説を支持するのに対して、敬虔主義者は物理影響説を支持していたのである。ただし、当該論争の中心的な争点は人間の自由という概念の可能性にあった。ランゲにとって、スピノザやライプニッツのような機械論的な世界の説明に与することは、人間の自由を脅かすことに他ならなかったのである。ランゲ－ヴォルフ論争の詳細とその研究史上の評価については、Schwaiger [2011] S. 79–82; 河村［二〇一四］; Dyck [2019] pp. 5–8。

（6）ヤコービ『スピノザ書簡』から始まるこの論争がヘーゲルに与えた影響については、本書第三章（真田担当）を見よ。

（7）スピノザ論争の高まりは当時の出版事情に色濃く現れている。ヴォルフが一七二三年にハレを追放されてマールブルクへと亡命していた期間に、ベール『歴史批評辞典』の部分訳がシュミットによって発表された。一七四〇年にヴォルフがハレに帰還してからも、翌一七四一年にはゴットシェード（Johann Christoph Gottsched, 1741–1744）によるベール『歴史批評辞典』の全訳、さらに一七四四年にはシュミットによるスピノザ『エチカ』と先のヴォルフによるスピノザ批判の独訳が立て続けに出版されている。

（8）cf. Hillermann / Hügli [1984] p. 133.

（9）近代における古代懐疑思想の復興の背景には、懐疑主義がキリスト教護教や信仰主義の擁護に役立つという認識があったといわれており（cf. 松山［一九九二］、一六頁）、その際にセクストス・エンペイリコスの著作のラテン語訳が大きな役割を担っていたことは、松山によって指摘されている（cf. 同書、一五頁）。

（10）ただし、「懐疑論」、「独断論」はBaumgarten [1740], §61 及びBaumgarten [1770], §253 で確認される。

（11）ただし、第二版序文が執筆されたのは一七二一年のことである。

（12）ドイツにおけるスピノザの影響については、Israel [2001], pp. 628–663 を参照のこと。また、本節のより詳細な議論については拙著『バウムガルテンとスピノザ論争史』（［二〇二五］晃洋書房）第一章を参照のこと。

（13）ただし、その部分訳は一七三六年に確認される。

（14）cf. Mori [2011], p. 87.

（15）cf. Læsk [2016] p. 236.

（16）先の汎神論的な思想はすでに唯物論者であるシュトッシュ（Friedrich Wilhelm Stosch, 1648–1704）の『理性と信仰の一致（*Concordia fidei*）』（一六九二年）に確認される。同著作はおよそ一〇〇部しか印刷されなかったにもかかわらず、大きな反響を呼んだと言われており、当時のスピノザ受容における重要人物として注目されている（cf. Israel [2001], pp. 641–645; Dyck [2019], pp. 56–58）。

（17）トマジウスは「スピノザ主義」という語を初めてドイツ語へと翻訳した人物であり（cf. Israel [2001], p. 639）、ベールのスピノザ項にも強い影響を与えたとされるポワレ（Pierre Poiret, 1646–1719）のスピノザ解釈にトマジウスも即していたとされる点は注目に値する（cf. Mori [2011], pp. 87–89）。

（18）具体的には、ホッブズやロック、さらにプロティノスやブルーノ等が想定される（Dyck [2019], p. 5, 75）。

（19）cf. 海老坂［二〇〇二］、三八頁。

（20）cf. Lange [1724], p. 55.

（21）cf. Lange [1724], pp. 53–54.[22]

（22）ランゲは、理性の指示によって意志・行為する「自由（libertas）」と、物理的・機械的な必然性の一つである自然法則に適うことを自ずとなす「自発性（spontaneitas）」（たとえば、雨上がりに草がよく伸びるような場合）を区別し（cf. Lange [1724], pp. 70–71）、予定調和説では人間の自由が自発性の段階に引きずり下ろされると考えている。

（23）cf. 河村［二〇一四］、四頁。[24]

（24）また、ランゲを中心とした敬虔主義神学者たちは、「あらゆる事象生起が充足根拠律に基づくとみなすヴォルフの存在論のうちに自由の成立する余地があるのか」という点を、批判の中心的な問題としてとりあげたと言われる（河村［二〇一四］、五頁）。

（25）この序文は、『ライプツィヒ学報補遺（*Supplementa ad acta eruditorum Lipsiensia*）』に寄稿された、初版の書評に対する応答という役割をもつ。議論の詳細については、拙論「バウムガルテンの実体論における二重の差異化——伝統的な理論の刷新とスピノザへの応答」（日本哲学会編『哲学』、七二、三一〇—三二〇頁）を参照のこと。

（26）本章では扱わないが、『哲学的倫理学（*Ethica Philosophica*）』（§38）及び『美学（*Aesthetica*）』においても、もちろんその濃淡はあるものの、スピノザないしスピノザ主義への言及を確認することができる。

（27）cf. Baumgarten [1743], pp. 13-14.

（28）実際の定義は次のとおりである。「「実体」とは、それ自身のうちに在りかつそれ自身によって考えられるもの、言いかえればその概念を形成するのに他のものの概念を必要としないもの、と解する」（スピノザ『エチカ——倫理学』（上）畠中尚志訳、岩波書店）。

（29）この「神学上のスピノザ主義」という表現も『形而上学』第二版以降の挿入である。しかしながら、同著作の初版が出版された翌年に立て続けに刊行された『哲学的倫理学』では、理論上の無神論の一つとして「スピノザ主義」が紹介されると、その特色として世界外的な神を認めない点が挙げられている（EP. §38）。

（30）『形而上学』初版の翌年に出版された『哲学的倫理学』のなかで、神学上のスピノザ主義に該当する内容が「スピノザ主義」として紹介され、理論上の無神論の一つに数え入れられていることも（cf. EP. §38）、神学上のスピノザ主義とランゲの部分的なスピノザ主義の影響関係を示唆する。両者のスピノザ（主義）論の比較は別稿に譲る。

（31）本章では扱うことをしなかったが、世界という系列の外部に神を要請する背景には、世界という系列だけでは「無限への進行（progressus in infinitum）」に陥ってしまうという事情がある。バウムガルテンは神を世界に外在的な存在者とすることでその可能性を免れたが、もう一つの解決案がスピノザに代表される内在神論にほかならない。「無限への進行」の不可能性を前提とし、その上で先に挙げた偶然的なものの系列という世界の定義に鑑みて、そのときはじめてスピノザを批判する際の中心的な論点、すなわち「世界に外在的な存在者」という論点に到達することが可能である。また、ここにランゲとバウムガルテンのスピノザ理解における決定的な相違点がある。

（32）cf. Baumgarten [1757], §926.

（33）cf. Baumgarten [1757], §927.

（34）二つの創造論の比較については、津田［二〇二〇］を参照のこと。

（35）cf. Baumgarten [1757], §927.

（36）本書第一〇章（雪本担当）の第一節を見よ。

（37）cf. Baumgarten [1757], §382.

（38）実際、ランゲによるスピノザ主義の定式化において、彼が世界の必然性と無限背進の問題から倫理学へと派生する事柄、つまり運命論の問題を指摘する点によく現れている。

文献

一次文献

Baumgarten, Alexander Gottlieb, [1739^{I}], [1743^{II}], [1750^{III}], [1757^{IV}]. *Metaphysica*, Halle:Hemmerde.（Übers.: *Metaphysik: Historisch-kritische Ausgabe.* Günter Gawlick and Lothar Kreimendahl（übers. & hrsg.）. Stuttgart-Bad: Frommann-Holzboog, 2011. Transl.: *Metaphysics: A Critical Translation with Kant's Elucidations, Selected Notes, and Related Materials.* Courtney D. Fugate and John Hymers（tr. & ed.）. London, New Delhi, New

York, Sydney: Bloomsbury, 2013).
———, [1740Ⅰ], [1751Ⅱ], [1763Ⅲ], *Ethica Philosophica*, Halle: Hemmerde.
———, [1770], *Philosophia Generalis*, Halle: Hemmerde.
———, [1750/1758], *Aesthetica*, Frankfurt an der Oder: Kleyb. Reprint. Hildesheim: Olms, 1986〔邦訳：バウムガルテン『美学』松尾大訳、玉川大学出版、一九八七年、講談社、二〇一六年〕.
Lange, Joachim, [1724], *Bescheidene und Ausführliche Entdeckung der falschen und schädlichen Philosophie in dem Wolffianischen Systemate Metaphysico von Gott, der Welt, und dem Menschen; und insonderheit von der so genannten harmonia praestabilita des commercii zwischen Seel und Leib [...]*, Halle: Buchladen des Wäysenhauses. (Transl.: Joachim Lange: A Modest and Detailed Disclosure of the False and Harmful Philosophy in the Wolffian Metaphysical System (1724). Corey W. Dyck (tr. & ed.), *Early Modern German Philosophy* (*1690–1750*), Oxford: Oxford University Press, 2019, pp. 135–155).
Thomasius, Christian, [1690], *Freymüthige Lustige und Ernsthaffte iedoch Vernunfft- und Gesetz- Massige Gedancken Oder Monats-Gespräche über allerhand fürnehmlich aber Neue Bücher: Durch alle zwölf f Monate des 1688. und 1689. Jahrs*, Halle.
Wolff, Christian, [1722], *Vernünftige Gedanken von Gott, der Welt und der Seele des Menschen, auch allen Dingen überhaupt*, Halle: Renger.
———, [1734], *Psychologia rationalis, methodo scientifica pertractata*, Frankfurt: Renger.
———, [1736–1737], *Theologia naturalis, methodo scientifica pertractata*, 2 vols., Frankfurt and Leipzig: Renger. (Transl.: Christian Wolff: The Refutation of Spinoza's Ethics (1737). Corey W. Dyck (tr. & ed.), *Early Modern German Philosophy* (*1690–1750*), Oxford: Oxford University Press, 2019, pp. 156–194).

二次文献

Dyck, Corey W., [2019], *Early Modern German Philosophy* (*1690–1750*), Oxford: Oxford University Press.
Hillermann, Horst / Hügli, Anton, [1984], „Monismus," *Historisches Wörterbuch der Philosophie*, 6 Band, Joachim Ritter und Karlfried Gründer (hrsg.), pp. 132–136.
Israel, Jonathan, [2001], *Radical Enlightenment*, Oxford: Oxford University Press.
Leask, Ian, [2016], Stoicism unbound: Cicero's Academica in Toland's Pantheisticon, *British Journal for the History of Philosophy*, 25 (2), pp. 223–243.
Mori, Gianluca, [2011], "Pieere Bayle, Dictionnaire historique et critique (1697)," in Wiep Van Bunge, Henri Krop, Piet Steenbakkers and Jeroen van de Ven (eds.), *the Bloomsbury Companion to Spinoza*, London/New Delhi/New York/Sydney: Bloomsbury, pp. 85–106.
Schaffer, Jonathan, [2010], "Monism: The Priority of the Whole," *Philosophical Review*, 119, pp. 31–76.〔邦訳：ジョナサン・シャファー（立花達也・雪本泰司訳）「一元論——全体の優先性」本書第一三章〕
Schwaiger, Clemens, [2011], *Alexander Gottlieb Baumgarten — ein intellektuelles Porträt: Studien zur Metaphysik und Ethik von Kants Leitautor*, Stuttgart-Bad: Frommann-Holzboog.
海老坂高［二〇〇二］「スピノザ主義」、『帝京国際文化』一五号、二三—三九頁。
河村克俊［二〇一四］「運命論と自由意志——ヴォルフとピエティスト派神学者の論争」、『外国語外国文化研究』一六号、一—二六頁。
松山壽一［一九九二］『ドイツ自然哲学と近代科学』北樹出版。

山本道雄［二〇一六］『ドイツ啓蒙の哲学者クリスティアン・ヴォルフのハレ追放顛末記——ドイツ啓蒙思想の一潮流２』晃洋書房。

【資料１】ヴォルフにおける思想整理の枠組み

- skepticism Sextus Empiricus（ca. 160-ca. 210), Pierre Daniel Huet（1630-1721）
- dogmatism
  - dualism
  - monism
    - materialism Thomas Hobbes（1588-1679）
    - idealism George Berkeley（1685-1753）
      - pluralism
      - egoism Nicolas de Malebranche（1638-1715）

【資料２】バウムガルテンにおける思想整理

dualism
　Baumgarten［1757］§. 465,

- materialism
  Baumgarten［1757］§§. 395, 439, 757, 840, 856
- idealism
  Baumgarten［1757］§§. 402, 438, 465, 85
- egoism
  Baumgarten［1757］§§. 392, 438, 465, 850
- spinosismus
  Baumgarten［1757］§. 855,［1740］§. 38

第三章　ヘーゲルのスピノザ「反駁」
――体系に対する反駁の可否と真理をめぐって

真田美沙

はじめに

ヘーゲルは自身の哲学を一つの「体系」として理解するが、しかし果たして彼の提示する哲学体系が一元論として解釈することができるのかどうかは、吟味される余地があるだろう。[1] 哲学史上で一元論者の代表格として考えられてきたのはスピノザ哲学であり、そのもとではデカルト的な思考と延長の二元論が実体のうちに超克されているとされる。より正確には、スピノザのもとでは思考も延長も実体の二つの属性として考えられることになる。これに対して、ヘーゲルの論理学を例にとるならば、このうちには常に思考形式の発展的な展開があり、これは無前提的な仕方で純粋存在から開始し、今度はこの純粋存在がその規定の欠如により全くの無であることが導かれ、そこから生成が導出される。この思考形式は存在論においては質、量、度量というカテゴリーのうちに順に展開され、本質論における反省、現象、現実性（しかもこの現実性の概念は、絶対者や現実性、可能性、必然性という様相の三分法を包括している）の契機を経て、概念論へと結実し、絶対的理念において論理学の終結――しかもこれは同時に始元でもある――を迎えることになる。この論理過程のうちに、とりわけ本質論のうちに絶対者という実体が認められるとしても、これが論理学全体のために不動のものとして前提されているわけではない。

それではヘーゲルによるスピノザ的実体の理解はどのようなものなのだろうか。このことを考えるときに避けることができないのは、ヤコービ（Friedrich Heinrich Jacobi, 1743-1819）の『モーゼス・メンデルスゾーン氏への書簡におけるスピノザの教説について（Über die Lehre des Spinoza in Briefen an den Herrn Moses Mendelssohn）』（以下『スピノザ書簡』）がその当時のスピノザ受容において及ぼした決定的な影響である。ヘーゲルはチュービンゲン時代に、友人の詩人ヘルダーリンとともにこの書簡を共に読み、そのなかでスピノザをいかに受容し、乗り越えるのかということへ向かっていった。このスピノザの哲学を、ヘーゲルがいかに体系のうちに、そして論理学のうちに、位置づけようとしたのかということは、とりわけ絶対者の概念、そして実体と主体の区別、ないしは必然性から自由への歩みという込み入った概念連関の中で解きほぐされなければならないだろう。

この問題に真正面から取り組んでいるのはザントカウレンであり、それによれば、ヘーゲルはヤコービを批判するという動機からスピノザを批判するのだが、彼の企てはその二つの矛盾した実体理解により失敗しているとされる。これに対し、ヌッツォは、スピノザ反駁における「反駁」の含意に焦点を当てる。そしてそこでは真理に関する理解もまた合わせて考えられることになる。ヌッツォによるスピノザ「反駁」理解は、ザントカウレンの研究とはまた別の仕方で、ヘーゲル哲学の中心的テーマを見事に抉り出しているように思われる。

そこで本章は、『大論理学』第二分冊「客観的論理学・本質論」（一八一三年）の絶対者概念におけるスピノザ理解と、第三分冊「主観的論理学・概念論」（一八一六年）冒頭の「概念一般について」という節でのスピノザ反駁とに焦点を当てることで、ヘーゲルがスピノザ的一元論のうちに見出す問題を浮き彫りにすることを試みる。まず第一節は、本質論「絶対者の様相」註解におけるスピノザ理解に、そして第二節は、概念論「概念一般について」におけるスピノザの反駁という問題に充てられる。第三節では、ザントカウレンによる分析を確認し、第四節ではこれと対照的な仕方で提示されているヌッツォのヘーゲル解釈をみていくことになる。第五節では、二つの解釈を踏まえたうえで、ヘーゲル哲学体系を貫く思弁的真理の企てのうちに、スピノザへの「反駁」がいかに活きているのかを見ていくことになる。

一．本質論「絶対者の様相」註解におけるスピノザ

『大論理学』は「客観的論理学」と「主観的論理学」から成り、「客観的論理学」は「存在論」（第一分冊）と「本質論」（第二分冊）から、そして「主観的論理学」は「概念論」（第三分冊）から成る。ヘーゲルがスピノザ的実体としての「絶対者」を主題として取り上げるのは、客観的論理学としての本質論の中だ。これがまだ客観的論理学の領野のうちに位置づけられていて、主観的論理学の中にないということは、スピノザ的体系がまだ真の人間的主体性をも持たないことを意味する。

ヘーゲルが、スピノザの実体を念頭において、絶対者とは何かを叙述するときには、これは単なる絶対者の諸規定でもなければ、そうした諸規定の否定でもなく、「絶対者自身の開示」（GW11. p. 370）により特徴づけられる。この開示は、（1）内面的全体性と外面的全体性の絶対的同一性（絶対的絶対者）、（2）絶対者の属性、（3）絶対者の様相という段階を踏むことになる。第一段階の絶対的同一性においては、絶対者のうちに様々な区別は消滅しており、かろうじて反省の運動が内面のなかで確保されたり、絶対者の映現（Schein）があったりするにすぎない。そして第二段階の絶対者の属性とは、相対的な絶対者と呼ばれ、形式規定（それが内面的であれ、外面的であれ）のうちにある。し

かしこうした絶対者の発現は絶対者のうちに再び消滅しなければならない。そこに出てくるのが、第三の絶対者の様相である。この様相は、「自身への還帰を欠いた、絶対者が反対のものへと移行してしまっている状態」（GW11, p. 374）、つまり有限な悟性への移行である。しかしこの絶対者の開示のプロセスが反省的運動として捉え返されたとき、最後の様相は自分への復帰となる――これはすでにヘーゲルからするとスピノザ的枠組みから越え出た叙述だろう。

ヘーゲルがここで一貫して絶対者という概念を取り上るとき、スピノザの実体概念を念頭に置いているのは明らかだ。しかしそれは実体概念の批判に向けられており、スピノザ主義は「欠陥のある哲学」（GW11, p. 376）とさえ言われる。というのも、実体が様々な規定をもつとしても、それはあくまで「外的な思考」（ibid.）でしかないからだ。ヘーゲルが「規定性は否定である」というスピノザの原理のうちに見出すのは、この原理のうちにおける、「内在的認識」（ibid.）の欠如だ。この実体における内在的認識の欠如ということでヘーゲルが意図するのは、否定により規定が生じたとしても、この否定はそこから再び自分自身に復帰することもなく、また自己認識の契機もなく、したがってそこには「人格性の原理」（ibid.）がないということだ。そこからさらにヘーゲルはスピノザの様相の問題点について入り込む。それによれば、スピノザは悟性を様相として規定しており、属性はこの悟性としての様相に依存していて、絶対者はそのために、この様相を通じてようやく、思惟と延長という二つの属性のもとに措定されることになる。しかしこの様相は「自身へと否定的に関係する否定ではない」（GW11, 378）。というのも悟性としての様相は、いわば実体を捉えるうえでの、様々な制約的視点にすぎず、それらの相対立する視点のうちにある矛盾を実体と関係づけて自ら概念把握するまでには至らないからだ。

二　概念論「概念一般について」におけるスピノザ反駁としての概念への推移

ヘーゲルの『大論理学』は、客観的論理学（存在論と本質論）と主観的論理学（概念論）から成る。そして第三分冊「概念論」における「概念一般について」という節の冒頭では、この両者の関係が説明されることになる。客観的論理学で行われるのは、「概念の発生的叙述」（GW12, p. 5）であり、主観的論理学の概念はそこでの「実在的な本質」（ibid.）としての実体を前提しており、したがってこの概念は「実体の真理」（GW12, p. 12）、「実体の完成」（GW12, p. 14）とされる。しかしこれは、もはや「実体そのものではなく、より高次のもの、概念、主観」（ibid.）である。この実体から主観への論理的な歩みは、ヘーゲルが何度も念を押すように、必然性の真理としての自由の登場でもある。

この「概念一般について」の節の前半部分で、ヘーゲルは再びスピノザを取り上げる。しかしここで問題になっているのは、実体の概念というよりも、その体系だ。スピノザの実体の立場をとる体系は、「絶対者のとる必然的な立場」であり、「その限りにおいて、その体系は完全に真である」(ibid.)。非常に興味深いのは、ヘーゲルがこのようにスピノザの体系を肯定的に語ったのちに、それが最高の立場ではないと強調している点である。

この［スピノザの］体系は完全に真である。――だが、それは最高の立場ではない。ところが、その限りでは、その体系は誤りとみなされることができず、また反駁が必要だとか可能だとか、みなされることもできない。そうではなくて、「この体系が最高の立場だ」と言われることだけが、誤ったものとみなされなければならない。それゆえに真の体系は、自身の体系に対してただ対立している、というような関係を自分の体系に対してもつことができない。なぜなら、そのようになれば、この対立するものそれ自体が一面的なものとなるからだ。真の体系は、むしろより高次のものとして、下位のものを自分のなかに含んでいなければならない。(ibid.)

ヘーゲルの言う真の体系のもとでは、体系の外部にあるような仮定や立場というものは認められるべきものではなく、より高次の立場に対抗しているような仮定や立場の諸規定を「解消し、自分の中に取り入れる」(GW12, p. 15) ことができるのでなければならない。このことから、スピノザ哲学に対する「反駁」もまた、その体系の外部でなされるべきではなく、まずこの立場を「本質的で必然的なもの」と認め、「この立場が自分自身から高次の立場に高められる」(ibid.) のでなければならない。そして、「実体性の相関関係」が概念へと推移することについての叙述が、「スピノザ哲学に対する唯一にして真の反駁」(ibid.) だとされる。

このスピノザ「反駁」に関する叙述のあとで、ヘーゲルが概念ということで考えている内実が示される。概念は、「自由の国」(ibid.) と呼ばれ、これは普遍と個別の区別のなかで示されるが、この概念の説明は「概念の概念」(GW12, p. 16) と呼ばれる。概念の普遍性のもとでは、概念は自我ないし純粋自己意識であり、そのなかではあらゆる規定存在が解消されている (GW12, p. 17)。これに対し概念の個別性のもとでは、自我は「自分を他のものに対立させ、他のものを排斥する絶対的な規定存在」(ibid.) である。この「同時に直接的に絶対的個別化でもあるような絶対的普遍性」が、「概念としての自我の本性」(ibid.) をなす。

なぜこのように概念が殊更強調されるのかといえば、そこでヘーゲルが、創造者としての神は概念によって捉えられないというヤコービの思想に対しての批判を企てているからだ。[2] ヤコービにとって神とは信や愛、直接知によって掴まれうるのであり、またこのときに人間は自由な存在者としてある。彼にとって、スピノザの幾何学的方法や学問、そして概念や思弁による媒介は、精神なき実体への道でしかない。これに対して、ヘーゲルは、ヤコービのもとで直接知によってのみ掴まれるとされるものを、概念という媒介を通じて展開することができると考えるのであり、またこの概念の展開のうちに自由を見出すのである。

三　ヘーゲルとヤコービ
——ザントカウレンによる解釈

以上では、ヘーゲル『大論理学』におけるスピノザ「反駁」をみた。このスピノザのうちに主体がないというヘーゲルの批判は、比較的知られているところだろう。しかしこうした彼のスピノザ理解の妥当性を問う余地は残されている。とりわけ、ザントカウレンはこのヘーゲルによるスピノザ批判に関して辛辣である。

このザントカウレンの解釈で重要になるのは、ヘーゲルのスピノザ「反駁」におけるヤコービの位置づけであり、スピノザ「反駁」の背景にはヤコービの「スピノザ主義は反駁できない」という主張がある。ザントカウレンによれば、ヘーゲルはこの見解に対抗し、スピノザの体系の欠陥を示そうとしている（ザントカウレン［二〇一六］、一二頁）。そしてその際に、ヘーゲルによるスピノザ的実体の理解は二つのヴァージョンに区別されることになる。その一つは、抽象的同一性であり、もう一方は、実体性の相関である（同書、一三頁）。これらは両立しないだけでなく、スピノザの理論の根幹にかかわらず、その結果として、ヘーゲルによるスピノザ「反駁」の試みは成功していないということが導かれる（ibid.）。さらにヘーゲルのスピノザ「反駁」の動機はヤコービの『スピノザ書簡』に対抗するということにあるのだが、同時に彼はヤコービから、スピノザの実体が人格性と自由を欠いているということについての着眼点も引き継いでいる——したがってヤコービ自身のうちもすでに、スピノザを支持している側面とアンチ・スピノザの側面があることになる（Sandkaulen [2019], p. 15）。

必然性から自由へという一つの論理的な変化が本質論の実体から概念論の主観性（主体性）への道行きに伴うということについては前節でも確認したが、ザントカウレンは、さらにヘーゲルの現実性の概念を構成している必然性と偶然性の関係のうちに浮かびあがる「偶然的な実存」の「実体の偶有性」としての在り方に着目する（ザントカウレン［二〇一六］、一〇—一一頁）。この実体の支配のなかに絡めとられてあくまで「実体の偶有性」としてあるかぎり、個人には真の自由も尊厳もない。そこで要になるのが、そうした偶有性を支配する実体からの自分自身の解放である。そして彼女は、この実体の偶有性としての在り方からの解放のうちに、一つの「政治的に挑発的な潜在可能性」（同書、一二四頁）をみる。

彼女の解釈の妥当性を探るためにも、手短にヤコービのテキスト、とりわけ『スピノザ書簡』第二版序文をみる必要があるだろう。そこでヤコービは、一八世紀ドイツの劇作家レッシング（Gotthold Ephraim Lessing, 1729–1781）が「存在しているのは、スピノザの哲学にほかならない」と述べており、自分はそれについて一度、「それは本当だろう。というのも、決定論者がもし説得力をもとうとするならば、彼は宿命論者にならざるをえないから」と答えたのだと述べる（JWI.1. p. 154）。しかしこのレッシングのスピノザ主義への肯定は、ヤコービ自身がすでにこれを宿命論と切り離されえないものとして理解しているように、ヤコービの結論とはならない。

> 私は純粋形而上学でもって、無限な本質の悟性と人格性に対する、つまり自由意志と究極原因に対するスピノザの諸根拠について、決して利点を得ることができませんでした。［…］したがってスピノザの体系は、その体系のもつ積極的なものにおいて、さほどの苦労もなく反駁されうるだろう。個物の存在についての、つまり継起する世界についての彼の説明は不十分なだけでなく、明らかな内的矛盾に基づいている。（JWI.1. p. 155）

このヤコービの言葉からは、彼自身がスピノザの体系には人格性や自由が欠如してしまっていることに気づいており、それに一定の批判的態度をとっていることがわかる。しかし同時にこの言葉に続くのは、スピノザの体系に対する反駁の困難さなのである。このようにヤコービのテキストをみるとき、ヘーゲルのスピノザの体系への態度は、ザントカウレンが指摘するように、まさにこのヤコービによる分析を受け入れた結果として理解できる。

このことに加えて、ヤコービがスピノザに自由について語らせるとき、スピノザはすべての自由を否定せず、むしろ人間の自由を人間の本質として認める（JWI.1. p. 78）。スピノザは実際に『エチカ』第五部で、人間の第三の認識である直観知から必然的に神への知的愛が生じ、これを通じて神が自分自身を愛する、ということを示すのであり、そこではこの神の愛のうちに人間の自由もまた掴まれることになる。そのため、スピノザのうちに自由の概念がないというのは誤りだが、それでもヤコービがスピノザの体系のうちに自由を認めないのは、スピノザが個人の自由意志を捉えそこなわせるからだろう。とはいえ、ヤコービ自身が最終的に強調するのは、信〔信仰・信念〕（Glaube）であり、ヘーゲルはこれに異をとなえる。ヤコービは信への「死の跳躍」を一つの自由として捉えるが、こうした信は、ヘーゲルにとってみれば直接的な知でしかなく、真の学と対極をなすものでしかない。

ザントカウレンの解釈によれば、このヤコービのスピノザのもとでは体系が、そしてアンチ・スピノザのもとでは人間的実践の自由の確信が理解され、これに対してとりうる態度は、スピノザの体系を受け入れるか、あるいは体系を越え出てアンチ・スピノザへの跳躍――「死の跳躍」――のなかで矛盾を遂行するか、ということになる（Sandkaulen [2019], pp. 25-26）。このヤコービの枠組みからすれば、ヘーゲルの自由の体系とは矛盾にほかならないだろう。

四　反駁とは何か、そして真理とは何か
――ヌッツォによる解釈

ヌッツォはザントカウレンの論文をうけて、思弁的真理をたてるための「反駁」の意味に取り組む。そこではスピノザに対する反駁が問題になるというよりも、真理を考える際に、反駁そのものがいかに考えられるべきかということだ。そのため、スピノザ主義についての反駁という問題はひとまず脇に置かれる。その議論の端緒になるのは、『大論理学』「概念論」の「著者の序言」で言及されるピラトの「真理とは何か」という問いである（GW12, p. 5)。この真理への問いで常に問題になるのは、その内容というよりも、むしろこの問いを発する人の一種の皮肉な態度だ。この問いを相手に対して立てるとき、とりわけピラトの問いでは、真理が掴みようのないものとして想定されている。ヘーゲルはこの箇所でこの真理についての問いの問題を詳しく説明しないが、ヌッツォは、この真理への問いの挑発的な態度とレッシングの戯曲『賢者ナータン』のサラディンによる問いとのうちに連関を見出す。これは決して突拍子もない連想ではなく、ヘーゲルが真理について『精神現象学』のうちで「真理は鋳造された貨幣のようなものではなく、また出来上がった状態で与えられて、財布にしまい込むことができるようなものではない、ということが主張されなければならない」（GW9, p. 30）と述べるとき、念頭に置かれているのは賢者ナータンの言葉だ。

この話では、ユダヤ人である賢者ナータンに、イスラム教徒であるサラディンが金をゆするのを目的にして近づき、ユダヤ教、キリスト教、イスラム教のいずれが真の宗教であるのかと問う。このサラディンによる問いに対し、ナータンは、サラディンがまるで真理を貨幣のように現金でほしがっていると考え、最終的に三つの指輪の寓話について話す。この寓話は次のようなものだ。ある男が、神と人から愛されるようになるという不思議な力をもつ指輪を持っていた。彼は、自分の三人の息子がその相続をめぐって争うことがないようにオリジナルと見分けがつかないような、もう二つの指輪を作らせた。息子たちはそれにもかかわらず裁判でどれが本物なのかを争うのだが、裁判官はこれを斥け、各々がその指輪の本物であることを信じ、愛されるように努めよと忠告した。ナータンはこの寓話でもって、どの宗教が本物であるのかではなく、各々のものを信じることによる隣人愛の重要性を説く。

ヌッツォが注目するのは、この寓話により提示される教訓ではなく、むしろサラディンの問いについてのナータンによる分析だ。サラディンは、真理の概念がまるで貨幣のように機能するかのように考え、真理をナータンの口から引き出そうとする。しかしナータン（あるいはレッシング）は、このように真理が貨幣のように扱われているときに、真理への問いに答えるのは避けるべきことだとして、三つの指輪の寓話を出す。ヌッツォは

これを次のように解釈する。真理は、貨幣とは違い、他のものに対して専制をふるう権利がなく、また独占的な仕方では所有されたり蓄えられたりできず、むしろ差異を生み出し維持する能力によってもたらされるようなものである（Nuzzo [2009], pp. 136-137）。レッシングにおいて、真理とは、客体依存的なものではなく、個人の主体的な行為のうちにあるものであって、究極的には自由な愛と人間性全体へと向けられている（ibid., p. 137）。ヌッツォは、こうした貨幣的真理ではなくて自由としての真理こそが重要であるという帰結を、まさにヘーゲルの本質論から概念論への転換がもつような、実体の「絶対論的な」論理学の反駁のなかに見出す（ibid., p. 141）。

この反駁すること自体の一つの問題について、ヘーゲルは『精神現象学』のなかで明らかに述べている。哲学の原理・原則が真であるときに、これは原理であるがゆえに偽でもあるとされる（GW9, p. 21）。真の反駁とは、原理自体から展開されるようなものでなければならず、他の外在的な視点からなされるようなものではない。そのため、反駁は「原理の不十分さを補うこと」（ibid.）でなければならない。この背景にあるのは、ヘーゲルの真と偽に関する理解だ。

意見にとって真と偽との対立が固定的なものとなればなるほど、その意見は、現存の哲学体系に対して同意か異議かのどちらかを期待し、この体系についての説明においては、同意か異議かだけを見るのを常としている。意見は、諸々の哲学体系の相違を、真理の前進していく展開として理解しないで、この相違のなかに矛盾だけをみる。（GW9, 10）

ヌッツォはこうした真と偽とを切り離す仕方と、スピノザ的立場としての動きのない本質主義的見方との重なりを見て取る。真理とは、何か絶対的なものでも、またそれにより所有されるようなものでもなく、否定を含む論弁的プロセスの全体でなければならない。ヘーゲルが「……の真理」という表現を使うとき、そこでは低次のものからより高次のものへの前進が考えられているが、これは低次のものの排斥ではなく、先立つものを完全にすることである。そのため、実体の真理として主体が考えられるとき、実体と主体は偽と真の関係のうちにあるのではなく、主体が実体を完成させる関係にあることになる。そこでは、自らの立場の正しさと優位性を主張し、ただ対立するものを斥けるだけの論争的な対立は悟性的な真と偽の分離として許容されない。

五．ヘーゲルの思弁的真理

ヘーゲルがスピノザの実体を主体へと高めることで、一つの自由の体系を打ち立てようとしていると解するとき、ヘーゲルの哲学を貫くものが確認されなければならないだろう。ヘーゲルの哲学は思弁的プロセスにより展開される一つの論理空間である[3]。このうちに初めから絶対的な真理や原理・原則が前提されてはおらず、むしろ無前提的にこのプロセスは開始されなければならない。多くの哲学者が、学の出発点に前提や原則が必要だと考えたが、ヘーゲルは徹底的にこれを拒否しているということは、一つの注目すべき重要な事実だ（GW9, p. 56）。

もし一つの絶対的前提を立てようとしても、この前提は「他のものよりも自分が尊重されるべきだという自惚れた思い上がり」（GW12, p. 251）でしかない。たとえ哲学の端緒が「暫定的で仮定的」（ibid.）にならざるを得なくてもこれは大きな問題ではなくて、そこから順に「後退的な基礎づけ」（ibid.）を前進しながら行えばそれで充分だ。そのため哲学の端緒はまったく抽象的で規定をもたないようなものでしかないが、その展開につれて次第に具体的内容を増すことになる。ヘーゲルはこうした哲学のあるべき姿を、スピノザと対比して捉える。スピノザの実体から属性、様相と進む仕方は、新プラトン主義的流出と重ね合わせられるのだが[4]、それは、どちらにおいても始元に最も豊かなものが考えられ、そこからはより低級のものが出てくるだけでしかないからだ（GW11, p. 378）。しかもこの流出的な体系のうちでは、先行するものを補足したり完成させたりする余地がない。これに対して、人格性を備えた「絶対的弁証法」（GW12, p. 251）は、より豊かに、具体的に、そしてより完成したものへと自らを展開していくなかで、最終的に「自分を概念的に把握する概念」（GW12, p. 252）となる。そのため、ヘーゲルの体系は、絶対的なものをはじめから前提するスピノザへの、一つの鋭い反省により特徴づけられており、なんらかの絶対的なものによる「真理」の専有を不可能にする。

しかしヘーゲルの体系が全体として、こうした自己認識と自由に向けられている限りで、これはソフィスト的弁証法や懐疑主義から区別されなければならない。論理空間の発展のなかで様々な段階が次々に出てくるが、これらすべてが主観的視点に依存的な相対的真理だとか、あるいはすべてが偽だとかみなされるのも誤りである。たしかに、ヘーゲルの『精神現象学』の展開全体のうちには懐疑主義が認められるが、それは現象学に次から次へと否定していくプロセスがあるからで、論理学の体系の内では単に否定するだけではなく、否定を否定することで肯定的なものへと高めることができなければならない（TW8, p. 176）。そのため二重の否定を通じて肯定へと高める仕方は、たしかに自己論駁的な過程であっても、それだけにとどまらない。単に異なる視点から対立を生み出すことは、真理をとらえるのに決して十分ではなく、こうした外的反省にとどめず、一つのいわばメタ視点から肯定的プロセスが理解されることが要求される。

思弁的プロセスをヘーゲルは弁証法と呼ぶが、これが古代の悪しき弁証法（ソフィスト）とそれを批判する弁証法（ソクラテス）に端を発することは周知のとおりだ。前者において重要なのは、根本的な原理（アルケー）や客体的真理の探究ではなく、おのおのの人間が主観的真理を持ちうることを前提に、教養を伴った具体的内容でもって説得的に真理を述べることだ――彼らは教養と説得の技術を与えることで生活の糧を得る（TW18, p.

420）。これに対して、後者においては、ソクラテスが徳を教えることができないとしたように、真理は教えられるようなものではない。もちろんそこでは、真理が秘教的なものとして捉えられているのではない。プラトンの『プロタゴラス』においてソクラテスとプロタゴラスのどちらもが自己論駁へと導かれるように、矛盾が導かれる一つの対話のなかの弁証法が問題になる[5]。

　この自己論駁的プロセスを含む自己認識は、絶対理念と呼ばれる（GW12, p. 236）。この絶対理念はヘーゲルの論理学の結末で詳細に説明され、これは「絶対的なあらゆる真理、自己を思考する理念、しかも思考する理念として、論理的理念としてある」（TW8, p. 388）と述べられる。ヘーゲルは、そこでアリストテレスの「思考の思考」を引き合いに出すが、あくまで自分を思考する絶対理念の内容とは、展開してきた体系の全体に他ならず、特殊な内容を持ち合わせているわけではなく、最高の形式として提示されるだけにとどまる。さらに、この理念は体系の末尾（精神哲学の最後）で、論理学、自然哲学、精神哲学の三項関係をうちに含んでもいて、哲学の理念において、自分を知る理性（論理）が精神と自然に分かれて、再び統一するという概念と認識の運動が確認される。

　こうした思弁的真理とその過程を構成している要素は、おそらく最も簡素な形式として『エンチクロペディ』「論理学の詳細な概念と区分」のいわゆる〈論理的なものの三つの側面〉、存在、本質、概念という体系の三部分に関する思考のあり方のうちに見出すことができる（TW8, p. 168: §79）。ただこうした実際の概念的展開に先立つ説明や導入は、体系内部での内容の展開をまだ何も知らない人に向けての形式的なものにすぎないだけでなく、これは決して前提や原理として立てられてもおらず、また哲学の内部でさえない。この内容は、実際に学の体系の中で遂行されなければならない。

おわりに

　最後にヘーゲル哲学を一元論と呼べるどうかという点について触れておく必要があるだろう。ヘーゲルの体系を一つの一元論と捉える解釈があることも確かだが、実際のところは、ヘーゲルは一元論という言葉をおそらく一度も使わなかったというだけでなく、一元論という名称自体は、彼自身の上で見たような思弁的プロセスを指すものとしては、どこまでも舌足らずな印象を与えざるを得ない。さらに、ヘーゲルが、抽象的統一性が一面性に陥ることを幾度も指摘するように、やはり一元論は哲学における実在論の側面を説得的に描き出すにしても、それが哲学全体としての真理だというわけにはいかない。スピノザ的一元論の問題点は、実体から独立したものとしての自由な諸個人をとらえるのに十分な枠組みを提供できていないということはすでに示した通りだが、スピノザ哲学がしばしばパルメニデスと並べられて考察されているように、その外部に、より絶対的なものがないとしても、自我が知っていたり住んでいたりするような個別的で多元的な世界は、まだとり残されている。パルメニデスの理論で問題になったのは、その理論の内では虚偽が存在しないことになり、延いては虚偽を非難することも不可能になり、これが逆説的にソフィストに有利な地盤を与えてしまうということだった。ただこのソフィスト的主張は個別的主観性に基づく視点の行ったり来たりにすぎず、これはまだ悟性のうちにとどまって、概念の理性的な自己認識にまでは高められていない。視点中立的な実在的で絶対的なものと主観性との関係が掴まれなければならないのだ。

必然的体系の側面と自由な思考の側面を一つの自由な体系へと纏め上げることは、たしかに大胆な矛盾を伴う企てとなるだろう。しかしヘーゲルが矛盾を真理の原理としているように、これは初めから意図されたものなのではないだろうか。ヘーゲルの自由は、形而上学のうちで虚妄とみなされるような、人間の自由の存在についての単なる確信や信念ではなく、自己反省の契機をも含みこんだ複合的で連続的な思考を伴う進行のなかでようやく理解される。そして、ヌッツォがレッシングにおける貨幣的真理への批判を手掛かりにして、真理が貨幣のように所有されえないということの内実を示しているように、ヘーゲルの哲学体系もまた、たとえそれが論理的実在により満たされていても、これは真理の専制を競うものではない。たとえその中に反駁がみとめられても、反駁されるものは思弁的プロセスの構成要素として必要不可欠で、この反駁を通して完成へと導かれることが何より重要になる。このヘーゲルの主張のうちには、必然的体系ということだけでは取りこぼされる、人間諸個人の自由な思考実践がもつ尊厳に対する真摯なまなざしが垣間見られる。そしてスピノザ「反駁」は、その中で決定的な役割を果たしている。

注

（1）優先性一元論を掲げるシャファーは、パルメニデス、プラトン、プロティノス、スピノザ、ブラッドリーと並んで、ヘーゲルを一元論の立場をとる哲学者として理解している（Schaffer [2010], p. 32／本書第一三章冒頭部）。また川瀬は生命概念に着目しながら、ヘーゲルの哲学を主観と客観を分けない一元論として理解する（川瀬［二〇二一］、六頁）。

（2）概念把握できないものに関するヤコービの理解については、以下を参照。Traub [1998], p. 93.

（3）コッホによるヘーゲル哲学の「論理空間の発展」としての理解については、以下を参照。Koch [2014], pp. 272-273.

（4）新プラトン主義的流出とスピノザとの関係については、本書第二章（津田担当）の三・二も見よ。

（5）プラトン『プロタゴラス』一六二―一六三頁（361a-361c）。

文献略号

GW: Hegel, G. W. F., [1968ff.], *Gesammelte Werke*. In Verbindung mit der Deutschen Forschungsgemeinschaft, hrsg. von der Rheinisch-Westfälischen Akademie der Wissenschaften, Hamburg: Meiner.

JW: Jacobi, F. H., [1998ff.], *Werke*, hrsg. von Klaus Hammacher und Walter Jaeschke, Hamburg: Meiner.

TW: Hegel, G. W. F., [1969-1971], *Werke in zwanzig Bänden*. Auf der

Grundlage der Werke von 1832–1845 neu edierte Ausgabe, hrsg. von E. Moldenhauer und K. M. Michel, Frankfurt am Main: Suhrkamp（Theorie Werkausgabe）.

Koch, Anton Friedrich, [2014], *Die Evolution des logischen Raums: Aufsätze zu Hegels Nichtstandard-Metaphysik*, Tübingen: Mohr Siebeck.

Nuzzo, Angelica, [2009], "... As if truth were a coin!" - Lessing and Hegel's development theory of truth, in: *Hegel-Studien*, Bd. 44, pp. 131-155.

Sandkaulen, Birgit, [2019], *Jacobis Philosophie: Über den Widerspruch zwischen System und Freiheit*, Hamburg: Meiner.

Schaffer, Jonathan, [2010], "Monism: The Priority of the Whole", *Philosophical Review*, 119, pp. 31-76.（Reprinted in P. Goff (ed.), Spinoza on Monism, Basingstroke: Palgrave Macmillan, 9-50.）〔邦訳：ジョナサン・シャファー（立花達也・雪本泰司訳）「一元論——全体の優位性」本書第一三章〕

Traub, Hermut, [1998], Über die Grenze der Vernunft: das Problem der Irrationalität bei Jacobi und Fichte, in: *Fichte-Studien*, Bd. 14, hrsg. von Klaus Hammacher, Amsterdam/Atlanta, S. 87-106.

川瀬和也［二〇二一］『全体論と一元論——ヘーゲル哲学体系の核心』晃洋書房。

ザントカウレン、ビアギート［二〇一六］「個人という問題——スピノザの実体概念に対するヘーゲルの両義的な対決」『ヘーゲル哲学研究』飯泉佑介訳、こぶし書房、一〇—二五頁。

プラトン［二〇二〇］『プロタゴラス——ソフィストたち』藤沢令夫訳、岩波書店。

第四章　ライプニッツ哲学における一元論・多元論の可能性

三浦隼暉

はじめに

「天才の世紀」と呼ばれる一七世紀、デカルトやスピノザといった大哲学者たちを追うように、ゴットフリート・ヴィルヘルム・ライプニッツ（Gottfried Wilhelm Leibniz, 1646-1716）は、ライプツィヒで産声をあげた。彼の生涯は様々な分野における業績で満ち溢れている。数学における微積分の発明、法律学における様々な事例の収集と記録、歴史学における批判的歴史記述の先駆など、彼のなした功績は枚挙にいとまがない。そしてもちろん、彼は哲学の分野でも偉大な仕事、すなわちモナドロジーと我々が呼んでいる哲学理論を打ち立てた人物でもあった。

ところで、そのようなライプニッツ哲学は、一元論的なのであろうか、それとも多元論的なのであろうか。スピノザ哲学が歴然たる一元論として位置づけられている状況とは異なり、ライプニッツ哲学に対するそれらの判断は観点によって異なると言わざるをえない。実際、本書第一章で太田が紹介しているように、ライプニッツ哲学を、クリスチャン・ヴォルフは観念的な一元論として捉えているのに対して（本書第一章一・二）、ドロービッシュは「一にして全」の一元論は、モナドロジーの多元論と、険しく対立している」としている（本書第一章四・一・二・二）。このような対立した見解の源泉は、ライプニッツ哲学の様々な側面に対する光の当て方にある。それゆえ、ライプニッツが一元論者なのか多元論者なのかを決定するような議論をすることは的外れなものとなるであろう。むしろ、本章では、彼の一元論的側面と多元論的側面とが、それぞれ現れてくる時期や内容を紹介することに努めたい。

一元論的側面や多元論的側面と言っても、ライプニッツの多岐にわたる著作を概観するならば、異なる領域・時期において、異なる一元論と多元論が見出されることは確実であろう。それゆえ、本章で紹介されるライプニッツ像は非常に限られた領域のものであるということを先に注意しておきたい。また、一元論という語の多義性にも注意しなければならない。すべてを精神的なものに還元するという意味での一元論なのか、それとも実体が唯一であるという意味での一元論なのか、端的に精神でも物体でもないようなもの（たとえばモナド）の一元論なのか、ということは常に意識されるべきであろう。本章では一元論・多元論といったものを発見的概念として使用し、ライプニッツ哲学に潜む様々な一元論・多元論の一角を提示することを目指す。

最初に、本章で扱う内容を簡単に確認しておこう。第一節では、ライプニッツ哲学の一元論的側面に関して、いくつかの事例を見てゆくこととなる。まず、モナドロジーの観念論的な意味での一元論的側面を紹介する。複数の実体が存在するということを強調するならば、多元論ともとられるモナドロジーは、同時に、すべての現象が還元されうる唯一の存在カテゴリーとして「モナド」を置くという点で、モナド一元論的であるといえよう。そのようなモナドが観念論的な概念であることを示すことで、観念論的一元論としてのモナドロジーを提示する。続いて、世界に関する一元論的な立場を紹介する。無数のモナドが存在し、それらのモナドがそれぞれに自らパースペクティヴに基づいて世界を表現するというのが彼のモナドロジーの基本的発想である。そうだとすると、世界は無数のモナドのうちにしか存しないのであろうか。ここでは、むしろ、世界というものが唯一であり、モナド達はその唯一のものを表現するという意味で、統合され一つの調和を構成していることを示す。これは世界に関する一元論ということができるであろう。

第二節では、初期ライプニッツの代表的著作『哲学者の告白』を中心的に扱い、ライプニッツがいかにしてスピノザ的必然主義や一元論から離反していったのかを明らかにする。第一に、オリジナルのテクストに見出される神と調和の同一視という論点を紹介する。レルケが指摘しているように、この同一視は、（形而上学に関する直接的な影響関係は薄いものの）この時期のライプニッツ哲学をスピノザの一元論と親和的なものとして解釈する余地を生み出すこととなる。第二に、後に『哲学者の告白』に書き込まれた部分を中心に検討することで、スピノザと親和的であったライプニッツ哲学が、どのような点で反スピノザ主義的様相を呈することになったのかを明らかにする。後期ライプニッツ哲学において登場するモナドという概念の多元論的側面については人々の間でよく知られているところであろう。ここではむしろ、そのような多元論的なモナドロジーという発想がどこから生じてきたものなのかという点に焦点を絞り、『哲学者の告白』への後の書き込みにおいて登場する「それ自体で可能な存在者」というアイデアを紹介する。純粋に可能な存在者を認めることは、現実存在から切り離され、それ自体で存在することができるモナド的実体概念の条件として重要となる。つまり、このような純粋に可能的な存在者を認めることで初めて、実体に関する多元論としてのモナドロジーの登場が期待されるのであり、スピノザ的な一元論や必然主義と決別することができるのである。

一．後期ライプニッツ哲学における一元論の位置

一・一．ライプニッツと一元論

ライプニッツ哲学における一元論的側面を考える場合、大きく分けてふたつの観点からの考察が可能であろう。ひとつは、スピノザの一元論的哲学がライプニッツ哲学にどのように影響を与えたのかという点に関する考察である。若きライプニッツがパリに滞在していた時期に書かれた初期著作群『至高存在について（*De Summa Rerum*）』はそのような影響関係を色濃く伝えるものとなっている。たとえば、レルケはこの時期のライプニッツ哲学を「準スピノザ主義」（Lærke [2008], p. 551）ともい い得るものであったと評価している。

もうひとつは、モナドを中心とした後期ライプニッツの形而上学における一元論的側面に関する考察である。その場合、モナドの一元論的性格、すなわちあらゆる現象がモナドに還元されるという性格が最初に注目されるべきものであろう。さらに、そのようなモナドがある種の鏡のように世界を表現するものであるのならば、表現されるところの世界が唯一であるのかどうかも問われる必要があるだろう。そして、それが唯一のものであるとすれば、それは世界に関する一元論として整理することができよう。

『至高存在について』における一元論に関しては、それだけで相当な議論が必要であることから本章では扱わない。ただし、次節で、『至高存在について』に先立つ一六七一―七二年に書かれた『哲学者の告白』において見られる（スピノザ形而上学からの直接的影響の不在のなかでの）親スピノザ主義的なライプニッツの主張を確認することとなる。本節では、後期ライプニッツの形而上学における一元論的側面を確認してゆくことにしよう。スピノザの一元論との対比において、ライプニッツのモナドロジーは実体的多元論として解釈されることもあるが、そのうちにはまた他の意味での一元論的側面が内在してもいるのである。

一・二．観念論的一元論としてのモナドロジー

後期のライプニッツが構想したモナド概念は、ある種の一元論的な側面を含み込んでいる。すでにクリスチャン・ヴォルフは次のように述べていた。「一元論者には二通りの種類がいる、すなわち観念論者と唯物論者がいる。前者は、単なる精神、すなわち、物質からなるのではなく、我々が単純な事物とよぶもの――ライプニッツのモナドにあたるもの――に属するような事物のみを認める」[1]。では、いかなる意味でライプニッツのモナド概念は観念論的な意味での一元論なのであろうか。ここでは、モナドと現象との関係に焦点を絞って考察してゆくこととする。

「私たちがここで論じるモナドとは、複合体のなかに入る単純な実体に他ならない。単純とは、部分がないことだ」（『モナドロジー』第一節）（Robinet, p. 69;『モナドロジー』、一一頁）という一

節で始まる『モナドロジー』という著作は、世界の構成要素としてのモナドから、最終的には道徳的次元なども含みこんだ全体としての世界に関する議論へと向かって進んでゆく。その壮大な計画の第一歩として提示されたモナド概念こそ、後期ライプニッツ哲学の核心であるとともに、最も理解困難な概念であるともいえよう。部分を持たないにもかかわらず、構成要素として複合体のうちに含まれるモナドは、いかにして現象と関わるのであろうか。言い換えるならば、我々の感覚的経験にとって常に大きさや形を伴ったものとして存在している外界の現象（たとえばあなたが今読んでいるこの本もそうである）に対して、モナドはどのような身分をもつものであると考えられていたのであろうか。

　問題は、何が真の存在者であり、何が単なる現象にすぎないか、ということである。伝統的なモナドロジー解釈によれば、モナドのみが真に存在するのであり、他のものは現象にすぎないとされる。それはなぜなのか。アルノーとの往復書簡の中で、ライプニッツは「真にひとつの存在でないものは真にひとつの存在ではない」（GP II, 97. 傍点部はライプニッツ自身による強調）という伝統的な公理を受け入れている。強調箇所の違いによって意味をもつこのトートロジーは、言い換えるならば、真に「一」であるものだけが「存在」であるという公理である。ライプニッツにとって「一」と「存在」とは可換的な概念なのである。

　さて、通常の意味で我々が外的感覚によって認識するところの物体現象は、複数の一なるものの寄せ集めとして理解されている。一七〇〇年の「ゾフィー宛書簡」において「物質は部分を有し、したがって羊の一群と同様に、多くの実体からなる多である」（1700/6/12, A I, 18, 113）と述べられているように、実体が一なるものであるのに対して、物体現象はあくまで多として捉えられている。このことは、先の公理と合わせて考えるならば、物体現象がそれ自体としては「存在」ではないということを帰結する。ライプニッツ自身が述べるように「寄せ集めによる存在しかないところには、実在的な存在もない」（「アルノー宛書簡」1687/4/30, GP II, 96）のである。

　ただし、寄せ集めとしての物体も、ある程度の統一をもつことがありうる、とライプニッツは考えている。そのような議論の発端として、アルノーとの往復書簡のなかで、アルノーから発せられた次の問いをあげることができる。

> 私たちが住んでいる地球はただひとつだけであり、私たちを照らす太陽もひとつで、地球の周りを一定の期間でまわる月もひとつであるというとき、地球、太陽、月に与えられた一性をあなた（ライプニッツ）はどこに置くのでしょうか。たとえば、これほど多くの異質な諸部分から構成された地球がその地球に固有で一性を与えるような実体形相を有していると考える必要があるとあなたは考えているのでしょうか。あなたがそのように考えているとは思えないのですが。（「アルノーからライプニッツへの書簡」1686/9/28, GP II, 66）

この書簡へのライプニッツ自身による書き込みによれば、「切り出された大理石、地球、太陽といった全てのものは、実体ではなく、小石の山にすぎない」（A II. 2. 97 n13）とされている。このことから、「あなたがそのように考えているとは思えないのですが」というアルノーの言葉は、まさにそのとおりであり、物体を寄せ集めとして考えるライプニッツにとって、地球も月も太陽もすべて小石の山のような寄せ集めと変わりがないのである。

このアルノーの質問に対する回答のなかで、ライプニッツは、物体の統一を考える上で重要となる「偶有的統一（unum per accidens）」や「自体的統一（unum per se）」といった概念を用いている。注目すべきは、アルノーとライプニッツの間で、このふたつの統一性に関する認識が異なっているということである。アルノーは「自我と言い得るような知性的本性においてしか真の統一はない」と断言し、それ以外のものをすべて「非本来的統一（unité impropre）」としている。この非本来的統一には様々な度合いがあるものの「自我」のみが真の統一であるとされるのである。こうして、アルノーは、純粋に精神的なものとしての「自我」に自体的統一を認める一方で、動物、植物、家、時計、袋の金貨、小石の山といった物体を非本来的統一の内での連続的な程度の間に位置づけることとなる。

他方で、ライプニッツは、動物や植物を非本来的統一の外延に含めることに懐疑的な態度をとる。というのも、彼は「自我」を自体的統一の代表的な例としつつ、それだけではなく、「そうした自我に相当するもの」（GP II. 76）もまた自体的統一に十分なものとし、「自我に相当するもの」を有しているかもしれない動物や植物に自体的統一の可能性を認めているからである。ライプニッツにとって、この「自我に相当するもの」こそ、物体現象を単なる見せかけではなく、真に存在するものたらしめる原理だといえよう。

「アルノーとの往復書簡」は、いわゆるライプニッツ中期における著作であり、モナド概念が登場してくる後期哲学とは区別して考える必要があるとしても、基本的な構造は共通している。すなわち、物体現象は寄せ集めであるが、その寄せ集めが現に存在するといわれうるのは、その構成要素であるところの（自我やモナドのような）形而上学的要素に依拠してのことなのである。

ライプニッツ自身はこのような物体の実在性を次のように語る。「物質的な事物は現象、ただし、よく基礎づけられよく連結された現象にすぎない」（GP III. 606）。このとき、よく基礎づけられているという事態は、単に現象的世界の背後にモナドたちの実在的世界があり、実在的世界が現象を現に支えているというような意味でとられてはならない。というのも、ライプニッツの考えによれば、現象界とモナド界との間にはいかなる作用的な影響関係もありえず、両者はただ対応していると言われるのみだからである。山本信が述べたように、「基礎づけられている」とは「現象がばらばらではなく、一定の法則によって律せられ、規則的に連結し合っている」（山本［一九五三］、三〇四―

三〇六頁）という事態だといえる。この規則的連結のうちには自然法則なども含めることができるだろう。そのような恒常的規則が存するという点においてのみ、世界は実在的だと言われ得るのである。

とはいえ、逆に言えば、これらの形而上学的要素を抜きにしてしまえば、物体現象の実在性の基礎は消え去ってしまう。物体現象はそれ自体では何ら支えを持たないのである。その意味でモナドの規則的連結によって「よく基礎づけられている」と語ることは、ライプニッツ自身の哲学を観念論的立場へと導くものであるといえよう。山本が述べるように「物体なるものは、精神ないし一般にモナドの表象を離れては、すなわち何らかの主観の意識を離れては、無であり、その全実在性は専ら現象間の規則的連結と相互の一致に存するということ、まさにこのことを示すのが「よく基礎づけられた現象」という語なのである」[2]（同書、三〇六頁）。

モナドのみが実在すること、モナドが自我に相当する実体であること、そしてそのような実体が「よく基礎づける」ということによってのみ物体現象が実在的でありうるということ、それらを合わせて、ライプニッツのモナドロジーは観念論的モナド一元論として理解され得るのである。

一・三・唯一の世界を映し出すモナド

先の部分では、あらゆる物体現象がモナドに還元されるという意味での観念論的一元論を確認してきたが、ここでは、ライプニッツ哲学が世界そのものに関しても一元論的であることを示すことにしよう。より正確に述べるならば、世界は唯一のものであり、たとえ無数のモナドがそれぞれ独立の実体として多数存在することが認められていたとしても、同じ世界に関する様々な表象を有すると言われうるだけなのである。このことは、以下、二つのステップで説明されることとなる。第一に、世界が唯一であり複数の世界は実在していないということ、第二に、その唯一の同じ世界を無数のモナドが表現しているが、そのことが世界を複数化することはないということ、この二ステップである。

ライプニッツによる世界に関する議論のうちで有名なものとして最善世界説がある。その説によれば次のようなことが言われている。神は無数にある可能的なプランのうちから世界を選択し現実に存在させた。そのような選択において「至高の知恵は、それに劣らず無限な善意と結びついて、最善を選ばないはずがない」（GP Ⅵ. 107:『弁神論』第八節）と述べられるように、神は最善の世界を選択したのである。こうして、我々が現に存在しているこの現実世界こそ最善世界であると、ライプニッツは考えるのである[3]。

しかし、なぜ最善世界が唯一であるということができるのであろうか。われわれが暮らすこの世界の他にも世界が存在する可能性はないのだろうか。この問いに対して、ライプニッツは次のように回答している。

私が世界と呼んでいるものは、現に存在する事物の全体的連続、全体集合のことであるが、これは、いくつかの世界がさまざまな異なった時間や場所に存在し得るなどとは主張しないようにするためである。というのも、もしそのようなことになれば、複数の世界のすべてを一緒にしてひとつの世界として、あるいはお望みならひとつの宇宙とみなさねばならなくなるからである。（GP Ⅵ, 107.『弁神論』第八節）

世界Aと世界Bとが異なるものだと主張する人がいたとしても、ライプニッツの主張に従えば、世界Aと世界Bを合わせた世界Cだけを世界だといえば良いことになる。このようにして、彼は世界を唯一のものとみなす。

それでは、そのような唯一の世界と複数存在しているモナドとの間の関係はどのようなものになるのであろうか。世界を物体現象の総体のようなものとして理解するならば、世界はモナドによって初めて表出されるものである。先の観念論的モナド一元論の議論を思い出すのであれば、モナドなしにはいかなる物体現象も存在しない。世界をそのような現象の総体として理解する限り、そのような世界はモナドによって「よく基礎づけられている」としか言いようがないものとなる。そして、モナドという複数の独立した実体によって表現されるという意味で、世界そのものは一致するように基礎づけられていたとしても、多元的なものとして捉えられることになるだろう。

しかしながら、世界とモナドとの関係は逆転の可能性を秘めてもいる。すなわち、世界が現に存在するモナドの総体として理解されるのではなく、出来事ないし述語の総体として理解される場合においては、ライプニッツの世界に関する理解は一元論的なものとなるのである。むしろ、ライプニッツ自身の様々なテクストにおける記述は、こちらの解釈の正当性を裏付けてもいる。ライプニッツに関する華麗ともいえる著書を残したドゥルーズもまた、出来事がモナドに先立つことを指摘し、次のように述べている。「それにしてもなぜ世界から、あるいは系列から出発しなければならないのだろうか。そうでなければ、鏡や観点という主題はまったく意味をなくしてしまうからだ［…］」（Deleuze［1988］, p. 35（邦訳、四五頁））。世界を映す鏡としてのモナド、あるいは世界という都市を眺めるひとつの観点としてのモナドといったライプニッツ自身が頻繁に用いている比喩を意味あるものにしようとするならば、〈映す／映される〉〈眺める／眺められる〉といった関係を可能にするための世界が最初から存在していなければならないのである。以上のように考えるのであれば、諸モナドが表現する唯一の世界はモナドが表現するよりも先に存在しており、そこに観点を付け足すのがモナドだということができよう。

実際、ライプニッツ自身もまた、アルノーとの往復書簡のなかで、個体と出来事との関係について、出来事が先立つのだと述べている。すなわち、世界があって初めてそれを表現する個体が成立するのである。

たとえ人間の出来事のすべてがアダムの概念に含まれるとしても、実際に生起したようにしか人間の出来事が起こり得なかった原因は、アダムの個体概念にあるのではなく、それは神の諸計画にあります。神の計画はアダムの個体的概念にも含まれていますが、この宇宙全体の概念を規定し、ついにはアダムの概念のみならずこの宇宙のほかのすべての個体的実体の概念を規定するものです。(GP II, 51)

もちろん、この中期の図式がそのまま後期のモナドロジーの体系のうちに組み込まれるわけではないだろう。しかし、神が計画を立てることが先立ち、それを表現するためにモナドが要請されるという仕方で世界がもたらされるという順序は、維持され得るものであろう。ライプニッツ自身の比喩を用いて言い換えるならば、同じ都市を様々な観点からみるということは、その同じ都市が存することによって初めて可能になっているのであり、それこそが唯一の世界なのである。

こうして、ライプニッツにとって、世界とはそれ自体で唯一であり、かつ諸モナドにとっても同一のものであるといえる。以上のような世界に関する彼の主張を、我々はあえて一元論と呼ぶことができるであろう。世界を映し出す無数のモナドを置くモナドロジーは、モナド自体の多数性においては実体的多元論だと言われるものだとしても、モナドによって映し出される世界が、出来事や観念の唯一の集合体として、諸モナドに先立つという意味では一元論的だと言われうるのである。

二．『哲学者の告白』にみる多元論的モナドロジーの萌芽

二．一．スピノザの必然主義という「崖っぷち」

スピノザとライプニッツとの影響関係を詳細に論じた記念碑的著作『スピノザの読者ライプニッツ』におけるレルケの研究が示しているように、一六七〇年代のライプニッツはスピノザからの影響を受けつつ自らの哲学のうちに実体に関する一元論的主張の萌芽を宿していた。しかしながら、後にライプニッツはスピノザから徹底的なまでに離反してゆくこととなる。その中で彼の哲学は、スピノザ的な実体一元論や必然主義といったものと対比的な、多元論や可能世界論といった方向へと舵を切ってゆく。

とはいえ、その事実はライプニッツがスピノザに対して全く興味を持たなくなったということを意味しない。むしろ、スピノザの残響は生涯ライプニッツ哲学のうちに宿り続けていたといってもよいだろう。また、若い頃のライプニッツは、スピノザに対して批判的な立場をとりながらも、スピノザの残したテクストに詳細な注釈を施してもいる。たとえば、一六七五年の終わりから七六年の初頭にかけてスピノザとオルデンバーグとの間で交わされた書簡を、ライプニッツは一六七六年一〇月のロンドン滞在時に複写し、その書簡に対して彼は次のような厳しい言葉を書き込んでいる。

> もし、神の本性から何らかの必然性によってすべてが流出し、そしてすべての可能なものもまた現実存在するのであれば、悪人も善人にも等しく容易に不幸なことになるであろう。したがって、道徳哲学は取り除かれることになる。（A Ⅵ. 3, 365）

このようなスピノザへの厳しい評価の背景には、エイトンに従うならば、ライプニッツが受け入れることのできないふたつの教説が存在している[4]。第一に、実体がただ一つしか存在せずそれは神である、という教説。第二に、存在が必然的に実体に属するという教説。前者に関しては、あらゆる被造物を神の様態であるとするスピノザの実体一元論が、個別的実体として無数のモナドを置くライプニッツの主張とぶつかることとなる。また、後者に関しては、現実存在せず純粋に可能的な仕方で存在するものの実在性を認めないスピノザの必然主義が、現実存在とは切り離された純粋に可能的な存在者を認めるライプニッツの主張と衝突するのである。

とりわけライプニッツにとってスピノザの必然主義は受け入れ難いものであった。というのも、先の引用でみた「道徳哲学」にとって、純粋に可能的な存在者の概念を救いあげることがライプニッツにとって重要であったからである。後の一六八九年ごろのものと思われる断片のなかで、ライプニッツは次のように述懐している。

> 私はそういうわけで、すべては絶対的に必然的なものであると判断する者たちの考え方からあまり遠くなかった。彼らは、自由はたとえ必然のもとであっても強制でさえなければよいとし、間違いなく起こること、言い換えると不可謬で真である確かな認識を、必然的なものから区別しない。けれども私は、現にあらず、これからあることもなく、またかつてあったこともないような諸々の可能的なものを考察することによって、この崖っぷちから引き返したのである。（*De Libertate*, A VI, 4, 1653）[5]

過去・現在・未来において実在することのない純粋可能的な存在者を自らの哲学のうちに位置づけることは、スピノザ的必然主義という「崖っぷち」から引き返すために必要不可欠な作業であったといえる。スピノザの必然主義は、単に純粋可能性に対する否定的態度から生じてくるものではなく、彼の唯一実体の教説とも関わっている。というのも、他の世界でもあり得たという可能性とは、神が諸可能世界を対象化して選択するという操作から生じてくるものであるが、唯一実体の説は、神と世界を同一のものとして捉えることにおいてそのような対象化の契機を持たないからである。ライプニッツにとって、純粋可能的な存在者を導入することは、神による世界選択の契機を生み出すことであり、同時に道徳の起源ともなる人間の自由を保証することでもあったといえよう。

二．二．『哲学者の告白』という著作について

さて、ここではライプニッツの初期思想に焦点を絞り、彼の純粋に可能的な存在者あるいは可能的なモナドという発想の源泉を探ることにしよう。とりわけ一六七二年から七三年にかけて書かれたと考えられている『哲学者の告白』（以下『告白』）は、彼の可能性概念がどのように形成されてきたのかを考察するうえで重要な著作であるといえる。その理由はふたつある。第一に、この著作の前年一六七一年に書かれた「ヴェダーコプフ宛書簡」が彼の著作の中でも例外的なまでに必然的世界観を強調する著作であるのに対して[6]、『告白』ではライプニッツの必然主義だけでなく、それを弱めるような仕方で可能性概念が扱われているということ。第二に、『告白』には一定の期間をかけて断続的に付された追記や書き込みが含まれており、その一部は一六七七年から八〇年にハノーファーに滞在していたニコラウス・ステノにライプニッツが原稿を渡し、余白にいくつかの批評をもらい、それに対する返答をまたライプニッツが余白に書き足したものであり、また、それとは別に一六七五年ごろに書かれたと推定される追記が見つかってもいる、ということである。一六七六年一一月にスピノザとの面会を果たしたライプニッツの思索を追う上で、これらの書き込みは、スピノザとの邂逅以前と以後における思想の変化を理解する上で重要になってくる。

レルケがまとめているように、『告白』は、一六七〇年代中盤のパリ滞在期におけるライプニッツのスピノザ主義受容の可能性を検討するうえでも重要な著作となっている[7]。たとえば、パーキンソンは、反スピノザ主義的な後期ライプニッツに通じる立場を『告白』のうちに読み取ることで、ライプニッツがパリ期の以前以後を通じて一貫して反スピノザ主義的立場をとっていたと主張する[8]。これに対してレルケは、その同じ著作のうちに、反スピノザ主義というよりもむしろ、それに親和的な態度を見出している。このことは、レルケが主張しようとする、パリ期におけるライプニッツのスピノザ主義への傾倒を可能にしているといえる。

本節では、『告白』に関するレルケの解釈を紹介したうえで、ライプニッツがその同じ著作への後の書き込みによってスピノザ主義を回避しようと試みたことを明らかにする。先にも述べたように『告白』は、スピノザとの面会を終えた一六七七年以後の書き込みを多く含んだ著作でもある。オリジナルの『告白』では親スピノザ主義的にも思えるライプニッツの態度が、書き込みによっていかに変化するのかに注目しよう。

二．三．同一視された神と調和

ここではレルケの議論[9]に沿うしかたで、『告白』における主張のうちにスピノザ主義へと傾く可能性が存していたことを紹介する。重要なことは、この時期のライプニッツの主張が、スピノザ主義を受け入れる余地を残したものであったということである。レルケはその余地を示すことによって、後のパリ期におけるスピノザ主義受容の可能性を強調するのである。『告白』

にその余地を見出すさいの中心的な論点は「神と調和の同一視」という点に置かれている。この同一視によって、反スピノザ主義的な純粋可能性の領野をこの時期のライプニッツから追放するのである。

さて、ライプニッツ哲学における主要な教説のひとつに、神による調和の選択ということを挙げることができる。後期ライプニッツの主要著作『弁神論』において述べられているように、神は最善であるような調和を確立することを使命として世界を創造する。「神は、物質と精神にとって、すべての調和のうちで最も完全な結合を打ち立てる」(GP VI, 183) と言われるように、調和は神の選択の対象として描かれている。これに対して、『告白』におけるライプニッツの主張は少し異なったものであることがレルケによって指摘される。「諸事物の調和、すなわち神の実在」(Yale CP, 56) という形式で述べられているように、『告白』における調和が、神の実在の言い換えとして語られているということが重要になる。

後期ライプニッツの『弁神論』における調和の対象化は、神から独立してそれ自体で純粋に可能的な世界の領域を切り開く。神の選択は対象化された可能的世界の諸プランからの選択というかたちで行われるのである。それに対して、『告白』における神と調和の同一視は、このような純粋可能性の領域の存在を否定することでもある。「対して、『告白』においては、可能的で非実在的なものが神の知性において考えられるとはどこにも書かれていない」(Lærke [2008], p. 380) とレルケが述べるように、後期ライプニッツがとる非実在的だが可能的ではあるようなものの領域は、まだ現れてきていないのである。

以上のことに対して想定される反論として、レルケは、『告白』から次のふたつのセンテンスを挙げている。「諸事物が存在し、神は、意志によってではなく、その実在によって諸事物の原因となっている」(Yale CP, 44)「神の知性のうちに含まれた諸観念は、神の意志のいかなる介入もなしにそれ自身に由来するのであり、じっさい、神は望むことによってではなく、存在することによって知解するのである」(Yale CP, 65)。このとき、意志から独立して自体的にあるとされる諸観念を、純粋可能的な領野に存するものとして考えることができるように思われるかもしれない。しかし、レルケはこれらのテクストを自身の主張に対する反例としては認めない。というのも、『告白』のテクストにおいて以上のような諸観念に言及されるとき、問題となっているのは、それらが純粋可能的な領野に由来するという事態ではなく、罪が神の意志に由来せずむしろ知性に由来するということだからである。レルケはこのことを次のように表現する。「区別はもっぱら、実在世界において神が積極的に選択する事物と、実在世界において神が容認する事物とを切り分けるために打ち立てられている」(Lærke [2008], p. 383)。つまり、罪の由来を意志することではなく「容認する」ことに求めるために、諸観念が意志ではなく神の実在に求められているのであり、どちらにせよ、ここでライプニッツは実在世界についてしか論じていないのである。こうして、先のふたつのセンテンスが、純粋可能的な領域に属する観念について論じているという想定反論は、退けられることとなる。

以上のように、『告白』における神と調和の同一視は、純粋可能的な領域の不在を意味している。他方、次項でみるように、『告白』への後の書き足しにおいては、この可能的領域が出現し、それによって、ライプニッツの実体的多元論の萌芽が形成されることとなる。言い換えれば、オリジナルの『告白』が一六七一年から七二年にかけて書かれたさいには、まだライプニッツの主張のうちに（すくなくとも形而上学的な意味での）スピノザ的一元論や必然主義と対立する要素は見出されないのである。さらには、神と調和の同一視という事態は、スピノザからの形而上学的影響が不在だったとしても、神と自然とを同一のものとするスピノザ哲学と親和的なものであったということもできるだろう。

二．四．自体的に可能的なものの領域の追記

ここまで、レルケの議論に沿ってオリジナルの『告白』における純粋可能的領域の不在について確認してきた。以下では、後の『告白』への書き込みにおいて、いかにしてライプニッツは純粋可能性の領域を『告白』の議論のうちに挿入したのかを検討してゆく。結論を先に述べておけば、「それ自体で（per se）」という限定を可能性概念に付加することによって、ライプニッツは自身の哲学のうちに自体的可能性すなわち純粋可能性の領域を導入したのである。そしてこのことが、後のライプニッツ哲学において明確になってゆく反スピノザ主義的多元論や自由論を形成してゆく萌芽になっていることを明らかにしよう。

「いかなるものも理由なしには生じない」という充足理由律に従い、諸事物の理由を遡ってゆくならば、その究極的な位置には神が置かれることとなる。『告白』においては、「充足理由を割り当てることが可能でないならば、いかなるものも現実存在しない」（Yale CP. 33）という仕方で、現実存在している諸事物を遡るかたちで最終的な理由すなわち神が持ち出される。このとき、現実存在するあらゆる諸事物の理由が定められているという事態は、それらが必然であることと同じことなのだろうか。『告白』において、この問題は、神学的な問題でもある「罪は必然であるか」という問いに関するものとして考察されている。そして、罪は単純に必然的であることを、ライプニッツは否定する。というのも、充足理由律を、限定された仕方で使用される公理として、少なくともこの時期には考えていたからである。

「理由なしにはなにも存在しない」という命題は、自然学や道徳の基礎であります。つまり、質の学識の基礎であり［…］考えることや運動も含めて行為の学識の基礎であります。（Yale CP. 35）

ここでライプニッツは、充足理由律を質の学識の基礎として置いている。他方、同箇所で、算術や幾何学などの「量の学識の

基礎」として「全体は部分よりも大きい」という公理が置かれてもいる[10]。

この対比は何を意味しているのであろうか。同時期の断片『普遍記号への準備』によれば、量とは「ものが全体として認識される様態」であり「形の変化においても量は維持される」一方で、質とは「ものが変化可能なものとして認識される様態」であるとされる（A VI. 2, 488）。言い換えれば、量によって扱われるのは抽象的一般的事物であり、どのような大きさ・形・運動を有しているかは問われない一方で、質によって扱われるのは具体的個別的事物であり、大きさ・形・運動がこの質的な規定によって初めて与えられる。充足理由律とは、この意味で現に存在する事物の「なぜこのようにあるのか」に答える原理となっており、理由の理由へと究極的に押し進めるならば神へと至る原理となっている。ベラヴァルが指摘しているように、先の『告白』の引用において理由律と区分けされた量の学識の基礎は、矛盾律に対応するものとしてみることができる[11]。というのも、量の学識が扱うのは事物の一般的様態すなわち本質であり、本質においては、その事物の概念の無矛盾性のみが問われることになるからである。量の学識においては、他の諸事物を理由として要請する共可能性が問題なのではなく、それ自体が矛盾を含まないということ、すなわち可能であるということで十分だといえる。

以上のような充足理由律と矛盾律の区分け[12]は、現実的に存在するものと可能的に存在するものとの審級の区別に結びつく。現実存在している諸事物が、充足理由律によってある種の必然性のもとで捉えられたとしても、そのような必然性以前に、矛盾律の審級が考えられているはずであろう。言い換えるならば、充足理由律が働く現実世界における諸事物の系列以前に、ただ可能であるだけの存在者たちの審級が確保されているのである。たしかに、「罪の究極的自然学的原因は、全ての被造物におけるように、神にあることになります」（Yale CP. 41）と言われているように、充足理由律は究極原因としての神に至るまでの理由を用意し、それらすべてが必然であることを要請するように思われる。しかし、それ自体で可能であるかどうかを問う矛盾律の審級は、そのような自然学的因果系列とは異なる審級に存するものであり、そこにこそ必然主義を逃れ得る道が存しているのである。

神学者と哲学者との対話形式で進められる『告白』の議論において、ライプニッツ哲学の立場を代弁する哲学者に対して、必然的運命論に陥るのではないかと神学者が疑問を呈し、それについて哲学者は次のように答えている。

> 言葉の曲解された意味からそれら全ての困難が生じてくるのです。［…］全ての人々は「必然性」「可能性」そして「同じ」「不可能」「意志」「作者」、そして幾分か一般に広まった詭弁によるこの種の言葉を、異なった意味に曲解してきたのです。（Yale CP. 51）

問題は語の定義であり、「必然性」や「可能性」といった語を正しく定義することによって、先のような必然主義を避けるような議論をすることができるとする。そして、哲学者は次のように述べる。

私は「必然」を反対が矛盾を含むか、あるいは反対について明らかに考えることができないものとして提示します。そして、3 × 3 = 9 というのは必然ではありますが、私が語ることや罪といったものは必然ではありません。[…] 必然でないものが「偶然」です。そのものの実在しないことが必然でないことが「可能」であり、可能でないことが「不可能」です。要するに、「可能」とは考えることができることであり（その「可能」の定義において「できる」という語を使うことが許されないのであれば）つまり注意深い精神によって明晰に考えられることであります。「不可能」は可能でないことであり、「必然」は反対が不可能であることであり、「偶然」は反対が可能なことであります。（Yale CP, 55）

ここでは、まず「必然」の定義から「偶然」「可能」「不可能」の定義を提示し、その後、今度は「可能」の定義から「不可能」「必然」「偶然」の定義が提示されている。「実在しないことが必然ではないこと」として定義される可能性概念を、「反対が可能なこと」として定義される偶然性の概念に代入するならば、「反対が実在しないことが必然ではない」ということになる。

そのような仕方で現実存在している諸事物の偶然性を、ライプニッツは（後の引用にも登場するように）「仮定的必然性」という語でも言い換えている。

さて、そのような偶然性に関する議論はさらに次のように展開されてゆく。以下で引用する文章において、山括弧〈 〉に囲まれた部分は、ライプニッツが後から付け足したと思われる部分である。

〈それ自体で〉必然である何らかのものから結果するものは何でも〈それ自体で〉必然であるというのは誤りです。[…] なぜ〈それ自体で〉必然である命題から偶然である命題〈あるいは、他のものの仮定の上での必然〉が結果しないということがあるでしょうか。私は、必然の概念からこのことを打ち立てようと思います。今、必然というものについて反対のものを考えることができないものとして定義しました。それゆえに、諸事物の必然性と不可能性とはそれらが考えることができるか、あるいは矛盾を含んでいるかどうかを吟味することによって、諸事物それら自体のうちにおいて見出され、それら諸事物の外側には見出されません。〈というのも、ここにおいて私たちはそれ自体で必然であることだけを必然と呼びます。つまりそれ自体のうちにその現実存在と真理のための理由を持っているものが必然なのです。幾何学の真理はこの種のものです。しかし現実存在している諸事物のうちでは、神だけがこの種の必然であります。残りのすべてのものは、前提された諸事物の系列から生じるものであります。つまり、諸事物の調和ないし神の現実存在から生じるものであり、それらはそれ自体で偶然であり、仮定的必然なのです〉。(Yale CP. 55-57)

注目すべきは「それ自体で(per se)」という語が「必然」の前に何度も付け足されている点である。また、「それ自体で必然であることだけを必然」とし、現実存在しているもののうちでは神のみが、そのような必然性に妥当するものだとしている点にも注目すべきであろう。そのことから、現実存在している被造的事物は、あくまで仮定的必然性に従うものだとされる。

以上の部分をより正確に理解するために、上の引用部分の余白に付け足された次の書き込み(ただし、×印が付されている)を参照するのが良いだろう。

> 不可能であることは、本質がそれ自体と相入れないようなもののことである。矛盾することないし拒絶されること(今までもなかったし、今もなく、これからもないようなこと)は、本質が現実存在と相入れないものであり、現実存在しているものと相入れないものである。それは、現実存在するものの第一のものと相入れず、それ自体で存在するものと相入れず、つまりは神と相入れないのである。(Yale CP. 57n)

『告白』の英訳者でもあるスレイは、この引用箇所から「本質が〈それ自体と〉相入れないもの」と「本質が〈現実存在と〉相入れないもの」という形式を取り出し、前者を「自体的様相(per se modality)」、後者を「非限定的様相(unqualified modality)」と名付けている[13]。現実存在するものに関していえば、自体的様相において必然であるのは神のみであり、それ以外のものは非限定的様相において必然、いいかえれば仮定的必然ないし偶然と言われるべきものなのである。ライプニッツは、自体的様相における神の無矛盾性を強調する一方で、神が選択し創造する諸事物の存在に関しては、その必然性を神に依拠するものとした。それゆえ、創造された諸事物は自体的様相において必然としては語られ得ず、神を究極的要素とする充足理由の系列における必然性、すなわち非限定的様相における必然性だと言われるのである。

以上のように、必然性をふたつの様相に分離することで、ライプニッツは、罪を含め現実存在するあらゆる被造的諸事物が端的な必然性に陥ることを避ける。このように提示された、仮定的必然性は、後期の『弁神論』においても重要な役割を果たす概念となってゆく。仮定的必然性とは、自体的様相において必然であるわけではないが、諸事物との調和を仮定した上で必然的だという意味での必然性だといえよう。

さて、「自体的様相」という発想は、可能性概念にも適用されることとなる。そして、この自体的様相における可能性概念が、必然主義という「崖っぷち」から引き返すことを可能にする。現実存在しない可能的な存在者は、自体的様相においてそうなのではなく、あくまで非限定的様相において現実存在していないだけなのである。

それゆえに、もし事物の本質がそれ自体で知解され得るのであれば、それが明晰判明である限りで（例えば、足が奇数の動物や死なない動物の種など）、そのとき可能なものとして考えられなくてはいけません。とはいえ、たぶん、現実存在や諸事物の調和、神の存在に反するので、従って、そのような本質が世界のうちに見出される理由はないのであり、ただ偶然によって相変わらず不可能なだけなのです。（Yale CP, 57）

「足が奇数の動物」や「死なない動物」といったものは、神と相入れないという理由で現実存在していないにすぎない。これらの動物それ自体は、自体的様相において可能なのである。そのような、自体的様相における可能的存在者といったものをすべて存在させるのではなく、全体の調和を考慮した上で可能なものの一部分のみを存在させることこそ、神が現実世界の究極理由として働くということだといえる。可能である、ということが自体的様相でとられる限り「反対も可能であること」として定義された偶然は「足が奇数の動物が存在しないこと」にも当てはまることとなる。そのような動物の不在は「神が現実存在している、という理由」（Yale CP, 43）に依拠するとしても、偶然的な事柄にすぎない。

このような、自体的様相における可能性という概念は、単にある存在者の不在が偶然的であるということにとどまらず、神に対して選択の審級を用意することとなる。神は、それ自体で可能なものの様々な系列のうちから、現実に存在するべき系列を選択するのである。ラトーによれば、自体的様相における可能な存在者たちによって構成された現実存在しない可能世界は、神の実存と不共可能であるという理由で切り捨てられる世界ではあるが、それ自体で可能な存在者たちは矛盾なしに想像し得るだけでなく、現実存在へと向かう力を持っていると考えられるという。[14] このことは、後の『弁神論』における次のような主張の萌芽とも言えるであろう。

現に存在しているこの世界は偶然的なものであり、他の無数の世界もまたこの世界と同じように可能でそれと同じようにいわば存在へと向かっている［…］。（GP VI,106『弁神論』第七節、一二六頁）

自体的様相における可能性概念によって、それぞれのモナドが他の何かに依拠することなく、それ自体で存在へと向かうという契機が立ち現れる。言い換えるならば、唯一実体としての神の変様として事物が表現されるスピノザ的世界に対して、無数の実体がそれ自体としてあるという多元論的モナドロジーの萌芽が、『告白』の自体的様相における可能性概念には存しているのである。こうして、ライプニッツ哲学はスピノザ的一元論あるいは必然主義から離れ、自らの多元論へと歩を進める道を切り開くことができたのである。

おわりに

本章第一節では、後期ライプニッツの所謂モナドロジーにおける一元論的な側面を確認した。スピノザの実体的一元論哲学に対比される仕方でみれば、ライプニッツの実体すなわちモナドに関する教説は多元論的なものであることは明らかである。その上で、モナドロジーが一元論的であると言われることがあるとすれば、それはモナドそのものの実体性とは別の側面に光が当てられているということであろう。とりわけ第一節では、観念論的一元論と世界に関する一元論とをそれぞれ検討した。前者においては、現象との対比においてモナドがもつ観念論的性格に着目することで、すべての現象がそこへと還元される唯一のものとしてのモナドという一元論的理解を論じた。後者においては、無数に存在するモナドが映し出す対象として存在している「世界」の概念に着目し、どのモナドも同じ世界を表現しているということから、世界そのものの一元論を論じた。これらのことは、ライプニッツ哲学が有する豊かな側面を明らかにすると同時に、一元論や多元論という概念によってライプニッツ哲学の全体像を捉えることの難しさを示唆しているといえよう。

本章第二節では、とりわけ『哲学者の告白』という初期ライプニッツの代表的著作を扱いながら、純粋に可能的な存在者をめぐるライプニッツの思想的変遷を追った。『告白』において、ライプニッツは親スピノザ的とも言えるような主張を展開しながらも、後の書き込みにおいて反スピノザ主義的な自体的可能性の概念の導入を試みている。前者に関して、神と調和の同一視というレルケが提示している議論に沿って、オリジナルの『告白』のうちに潜む一元論や必然主義との親和性を明らかにした。後者に関しては、後の『告白』への書き込みを検討することによって、純粋に可能的な存在者の領域を確保しスピノザ主義から離反してゆくライプニッツの態度をみた。『告白』への書き込みを検討することによって、ライプニッツが何をポイントにしてスピノザ主義という「崖っぷち」から引き返そうとしたのかが明らかになった。純粋に可能的な存在者の領域を自らの哲学に導入することによって、単に必然主義を免れるだけでなく、現実存在に依存しない仕方で存在するモナドを論じることができるようになる。このとき無数のモナドは、神に依存するのではなく、それ自体で存在するものとして実体的多元論を形成する。こうして、『告白』における純粋に可能的な存在者の導入は、後のモナドロジーにおける多元論の萌芽として理解することができるのである。

注

（1）　Wolff [1722], Vorrede zu der andern Auflage. 本書第一章（太田担当）の一・一も見よ。

（2）　旧字旧仮名遣いを改めた。

（3）　最善世界説は、後に「すべては善である」という単純化されたレッテルとともにライプニッツを有名にすることとなる。そのような仕方で彼を取り上げたのは、ポープ（Alexander Pope, 1688-1744）やヴォルテール（Voltaire, 1694-1778）といった人々であった。イギリスの詩人ポープは、一七三三—三四年に公刊した書簡体詩『人間論』の中で最善説を好意的に受け止め、箴言のような形で提示している。「一つの真理は明白だ。——すべてあるものは正しいのだ（whatever is, is right）」（『人間論』第一書簡、上田勤訳、岩波書店、一九五〇年、三四頁）。渡名喜によれば、この「すべてあるものは正しい」という命題は、フランス語に翻訳されるさいに「すべては善である（tout est bien）」として伝わったという（渡名喜庸哲「解説：「リスボン大震災に寄せる詩」から『カンディード』へ」、ヴォルテール『カンディード』、斉藤悦則訳、光文社、二〇一五年、二五九頁）。これを受けてヴォルテールは「「すべては善である」と唱える歪んだ哲学者よ」（「リスボン大震災に寄せる詩」『カンディード』、斉藤悦則訳、光文社古典新訳文庫、二〇一五年、二三二頁）という言葉で、ポープを介して、ライプニッツへの批判の言葉を投げかける。ヴォルテールにとって、最善説とは「すべてが最悪のときにも、これが最善だと言い張る執念のこと」（同書、一二三頁）なのである。こうしたポープやヴォルテールの言説は、単純化された最善説という形ではあったが、ライプニッツの最善世界説を世に広く知らしめることとなった。

（4）E・J・エイトン［一九九〇］、『ライプニッツの普遍計画』、渡辺正雄・原純夫・佐柳文男訳、工作舎、一二四—一二七頁。

（5）訳出に関して次の箇所での引用を参照した。上野［二〇一二］、二〇九頁。

（6）Cf. Adams [1994], p. 12.

（7）Cf. Lærke [2008], pp. 361-392.

（8）Cf. Parkinson [1978], pp. 78-79.

（9）Cf. Lærke [2008], pp. 379-392. 注意しておきたいのは、レルケの主張は、あくまで「スピノザ主義へと傾く可能性」であり、この時点でライプニッツがスピノザ主義そのものを積極的に受容していたわけではない、ということである。というのも、ライプニッツによる、スピノザの形而上学的著作の本格的な検討はチルンハウスらとのやりとりが始まるパリ期に入ってからのことであり、それ以前においては、ただスピノザ不在のスピノザ主義的傾向が存するにすぎないからである。

（10）Cf. Yale CP, 35.

（11）G. W. Leibniz（traduction）（1961）, *Confessio Philosophi: La Profession de Foi du Philosophe*, trad. Y. Belaval, Paris: Vrin, p. 117n.

（12）『告白』においてはこの区分けが明白に示されているとしても、ライプニッツが常に両者の領域を区別していたわけではない。このことの困難をクーチュラは次のようにまとめている。「ある時は理由の原理が、すべての真理に、すなわち偶然的真理と同様に必然的真理にも適用される。またある時は、矛盾の原理は、ただ論理的・数学的真理のみを支配し、自然学的・形而上学的・道徳的真理はただ理由の原理のみに関わるとされる」（Couturat [1969], p. 216）。

（13）Cf. Sleigh [1996], pp. 493-494.

（14）Cf. Rateau [2014], p. 173.

文献

ライプニッツからの引用に関しては、既存の翻訳がある場合はそれを参照し、適宜訳文を変更している。

略号

GP: Leibniz, G. W. [1978], *Die philosophischen Schriften von G. W. Leibniz*, hrsg. von C. I. Gerhardt, Weidman, 1875-1890（Nachdr., Olms).（略号GP 巻数，頁数）

A: Leibniz, G. W. [1923], *Sämtliche Schriften und Briefe*, Akademie

Verlag.（略号A 系列，巻数，頁数）
Robinet: Leibniz, G. W., [1954], *Principe de la nature et de la grâce fendé en raison. Principe de la philosophie ou Monadologie*, publiés par A. Robinet, PUF .（略号Robinet）
Yale CP: Leibniz, G. W., [2005], *Confessio philosophi: Papers Concerning the Problem of Evil*, 1671-1678, Transl. R. C. Sleigh, Jr., Yale University Press.（略号Yale CP）

Leibniz, G. W., [1961], *Confessio Philosophi: La Profession de Foi du Philosophe*, trad. Y. Belaval, Vrin.

――――［一九八八―一九九九］、『ライプニッツ著作集』全一〇巻、下村寅太郎・山本信・中村幸四郎・原亨吾監修、工作舎。

――――［二〇一三］『形而上学叙説・ライプニッツ―アルノー往復書簡』橋本由美子監訳、秋保亘・大矢宗太朗訳、平凡社。

――――［二〇一五―二〇一八］『ライプニッツ著作集 第Ⅱ期』全三巻、酒井潔・佐々木能章監修、工作舎。

――――［二〇一九］『モナドロジー』谷川多佳子・岡部英男訳、岩波書店。

Adams, R. M., [1994], *Leibniz: Determinist, Theist, Idealist*, Oxford: Oxford University Press.
Couturat, L., [1969], *La logique de Leibniz*, HilDesheim: Olms, originally published in 1901.
Deleuze, G., [1988], *Le Pli: leibniz et le baroque*, Les éditions de minuit Paris: Les éditions de minit〔邦訳：ジル・ドゥルーズ『襞』宇野邦一訳、河出書房新社、一九九八年〕.
Kulstad, M., [2005], "The one and the many and kinds of distinctness; The possibility of monism or pantheism in the young Leibniz," *Leibniz Nature and Freedom*, ed. D. Rutherford and J. A. Cover, Oxford: Oxford University Press, pp. 20-43.
Lærke, M., [2008], *Leibniz lecteur de Spinoza, La genèse d'une opposition complexe*, Paris: Honoré Champion.
Mercer, M., [2001], *Leibniz's Metaphysics: Its Origins and Development*, Cambridge: Cambridige University Press.
Parkinson, G. H. R., [1978], "Leibniz's Paris writings in relation to Spinoza," *Leibniz à Paris (1672-76), Studia Leibnitiana Supplementa 18*, Stuttgart: Franz Steiner Verlag, pp. 73-90.
Rateau, P., [2014], "La nécessité de l'optimum dans la Confessio philosophi," *Spinoza/Leibniz: Rencontres, controverses, réceptions*, dir. R. Andrault, M. Lærke, and P.-F. Moreau, Paris: Press de L'Université Paris-Sorbonne, pp. 161-174.
Sleigh, jr, R. C., [1996], "Leibniz first theodicy," *Noûs* 30, pp. 481-499.
Wolff, C., [1722], *Vernünftige Gedanken von Gott, der Welt und der Seele des Menschen, auch allen Dingen überhaupt*, Halle: Renger.
上野修［二〇一二］「スピノザとライプニッツ――世界の不透明性について」、『ライプニッツ読本』酒井潔・佐々木能章・長綱哲典編、法政大学出版局、二〇八―二二九頁。
山本信［一九五三］『ライプニッツ哲学研究』東京大学出版会。

第Ⅱ部　英語圏における一元論

——一元論的観念論から多様な実在論へ

第五章　一九世紀の英語圏における「一元論」の概念史

太田匡洋

はじめに

本章では、一九世紀の英語圏における「一元論」の概念史を取り扱う。特に、一九世紀末から二〇世紀初頭におけるイギリス観念論の成立へといたる本概念の変遷を追うことで、本概念が今日のような位置づけを獲得するに至った経緯の一端へと光を当てる。

一九世紀以降、ドイツにおける「一元論」概念の隆盛の裏で、英語圏における「一元論」概念は、哲学上の一つの立場を象徴する概念として、その存在感を増してゆくこととなる。その一つの到着点が、イギリス観念論、とりわけブラッドリーの哲学であると見なされており、「一元論」と「多元論」の対立は、後に見るリッチーやテイラーの叙述に典型的に認められるように、二〇世紀初頭の英米圏の哲学を整理するための一つの理念型として用いられてきた。しかし他方で、このような枠組みによる区別の試みは、後世からのレッテル張りによる影響を多分に受けており、同時代の哲学者たちにおける本概念の用いられ方との齟齬をきたしている。その結果、イギリス観念論、とりわけブラッドリーを一元論者とみなす通説的な問題設定は、同時代の実際の思想状況を反映したものとは言い難く、同時代の思想状況の把握をより困難なものとしている（本書第六章（伊藤担当）、第一一章（立花担当）を参照）。

そこで本章では、一九世紀の英語圏における「一元論」概念の用例史を追うことで、同時代における本概念の成立と発展を概観するとともに、「イギリス観念論＝新ヘーゲル学派」という図式が成立した経緯を明らかにすることを試みる。また本章では、イギリスとアメリカという、それぞれ独立した思想的系譜を形成しつつも相互に密接な交流をもつ、二つの英語圏をパラレルに取り扱う。

本章の具体的な概要は、以下のようなものとなる。まずテンネマン『哲学史綱要』を初めとしたドイツ語圏の著作の翻訳によって、「一元論」という概念が導入される（本章第一節）。これによってその使用が一般化するとともに（本章第二節）、一部のトピックにおいて集中的に論じられるようになる。

アメリカにおいては、「一元論」の概念は、クーザン受容という文脈のなかで、神学において批判的に言及されており（本章三・一）、その流れのなかで、「汎神論」やヘーゲル主義と同一視されるようになる（本章三・二）。これに対して、ロッツェの影響下にある哲学者の著書や（本章三・三）、カールスによる「具体的一元論」の展開を通じて（本章三・四）、アメリカにおいても哲学の中心原理としての場所が与えられるようになる。

さらに、イギリスにおいては、ロッツェ、ハルトマン、ヘッケルなどのドイツ語の著作の英訳の流入に加えて（本章四・一）、ロッツェの影響を受けたイギリス観念論のリッチー、テイラーなどの著作によって（本章四・二）、「一元論」と「多元論」の対立図式が定着するとともに、本概念の射程が大きく拡張される。

「一元論」を取り巻くこのような状況の中で、ヘーゲル主義者としてイギリス観念論を牽引していたブラッドリーもまた、「一元論」への応答を迫られる。彼は、「一元論」という概念には距離を取ろうとする反面（本章五・一・一）、主著である『現象と実在』においては一元論的な思想枠組みを前面に出す（本章五・一・二）。やがてブラッドリーは、ボーザンケット、セス、マクタガートなどによって、「一元論」として特徴づけられるようになる。最終的に、ブラッドリーと親密な関係にあったジョアキムが、「一元論」を支持する立場からスピノザを評価したことによって、ブラッドリーは「一元論」として認知されるようになる（本章五・二）。このようにして成立したのが、今日に至る「ブラッドリー＝新ヘーゲル学派＝一元論」という図式であり、その典型をウォルハイムに認めることができる（本章五・三）。

一・一九世紀前半〜中旬におけるドイツ語圏から英語圏への諸概念の流入

一・一・テンネマンの英訳の出版

英語圏における「一元論」概念の最初期の用例は、テンネマンの英訳によってもたらされる。一八三二年に出版されたテンネマン『哲学史綱要』第五版の英訳が、「一元論」という概念が英語圏のうちに登場する、一つの機縁になったとされている[1]。

テンネマン『哲学史教本』（一八三二年）

知識の手段に関しては、教条主義者は、狭義の感性主義者ないしは合理主義者であるか、その両者の合一である。知識の源泉に関する限りでは、経験主義者（実験主義者とも呼ばれる）ないし理性主義者であるか、両者の合一である。最後に、**基礎的原理の数に関しては**、**二元論ないし一元論**となる。そして、後者に属するのは、物質論者ないしは精神論者、および絶対的同一性の体系となる。（Tennemann [1832], p. 34, Nr. 59）

一・二・ネアンダーの英訳の出版

テンネマンの英訳の出版の約二〇年後、Neander［1843］の英訳であるネアンダー『キリスト教と教会の普遍史』（Neander［1851］）が出版される。これによって、「一元論」概念のゲッシェル以来の用法が、英語圏にもたらされることとなる。

一・三・シャリボイスの英訳の出版(2)

ネアンダーの英訳の出版の三年後、シャリボイス『カントからヘーゲルまでの思弁哲学の歴史的概観』（Chalybäus［1854］）が出版される。これによって、後の「一元論」と「多元論」の対立図式の基礎がもたらされる。

本文献はドイツ語原典である、シャリボイス『カントからヘーゲルまでの思弁哲学の歴史的発展』（Chalybäus［1837］）の英訳で、恐らくは第三版（Chalybäus［1843］）の英訳であると思われる。本文献において、ドイツ観念論が「一元論」という概念を伴いつつ説明される。

前述のように、ドイツ語原文においては、「一元論（Monismus）」という概念が中心的に登場する反面、「多元論」という概念は用いられておらず、「一元論」の用法は、あくまでも「二元論（Dualismus）」を対義語とするものに留まっている。しかし、英訳においては、「多元論（Pluralism）」という概念こそ登場しないものの、ヘルバルトを解説する文脈のもとで、原文の「多性（Mehrheit）」に、「多元性（Plurality）」(3)という訳語が当てられている。「多性（Mehrheit）」はヘルバルトの思想の鍵概念となるため、ヘルバルトの解説を通じて、「一元論」との対比において、「二元性（duality）」と「多元性（plurality）」という概念が用いられることとなる。この用法が、後の「一元論」と「多元論（Pluralism）」の対立関係の基礎になったと思われる。

Chalybäus［1843］, p. 107（原文）

いかなる意味で、ここでの分析と綜合が、互いに邂逅しているのかが、見てとられる（Met. §. 182）。矛盾する概念の分析によって、（実在的な）構成要素の**二性**ないし**多性**（Zwei- oder Mehrheit）が、認められるのである。

Chalybäus［1854］, p. 91（英訳）

さて、いかなる意味で、ここでの分析と綜合が、**出くわしている、すなわち**互いに邂逅しているのかが、見てとられる（Met. §. 182）。矛盾する概念の分析によって、実在的な構成要素の**二元性**ないし**多元性**（duality or plurality）が、認められるのである。

一・四・ヘッケルの英訳の出版

さらに二二年後の一八七六年には、ヘッケル『自然の創造史』（Haeckel［1868］）の第六版の英訳であるヘッケル『創造の歴史』（Haeckel［1876］）が出版される。これによって、「一元論」を主題化した著作が英語圏に流入することとなる(4)。

二　イギリスにおける「一元論」概念の使用

以上のような状況を経て、英語圏の哲学においても、「一元論」の概念が用いられるようになる。

二・一・「一元論」概念の伝統的用法の定着――ハミルトンによる用法

その代表例として、ウィリアム・ハミルトンの『形而上学・論理学講義(5)』が挙げられる(6)。

本文献においては、哲学史を整理するうえで、「一元論」という概念が比較的多用されている。内容のうえでは、ヴォルフおよびテンネマンとほぼ同じ用例の反復といえるが、「一元論」から派生する論点が多岐にわたって論じられることで、それまで使用頻度自体が少なかった「一元論」概念の認知に寄与したと考えられる。

ハミルトン『形而上学・論理学講義』（一八六〇年）

実在論者あるいは実体論者は、さらに二元論者と、唯一論者ないし**一元論者**へと区別される。この区別は、知覚における主観と客観への究極的な分裂という意識の証言を、受け入れるかどうかによる。最初に話題にする二元論は、後に話題にする自然的二元論からは区別される。自然的二元論においては、――この立場は精神と物質の二つの世界の存在を、その両方の現象の系列について我々が所有する直接的な知識のうえに打ち立てるものなので、――その意識のもつ知識が、我々に対して保証をなす。他方で前者は、物質的現象の我々の直接的な知識に対する意識の正確さおよび、最終的には物質の存在についての我々の直接的な知識と引き換えに、様々な仮説と推論によって、知られえない外的世界の存在を主張しようと努めるものである。

(Hamilton [1860], p. 204)

哲学的な唯一論者ないし**一元論者**は、知覚における主観と客観の究極的な二元性に対する意識の証言を拒否するが、それが両者の統一へと到達するのには、様々な仕方がある。精神的現象と物質的現象の平衡という意識の証言を認めて、精神を物質に還元したり物質に精神を換言しようとはしない立場もある。しかし彼らは、現にそれらが対立しているという意識の明言は否定して、精神と物質を、同じ共通の実体の現象的変容に過ぎないと主張する。これが**絶対的同一性の教説**であり――、近年の哲学者のなかでも、この教説のもっとも有名な代表者として、**シェリング、ヘーゲル、クーザン**が挙げられる。(ibid., p. 205)

絶対的統合の事実を認めない人々は、さらに様々な種類に分けられる。彼らはまず、実在論者ないし実体主義者と虚無主義者に分けられる。この区別は、意識が示す現象の対立する系列に対して、**一つないしは複数の基体を認めるかど**

> うかによっている。前者の種類はさらに、仮説的二元論者ないし宇宙論的観念論者と、唯一論者ないし一元論者に分けられる。[…] 唯一論者ないし一元論者は、主観と客観の平衡を守るかどうかに応じて、二つの種類に分けられる。両者の平衡を認めつつ、両者の対立の実在性を否定する場合には、絶対的同一性の体系が現われる。この体系は、思考と延長、精神と物質を、同じ共通の実体の様態へと繰り上げるものである。(ibid., p. 207)

なお本文献は、ミル『ウィリアム・ハミルトン卿の哲学の検討』(Mill [1865]) において、批判的なかたちで紹介がなされている。ここで挙げた「一元論」に関する記述についても、Chapter 10, p. 157 において、簡単に言及がなされている。

二・二・同時代に対する「一元論」概念の適用――レフチャイルドによる批判的言及

以上のような伝統的用法の定着を経て、「一元論」という概念それ自体が、同時代の思想状況の整理のために用いられるようになる。その一例として、ダーウィンの『種の起源』に対する最初期の書評で知られるレフチャイルドの著作が挙げられる。同書においては、四八二―四八六頁の五頁にわたって、「一元論」概念を用いて、神学における問題状況の整理がされたうえで、「一元論」に対して批判的な言及がなされている。

レフチャイルド『大いなる問題』(一八七二年)

> このような考え方は、二元論との対比で一元論と呼ばれてきたものに帰着する。しかし、一元論は、その考え方において、汎神論、唯物論、観念論、実証主義に結びつく。一元論は、現象の背後に、それを統一するようなものを見いだそうとはしない。汎神論においては、両態共存説の一元論が認められる。唯物論においては、物質の一元論が認められる。観念論においては、心や意志の一元論が認められる。実証主義においては、科学や知識の一元論が認められる。そしてダーウィニズムにおいて、我々はふたたび一元論のフェーズを有する。進化のうちで、我々は同じあるいは類似した一元論のフェーズを有しているのである。(Leifchild [1872], p. 482)

> 一元論、無神論、汎神論、スピノザ主義、仏教、神なき自然主義、これらすべてが、それぞれに固有の齟齬、自己矛盾、そして社会的に有害な帰結を有している。(ibid., p. 540)

二・三・イギリスにおける心身問題の再燃と一元論

以上のような状況を経て、「一元論」という概念が、徐々に主題的に取り扱われるようになる。その一端として、「心身問題」という文脈における再燃が挙げられる。この問題は、クリフォードの「新素材」概念に端を発して、論争へと発展したものである。

二・三・一・「心身問題」に関するクリフォードの「心素材」の紹介

クリフォード（William Kingdon Clifford, 1845–1879）の「心素材（mind-stuff）」に関する主張が、ポロックによって紹介される。この概念は、もともとクリフォードの論文「物自体について」（Clifford［1878］）において提出されたものであり、ポロックはクリフォードの主張を「一元論」という言葉で説明している。

ポロック「ウィリアム・キングドン・クリフォード」（一八七九年）

心の仮説的で究極の要素、ないし心素材という原子（atom）は、物質的な原子がその現象であるような究極の事実であるがゆえに、仮説的な物質の原子と、まさに対応している。物質と知覚可能な宇宙は、個々の有機体（organism）、すなわち意識へと組織された（organized）心と、残りの世界のあいだの関係である。このことは、よく知られたゆるい意味で、唯物論と呼ばれるであろう結論に至るものである。しかし、その理論は、形而上学的な理論としては、観念論の側において評価されなければならない。正確にいえば、これは**観念論的一元論**である。たしかに、これは極めて捉えがたいタイプの観念論であり、いかにしても一見して簡単に理解できるものではない。（Pollock［1879］, p. 686）

二・三・二・ポロックによるスピノザ研究と「一元論」(7)

ポロック「スピノザ哲学注解」（一八七八年）

実体と属性という考え方は、たんに定義だけから理解するのではなく、我々が見出しているように、『エチカ』の第二部と第三部のうちで解明されたならば、精神と物質の関係についての、今日において一元論と呼ばれているような見方へと至るものである。ここにおいて、スピノザの立場は、私の友人であるクリフォード教授が最近主張したような、観念論的な一元論と、少なくとも両立可能なものとなる。私が信ずるに、このような結論は、哲学と科学の収束が向かう先である。物質と精神の二元論は、たんに整合的でないばかりか、考えられないものとなっている。ルーズ氏、スペンサー氏、ハクスリー教授——さよう、分かりにくい言い方をしているが、新しいオックスフォード・ヘーゲル学派である——は、総じて、それぞれに異なる仕方で、同じ話を我々にしているのである。（Pollock［1878］, p. 205）

ポロック『スピノザ——その生涯と哲学』（一八八〇年）

スピノザが行った世界に対する科学的な見方は、デカルト自身よりはるかに活発なものであるものの、［彼のもつ］科学的な要素については、躊躇なくデカルト自身へと帰してよい。しかし、その神秘的要素との一体化に関していえは、ブルーノらに代表されるようなルネサンスの哲学の自然主義を支配しているのが、最初期の科学的な衝動であることに、注意しなければならない。それゆえ、両者の接触の道筋は、すでに追跡しておいた通りの仕方なのである。／一元論的な要素は、デカルト哲学の二元論からの反発によってもたらされている。そして、私が考えるに、この一元論的な要素は、おもに科学的秩序の熟考によって、規定されている。汎神論的な考え方も、その一部かも知れない。しかし、この両者のあいだの的確な説明を与えることはできない。というのも、スピノザは自らの一元論をその最終形態へともたらすより先に、神秘的原理と科学的原理の融合をやり終えているからである。(Pollock [1880], p. 88)

二．三．三．「心素材」問題における「一元論」の主題化と批判

クリフォードおよびポロックを「一元論」の観点から集中的に取り上げた論文として、ガーネイが一八八一年に『マインド（Mind）』誌に投稿した「一元論」という論文が挙げられる（Gurney [1881]）。本論文では、おもに「心素材」（Gurney [1881], p. 157）をテーマとして、「一元論」という立場が主題化されたうえで、二〇頁にわたって批判的かつ集中的に論じられている。

ここではクリフォードの「心素材」に関する教説が、ポロックとの関係づけられたうえで、批判的に検討される(8)。また、おもにポロックの著作を参照するかたちで、スピノザへと頻繁に言及がなされる。ガーネイは本論文のなかで、スピノザを最終的に「一元論者」として位置づける。

なお、『マインド』第六号は、この論文以外においても、「一元論」への言及が目立つ。ただし、総じて「二元論」との対比のもとで用いられており、「多元論」というキーワードは、書評のなかで、「彼のスピノザ的な一元論か、ライプニッツ的な多元論か（his Spinozistic Monism, or his Leibnitzian Pluralism?）」（Coupland [1881], p. 570）という一節として登場するに留まる(9)。

三．アメリカにおける「一元論」概念の主題化
——神学における批判からカールスによる主題化へ

三．一．神学における「一元論」概念の使用

以上で確認したように、ドイツ語圏からの流入を経て、英語圏においても「一元論」概念が用いられるようになる。そして、イギリスのハミルトン等に代表される用例を受けて、アメリカにおいても、「一元論」の概念が、固有の文脈のもとで発展するようになる。アメリカにおける「一元論」の用例は、神学におけるものが多い。その一例として、フランスにおけるドイツ観念論の受容を支えたヴィクトール・クーザンが、「一元論者」として紹介されることで、「一元論」という概念が用いられるようになる。

三．一．一．『プリンストン・レビュー』誌におけるヴィクトール・クーザンの紹介

本誌において、クーザンの思想が、「一元論」という言葉によっ

て特徴づけられて紹介される。その結果、この概念が、「汎神論」との関わりにおいて、主題化されることとなる。

ホッジ「プリンストン・レビューとクーザンの哲学」（一八五六年）

以上では、クーザンが次のようにして、**一元論を認めている**ことを、明らかにした。一．三位一体を彼の体系の基礎的原理とすることによって。というのも、三位一体は一元論の基礎的原理であるから。二．無限なものを唯一の実体として、有限な者、すなわち自然と精神からなる宇宙を、その現象とすることによって。三．汎神論を（その形態の一つに関して）斥けつつ、また他方では（通常の意味における）有神論を斥けて、一元論にほかならず、また一元論以外ではありえないような、中間的立場を採用することによって。（Hodge [1856], p. 365）

三．一．二．『チャーチ・レビュー』による応答

『チャーチ・レビュー（The Church Review and Ecclesiastical Register）』第九巻のなかで、前述のHodge［1856］が取り上げられる。この中で、Hodge［1856］の中に登場した、クーザンに対する「一元論」という特徴づけが頻繁に言及される。

リチャードソン編「クーザンとプリンストン・レビューの執筆者」（一八五六―五七年）

［『プリンストン・レビュー』の］三六一頁で、彼［チャールズ・ホッジ］はヘンリー氏の翻訳から、以下の言葉を引用している。「有限なものは無限なものなくしては存在することができず、無限なものは、ただそれ自身を展開することによってのみ、実在化（realize）されうる（すなわち実在的（real）になりうる）」等々。この括弧のなかに評者が付した言葉は、評者自身による「実在化」の解釈である。たしかに、「実在的になる」がこの言葉の意味のひとつであるし、このような意味をとれば、クーザンが説いているものは、評者が**「一元論」**と呼んでいるものになる。しかし、この言葉には、実在的なものとして認識する、という意味もある。このような意味を取れば、クーザンが言っているのは、ただ次のようなことにすぎない。すなわち、我々は、ただ有限なものを手段としてのみ、無限なものを知ったり認識したりする。言い換えれば、彼のあらわした御言葉や御業によってのみ、我々は神を知るのである。（Richardson [1856f.], p. 366）

『プリンストン・レビュー』の評者［＝チャールズ・ホッジ］は、**彼が一元論と呼ぶかの汎神論の形式**に対する自らの告発を裏づけるために、抜粋の多くの頁を積み上げてきたわけである。（ibid., p. 367）

三．二．「一元論」と「汎神論」の結びつき

前述のような過程および、イギリスにおける状況を経て、「一元論」という概念は、「汎神論」との脈絡をともないつつ、紹

介されるようになる。この「一元論」と「汎神論」との結びつきは、前述の神学における主題化を背景としつつ、もっぱらイギリスの思想状況の流入というかたちのもとで成立することとなる。

三・二・一・事典における用法

アメリカで出版された事典である『新アメリカ百科事典』においては、「一元論（Monism）」という項目は設けられていないが、「原因（Cause）」および「汎神論（Pantheism）」の項目のなかで、「一元論」が汎神論の一類型として理解されたうえで、ヘーゲル学派へと関係づけられている。

「原因」――『新アメリカ百科事典』第四巻（一八五八年）より

> さて、もし神が宇宙の内在的原因であるならば、これは汎神論であり、自然そのものは、たんに神が物質として現われたに過ぎないことになる。これが、ヘーゲルとその後継者たちの理論であり、実際のところ、**汎神論と一元論**のすべての形式に共通する点である。（AC [1858], p. 594）

「汎神論」――『新アメリカ百科事典』第一二巻（一八六七年）より

> 統一の観念（一つにして唯一の実体）は、汎神論者の体系の本質である。宇宙のなかには一つの実体ないし精神しか存在せず、それだけが実在的で永遠の存在であると主張する場合、この汎神論は、**一元論**となる。この場合、この汎神論は、無神論というよりも、むしろ無世界論となる。その唯一の実体ないし精神が、自己意識を持つ知性であることを、この汎神論が否定する場合には、それは勝義の無神論となる。しかし、無神論はむしろ、排他的な物質論の論理的な帰結であり、他方で汎神論は、排他的な観念論の表現である。汎神論という言葉が、最初に今日の意味で使われたのは、トーランドによってであり、彼の一七〇五年と一七二〇年の二つの著作においてである。（AC [1867], p. 720）

三・二・二・ハミルトンによる用法の導入

前述の動向と並んで、イギリスにおいてHamilton [1860] が叙述していた伝統的な用法が、アメリカにおいても紹介される。その一例として、Cocker [1878] の記述が挙げられる。

コッカー『哲学教本――一八七八―九年にミシガン大学でなされた講義ノート　第一部：心理学』（一八七八年）

> （2）究極の実在は、物質的なものなのか、精神的なものなのか？／物質が究極の実在であり、心とは有機化された神経物質の現象であると主張する者は、**物質論的な一元論者**である。精神こそが究極の実在であり、物質とは精神的活動の力の現象であるか、精神的活動の産物であると主張する者は、**精神論的な一元論者**である。心と物質、思考と延長、観念と力は、根底においては同一のものである、すなわち同一の究極的基体や実在のもつ属性や様態であると

主張する者は、**絶対的一元論者**（**絶対的同一性**）である。第一の考え方は、**無神論的**であり、第二の考え方は、**有神論的**であり、第三の考え方は、**汎神論的**である。（Cocker［1876］, p. 16)

三．三．神学における「一元論」に対する批判的主題化

以上のようなイギリスの用法の流入による本概念の定着を経て、アメリカの思想家によって本概念が主題化されるようになる。

三．三．一．ボーデン・パーカー・ボウンの著書の出版

一八八二年には、ボーデン・パーカー・ボウンの主著『形而上学――第一原理の研究』（Bowne［1882］）が出版される。ボウンは、ボストンにおける人格主義を代表する思想家であり、前述のロッツェの影響を受けていることが知られている。本文献では、「一元論」と「多元論」という対概念がしばしば用いられるほか、「多元性（plurality）」という表現が大量に出現している。

三．三．二．ジョサイア・ロイスによる主題化

ジョサイア・ロイスもまた、「一元論」という概念を主題的に論じている。ロイスは、ゲッティンゲンのルドルフ・ヘルマン・ロッツェのもとに留学した経験があり[10]、後にロイス自身も、「一元論者」として認知されるようになる[11]。

このような用法の一例として、『哲学と信仰の宗教的側面』（Royce［1885］）を挙げることができる。本文献においては、神学の文脈において、「一元論」という概念が批判的に主題化されている。本文献では、「神の外的世界の一元論。これらの諸理論の形而上学的・宗教的な難点（The Monistic Theories of the External World of the Powers. Metaphysical and Religious Difficulties of these Theories)」および「一元論と悪の問題（Monism and the Problem of Evil)」と題された節が設けられたうえで、従来「一元論」と呼ばれてきたトピックが取り上げられて、二〇頁以上にわたって批判的に論じられる。

三．三．三．ダブニーによる「一元論」概念の主題化と批判

さらに「一元論」という概念は、ダブニーによって主題化される。『クリスチャン・ソウト（Christian Thought）』誌に掲載された「一元論」という論文において、一元論の概念が、一三頁にわたって批判的に主題化されている。本論文の冒頭では、以下のように述べられたうえで、「一元論」が、古代からドイツ観念論に至る哲学史を通底している枠組みであることが認められている。

> ダブニー「一元論」（一八八八年）
> **一元論者**が要請する教説によれば、真なる哲学の帰結は、存在者の多種性と多様性すべてを唯一の実体へと解消し

て、すべての結果をその実体の一つの活動の力へと解消することによって、人間の思想の全体系を統一できるのでなければならない。[…] 二元性ですら、実在的な存在者に関しては、彼らが和解できるものではない。区別された諸々の力の多元性というものを、彼らは哲学的ではないと考えている。[…] すべての一元論的な体系の最高の問題は、このようにして、いくらかの思弁によって、多くのものを、一なるものへと、還元することなのである。（Dabney [1888], p. 283）

そのうえで、「一元論は斥けられなければならない（Monism is to be rejected）」（p. 286）と宣言される。その理由として、（a）汎神論に陥る（p. 286）、（b）過剰な単純化である（p. 287）、（c）科学と不整合をきたす（ibid.）、（d）自己矛盾を含んでいる（p. 289）、（e）常識に反する（p. 292）、といった点が列挙されている。

三・四・カールスにおける「一元論」――「具体的一元論」の主題化

三・四・一・カールスによる「一元論」の主題化

アメリカにおいて「一元論」を積極的に主題化した代表的な人物としては、パウル・カールスが挙げられる（HW, p. 133f.; Weir [2011], p. 40; Bowler [2011], pp. 182ff.）。

カールスが最初に「一元論」を英語で主題的に論じたのは、一八八五年に出版された『一元論と改善論（Monism and Meliorism）』である。本文献においては、「一元論」と「改善論」が主題とされており、この二つの概念を原理とすることで、様々

コラム：アメリカにおける「一元論」と「多元論」の対立図式の流入

アメリカにおいて、「一元論」と「多元論」という対立図式は、遅くとも一八七〇年代には断片的なかたちで流入している。その一例として、グリュザノフスキー「アルトゥール・ショーペンハウアーとその悲観的哲学」（Gryzanovski [1873]）において、「しかし不幸にも、［デカルト、スピノザ、ライプニッツは異なる主張を行っているが］真理というものは一つしかありえない。そして［彼ら三人の］思弁は、一七世紀末にいたって、デカルト・スピノザ・ライプニッツに代表される、三つの異なる真理を明らかにしたわけである。哲学界は、二元論、一元論、多元論へと分断されたのである」と述べられている。このような整理のされ方は、ドロービッシュ以降のドイツ語圏における哲学史の図式とも符合する。

もっとも、前述のような整理は、あくまでもドイツの思想状況の紹介という文脈で行われている以上、「一元論」と「多元論」という対立構図が、アメリカの哲学的潮流のうちに根付いたことを意味するものではない。「一元論」という概念がアメリカの思想界において重要概念となるための中心的な役割を演じたのは、以下で見るカールスであると考えられる。

なトピックが論じられる。
まず本文献の冒頭でカールスは、「一元論」と「改善論」という二つの概念を呈示して、それが哲学の原理であり続けてきたと主張する。

カールス『一元論と改善論』（一八八五年）

私がアメリカの読者たちにもたらすのは、**一元論と改善論**という名のもとに構成された哲学体系である。この二つの言葉は、異なる哲学者たちによって用いられてきたものであり、いわば哲学的思想の発展のための指針を、長らく示してきた。（Carus [1885], p. 1）

そして、哲学史上の転換点であるカント哲学を取り上げたうえで、カント哲学が二元論的な性格を持つことを指摘する。なお、カントに対する二元論という性格づけは、カールス以前からなされてきたカント理解をそのまま踏まえたものとなっている。

そして、このイギリスの懐疑論とドイツの独断論の対立が、カントの批判主義の誕生をもたらした。これらの強敵の統一から生まれたことで、彼の哲学は両者の痕跡を見せている。［…］我々は正当にも、カントの体系を二元論と呼ぶことができるであろう。（ibid., p. 12）

以下の論考では、この（対立の統一という）理想を実現することを目指す。そして願わくば、人間理性の一般的企図のうちには、カントが想定した以上の統一が存することを、証明したいと思う。**我々の一元論が帰結する世界観によって、多くの矛盾して見える諸真理が互いに一致するのである。**（ibid., p. 27）

この本は、「一元論」を主題にすえて分野横断的に論じた点で、画期的なものとなっている。ただし、登場する論点自体は、本文献以前の「一元論」の用法から大きく逸脱するものではない。また、本文献には「多元論」や「多元性」という概念は登場せず、あくまでも「一元論」の対概念は「二元論」に限定されている。

三．四．二．カールスの著作における「一元論」概念の中心化 ——「具体的一元論」の展開

さらに四年後の一八八九年には、カールスの著作『根本問題（*Fundamental Problems*）』が出版される。本文献は三〇〇頁近くにおよぶ大部の著作であり、これによって「一元論」概念が英語圏で主題化されるとともに、哲学の中心原理となる。
本文献の冒頭では、「一元論」概念について次のように説明がされる。

カールス『根本問題——知識の体系的整理としての哲学の方法論』（一八八九年）

実証主義ないし**実証主義的一元論**の基本的理念は、事実に

> 立脚することである。そして、この原理に対して反論をなすであろう時代の学問精神を吹き込まれた思想家など、現代においては間違いなく存在しない。しかし、以前の哲学が、同じ立場を取っていたわけではない。彼らは空中に足場を見いだそうとしていたのであり、自らの要請する何らかの抽象的な概念から事実を導出することで、事実を説明しようとしていたのである。（Carus [1889], p. 3）

> 我々が学んだ認識の本質は、統一であり、この認識によって、我々の知覚や我々の具体的概念、我々の抽象的理念は知識の統一的体系へと配列される。我々は異なる現象の統一的な概念を探さずにはおれず、それを見つけたと少なくとも納得するまでは、我々の精神は決して安らうことはない。**我々の精神の傾向は自然と一元論的な哲学へと我々を導く**が、この哲学は、実在すべてにとどまらず、宇宙のすべての現象ひとつひとつを、一つの普遍的法則やすべてを包括する一つの原理によって説明しようと試みる。人間の精神の構造が、このようにして人間を一元論へと傾かせるのである。知識の統一への渇望が、一元論が由来する主観的な条件である。しかし、**それが経験によって正当化されていないならば、それ自体としては何の価値ももたないであろう。**我々は一元論を純粋理性によってア・プリオリに構成できるが、それを科学的探究によってア・ポステリオリに追認する必要がある。一元論の客観的条件は、我々の現実の経験がもつ特徴のうちに見出される。これまで人間による把握へともたらされてきた自然現象はすべて、統一的な法則によって、すぐに従わせられてきたか、少なくともやがて従う可能性を見せてきたものである。自然の経過の規則性と、自然法則の厳密性は、それが疑いの余地をもたないことを示している。（Carus [1889], p. 21）

この文献においては、スピノザの哲学に対して厳しい批判が加えられる。たとえば、「自己原因」の概念に対して、「スピノザの自己原因は、「原因とはそれ自体の原因である」と称するもので、現存するなかで最も酷い自己矛盾である（The causa sui of Spinoza is one of the worst selfcontradictions in existence, designating a cause which is the cause of itself）」（ibid., p. 90）と述べられているほか、スピノザの哲学に対する一元論の観点からの言及も認められない。カールス自身は「具体的一元論」という表現は用いないが、ここでカールスが取っている立場は、同時代にドイツでハルトマンによって発展させられていた**「具体的一元論」**に近いものとなっている。

なお、この直後、カールスとヘーゲラーにより、学術誌『モニスト（The Monist）』が定期刊行される。ただし、本雑誌の掲載論文の主題は「一元論」には制限されていないため、「一元論」概念の発展という点では、必ずしも大きな役割は果たしていないと考えられる。

四．イギリスにおける「一元論」と「多元論」の対置

四．一．ロッツェ・ハルトマンらの著作の受容と出版[12]

四．一．一．ルドルフ・ヘルマン・ロッツェの著作の英訳の出版

一九世紀末になると、同時代のドイツにおける「一元論」概念の発展を支えた著作群が、英語圏にももたらされるようになる。これらの著作群によって、「多元論」の対立概念としての「一元論」の用法が、英語圏に流入することとなる。

その一端として、イギリスを中心として、下記のようなロッツェの著書の英訳が、相次いで出版されるようになる。これらの翻訳作業には、当時ロッツェから強い影響を受けていた、いわゆる「イギリス観念論」の哲学者たちが名を連ねている[13]。その一例としては、以下のような書籍が挙げられる。

ロッツェ『哲学体系 第一部　論理学』、バーナード・ボーザンケット訳（一八八四年）（Lotze［1884b］）

ロッツェ『哲学体系　第二部　形而上学』、バーナード・ボーザンケット訳（一八八四年）（Lotze［1884c］）

前述の書籍は、Lotze［1879］の英訳にあたる。もともとトーマス・ヒル・グリーンによって企画されたものであり、グリーンの死後、バーナード・ボーザンケットが監訳を引き継ぐかたちで完成されている[14]。

ロッツェ『ミクロコスモス』、エリザベス・ハミルトン、コンスタンス・ジョーンズ訳（一八八五年）（Lotze［1885a］）

本文献は、ロッツェの主著のひとつ『ミクロコスモス』の英訳である。本文献は、前述のウィリアム・ハミルトンの娘であるエリザベス・ハミルトンと、エミリー・エリザベス・コンスタンス・ジョーンズによって英訳されている。本文献の訳出に際しては、後に言及するジェイムズ・ウォードや、当時ケンブリッジにいたヘンリー・シジウィックが大きく貢献したと、同書の訳者前書きにおいて述べられている[15]。

ロッツェ『宗教哲学綱要』（一八九二年）（Lotze［1892］）

本文献は、Lotze［1882］の英訳にあたり、オックスフォードで教鞭をとっていたF・C・コニーベアによって編集されて[16]、ロンドンで出版されている。

このLotze［1882］には、二種類の英訳がある。Lotze［1892］が原書の第一版Lotze［1882］の英訳であるのに対して、アメリカで翻訳・出版された『ロッツェ哲学綱要・第二巻　宗教哲学綱要』（Lotze［1885b］）は、原書の第二版Lotze［1884a］の英訳である[17]。それゆえ、Lotze［1885b］においては、「一元論」「多元論」という概念があまり用いられないのに対して、Lotze［1892］においては、これらの概念が主題的に用いられている。Lotze シャファーが言及しているのは、Lotze［1892］である（Schaffer［2010b］, p. 375）。

四・一・二　エドゥワルト・フォン・ハルトマンの英訳の出版

一八八四年には、ハルトマン『無意識の哲学』の英訳（Hartmann [1884]）が出版される。この本は、ドイツ語原典である Hartmann [1871] の第七版の翻訳であり、前述のとおり、本文献には「一元論」と「多元論」ないし「多元性」という対概念が頻繁に登場する。

四・一・三　ヘッケルの講演原稿の英訳の出版

一八九二年になると、ヘッケルがドイツで行ったドイツ語講演の英訳が出版される。本文献のなかでは、「一元論」の対概念として、「二元論」に加えて「多元論」が挙げられている。この点は、ヘッケル自身においても画期的な点であり、この用例の英語圏への流入は、一定のインパクトを有していたと考えられる。

ヘッケル『宗教と科学を結合するものとしての一元論――科学者の信仰告白』J・ギルクリスト訳（一八九四年）

これらすべての古い宗教的・目的論的な考え方は、そこから生じた哲学的な諸体系（例えばプラトンや教父の体系など）と同じく、反一元論的である。これらの諸体系は、我々の自然についての**一元論的な哲学**の、直接の対立をなしている。そのほとんどは、完全に分離された二つの実体としての、神と世界、創造主と被造物、精神と物質などに関して、二元論をとる。また、このような明確な二元論は、純粋な教会宗教、特に、東地中海の有名な預言者たち――モーゼ、キリスト、ムハンマド――によって立てられた、一神教の三つの重要な形式のうちに、認められる。しかし、まもなく、この三つの宗教の不純な類型の多くにおいて、そのうえさらに、異端主義の劣った形式において、**この二元論の場所は、哲学的な多元論に取って代わられる**。そして、善にして世界を支える神格（オシリス、アフラマズダ、ヴィシュヌ）に対して、悪にして破壊する神（テュポン、アーリマン、シヴァ）が配置される。（Haeckel [1894], p. 11）

この記述を皮切りに、「伝統的な二元論（あるいは多元論）（the traditional dualism (or pluralism)）」（ibid., p. 15）というかたちで、大半の箇所において、「二元論」と「多元論」の二つの語が、並べて記載されるようになる。「一元論」導入の契機であったヘッケルによる、この新たな用法の流入は、画期的な意味をもっていたと考えられる。

四・二　英語圏における「一元論」と「多元論」の対立関係の成立

四・二・一　英語圏における「一元論」と「多元論」の図式の使用

四・二・一・一　ボーデン・パーカー・ボウンの著作のイギリスにおける出版

以上のような状況を受けて、英語圏においても、「一元論」

と「多元論」の対立図式が、主題的に用いられるようになる。その端緒として、一八八二年に、アメリカの哲学者ボウンの『形而上学』（Bowne［1882］）がイギリスでも出版されている。ボウンは、前述のロッツェの影響を受けていることで知られている。本文献では、「一元論」と「多元論」という対概念がしばしば用いられるほか、「多元性（plurality）」という表現が大量に出現する。

四．二．一．二．エドワード・ダグラス・フォーセットの著作の出版

また一八九三年には、エドワード・ダグラス・フォーセット『宇宙の謎——意識の諸制約と意味に対する探究としての形而上学の第一原理を規定する試み』（Fawcett［1893］）が出版されている。本文献では、「この著作の目的は、世界の謎の——試験的にならざるをえないとはいえ——明白な解決を与えると期待されるような、［…］形而上学である（The object of this work is a Metaphysic which [...] shall proffer a definite, though necessarily tentative, solution of the World-Riddle）」（Fawcett［1893］, p. v）と宣言されたうえで、哲学史と哲学のトピックが、横断的に概観される。本文献書では、「一元論」という概念が全体を通じて主題的に扱われており、伝統的な用例である「二元論」との対比が行われるほか[18]、とりわけインド思想の紹介という文脈のもとで、「一元論」と「多元論」が対概念として用いられている[19]。

四．二．二．イギリスにおける「一元論」と「多元論」の主題化

四．二．二．一．デイヴィッド・ジョージ・リッチーによる「一元論」の主題化

一九世紀末になると、「一元論」と「多元論」の対立図式が、主にイギリス観念論の哲学者によって主題化されるようになる。その典型例の一つとして、デイヴィッド・ジョージ・リッチーによる論文が挙げられる。

リッチー「一と多」（一八九八年）

本論文は、一八九八年にリッチーが『マインド』誌に掲載した論文である[20]。本論文は、「一（One）」と「多（Many）」という対立図式を主題的に用いて、論理学、形而上学、神学・倫理学の問題を、分野横断的に論じたものであり、それに際して「一元論」と「多元論」という対立図式が、哲学史を整理する観点として用いられている。

また、パルメニデス、ヘラクレイトス、プラトン、アリストテレス、J・S・ミル、ハミルトン、スピノザ、ヒューム、カント、ヘーゲル、ロッツェといった哲学者たちが総花的に引き合いに出されるとともに、W・ジェイムズ、F・S・C・シラー、J・ウォード、B・ボーザンケットを初めとした同時代の哲学者たちにも言及がされている。加えて、「エレア派（また後にはストア派）のような抽象的一元論の一面的な理論（the one-sided theory of an Abstract Monism like the Eleatics (and the Stoics afterward)）」（Ritschie［1898］, p. 457）という表現も登場しており、

当時ドイツで知られていた「具体的一元論」などの議論が踏まえられていると考えられる。

この論文における目的は、プラトンの『パルメニデス』の新たな解釈を与えることではない。この論文の目的は、もしかすると、それ以上に無謀かもしれないこと――この偉大な対話篇が極めて抽象的なかたちで扱っている問いそれ自体を、扱うことである。**宇宙についての我々の究極の理論は、「一元論」なのか「多元論」なのか**、これら対立する諸体系のあいだにいかなる和解が可能となるのか――これは、いかなる特殊な哲学的問題を探究しようとしても、つねに最終的に連れ戻される問いである。(ibid., p. 449)

リッチー「自然と精神――ウォード教授のギフォード講義に対する幾つかの注解」(一九〇〇年)

本論文では、後に言及するジェイムズ・ウォード『自然主義と不可知論――アバディーン大学で一八九六―一八九八年に行われたギフォード講義』(Ward [1899])[21]が批判的に検討されている。本論文では、「精神論的一元論(spiritualistic monism)」と「多元論」という対立図式のもとで、ウォードの立場が「多元論」として結論付けられている。

ウォード氏が自著のなかで「精神論的一元論は安定した立場にとどまっている」と想定したのは、あまりに軽率であったように思われる。ロッツェやライプニッツにおけるのと同じく、**二元論と多元論**のあいだで迷いがあるように見えるが、概してウォード氏の議論からより容易に導かれる結論は、そう述べられてはいないが、**多元論**であるように思われる。「思想が我々に与えるのは、知識だけであり、存在ではない」「(経験における)実在性は、思想よりも豊かである」。これらが、ウォード氏によって繰り返される異議である。しかし、もし実在性というものが、あらゆる思想よりも豊かであるならば、我々はいかにして二元論を逃れて、いかにして精神論的一元論へと到達することができるのであろうか。観念論の立場は、私が斜体で引いた「「我々の理性は普遍的理性によって直面され規定されている」という」言葉によって、もっとも上手く説明されうるであろう。しかし、ウォード氏の議論が、いかにしてこのような結論へといたるのか、私には理解できない。(Ritschie [1900], p. 266)

四・二・二・二　アルフレッド・エドワード・テイラーによる「一元論」と「多元論」の対置

二〇世紀の初頭になると、アルフレッド・エドワード・テイラー[22]の著書『形而上学原理』が出版される[23]。本文献においては、「一元論」が哲学の立場として取り上げられたうえで、「多元論」および「モナド論」と並べるかたちで説明されている。

テイラー『形而上学綱領』(一九〇三年)

実在というものが、究極的には一であるか多であるか、という問題は、我々自身が直接的に世界を経験する、様々な側面によって、必然的に提起される。この問題の解決に即して、諸々の異なる理論は、**一元論的な理論**、**多元論的な理論**、**モナド論的な理論**へと分類できる。（Taylor［1903］, p. 84）

そして、これら三つの理論について、以下のように説明がなされている。

（1）**一元論的な見解**（the Monistic views）。この見解は、実在の統一性に主な重点をおく。そして、多元性や多様性という側面を、錯覚として扱うか、少なくとも二義的な意味のものとして扱う。（2）**多元論**（Pluralism）の多くの形態。これによれば、実在的な存在者の多様性や多重性が第一の事実なのであり、その体系的な統一は、錯覚であるか、少なくともそれらの存在者の本性に従属するものである。（3）モナド論（Monadism）。これが目指すのは、一元論と多元論の立場の調停である。そのために、モナド論は世界を、実際には独立している諸事物や「モナド」のもつ多重性として扱う［…］。（ibid.）

四．二．二．三．ジェイムズ・ウォードによる「一元論」と「多元論」の主題化

また、一九一一年には、「一元論」と「多元論」という対立図式を主題的に論じた文献として、当時ケンブリッジで教鞭をとっていたジェイムズ・ウォードの『目的の王国、あるいは多元論と有神論 ―セント・アンドルーズ大学で一九〇七―一九一〇年に行われたギフォード講義』（Ward［1911］）が出版される。本文献は、彼の二回目のギフォード講義を書籍化したものである[24]。本文献においては、「一元論」という概念が、「精神論的一元論（spiritualistic monism）」（ibid., p. 13）「唯物論的一元論（materialistic monism）」（ibid.）「中性的ないし不可知論的一元論（neutral or agnostic monism）」（ibid.）「抽象的一元論ないし無世界論（abstract monism or acosmism）」（ibid., p. 242）など、様々な類型へと細かく区別されたうえで、「多元論」との対比のもとで、批判的に主題化されている。

本文献の目的について、ウォードは以下のように語っている。

本書において私が試みたのは、観念論的、あるいは――こういった方がより明晰であると思われるが――精神論的な立場のもつ優位性を証明することである。そして、本書においては、心という観点から徹底的かつ厳密に解釈された場合、世界の構成に関して、我々は何を知ることができるか、ないし何を合理的に信じられるかを確かめようとした。最初に世界が我々に対して直接的に対峙するその仕方は、一つの精神としてではないし、その現れとしてですらない。世界が我々に対峙するその仕方は、そのうちで多くの精神を相互作用において区別できるような、客観的な全体としてである。我々の経験が実際に展開されるのは、このような多元論的な立場からであり、この立場において我々が獲得する考え方によって、最後にはこの立場を超えたところ

へと導かれるのである。多元論は、経験的に保証されているにもかかわらず、欠陥と不十分さが認められる。だが、それが向けられている一神論は、たんなる理想に留まる——とはいえ、この一神論は、我々の知識を超越しているにもかかわらず、理論的にも実践的にも合理的なものとして、我々の信仰を要請することが許される。以上が、不十分ながら、本講義の概要である。(ibid., p. v)

五．「一元論＝ヘーゲル学派＝スピノザ」、という図式の成立——ブラッドリーとジョアキム

五．一．ブラッドリーの「一元論」化[25]

以上では、「一元論」を取り巻く思想状況を概観した。このような状況のもと、ヘーゲル主義者たちは「一元論」という批判に対して応答を迫られることになる。その典型として挙げられるのが、イギリス観念論の牽引役の一人であり、シャファーによって「一元論者」として名前を挙げられている[26]、フランシス・ハーバード・ブラッドリーである。

ブラッドリーの哲学は、今日でこそ「一元論」として認知されているが[27]、当初は自身の思想が「一元論」と呼ばれることを厭う旨の発言を行っている。しかし、その著作の受容と批判のなかで、徐々に「一元論者」として言及されるようになる。

五．一．一．『論理学の諸原理』をめぐる論戦

五．一．一．一『論理学の諸原理』における議論

五．一．一．一．一「安易な一元論」の拒絶の表明

ブラッドリーが「一元論」というキーワードと結びつけられるようになった契機の一つは、彼が一八八三年に出版した『論理学の諸原理』(Bradley [1883]) である。ブラッドリーは、本文献の末尾において、「安っぽい安易な一元論」というキーワードを出して、批判的に言及を行っている。

論理学の研究に先立っては、安っぽい安易な一元論などありえない。感覚と思想の並行的な系列や、単純な観察と諸現在の連鎖を遡及する推論によって現在された現象は、いずれも錯覚の領域へと追放してしまってよい。(ibid., p. 533)

この「安っぽい安易な一元論」というフレーズは、後のブラッドリーへの言及に際して、しばしば引き合いに出されるようになる。

五．一．一．一．二．「一元論」への言及の背景としてのドロービッシュ批判

ブラッドリーが以上のような表明を行った背景の一つとして、同書におけるドロービッシュおよびヘルバルトに対する批判が考えられる。ブラッドリーは論理学の文脈において、ドロービッシュの論理学を以下のように批判している。

定言的判断におけるa－bという内容は、実在的な存在へ

と直接的に帰せられる。抽象的な一般的判断b－bは、aやbや両者の結合を、実在へと帰するものではない。このような判断が帰するのは、たんにある性質xであるに過ぎない。さて、次のことが問題となる。定言的判断a－bは、そのうちでa－bが存在を依然として措定するような仮言的判断へと組みかえることによって、何らかの条件のもとであれ、保持することができるのであろうか―あるいは、これによって定言的判断a－bは、存在を無視した一般的判断a－bにならざるをえないのであろうか。後者の場合、単純にこの仮言的判断は、「もしaが与えられたならば、bである」ことを意味している。しかし、前者の場合、この判断は、「もしなにか他のものが与えられたならば、a－bが存在する」ということになる。この錯覚に基づく主張は、さほど思い上がったものではない。しかし、この主張が自滅的なものであることを示したいと思う。／ドロービッシュ（Logik. §56）は、ヘルバルトにしたがって、「Pが存在する」という判断を、「もし何かがどこかに存在しているならば、Pが存在する」と翻訳する。私が思うに、この翻訳は不正確である。というのも、この判断は暗に、なにかがまさに存在することを措定しており、それゆえ実質的には定言的だからである。また、もしこの翻訳を感覚の事実へと当てはめるならば、ここで実際に考えられているのは、他の諸現象の完全な系列である。それゆえ、この翻訳は、「もし他のものすべてが存在するならば、Pが存在する」とならなければならない。さてしかし、この主張は自滅的である。なぜならば、「他のものすべて」とは、すでに見たように（§70）、けっして実在的な事実ではありえないからである。それゆえ、存在についての仮言的な主張は、存在しえない条件に依存してなされているのである。(ibid., p. 103)

前述のように、ドロービッシュおよびヘルバルトは、「多元論」として認知されていた。その思想を、ヘーゲル主義者として知られていたブラッドリーが批判することは、ブラッドリー自身の思想が「一元論」と見なされる契機となりうる。このことが、ブラッドリーが「一元論」にあえて批判的に言及した理由の一つであると想定される。

しかし、前述のようなドロービッシュに対する批判そのものが、後にブラッドリー自身が「一元論」として批判される原因となる。

五．一．一．二．バーナード・ボーザンケットによるブラッドリー批判

しかし、このブラッドリーの主張は、同じイギリス観念論の哲学者によって批判されることとなる。ブラッドリーの著書の出版の二年後、バーナード・ボーザンケット[28]が、「安っぽい安易な一元論」というブラッドリーの発言を引用しつつ、「判断論」へと焦点を当てることで、ブラッドリーの思想の欠陥を批判する。

ボーザンケット『知識と実在――F・H・ブラッドリー『論理学の諸原理』の批判』（一八八五年）

たしかに、ブラッドリー氏の信じるところによれば、空間においてであれ時間においてであれ、その瞬間に知覚することなしに我々が知るものは、たんに推論に基づいた観念的な構成物としてのみ我々に知られているという。この教説はおのずから、何らかの一元論の形態へと通じている。また、私は、一元論的な考え方が彼の探究の遠い目標であることが明らかとなるであろうことを否定しない。しかし、この議論の最も目立った特徴は――明らかな二元論者だとあえて言う気もないが――**「安っぽい安易な一元論」への怒れる軽蔑**である。［…］私の信じるところでは、一元論的な見方の致命的な容易さに対する反応によって呼び覚まされた二元論的な気分のせいで、ブラッドリー氏は私が説明したような態度を取ったのである。そして、これこそが、すべての抽象的な知識を、定言的判断と対比された仮言的判断の類へと拵えさせた、かの区別の真の秘密なのである。

（Bosanquet [1885], p. 17）

五．一．一．三．セス兄弟によるボーザンケットの批判の反復

さらに、ボーザンケットの著書の出版の翌年、ジェイムズ・セスがボーザンケットの書評を書く。これによって、ボーザンケットによるブラッドリー批判が反復されることとなる。

ジェイムズ・セス「批判的註解――B・ボーザンケット著『知識と実在』」（一八八六年）

ブラッドリー氏の著作とボーザンケット氏の批判の主要な部分は、判断の教説である。伝統的な見解そのものにおいても、この問題が事態の中枢であることが理解されている。もし、ここで再構成を行う必要があれば、初めから終わりまで再構成することが必要である。さて、ブラッドリー氏によれば、判断とは、――伝統的に理解されているように――外延量にせよ、内包量にせよ、二つの観念の結合なのではない。判断とは、観念（述語）が実在（恒常的主語）を指示することなのである。この実在への指示が、ブラッドリー氏の著作において、もっとも重要な点である。そして、ボーザンケット氏の批判がおもに向けられているのも、ブラッドリー氏の著作における、このような特徴である。「判断の究極の主語」はつねに、知覚において見いだされる実在であり、他方でこのような主語は、「我々にとっては観念的な構成物である」。まさに実在についてのこのような見解のうちに、ボーザンケット氏は「徹底性」の悲惨な欠落を見抜いている。「実在を観念的な構成物として扱うことはできないし、そのような実在に対してこれらの現在へと関わる特徴を要求することもできない」。**「反二元論的な態度」ないし「偏見」、とボーザンケット氏は言うが、そのようなものは、ブラッドリー氏には似合わないのである。**（Seth, J. [1886], p. 95）

また、これと同じ論点が、アンドリュー・セスによって、Seth, A. [1886] においても繰り返される。

五．一．二．『現象と実在』の出版

五．一．二．一．『現象と実在』における一元論的枠組み

一八九三年には、ブラッドリーの主著にあたる、『現象と実在』が出版される。本文献においては、「実在の多元性」を否定する記述が散見され、伝統的な見方にしたがえば「一元論」と呼ぶべき思想的枠組みが呈示されている。ただし、「一元論」および「多元論」という言葉は、その使用を避けられている[29]。

ブラッドリー『現象と実在』（一八九三年）

我々が知るように、実在は一つである。しかし、その一性は、その限りにおいては、多義的である。それは、多様性を付属者としてもつ、一つの体系なのであろうか。それとも、その一性のもつ一貫性は、他方では、独立の諸実在性の属性なのであろうか。端的にいえば、我々が問わねばならないのは、**諸々の実在の複数性（plurality）は可能なのか**ということ、そして、これら諸々の実在は、矛盾することがないように、たんに両立することができるのかということである。あるいは、同じ問いを異なる仕方で提起できるであろう。自存的で区別とは無関係に完全に異なった多くの質というものが一つの経験のうちに存するのかどうか、我々は探究することができるであろう。〔…〕／複数性が意味するのは、互いに独立していない存在者どもの数となろう。一方では、それらの存在者どもは、何らかの仕方で現象的な多様性を有するであろう。というのも、すでに見た通り、そのような多様性を有することが本質的な点だからである。そして、他方で、それらの存在者どもは、外的な混乱も内的な矛盾も持たないことであろう。事物のそのような状態が可能なのかどうか、問わなければならないが、我々の第一巻の議論の後では、そのような問いに答える必要はまったく無い。というのも、各々の実在の内的状態が、**絶望的な困難**をもたらすからである。そして、たとえこれらを扱うことが仮に可能であったとしても、諸々の実在の複数性は、それらの独立性と調和することができない[30]。

（Bradley [1893], p. 140ff.）

五．一．二．二．『現象と実在』に対する「一元論」という評価

ブラッドリーが『現象と実在』で述べた議論は、その直後から「一元論」の典拠として参照されるようになる。その一例として、イギリス観念論の哲学者であるマクタガート[31]による言及が挙げられる。

マクタガート「時間とヘーゲルの弁証法」（一八九四年）

まるで、二元論的な枠組みは、現実世界の種々の状況へとうまく適用されるかのように思われる。しかし、そのような理論を構成しようとするやいなや、諸々の困難が乗じる。

宇宙が帰せられる合理性と非合理性という二つの原理は、絶対的に分離され独立していなければならないであろう。というのも、もしそれらが帰せられるべきなんらかの共通の統一が存するならば、宇宙の究極の説明は、その統一であり、その二つの現れではないであろうからである。そして、我々の［二元論的な］理論は、一元論的なものとなったことで、友好的であれ、敵対的であれ、無差別的であれ、この理性へと向かう単独の原理の態度にしたがって、それ自体が、もう一方のうちに解決されるからである。［…］／まず初めに、宇宙には本当に二つの独立した力が存するのであろうか。もちろん、そのような二つの力は存在しない。ブラッドリー氏が述べたように（『現象と実在』p. 141）、「多元性は独立性と矛盾せずにおれない。もし存在者どもが関係のうちになければ、それらは多ではありえない」。（McTaggat［1894］, p. 197）

また、前述のリッチーも、「討議――ヘーゲル主義者とその批判」（Ritchie［1894］）のなかで、「一元論」に対する批判的立場を紹介したうえで、そのような批判へと至る根拠として、ブラッドリーの立場を引き合いに出している。この状況を加速させることとなるのが、彼の同僚であるジョアキムの存在である。

五．二．ハロルド・ジョアキムによるスピノザ研究と「一元論」の主題化

一九〇六年になると、ブラッドリーの同僚であり、シャファーが「一元論」の典拠として頻繁に名前を挙げているハロルド・ジョアキムの著書である[32]『真理の本性』（Joachim［1906］）が出版される。本文献の主題は「一元論」であり、「一元論」と「多元論」が対立的に捉えられたうえで、哲学のとりうる主要な立場として、「一元論」に軍配が挙げられる。また、この著書においては、スピノザの哲学が、「一元論の体系」として肯定的に評価されており、「一元論」という観点から、スピノザの哲学に対する詳細な検討がなされている[33]。

ジョアキムの思想的立場については立花論文で主題的に扱われているため、本章では当時のイギリスの哲学界におけるジョアキムの位置づけについて、簡単に確認しておきたい。ジョアキムは、アリストテレスやスピノザの研究を多く遺しているとともに、ブラッドリーと同じ学科で教鞭をとっており、ブラッドリーの遺稿を編纂したことでも知られている[34]。このような背景もあって、当時のジョアキムは、「ブラッドリーに最も近い立場にいる弟子」と見なされており、いわばブラッドリーの代弁者と見なされていた[35]。

ブラッドリーとジョアキムのあいだの密接な関係は、ジョアキム自身の著書においても明言されている。たとえば、『真理の本性』においては、ブラッドリーを直接的に「一元論者」として名指しした記述こそ認められないものの、ブラッドリーか

ら受けた影響の大きさについて、以下のように表明されている。

> したがって、私がどれだけ大きな影響を**F・H・ブラッドリー氏**とボーザンケット教授に受けてきたかを、読者はおのずから知ることとなろうが、私は彼らにはほとんど言及しなかったし、言及したときはおもに批判を目的としていた。また、自分の著作の多くの部分がヘーゲルの著書から着想をえていることは、きちんと自覚しているが、彼の名前も一度しかださなかった。（ibid., p. 4f）

以上のようにジョアキムは、「一元論」を支持する自身の哲学的立場の一端が、いわばブラッドリーの立場に由来していることを表明している。このようにして、「一元論」という思想的立場は、ジョアキムの著書を媒介することによって、ブラッドリーへと帰せられることとなり、後にブラッドリー自身が「一元論者」と呼ばれるにいたる思想史的な背景が準備されたと考えられる。

五．三．今日におけるブラッドリー理解

以上のような経過を経て、ブラッドリーの思想は「一元論」という観点から理解されるようになる。

今日におけるブラッドリー理解の原型は、リチャード・ウォルハイムが一九五六年に『哲学の革命（The Revolution in Philosophy）』[36]に掲載した、ブラッドリーの解説のうちに認められる。この解説において、ブラッドリーが「ヘーゲル学派」かつ「一元論者」として説明されたうえで、手厳しく批判がなされている。

> **ウォルハイム「F・H・ブラッドリー」（一九五六年）**
>
> ブラッドリーの哲学的思想の多くは、極めて抽象的かつ曖昧であり、まとめようとするほどの中身がないように思われる。この話題については、彼の哲学的思想における二つの要素だけを論じることにしたい。いずれの要素も、一般に受け入れられたイギリスの考え方に対して、目に余る矛盾をなしていた。すなわち、心理学からの論理学と哲学の分離と、**一元論、すなわち実在とは分割不可能な［個体的な］全体であるとする理論**である。私が示そうと思っているように、明らかにブラッドリーの思想においては、上述の二つの要素が内密に結合されている。それらは異なるにもかかわらず、である。というのも、のちの話題のなかで明らかになるように、後世の哲学者たちは、ほとんど普遍的に前者を認めて、全員が満場一致で後者に反対したからである。（Wollheim [1956], p. 13）

しかしここでは、二つの側面にだけ重点をおきたい。その両方が、ブラッドリーの一元論にとって重要なものである。個別的、特殊かつ心的な事実である心理学者の観念とは対照的に、哲学者が研究するべき観念は、必然的に一般的なものである。また、意味を有していると見なされた観念は、何らかの種や類、属の表れである。そしてさらに、心理学

者によって研究された限りでの観念は、自然的なものであり、精神の自然史に属するのに対して、哲学者に研究された限りでの観念は、人工的なものであり、精神の現にある通常の経験的現象が従う何らかのプロセスに対して我々がなすことの帰結である。／さて、一元論がいくつかの点で唯一満足いく解答であると見なされるにいたった問題、すなわち思想の実在に対する関係を、ブラッドリーに対して一層の問題たらしめているのは、この観念の普遍性と人為性なのである。(ibid., p. 14)

おわりに

本章では、英語圏における「一元論」概念の成立と、その歴史的な展開を概観した。もともと英語圏においては、ドイツ語圏からの英訳の流入によって(本章第一節)、同時期のドイツにおける「一元論」の用法が定着した(本章第二節)。また、特にイギリスにおいては、ロッツェの強い影響を受けた「イギリス観念論」の隆盛によって(本章四．一)、「一元論」の現代的な用法が確立した(本章四．二)。そして、ブラッドリーもまた(本章五．一)、一元論者であるジョアキム(のスピノザ研究)を介して(本章五．二)、「一元論者」と見なされるに至る(本章五．三)。

このように、シャファーが主題としている「一元論」の概念および、その背景にある「ブラッドリー＝イギリス観念論＝一元論」という歴史的図式は、入り組んだ受容状況と論争の末に、論敵に対するレッテルとしての性格を残しつつ、今日へともたらされたものである。それゆえ、シャファーがその歴史的な拠り所としている「哲学史上の一元論者たち」(Schaffer [2010a], p. 66(本書第一三章付録))のなかにも、スピノザを筆頭として、哲学史のなかで作り上げられた虚像が、往々にして含まれている。したがって、今日隆盛を誇る「一元論」の射程を見極め、そのルーツの一つである一九世紀英米圏の哲学を再構成するためには、本章で概観したような歴史的経緯を踏まえたうえで、それらの「虚像」をいったん棚に上げつつ、その妥当性を再検証することが、次の課題となるであろう。

注

(1) Cf. Gregory [2012], p. 46f., 64.

(2) Chalybäusの読み方については本書第一章(太田担当)を参照。

(3) ヘルバルトの位置づけについては、本書第一章(太田担当)を参照。

(4) Weir [2011] によると、ヘッケルの立場は、一八九二年の『モニスト(The Monist)』誌のなかで、後に言及するカールスによって、唯物論的であるとして批判されている。また、Bowler [2011]は、Haeckel [1899] の英訳が一九〇〇年に出版された際の、反響の少なさを指摘している(Bowler [2011], p. 184)。これらの理由から、Weir [2011] およびBowler [2011] は、英語圏におけるヘッケルの影響の少なさを指摘する。しかし、これらの事情を考慮したとしても、一八七六年の段階でのHaeckel [1876] の出版は、英語圏における「一元論」概念の流布に対して、一定の役割を果たした

コラム：アメリカにおけるブラッドリーへの評価

以上のような経過を経て、イギリスにおいては「ブラッドリー＝一元論」という図式が定着するにいたる。このような図式は、やがてアメリカにおいても共有されるようになる。最後に本節では、アメリカにおけるブラッドリーへの評価について、ごく簡単に確認する。

（1）パットンによるブラッドリー批判

アメリカにおけるブラッドリーに対する評価は、イギリスのそれとおおよそ同じ方向性での進展を見せることとなる。その一例として、たとえばF・パットンの論考「最後の哲学」(Patton［1879］) が挙げられる。パットンは、一八七九年に『プリンストン・レビュー』誌に掲載されたこの論文のなかで、「一元論的観念論（monistic idealism)」と「一元論的唯物論（monistic materialism)」(p. 574) といった概念を援用しつつ、同時代の哲学者に対する批判的な言及を行っている。この脈絡の中で、ブラッドリーに対して、以下のような言及がされる。

パットン「最後の哲学」（一八七九年）
ハリソン氏は実証主義者であり、ブラッドリー氏はヘーゲル主義者である。［…］ハリソン氏の哲学は、我々に神を残してくれない。そして、ブラッドリー氏の哲学は、神から区別される自己がない。(ibid., p. 575)

ブラッドリーがヘーゲル主義者であるという事実自体は、これ以前からすでに再三指摘されている。ここでは、「一元論」というキーワードを絡めるかたちで、ブラッドリーに対して批判的な言及がされる。この四年後に出版された『論理学の諸原理』の末尾で、ブラッドリーは「一元論」に対する拒絶を表明することとなる。

（2）ブラッドリー＝一元論という図式の定着

イギリスにおけるブラッドリーの評価は、後のアメリカにおいても引き継がれることとなる。ワシントン大学の一九〇二年度講義要項に掲載されたアーサー・ラヴジョイの講義科目によると、一九〇二年の時点で、ブラッドリーとロイスが、ともに「一元論 (Monism)」という項目のもとで解説されている。

体系的な哲学の現代における四つの類型。進化的実在論（スペンサー）、抽象的一元論（ドイッセン）、観念論的一元論（ブラッドリー、ロイス）、モナド論（ルヌヴィエ）(A Catalogue of the Officers and Students in Washington University, p. 41)

と考えられる。

（5）本文献はハミルトンの死後になって、ヘンリー・ロングヴィル・マンセルとジョン・ヴィーチによって編集・出版されている。

（6）Cf. HW, p. 133. なおHWでは、「「一元論（Monismus）」の概念が、ベールの「唯一論者たち（Unitaires）」の概念へと遡ることを、一九世紀において表明したのが、W・ハミルトンである。[…] これは、ベールの「唯一論者たち」を哲学的な語法として受容しようとした最後の試みである」（HW, p. 133）と指摘されている。

（7）一九世紀から二〇世紀初頭にかけてのイギリスにおけるスピノザ研究については本書第一一章（立花担当）を参照のこと。

（8）なお、クリフォードの「心素材」については、ウィリアム・ジェイムズが批判的に言及している。詳細は沖永[二〇一二]、九頁以下。

（9）「中性的一元論」という概念が登場するのもこの時期であると考えられる。最初期の出現としては、*The Nation* Vol. 62, 1896, p. 261 に、"Neutral Monism" というキーワードが、Romanes, George John. [1895]: *Mind and Motion and Monism*, Longmans, Green: London/New York を紹介する文脈で登場する。ただし、同書にはこの表現自体は登場しない。

　なお、"Neutral Monism" と類似した意味である "agnostic monism" は、*The Nation*, Vol. 30, 1880, p. 453 に登場しているのが確認できる。また、当時「一元論者」として引き合いに出されていたスペンサーの形而上学が、"agnostic metaphysics" と呼ばれていたため、ここから "agnostic monism" の概念が派生した可能性も考えられる。

（10）"Rudolf Hermann Lotze", in: Internet Encyclopedia of Philosophy ⟨http://www.iep.utm.edu/lotze/, 2017/10/10⟩.

（11）HW, p. 135f. HWでは、「一元論の批判的検討は、ウィリアム・ジェイムズの一元論に対する攻撃によって始まる。これによって、一元論の根本命題が、白日の下にさらされる」（HW, p. 135）と指摘したうえで、ジェイムズの攻撃対象として、ロッツェとロイスを挙げている（ibid.）。ジェイムズについては本書第七章（山根担当）を参照。

　またHWが出典として挙げるRoyce [1900] は、シャファーによっても言及されている。Schaffer [2010a], p. 68（本書第一三章付録）.

（12）なお、立花の指摘によれば、このロッツェとハルトマンの著作に加えて、一八八九年に出版されたErdmann [1889] の記述もまた、「一元論」と「多元論」という対立図式が英語圏において受容される際に、重要な役割を果たしたと考えられる（詳しくは本書第一一章（立花担当）を参照）。このErdmann [1889] は、エルトマンによるドイツ語版の第三版であるErdmann [1878] の英訳にあたる。ドイツ語圏における「一元論」の概念史からみた本文献の位置づけについては、本書第一章（太田担当）を参照。

（13）Cf. "Rudolf Hermann Lotze," in Internet Encyclopedia of Philosophy ⟨http://www.iep.utm.edu/lotze/, 2017/10/10⟩. なお、前述のとおり、ロッツェに加えて、ブラッドリーやボーザンケットを初めとしたイギリス観念論の哲学者たちも、シャファーによって名前を挙げられている。Cf. Schaffer [2010a], pp. 32, 66, 70（本書第一三章冒頭部および付録）.

（14）cf. Lotze [1884b], p. v.

（15）cf. Lotze [1885a], p. v.

（16）この翻訳の立役者は、訳者のF・C・コニーベアの妻である、エミリー・メアリー・コニーベアであるとされている（Lotze [1892], p. xiii）。彼女はマックス・ミュラーの娘にあたり、ミュラーは一八四〇年にロッツェの講演を聞いている。Cf. Woodward [2015], p. 412.

（17）cf. Lotze [1885b], p. v.

（18）cf. Fawcett [1893], p. 291.

（19）cf. Fawcett [1893], p. 300f. 431.

(20) 本文献はシャファーによっても言及されている。Cf. Schaffer [2010a], p. 57（本書第一三章二・三）.

(21) 本文献は一回目のギフォード講義を書籍化したもので、Bowler [2011], p. 184においても言及されている。Bowler [2011]によると、本文献においてウォードは、「不可知論的一元論（agnostic monism）」の同時代における隆盛を認めたうえで、自身は観念論の立場に立っている（ibid.）。

(22) テイラーは、本章五・二で言及するハロルド・ジョアキムと一歳違いで、二人ともオックスフォードに所属している。

(23) 本文献もまた、シャファーによって典拠として挙げられている。Cf. Schaffer [2010a], p. 69（本書第一三章付録）.

(24) また本文献には、Ritschie [1900] がWard [1899] に対して行った批判への応答が含まれていると想定される。

(25) ブラッドリーと多元論者の関係について、ジェイムズとの関係は本書第七章（山根担当）で、ムーアやラッセルとの関係は本書第六章（伊藤担当）で主題的に論じられている。

(26) Schaffer [2010a], p. 32, etc.（本書第一三章冒頭部など）.

(27) HW, p. 135. なお同箇所では、ラッセルの批判を略述するかたちでブラッドリーの名前が出されている。

(28) ボーザンケットは、Schaffer [2010a]（本書第一三章）のなかで、「哲学史上の一元論者」として名前を挙げられている。ただし、典拠とされているのはBosanquet [1911] およびBosanquet [1913] である。

(29) なお、ブラッドリーが『現象と実在』において批判対象として想定していたのは、ハミルトンの立場であったと言われている（Cf. Marion [2008]）。本論文においては、ハミルトンの立場として具体的に想定されていた人物の一例として、ハミルトンのエピゴーネンであり、彼の『形而上学・論理学講義』の編集にも携わっている、ヘンリー・ロングヴィル・マルセルが挙げられており、彼の著書として『論理学のプロレゴメナ――論理的過程の心理的特徴に対する研究』（Mansel [1851]）が紹介されている（cf. Marion [2008], p. 6）。また、本論文では、おもに「心理主義（psychologism）」という問題に焦点を当てられている（Marion [2008], p. 5ff.）。

(30) なお、ブラッドリーの『現象と実在』は、改版の過程で記述が改訂されている。ここでの引用は、一八九三年の第一版の記述にしたがっているが、シャファーが引用しているのは、一八九七年の版である。

(31) また、マクタガートもシャファーによって言及されており、ここでは「多元論」を代表する人物として、ライプニッツやウィリアム・ジェイムズとともに名前を挙げられている（Schaffer [2010a], p. 70. cf. p. 64／本書第一三章付録および二・四）。ここでシャファーが引き合いに出しているのは、『存在の本性』（Mctaggart [1921]）である。なお、Bowler [2011] においても、彼が一元論を擁護した発言が引用されている（Bowler [2011], p. 182）。

(32) Schaffer [2010a], p. 57（本書第一三章二・三）. 以下、Joachim [1906] が繰り返し参照されている。

(33) ジョアキムは同書に先立って、『スピノザのエチカの研究』(Joachim [1901]) を出版している。こちらでは、「一元論」という表現は基本的に用いられないが、「一」と「多」の対概念が重要な役割を果たしている。また、シャファーは、優先性一元論を擁護する文脈で、「ジョアキムは――スピノザ解釈というかたちで――以下の考え方を表明している」(Schaffer [2010a], p. 69／本書第一三章付録) と述べたうえで、このJoachim [1901] を典拠として挙げている。同書については、本書第一一章（立花担当）において主題的に詳述されている。

(34) ジョアキムの人間関係のもう一つのポイントとして、ラッセルとの親交が挙げられる。たとえば、本文献の出版の経緯について、ジョアキムは以下のように述べている。「第二章はすべて、出版に先立って、私の友人であるバートランド・ラッセルに手渡された。私の細部にわたる批判に応答してくれた彼の忍耐と厚情に、私は心から感謝している。私の一番の目標は、真理についての典型的な理論を検討することであり、ラッセル氏を攻撃することではなかったので、大きな変更を加える必要はないと考えた。しかし読者におかれては、私の批判した理論が、すべての点でラッセル氏自身と同じだと受け入れられているとは考えないでもらいたい」（Joachim [1906], p. 5）。

（35）"Harold Henry Joachim", in: Internet Encyclopedia of Philosophy 〈http://www.iep.utm.edu/joachim/, 2017/10/14〉.

（36）前掲のMarion [2008] によれば、本文献は分析哲学の誕生を描き出そうとしたものであり、そのような潮流の転換が、書名の「革命（Revolution）」という語によって表現されている（Marion [2008], p. 2）。

文　献

一次文献

AC [1858], *The New American Cyclopaedia: A Popular Dictionary of General Knowledge*, Vol. 4, Geroge Ripley, Charles A. Dana, D. Appleton and Company（eds.）: London/New York, „cause", p. 594.

—— [1867], *The New American Cyclopaedia: A Popular Dictionary of General Knowledge*, Vol. 12, Geroge Ripley, Charles A. Dana, D. Appleton and Company（eds.）: London/New York, "Pantheism", p. 720.

Bowne, Borden Parker, [1882], *Metaphysics: A Study in First Principle*, New York: Harper & Brothers/London: Sampton Low.

Bosanquet, Bernard, [1885], *Knowledge and Reality: A Criticism of Mr. F. H. Bradley's "Principle of Logic"*, London: Kegan Paul, Trench, & Co..

—— [1911], *Logic: Or the Morphology of Knowledge*, Vol. 2, Oxford: Clarendon Press.

—— [1913], The Value and Destiny of the Individual, London/New York: Macmillan and co., Limited.

Bradley, Francis Herbert, [1883], *The Principle of Logic*, Kegan London: Paul, Trench, & Co..

—— [1893], *Appearance and Reality: A Metaphysical Essay*, London: Swan Sonnenschein.

Carus, Paul, [1885], *Monism and Meliorism: A Philosophical Essay on Causality and Ethics*, New York: F. W. Christern.

—— [1889], *Fundamental Problems: The Method of Philosophy as a Systematic Arrangement of Knowledge*, Chicago: The Open Court Publishing Company.

Chalybäus, Heinrich Moritz, [1837], *Historische Entwicklung der spekulativen Philosophie von Kant bis Hegel*, Dresden und Leipig: Arnoldische Buchhandlung.

—— [1843], *Historische Entwicklung der spekulativen Philosophie von Kant bis Hegel, Dritte theilweis umgearbeitete Auflage*, Dresden und Leipig: Arnoldische Buchhandlung.

—— [1854], *Historical Survey of Speculative Philosophy from Hegel to Kant, Designe das an Introduction to The Opinions oft he Recent Schools*, translated by Alfred Tulk, London: Green and Longman.

Cocker, Benjamin Franklin, [1878], *Handbook of Philosophy: Notes of Lectures Delivered at the University of Michigan During 1878-9, Division I. Psychology*, Ann Arbor: Courier Steam Printing House.

Dabney, Robert Lewis, [1888], "Monism," in *Christian Thought*, Vol. 8, New York: Wilbur B. Ketchan.

Fawcett, Edward Douglas, [1893], *The Riddle of the Universe. Being an Attempt to Determine the First Principles of Metaphysic, Considered as an Inquiry into the Conditions and Import of Consciousness,* London: Edward Arnold.

Gryzanovski, Ernst Georg Friedrich, [1873], "Arthur Schopenhauer and his Pessimistic Philosophy," in *The North American Review,* Vol. CXVII, Boston: James R. Osgood and Company,

Haeckel, Ernst, [1876], *The History of Creation,* London: Henry S. King & Co. London.

——— [1894], *Monism as Connecting Religion and Science: The Confession of Faith of a Man of Science,* translated from the German by J. Gilchrist, London: Adam and Charles Black.

Hamilton, Wilhelm, [1860], *Lectures on Metaphysics and Logic,* H. L. Mansel and John Veitch (eds.), Edinburgh and London: W. Blackwood and sons.

Hartmann, Eduard von, [1884], *Philosophy of the Unconscious,* translated by William Chatterton Coupland, London.

Hodge, Charles, [1856], "Princeton Review and Cousin's philosophy" in: *The Biblical Repertory and Princeton Review,* Vol. 28, Philadelphia: Office of the Biblical Repertory.

Joachim, Harold H, [1901], *A Study of the Ethics of Spinoza* (*Ethica Ordine Geometrico Demonstrata*), Oxford: The Clarendon Press.

——— [1906], *The Nature of Truth,* Oxford: The Clarendon Press.

Leifchild, John R, [1872], *The Great Problem: The Higher Ministry of Nature viewed in the Light of Modern Science, and as an aid to Advanced Christian Philosophy,* London: Hodder and Stoughton/New York: Putnam and Sons, p. 482.

Lotze, Rudolf Hermann, [1884a], *System of Philosophy, Part I: Logic in Three Books: Of Thought, of Investigation, and of Knowledge,* translated by Bernard Bosanquet, Oxford: The Clarendon Press.

——— [1884b], *System of Philosophy, Part II: Metaphysics in Three Books: Ontology, Cosmology, and Psychology,* translated by Bernard Bosanquet, Oxford: The Clarendon Press.

——— [1885a], *Microcosmus: An Essay Concerning Man and His Relation to the World,* translated by Elizabeth Hamilton and E. E. Constance Jones, Vol.I–II, Edinburgh: T. & T. Clark.

——— [1885b], *Lotze's Outline of Philosophy II: Outlines of the Philosophy of Religion,* George T. Ladd (ed.), Boston: Ginn, Heath, & Co..

——— [1892], *Outline of a Philosophy of Religion,* F. C. Conybeare (ed.), London: Swan Sonnenschein & Co./New York: Macmillan & Co..

Mansel, Henry Longueville, [1851], *Prolegomena Logica: An Inquiry into the Psychological Character of Logical Processes,* Oxford: Henry Hammans.

Mctaggart, John McTaggart Ellis, [1894], "Time and the Hegelian Dialectic," in *Mind,* Vol. 3.

——— [1921], *The Nature of Existence,* Vol. 1, Cambridge Cambridge: University Press.

Mill, John Stuart, [1865], *An Examination of Sir William Hamilton's Philosophy, Vol. 1–2,* London: Longman, Roberts and Green.

Neander, August, [1851], *General History of the Christian Religion and Church,* London: Henry G. Bohn.

Patton, Francis Landey. [1879]: "The Final Philosophy", in: *Princeton Review,* p. 575–578.

Pollock, Frederick, [1878], "Notes on the Philosophy of Spinoza," in *Mind,* 3 (10), p. 205.

——— [1879], "William Kingdon Clifford," in *The Fortnightly Review, New Series,* John Morley (ed.), Vol. 25, p. 686.

——— [1880], *Spinoza: His Life and Philosophy,* London: C. Kegan Paul & Co., p. 88.

Richardson, Nathaniel Smith (ed.), [1856f.], "Cousin and the Princeton Reviewer," in *The Church Review and Ecclesiastical Register,* Vol. IX, New Haven.

Ritschie, David George, [1898], "The One and the Many," in *Mind, New Series,* 7 (28).

——— [1894], "Discussion: Hegelian and its Ctiricism," in *Mind,* New Series, 3.

——— [1900], "Nature and Mind: Some Notes on Professor Ward's Gifford Lectures," in *The Philosophical Review,* 9 (3).

Royce, Josiah, [1885], *The Religious Aspect of Philosophy and of Faith,* Houghton, Mifflin and Company: Boston and New York.

Seth, Andrew [1886], "Contemporary Records: I. Mental Philosophy," in *The Contemporary Review,* 49.

Seth, James, [1886], "Critical Notices: B. Bosanquet, Knowledge and Reality," in *Mind,* 11.

Tennemann, Wilhelm Gottlieb, [1832], *A Manual of the History of Philosophy,* translated by Arthur Johnson, Oxford: D. A. Talboys.

Taylor, Alfred Edward, [1903], *Elements of Metaphysics,* London: Methuen & Co..

Ward, James, [1899], *Naturalism and Agnosticism. The Gifford Lectures Delivered Before the University of Aberdeen in the Years 1896-1898, 2 volumes,* London.

——— [1911], *The Realm of Ends or Pluralism and Theism: The Gifford Lectures delivered in the University of St Andrews in the Years 1907-10,* Cambridge: Cambridge University Press.

Wollheim, Richard Arthur, [1956], "F. H. Bradley," in *The Revolution in Philosophy,* A. J. Ayer, W. C. Kneale, G. A. Paul, P. F. Strawson, G. J. Warnock, R. A. Wollheim (eds.), London: Macmillan.

二次文献

Marion, Mathieu, [2008], "Theory of Knowledge in Britain From 1860 To 1950," in *The Baltic International Yearbook,* Vol. 4.

Woodward, William R., [2015], *Hermann Lotze: An Intellectual* Biography, New York: Cambridge University Press.

※ドイツ語編（本書第1章）の文献表に掲載した文献は省略した。

それ以外の文献

Clifford, W. K, [1878], "On the Nature of Things-in-Themselves," in *Mind,* 3.

Coupland, W. C., [1881], "*Reviewed Work: The Creed of Science, Religious, Moral and Social.* by William Graham," in *Mind,* 6 (24), pp. 563-574.

Erdmann, J. E., [1878], *Grundriss der Geschichte der Philosophie, zweiter und letzter Band: Philosophie der Neuzeit,* dritte, vermehrte Auflage, Berlin: Verlag con Wilhelm Hertz.

——— [1889], *A History of Philosophy,* Vol II: Modern Philosophy, Williston S. Hough (ed.), London: Swan Sonnenschein & Co.

Gurney, Edmund, [1881], "Monism," in *Mind,* 6, pp. 153-173.

Royce, J., [1900], *The World and the Individual,* New York.

沖永宜司［二〇一二］「脳が心を生み出すとはどのようなことか」『帝京大学総合教育センター論集』第三巻、一—三一頁。

第六章　普遍者の実在性をめぐって
——ブラッドリーの一元論的観念論とムーア・ラッセルの多元論的実在論

伊藤　遼

はじめに

いわゆる分析哲学が二〇世紀初頭のケンブリッジの哲学者、G・E・ムーアとB・ラッセルによる、一元論的観念論を退ける試みを端緒の一つとすることはよく知られている。ここでの一元論的観念論とは、F・H・ブラッドリーやB・ボーザンケットらによって展開された、すべてを包括する「経験」であるところの「絶対者」が唯一の実在であるとする考えのことである。[1] ラッセルの観念論批判の要点が、関係の実在性をめぐるものであったこともまた同様によく知られていると言えるだろう。彼によれば、一元論的観念論は、あらゆる関係が関係項の内的な性質へと還元されるという「内的関係の原理」を前提として成り立つため、この原理の妥当性が疑問に付されるならば、一元論的観念論もまた、そのもっともらしさを失うことになる。こうした批判については、これまで多くの検討がなされてきた。[2] とりわけ、一元論的観念論が内的関係の原理を前提するという彼の主張については、その妥当性について鋭い批判がよせられてきた (e.g. Candlish [2007], p. 43f)。とはいえ、ブラッドリーの一元論的観念論とムーア・ラッセルの多元論的実在論のあいだの対立は、内的関係の原理の妥当性ないし関係の実在性の有無に尽きるものではもちろんない。彼らのあいだの対立は、形而上学における様々な重要概念に関係する。なかでも、彼らは、「観念 (idea)」ないし「概念 (concept)」と彼らがよんだもの、すなわち、普遍者を自存的存在者とみなすか否かについて、明確に異なる見解を支持した。ここで、普遍者とは、述語表現、典型的には、形容詞に対応すると想定される抽象物のことである。[3] 彼らは、こうした抽象物が自存的存在者、すなわち、判断する主体の判断作用に依存することなく存在する対象であると認めるか否か、言い換えれば、普遍者に実在性を認めるか否かについて、相反する立場を採った。ブラッドリーは、普遍者、すなわち、前述の意味での抽象物は、まさにその抽象性のゆえに自存的存在者ではないと考えた。他方、ムーアやラッセルは、そうした抽象物に積極的に実在性、すなわち、自存的存在者としての存在論的地位を認めることで、ブラッドリーの立場に対する様々な批判を展開した。本章は、彼らのあいだのこうした相違点が、一元論的観念論と多元論的実在論のあいだの根本的な対立軸の一つとして理解できること、そして、そうした対立においても、自存的存在者のみが判断の対象となり得るという考えを両者が共有していたこと、この二つを示す試みである[4]。

以下では、まず、ブラッドリーによる、「観念（idea）」としての普遍者の理解、すなわち、普遍者は「実在的（real）」ではなく「観念的（ideal）」なものであり、判断の対象ではなく判断の対象に帰属されるものであるという考えを確認する（第一節）。次に、ムーアが「判断の本性」（Moore [1899]）において、こうした普遍者の理解を退けて、普遍者をわれわれの判断の対象となり得る自存的存在者（「概念（concept）」）としてみなしたこと、そして、「同一性」（Moore [1901]）において、普遍者を対象とする判断に訴えて彼が一元論的観念論の批判を行ったことを確認する（第二節）。次に、普遍者の自存的存在者とみなすムーアの立場をラッセルが「項（term）」という考えを導入することで発展させたこと、そして、彼もまた普遍者を対象とする判断に訴えることで一元論的観念論の批判を行ったことを示す（第三節）。最後に、普遍者を対象とする判断に訴えることでムーアとラッセルが提示した批判に対して、ブラッドリーがいかなる応答を与えたのか、あるいは、与え得たのかを考察する（第四節）。この考察を通じて、彼とムーア・ラッセルとのあいだの普遍者の実在性をめぐる対立が、議論の応酬によって決着のつくようなものではなく、むしろ、議論の前提に関わるという意味で根本的なものであったこと、そしてまた、こうした普遍者の実在性をめぐる対立においても、ブラッドリーとムーア・ラッセルは、自存的存在者ないし実在のみが判断の対象となり得るという考えを共有していたことを指摘する[5]（第五節）。

一．ブラッドリーの「観念」

この節では、ブラッドリーの判断論において、普遍者が本質的に実在的なものではなく観念的なものとして扱われるということ、そしてまた、普遍者は判断の対象ではなくそれに帰属されるものであるということをみる。まずは、彼の判断論の概要を説明する。

ブラッドリーは、『論理学の諸原理』（Bradley [1883]）において「判断」について詳しく論じる[6]。その判断論に特徴的な主張は、判断というものが「それとして認識された観念的内容を当の行為を超えた実在へと帰属させる行為」であるというものである（ibid. p. 10）。この著作において彼は実在についでは多くを語らないが、大雑把に言えば、それは「絶対者（the Absolute）」、すなわち、「あらゆる部分的な相違を調和のうちに抱き込む」ところの、「全てを包括する単一の経験」だと理解できる（Bradley [1897], p. 147）。したがって、彼の判断論においては、各々の判断は、唯一の存在者である絶対者に対して、「観念」ないし「観念的内容（ideal content）」を帰属させるものである。

ブラッドリーが「観念」ないし「観念的内容」とよぶものは、普遍者、彼が「普遍的意味（universal meaning）」とよぶもののことである。彼は次のように述べる。

> 徴表とは意味を持つ任意の事実のことであり、意味は、心によって切り離され、固定された、徴表の存在から切り離されて考えられた（元々そなわった、あるいは、獲得された）内容の一部からなる。（Bradley [1883], p. 4）

ブラッドリーにとって、「事実」とは、われわれの経験に現れる限りでの実在のことである。そして、各々の事実は、「存在（existence）」と「内容（content）」、言い換えれば、それがあるということ（that it is）とそれがなにであるか（what it is）という二つの側面を持つ。「徴表（sign）」とは、これら二つの側面に加えて、第三の要素「意味（meaning）」を持つ事実のことである。徴表としてもちいられた事実は、「その個別性や自らの存在を超越する」（ibid., p. 4）。徴表の意味は、その「存在」から切り離されることで、その具体性、個別性を失い、まさにそのことによって、普遍性を持った意味、普遍的意味として成立する。この普遍的意味なるものが、彼が「観念」ないし「観念的内容」とよぶものに他ならない。

ブラッドリーは、観念を具体的個物としての心的な表象として理解することを「心理主義的な姿勢」として批判する（ibid., p. 2）。彼によれば、心的な事実として理解された「観念」は、論理学とは無関係である。彼にとって、論理学とは判断の本質についての哲学的探求である。そして、判断が真ないし偽となるものであるとすれば、心的な表象として理解された観念は判断と関係がない。というのも、「もし観念が心的な実在として取り扱われることがあったとすれば、もしそれがそれ自体で実際の現象としてみなされることがあったとすれば、それは真も偽も表象することはなかったであろう」からである（ibid., p. 3）。

普遍的意味としての観念が心的な事実でないというブラッドリーの主張は、それに彼が与える存在論的地位と関係している。心的な事実としての観念は、「外的な対象と同じくらい頑強な事実」である（ibid., p. 2）。一方で、普遍的意味としての観念は、本質的に「観念的（ideal）」であって「実在的（real）」ではない。この対比は、たとえば、「これは全くもって実在的ではない（nothing real）、単なる観念（a mere idea）である」という言い回しに現れるそれである（ibid.）。ブラッドリーにとって、観念とは、それ自体では、「時間の内の一つの出来事」ではなく、「切り離されて考えられた形容詞（adjective）、分離された寄生者（parasite）、身体をもたず他の身体に身を休めようとする精霊（spirit）、具体からの抽象、それ自体では何者でもない単なる可能性」、「さまよう形容詞（wondering adjective）」なのである（ibid., pp. 7-8, 10）[7]。

普遍的意味としての観念は、それが普遍者であるがゆえに、具体的な実在から切り離された非実在であるというブラッドリーのこうした考えは、彼の判断論にとって重要である。というのも、それは、彼の判断論を特徴づける主張の論拠だからである。彼は、われわれが観念を実在へと帰属させることによってはじめて一つの判断が成立すると主張する。それは、大雑把に言えば、われわれの判断はそれぞれ具体的な内容を持つはずであるが、観念それ自体が本質的に具体性を欠く抽象的存在者である限り、「観念に対してなし得るいかなることによっても、いかなる改変（torture）を持ってしても、観念から普遍的でないなんらかの主張を取り出すことはできない」からである（ibid., p. 62）。

このように、ブラッドリーは、普遍者、すなわち、彼が「観念」とよぶものは、まさにそれが実在から切り離された普遍者であるがゆえに、観念的、非実在的であると考える。言い換えれば、普遍者は彼にとって自存的存在者ではなく、判断においてその対象であるところの実在に帰属される「単なる観念」なのである。

二　ムーアの「概念」

ムーアとラッセルによる一元論的観念論に対抗する試みの出発点は、前者による論文「判断の本性」である。本節では、この論文においてムーアがブラッドリーの判断論の批判を通じて普遍者の実在性を訴えていること、そしてまた、ムーアが「同一性」において普遍者を対象とする判断に訴えて一元論的観念論に対する批判を提示していることを確認する。

ムーアは「判断の本性」をブラッドリーの『論理学の諸原理』におけるいくつかの表現を引用することによって始める。ムーアは、判断にもちいられる観念は普遍的意味であるというブラッドリーの主張を全面的に受け入れる。しかし、ムーアは、ブラッドリーが普遍的意味（普遍者）を「心によって切り離され、固定された、徴表の存在から切り離されて考えられた（元々そなわった、あるいは、獲得された）内容の一部」として特徴付けることによって、結局のところ自らが批判するところの「心理主義的な伝統」を脱することに失敗していると考える。ムーアは、こうした特徴付けのもとでは、依然として普遍的意味（普遍者）は心的作用の働きに依存したものにとどまると考えるのである。

ムーアは、ブラッドリーによるこうした普遍者の特徴付けに、ある種の無限後退を指摘することを通じて、自らの実在論的な普遍者の理解を提示する。ムーアによれば、われわれが判断においてもちいる普遍者が、仮に「心によって切り離され、固定された」ものだとすれば、われわれは、判断をなす前に、無限の判断を行わなければならないことになる。というのも、われわれがこのように観念の一部を切り離し、一つの個体として同定するためには、その一部がいかなるものであるか予め知っていなければならないからである（Moore [1899], p. 178）[8]。こうした無限後退を解消するためには、われわれが判断にもちいるところの普遍者なるものは、われわれの作用から独立して、それ自体ですでに個体として存在していなければならないとムーアは結論する[9]。このようにして、彼は、普遍者が心的作用から独立した一個の自存的存在者であるという考えを導く。

ムーアは、さらに、ブラッドリーによる普遍者の理解と決別するべく、「観念（idea）」ではなく「概念（concept）」という語をもちいることを提案する。ムーアによれば、「概念」とは「われわれの思考の対象」となり得るものすべてである（ibid., p. 179）。もちろん、こうした説明は、彼が「概念」とよぶものがわれわれの心的作用から独立した存在者である以上、「概念」なるものの定義ではない。概念は、われわれがそれについて思考するか否かに関わらず「なんらかのものである」（ibid.）。このように「概念」を説明することの要点はむしろ、普遍者がわれわれの判断の対象となることを認めるということにある。

一九〇一年に刊行された論文「同一性」において、ムーアは、「同一性」という考えを分析することで一元論的観念論の批判を行う。その中で、彼はまず、概念の実例（instance）を対象とする判断の存在に訴えることで、「概念的な差異以外の差異は存在しない」あるいは「概念的な差異を持たない、全く同様である二つの物について語ることは、全くの無意味である」という主張の論駁を試みる（Moore [1901], p. 106, 110）[10]。この主張によって、ムーアは、一項述語に対応する諸性質、すなわち、内在的性質に関して全く差異がないような存在者は高々一つしか存在しないというある種の不可識別者同一の原理を意図している。彼の議論の要点は、きわめて大雑把に言えば、その主張を受け入れると、概念の実例同士を区別することが不可能になるというものである。概念の実例同士のあいだには、概念的な差異、すなわち、内在的性質における差異はないと彼は想定する。すると、一元論的観念論のもとでは、それが概念的な差異に関する不可識別者同一の原理を含意する限りは、概念の実例なるものは高々一つしかないことになる。このとき、たとえば、「私が意味する赤は、黄色によって囲まれているそれであって、青によって囲まれているそれではない」といった（日常的に可能なはずの）判断は不可能であることになってしまう（Ibid., pp. 109–110）。彼は、このように論じることで、概念的な差異と数的な差異の区別を根拠づけ、そして、この区別のもとで、「差異における同一性（identity in difference）」や「具体的普遍（concrete universal）」といった一元論的観念論において持ち出される様々な考えに混乱がみられることを指摘してゆく[11]。

三．ラッセルの「項」

ムーアの影響のもと、ラッセルもまた多元論的実在論を展開する。この節では、ラッセルもまた、普遍者を自存的存在者として捉えたこと、そして、普遍者を対象とする判断に訴えることでブラッドリーの一元論的観念論の批判を行ったことを確認する。

観念論の立場を捨てたラッセルが最初に展開した形而上学は、『数学の諸原理』（Russell [1903]）にまとまっている。そこでは、彼は、「項（term）」という考えを[12]導入することで、ムーアの多元論を発展させる（ibid., p. 44fn）。ラッセルは「思考の対象になり得るもの、真ないし偽なる命題に現れ得るもの、あるいは、『一』として数えられ得るものならなんであれ」それを「項」とよぶ（ibid., p. 43）。そして、この「項」という術語は「存在者（entity）」という術語と同義であるとされる（ibid.）[13]。さらに、彼は諸々の項を「物（thing）」と「概念（concept）」へと分類する。前者は、「論理的主語」としてのみ命題に現れ得る項のことであり、後者はそれ以外の仕方でも命題に現れ得る項のことである[14]。彼によればたとえば、“Socrates is human”という命題には、Socratesは唯一の「論理的主語」として現れる。Socratesなる項はこうした仕方以外で命題に現れることはなく、それゆえ「物」である。一方、上の命題に現れるhumanityという「概念」は、その命題では論理的主語として現れてはいないが、たとえば“Humanity is a concept”という別の命題において、論理的主語として現れる。ラッセルが「概念」とよぶものは、自存的存在者としての普遍者であり、それはムーアが「概念」とよぶものに相当する。

　ラッセルは、項として現れることのない概念ないし普遍者を想定することは自己矛盾的であると論じる。彼は、普遍者そのもの、たとえば“this is one”という命題に現れる*one*と、項として現れた普遍者、たとえば“1 is a number”という命題に現れる1が相異なるという想定を取り上げる（ibid., p. 46）。この想定自体において*one*という普遍者そのものは項として現れる。もしそれが1と同一であるとすれば、この想定は自己矛盾を含む。他方、もし*one*が1と異なるならば、普遍者そのもの*one*は、項として現れるもの（*one* as term）と普遍者として現れるもの（*one* as adjective）、この二つにさらに区別されることになる。ラッセルによれば、こうした区別を受け入れるとき、普遍者として現れる*one*（*one* as adjective）に言及する命題は、実のところ、項としての*one*に言及するためにどれも偽であることになる。そして、もしそうした命題のうちに「普遍者として現れる*one*について言及する命題はどれも偽である」という命題それ自体が含まれるとすれば、この場合にも矛盾が生じることになる。ただし、この議論自体には異論の余地がある。普遍者としての*one*と項としての*one*のあいだの区別を認めるとしても、前者に帰属するいかなる性質も後者には帰属しないと考える必要はないからである。むしろ、この議論の要点は、項として現れない普遍者（*one*ないし*one* as adjective）を想定することそれ自体が当の普遍者が項（1ないし*one* as term）であることを要求するということにある[15]。

　ラッセルが「思考の対象となりうるもの」すべてを項としてみなすことの背景には、ムーアの「概念」の場合と同様、普遍者を実在するもの、すなわち、自存的存在者としてみなすという目的があるように思われる[16]。前述の議論からラッセルは次のように結論する。

> このように、形容詞（adjectives）、属性（attributes）、あるいは、観念的なもの（ideal things）、それらがどのようによばれようとも、そうしたものが存在し、それらは真の実体

（substantives）に比べるとなんらかの点で、実体的（substantial）でなく、自存的（self-subsistent）でなく、あるいは、自己同一的（self-identical）でないという理論は、完全に誤ったものであり、容易に矛盾へと帰着させられるように思われる。（ibid., p. 46）

ラッセルはそのような理論が一体誰によって支持されたのかを述べない。しかし、第二節でみたように、ブラッドリーの判断論はまさにそうした理論に他ならない。ブラッドリーにとって、普遍者とは常に実在に付与される単なる「形容詞（adjective）」（に対応するもの）であり、それゆえに「付随的（adjectival）」なものであって、自存的存在者ではない。このことを踏まえれば、前述の箇所で彼の判断論をラッセルが念頭に置いていると考えることは自然である。ラッセルは、普遍者が項ではないという想定が自己矛盾的であると論じることによって、普遍者の実在性を否定するブラッドリーの判断論を批判していると考えられる。

さらに、『数学の諸原理』におけるラッセルは、ブラッドリーの判断論が判断の型に関して自己反駁に至るという議論を提示する。ラッセルによれば、「唯一の物、すなわち、神ないし絶対者と、唯一の命題の型、すなわち、絶対者に諸々の述語を帰属させるものが存在する」という考えは、「諸々の述語が存在する」という判断を前提する（ibid., p. 448）。絶対者に普遍者を帰属させるためには、普遍者がそもそもなんらかの仕方で存在していなければならないからである。言い換えれば、「判断は絶対者に述語を帰属させる」という主張に対して、「諸々の述語が存在する」という主張は「論理的に先行する」（ibid.）。したがって、前者を認めるブラッドリーの判断論は、後者もまた認めることになる。しかし、後者の主張は、「絶対者に一つの述語を帰属させる」という、彼の判断論が認める唯一の型に当てはまらないとラッセルは考える。すると、あらゆる判断はこの唯一の型をとるという主張は自己矛盾をきたすことになる。この議論は、「諸々の述語が存在する」という判断を文字通り理解すること、すなわち、そうした判断を（複数の）普遍者を対象とする判断として理解することに基づくものである。

四．ブラッドリーからの応答の可能性

この節では、普遍者を対象とする判断に訴えるムーアとラッセルの諸議論に、ブラッドリーはいかなる応答をしたのか、また、いかなる応答をなし得たのかを吟味することで、両者のあいだの対立が議論によって解消される性質のものではなく、むしろ両者の議論の土台に関わるものであることを指摘する。まずは、「判断の本性」および「同一性」におけるムーアの二つの議論について、そして次に、ラッセルが『数学の諸原理』において提示する、ブラッドリーの判断論に対する二つの議論について、それぞれブラッドリーがなした応答および彼がなし得た応答を検討する。

「判断の本性」におけるムーアは、第二節でみたように、ブラッドリーの「観念」の捉え方を批判するという形で、自らの「概念」論を展開する。ムーアによれば、ブラッドリーは心的事実としての観念ではなく、普遍的意味としての観念こそが判断に必要であると考えた点においては正しかったが、そうした普遍的意味が「心によって切り離され、固定された」ものであると考えた点において彼は誤っていた。ムーアは、普遍的意味がそのように得られるものだとすれば、われわれは、判断をなす前に、無限の判断を行わなければならないことになると論じる。

この議論に対して、ブラッドリーは、ムーアに宛てた、一八九九年一〇月一〇日付の書簡において応答を行っている[17]。それは、ムーアの議論が普遍的意味を切り離す抽象の作用が意識的な作用であると前提しているというものである[18]。ブラッドリーは「切り離された（cut off）」という表現によって「切り離そうと意図する（going about to cut off）」ということが意味されているわけではないと指摘する（Bradley［1999a］, p. 177）。ブラッドリーはたとえば「知覚において観念がやってくる（comes in）」ような場合には、判断の主体の意識的な作用を介することなく観念（普遍的意味）が得られると考える（ibid）。こうした応答に対する再反論は可能であるかもしれない。しかし、いずれにしても、ブラッドリーは、彼の判断論においては受け入れられない想定のもとにムーアの議論が行われていることを指摘することは可能であったはずである。ムーアが前述のようにある種の無限遡行を指摘するとき、彼は、普遍的意味がある種の判断の対象となることを想定している。そうでなければ、つまり、普遍的意味を切り離す作用と判断の作用を区別することが可能であるとすれば、ブラッドリーが論じるように、いかなる無限遡行も生じないことになる。このように、ムーアの議論は、普遍的意味が判断の対象となるという想定に基づくものである。そして、この想定はブラッドリーの判断論においては否定されるものである。第二節でみたように、彼の判断論において、普遍的意味はその本性上、判断の対象ではなくそれに帰属される「単なる観念」だからである。

このことを踏まえると、「同一性」においてムーアが提示する、概念の実例のあいだの識別可能性をめぐる議論もまた、ブラッドリーの判断論においては否定される想定にもとづくものであることがわかる。彼の判断論に従うならば、「私が意味する赤は、黄色によって囲まれているそれであって、青によって囲まれているそれではない」という判断を文字通りに「私が意味する赤」を対象とする判断と理解することはできない。当の判断は、「私が意味する赤は、黄色によって囲まれているそれであって、青によって囲まれているそれではない」という文全体が表現する普遍者を絶対者へと帰属させるもの、すなわち、あくまでも絶対者を対象とする判断として理解されることになる。

『数学の諸原理』におけるラッセルの諸々の批判へのブラッドリーの応答は、一九一〇年に発表された論文「現象、錯誤、および矛盾について」（Bradley［1910］）にまとまっている[19]。この論文において、ブラッドリーは、判断は絶対者に普遍者を帰属させるという自らの主張が「諸々の述語が存在する」という、当の主張に合致しない判断を前提するために自己矛盾に陥るというラッセルの批判に対して、「述語づけること（predication）は究極的には自己矛盾的である」と応答する（ibid., p. 160fn）。つまり、ブラッドリーは、ラッセルが指摘する「自己矛盾」は自らの理論にとっての問題ではなく、むしろその帰結の一部であると考える。しかし、この応答は必ずしも説得的でない。ブラッドリーの枠組みでは、たしかに、各々の述語づけないし判断は、主語と述語、実在と観念の分離を含むという意味で必然的に偽であり、この意味で、ある種の矛盾を含むと主張することは可能である。とはいえ、各々の判断がある意味で矛盾を含むと説明することとその説明自体が矛盾を含むことは相異なることである。

他方、ブラッドリーにとって、当の批判においてラッセルが（複数の）普遍者を思考の対象とできると想定することで、ある種の論点先取を行なっていると批判することは可能であったと思われる。前述のように、ブラッドリーの判断論においては、判断は常に絶対者（の一部）を対象とするものであり、絶対者に帰属される普遍者はまさにその本質において観念的なものであって、自存的対象ではない。彼の判断論においては、「諸々の普遍者が存在する」という判断が文字通り諸々の普遍者を対象とする判断として理解されることはなく、それは、絶対者に「諸々の普遍者の存在」というまた一つの普遍者を帰属させる判断として理解される。このように理解するならば、彼の判断論にラッセルが指摘するような自己矛盾は存在しない。

ブラッドリーは、当の論文（ibid.）において、普遍者の実在性を否定することは自己矛盾を含むというラッセルの批判に対する明示的な応答を与えていない。とはいえ、ブラッドリーの立場からすれば、この議論に対しても、同様の論点先取を指摘することが可能であったように思われる。ラッセルの枠組みにおいて、“Humanity is not a term”という命題は確かに自己矛盾を含む。この命題それ自体が、“humanity”なる表現が表すものを項として認めるものだからである。しかし、ブラッドリーのように、各々の判断が実在に一つの観念を帰属させると考えるならば、‘Humanity is not a term’という言明をもちいてわれわれがなす判断は、humanityなる概念についてのものではない。その言明は“Humanity is not a term”という一つの観念を表すものにすぎない。こうした観念を実在ないし一つの項に帰属させることそれ自体に自己矛盾はない。ラッセルの議論は、ブラッドリーが受け入れない前提、すなわち、“Humanity is not a term”という判断は、humanityなる概念についての判断であるという前提に基づくものとなっているのである[20]。

おわりに

これまでみてきたように、普遍者の実在性を認めるか否かという点において、ブラッドリーの一元論的観念論とムーア・ラッセルによる多元論的実在論のあいだに一つの相違点がある。第二節で確認したように、ブラッドリーにとって、われわれが判断にもちいる普遍者は、まさにその普遍性がゆえに、実在とは相異なるもの、観念的なものにとどまる。一方、ムーアとラッセルは、第二節ならびに第三節で見たように、普遍者についての思考が可能であるという想定のもと、普遍者が自存的存在者であること、普遍者の実在性を認める。そして、第四節でみたように、ムーアとラッセルが提示する一元的観念論に対する様々な批判は、この想定の上で成り立つものであって、普遍者を対象とする判断の可能性を否定するブラッドリーにとっては、これらの批判は自らの立場に含まれる不整合を指摘することには成功していない。

　このようにみると、ムーアやラッセルが支持した普遍者の実在論は、ブラッドリーの一元論的観念論あるいは彼の判断論の内部の不整合を指摘することで得られるようなものではなく、むしろ、彼の立場の中心的な主張をはじめから否定するような形で提示されたものであったことがわかる。さらに言えば、ブラッドリーは、このことを指摘することでムーアやラッセルによる批判に応答できたとしても、それをもって、彼らの立場を退けることはできなかったはずである。そうした応答もまた、彼らが受け入れない前提、すなわち、普遍者の非実在性にもとづくものだからである。このようにみれば、普遍者の実在性をめぐる、ブラッドリーとムーア・ラッセルのあいだの対立は、相手の立場の内に生じる不整合を指摘することによって解消可能なものではなく、互いが提示する議論の出発点に関わるという意味で、根本的なものであったと考えられる。

　他方、こうした立場の違いにおいても、ブラッドリーとムーア・ラッセルのあいだには少なくとも、判断の対象は自存的存在者であるという想定は共有されていたと考えられる。ブラッドリーは、判断の対象が自存的対象ないし実在であるという想定のもと、それに帰属されるもの、すなわち、普遍者の観念的な存在論的地位を説いた。ムーアやラッセルは、同様の想定のもと、普遍者を対象とする判断を文字通りに理解することで、諸概念ないし諸項の多元論的実在論を提示した。普遍者を対象とする判断の可能性をめぐるブラッドリーとムーア・ラッセルの意見の相違が、普遍者の存在論的地位をめぐる意見の相違となったのは、まさに彼らが当の想定を共有していたからであったと言えよう。

注

（1）　ブラッドリーの存在論については、本書第五章（太田担当）の五・一と第一一章（立花担当）も参照されたい。ブラッドリーの立場を「一元論」という語をもちいて説明することは必ずしも彼の考えに沿うものではない。しかし、本章では、「一元論的観念論」という表現を使って彼の立場を紹介する。その立場が結果としてみれば「一元論的観念論」とよべるものであり、また、二次文献においてその立場が ʻmonistic idealismʼ という表現によってしばしば言及されるからである。

（2）　ブラッドリーの「関係」をめぐる議論については、本書第七章（山根担当）の第二節を参照されたい。

（3）このように「普遍者（universal）」という語を使用するとき、「具体的個物（particular）」の存在が含意されるわけではない。実際、MacBrideが指摘するように、「判断の本性」におけるムーアは、後者の存在を認めていないと考えられる（MacBride [2018], p. 41f.）。MacBrideはこの点をもって「普遍者」という表現自体の適用を控えるが、本章における用語法に従う限りその必要はないように思われる。他方、MacBrideは、「個物」と「普遍者」の区別と「主語」と「述語」の区別を相互に対応するものと想定するが、この想定こそ、本章の結論が正しいとすれば、ムーアやラッセルが否定したものである。

（4）同様の試みとしては、たとえば、Wright [1998] やMacBride [2018] がある。前者は、ブラッドリーが絶対者を具体的個物として捉える一方で、ムーアは世界を抽象的普遍者によって構成されるものと考えた点、また、それに関連して、前者が心的事実としての「観念」の内容が抽象的普遍者であることを否定した一方、後者がそれを認めた点を指摘する。Wright [1998] が与える、ブラッドリーの立場とムーア（やラッセル）の立場の違いの説明、とくに、彼らに特有の 'existential' という語の使い方に対する説明は説得的である。MacBride [2018] は、ブラッドリーやムーア、ラッセルを含めた、当時の様々な論者がどのように普遍者を理解していたのかを俯瞰的に取り出す試みである。

（5）ブラッドリーとラッセルは、関係の実在性、および、複合物を認めることと多元論を支持することのあいだの整合性、これら二つの点における両者の意見の対立が、この意味で根本的な対立であるということを書簡の往復を通じて認識していった（Bradley [1999b], pp. 130–132, 144–145）。また、Hylton [1990], p. 116 は新たな論理（述語論理）を受け入れるか否かが同種の対立であったと論じている。

（6）『論理学の諸原理』の初版は一八八三年、第二版は一九二二年に出版されている。本章では、ラッセルが「熱狂を持って」読んだとされる初版を参照する（Schilpp [1944], p. 10）。（ラッセルが所持していた『論理学の諸原理』への彼の書き込みは、現在Chalmers and Griffin [1997] で読むことができる。）第一版と第二版とのあいだのブラッドリーの立場の変化は、Mander [1994], p. 143に簡潔にまとめられている。

（7）ブラッドリーは、『論理学の諸原理』初版では、判断によって実在に帰属されていない観念、「漂う観念（floating idea）」の存在を示唆するが、『現象と実在』初版では、ボーザンケットの影響のもと、そうした存在を明確に否定する（Bradley [1893], p. 365f.）。「漂う観念」については、Bradley [1906] も参照されたい。

（8）この議論の妥当性については第四節の議論を参照されたい。

（9）Preti [2008] やvan der Scharr [2013] は、こうしたムーアの考えは、スタウト（G. F. Stout, 1860–1944）やウォード（James Ward, 1843–1925）らの心理学に直接影響を受けたものだと説く。彼らのこうした解釈は、ムーアとブラッドリーとのあいだの対立から初期ムーアを理解しようとする本論の立場とは必ずしも相容れないものではあるが、彼らの解釈はここでは措く。ウォードと「一元論」という概念との関係については、本書第五章（太田担当）の四．二．二．三を参照されたい。

（10）MacBride [2018] pp. 89–90が指摘するように、ムーアは「同一性」において概念が実例を持つことを認めるようになる。

（11）こうしたムーアの議論の背景には、もちろん、ラッセルが『ライプニッツの哲学』（Russell [1900], p. 54f）において提示する議論がある。その議論の要点は、一元論的観念論が前提する（とラッセルが考える）「主語述語論理」においては、あらゆる多項関係が一項述語へと「還元」されるため、数的差異という二項関係もまた、内在的性質の差異（一項述語における差異）へと還元されるというものである。

（12）ただし、ラッセルの言明が示唆するほど、彼とムーアのあいだの影響関係は単純ではない。詳しくはGriffin［1991］, pp. 296-309を参照されたい。

（13）『数学の諸原理』におけるラッセルは‘have being’と‘exist’を区別する。前者はすべての項に当てはまる述語であり、後者は時空間内に位置付けられる項についてのみ当てはまる述語である。本節では、前者のみを扱い、それを「存在する」と訳すこととする。

（14）『数学の諸原理』におけるラッセルにとって「命題」とは、諸々の項からなる存在者であり、それ自体一つの項である（Russell［1903］, p. 449）。「判断」とは、こうした考えによれば、こうした命題に対して心が持つ二項関係にすぎない。

（15）実際、ラッセルは、フレーゲの「関数」ないし「概念」理解を批判する際には、特定の概念に言及する命題において、その概念は項として現れることが要求されるという論点を持ち出すのみである（Russell［1903］, p. 510: cf. Frege［1980］, p. 68）。もちろん、フレーゲは、関数そのものと関数記号の区別に訴えることで自己矛盾に陥ることなく関数の「不飽和性」を述べることができると考える。他方、ラッセルは、このように記号に訴えることによっては、当の要求と関数の不飽和性とのあいだの矛盾を解消することはできないと考える。

（16）ただし、ラッセルは、概念が「表示」するものについては、項ではない「対象」が含まれると認める（Russell［1903］, p. 55fn.）。

（17）このことは、Hylton［1990］, p. 133fn. が指摘している。当の書簡およびそれを補完するノートはBradley［1999a］, pp. 176-177で読める。書簡の主な内容は次のとおりである。（1）‘ideas as ideas’という表現に対するムーアのコメントへの応答、（2）‘cut off’という表現に関する、前述のムーアの議論（Moore［1899］, p. 178）への応答、（3）共通の内容を持つ二つの観念についてムーアが提示する無限後退（ibid.）への応答、（4）真理の概念は存在の概念に先行するというムーアの主張への応答。

（18）ムーアの議論に対して、Wright［1998］も同様の指摘を行っている。

（19）この論文にみられる議論は一九〇七年三月一一日付のラッセル宛て書簡にさかのぼることができる（Bradley［1999b］, pp. 43-44）。また、この論文に対するラッセルの応答についてはRussell［1910］およびそれに先んじて書かれた、一九一〇年四月九日付のブラッドリー宛ての書簡（Bradley［1999b］, pp. 130-132）を参照されたい。Bradley［1911］はこの応答に対するブラッドリーによる再応答である。

（20）さらに言えば、仮にこの前提が受け入れられたとしても、ラッセルによる当の議論は、‘human’という表現が、‘humanity’という単称名辞とまったく同一のものを表すという想定を必要とする。こうした想定は、フレーゲによっては受け入れられなかったものであり、また、ラッセルも一九一三年に*Theory of Knowledge*の完成を断念したのちに放棄してしまうものである。注（15）も参照されたい。

文献

Bradley, F. H. [1883], *The Principles of Logic*, Oxford: Oxford University Press (2nd ed., 1922).

——— [1893], *Appearance and Reality*, New York: Swan Sonnenschein & Co., Lim (2nd ed., 1897; Corrected and reprinted in 1916, London: George Allen and Unwin).

——— [1906], "On Floating Ideas and the Imaginary," *Mind*, 15 (60), pp. 445-472. (Reprinted in Bradley, F. H. [1914] *Essays on Truth and Reality*, Oxford: Clarendon Press, 28-64.)

——— [1910], "On Appearance, Error, and Contradiction," *Mind*, 19 (74), pp. 153-185.

——— [1911], "Reply to Mr. Russell's Explanations," *Mind*, 20 (77), pp. 74–76.

——— [1999a], *Collected Works of F. H. Bradley, vol.4: Selected Correspondence, June 1872–December 1904*, Carol A. Keene (ed.), Bristol: Thoemmes Press.

——— [1999b], *Collected Works of F. H. Bradley, vol.5: Selected Correspondence, January 1905–June 1924*, Carol A. Keene (ed.), Bristol: Thoemmes Press.

Candlish, S., [2007], *The Russell/Bradley Dispute and its Significance for Twentieth-Century Philosophy*, Hampshire and New York: Palgrave McMillan.

Chalmers, M. and Griffin, N., [1997], "Russell's Marginalia in His Copy of Bradley's *Principles of Logic*," *Russell: the Journal of the Bertrand Russell Archives*, 17, pp. 43–70.

Frege, G., [1980], *Gottlob Freges Briefwechsel mit D. Hilbert, E. Husserl, B. Russell, sowie ausgewälte Einzelbriefe Freges*, Gottfried Gabriel, Friedrich Kambartel, und Christian Thiel (hrsg.), Hamburg: Felix Meiner.

Griffin, N., [1991], *Russell's Idealist Apprenticeship*, Oxford: Clarendon Press.

Hylton, P., [1990], *Russell, Idealism, and the Emergence of Analytic Philosophy*, Oxford: Clarendon Press.

MacBride, F., [2018], *On the Genealogy of Universals: The Metaphysical Origins of Analytic Philosophy*, Oxford: Oxford University Press.

Mander, W. J., [1994], *Introduction to Bradley's Metaphysics*, Oxford: Oxford University Press.

Moore, G. E., [1899], "The Nature of Judgment," *Mind*, 8, pp. 176–193.

——— [1900–1901]. "Identity," *Proceedings of Aristotelian Society*, 1, pp. 103–127.

Preti, C., [2008], "On the Origin of the Contemporary Notion of Propositional Content: Anti-psychologism in Nineteenth-century psychology and G. E. Moore's Early Theory of Judgment," *Studies in History and Philosophy of Science*, 39, pp. 176–185.

Russell, B., [1900], *A Critical Exposition of the Philosophy of Leibniz*, London: George Allen & Unwin (2nd ed., 1937).

——— [1903], *The Principles of Mathematics*, London: W.W. Norton & Company (2nd ed., 1937).

——— [1910], "Some Explanations in Reply to Mr. Bradley," *Mind*, 19, pp. 363–368.

Schilpp, P. A., [1944], *The Philosophy of Bertrand Russell*, Evanston, Illinoi: The Library of the Living Philosophers, Inc., 1st edition.

Van der Schaar, M., [2013], *G. F. Stout and the Psychological Origin of Analytic Philosophy*, Basingstoke: Palgrave MacMillan.

Wright, D., [1998], "A Platonist's Copernican Revolution: G. E. Moore and Bradley's Logic," *Journal of Philosophical Research*, XXIII, pp. 1–28.

第七章　ウィリアム・ジェイムズの多元論とその二つの源泉

山根秀介

はじめに

ウィリアム・ジェイムズ（1842-1910）が提唱した「根本的経験論（radical empiricism）」の要諦は、「諸経験を結びつける関係はそれ自体が経験される関係であり、経験されるいかなる関係も、他の一切のものと同じく、その体系において「実在的なもの（real things）」とみなされるのでなければならない」（WPE, p. 22）と考える点にある。ジェイムズによれば、経験として捉えられるべきものは、その経験のうちに明確に看取される項だけではない。経験は、この項同士のあいだにあってそれらを結びつける「関係」をも含み込む形で理解されてこそ、真にその姿を現すのである。経験において項はそれぞれ絶対的に分離しているのではなくて、項と項とをつなぐ関係によって相互に連続している。経験における各々の項の分離性を強調したロック的もしくはヒューム的な原子論的経験論に対する批判と乗り越えの意図をここに見出すことは、全く妥当であるように思われる。

しかし他方で、ジェイムズはすべてを全き連続性のうちで捉えようとしたわけでもない。周知のとおり、彼は「連接と分離とはともかく対等の現象であって、私たちが経験を額面通りに受け取るなら、等しく実在的なものとみなされなければならない」（WPE, p. 26）と考えたのであり、この世界には連続性のみが存在していて、すべては大いなる全体へと融合しつながり合い一つになると言ったのではない。そうではなく、様々な事物や存在がそこかしこで接続したり分離したりすることによってこの雑多な宇宙が作り上げられると考えたのである。「根本的経験論は世界を、ある部分は連接的に、他の部分は離接的に関係づけられた一つの集積として描写する」（TR, p. 52）。したがって、ジェイムズの経験論においては、関係によって「接続」されるという連続的な事態と同様に、関係によって「切断」されるという非連続的な面も同時に考慮されなければならないはずである[1]。そしてそれこそがジェイムズの存在論を多元的なものにしていると考えられる。

このようなジェイムズの多元的な存在論を根底から支えてい

るのが、「非連続性の理論（the discontinuity-theory）」と「外的関係（external relation）」の概念である。「非連続性の理論」は、世界は空間的にも時間的にも、各々が有限で非連続的な諸単位が積み重なることによって形成されるとするものであるが、ここにはフランスの哲学者シャルル・ルヌヴィエ（1815-1903）の肯定的な影響が濃厚に見られる。ジェイムズに対するルヌヴィエの影響と言えば自由論に関して指摘されることが多いが、本章ではルヌヴィエの「有限主義」とその核を成す「非連続性」概念がジェイムズに及ぼした影響を考察したい。もう一つの「外的関係」という考えの成立には、ジェイムズの最大の論敵のひとりであるフランシス・ハーバート・ブラッドリー（1846-1924）との議論が深く関わっている。ジェイムズはブラッドリーの「内的関係」を批判する形で自らの「外的関係」の概念を凋琢していった。

以下ではまず第一節でジェイムズに対するルヌヴィエの影響を明らかにする。ジェイムズが「非連続性の理論」を構築するためには、ルヌヴィエの哲学を自家薬籠中のものとしなければならなかった。第二節ではブラッドリーの「内的関係」についてジェイムズがどのような批判を行ったか、そして彼自身の「外的関係」概念はどのようなものなのか、ということを示す。そして第三節では、その二つの概念から導き出されるジェイムズの多元的存在論の構造を提示したい。そうすることで、ジェイムズの多元論を哲学史的に位置づけることができるだろう。

一．「非連続性の理論」について

一．一．世界を構成する非連続的な単位

ジェイムズが「根本的経験論」の基本的な考え方を提示したのは、一九〇四年に発表された「「意識」は存在するのか」と「純粋経験の世界」の二本の論文であるが、そこでは、諸々の項や要素をもっぱら分離的なものと考える伝統的なイギリス経験論と自らの立ち位置とを対比させる形で、経験における「連続性」が強調されていた。ここで連続性を形成する典型的な関係として挙げられるのが、同じ一つの自我の内での時間的推移及びそれに伴う経験の移り変わり、すなわち「共―意識的推移（co-conscious transition）」（WPE, p. 25）と名付けられているものである。それが意味するのは、ある経験と別の経験とが継起的に立ち現われるとき、この二つの経験を結ぶ連接的な経験である。そこでは対象や関心の同一性は途切れることなく続き、そこで感じ取られる変化そのものが直接に経験されるものの一つとなっている。ある瞬間の経験とそれに続く瞬間の経験とを連結する推移自身が一つの経験となり、それが生きられた時間の中で連続的につながっていく。ジェイムズが経験の連続性ということで言い表そうとした事態はこのようなものであろう。それに対して「非連続性」は自分の経験から他者の経験へと移行しようとする際に感じられる断絶、及びこうした跳躍の不可能性を表現するために用いられていた（WPE, p. 25）。

ところがその五年後に公刊された『多元的宇宙』、そしてジェイムズの死後に公刊された『哲学諸問題』で提示される多元論を特徴づけているのは、彼が連続性をその本質として提示していた経験そのものの内に、非連続性の契機を実在的なものとして持ち込んだことである。非連続性という言葉が、もはや私の経験と他者の経験との間についてではなく、私自身の経験の内で生じている何らかの事態を指し示すために使われている。それはどのようなものだろうか。

> 非連続性の理論によれば、時間、変化などは有限の芽やしずくによって発展し、その際には何も生じないか、あるいはある量の諸単位が「一挙に」存在し始めるかのどちらかであろう。この見方からすると、宇宙のあらゆる相貌は有限の数で表すことのできる構造を有することになるだろう。[…] 私たちの知覚的経験の内で実際に行われているのはこうした分離的な（discrete）合成である。[…] 実在についてのあなたの認識は、文字通り知覚の芽やしずくによって発展する。知的には、また反省においては、あなたはこれらの芽やしずくを構成要素に分割することができるが、直接に与えられたものとしては、それらはまるごと生じるか、あるいは全く生じないかのいずれかである。（SP, p. 80）

> もしすべての変化がこのようにいわばしずくの形でなされるなら、もし真の時間が、ちょうど時間についての私たちの知覚が脈動（pulses）によって発展していくように、一定量の持続の諸単位によって発芽し発展するならば、私たちを困らせるゼノンのパラドックスやカントのアンチノミーはなかっただろう。[…] 私たちの感覚的経験はしずくの形で私たちに生じる。時間そのものはしずくの形で生じる。（PU, p. 104）

この非連続性の理論によれば、具体的な知覚経験は有限の大きさの単位が一つずつ次々に積み重なっていくことで発展していく。具体的経験は時間の経過に従い連続的なものとして徐々に構築[2]されていくのではなく、一息に生まれ出る芽、しずく、脈動を単位とする非連続的な過程によって生成変化し、進展する。この非連続性の理論こそ「徹底的に多元論的、経験論的、知覚論的な立ち位置」（SP, p. 88）なのだとジェイムズは言う。こうした諸々の単位と、「経験されるものの内の「本性」と同じ数だけ多くの素材が存在する」（DCE, p. 14）という記述における「素材」とが重ねて考えることのできるものであるとすると、この諸単位の多数性、相互還元不可能性（単位がそれぞれ固有の本性を有しているということ）に、ジェイムズ的な多元論が実在とするところの多性の根源があると考えられる[3]。

一・二・「非連続性の理論」における二つの「連続性」

この「非連続性の理論」において、「連続性」という性質は二つの意味を担わされていることになる。一つは、非連続性をもとに作られた二次的な産物としての連続性である。現実の変化を連続的な過程として取り扱うことをジェイムズは禁ずるのであるが、ここで言われている「連続性」を構成しているのは、本来ひとまとまりで固有の大きさを持った単位を、知性や反省が事後的に分割することによって生じる無限小の断片（そしてその断片もさらに無限に分割できる）である。それゆえ「事物の構造は連続的であって分離的なものではないという考え方と、無際限の分割可能性という考え方とは、密接に結びついている」(SP. p. 81）とジェイムズは言う。事物は本来諸単位による非連続的な構築物であるはずなのに、知性はその諸単位を粉砕してすりつぶし、平坦で等質的で連続的なものとしてしまう。もはやそれは直接的に経験に与えられたままの形を保ってはいない[4]。

とはいえジェイムズは、この「連続性」という言葉にこのようなネガティブな意味だけを負わせているわけではなく、もう一つ別のポジティブな意味を与えている。それは経験を構成する諸単位が相互につながって融合するという意味での「連続性」である。こうした諸単位は明確な輪郭を持たず、曖昧な境界を通して互いに浸透し溶け合っている[5]。これは「主知主義的な論理が固守し計算の際に使用する諸単位」(PU. p. 130)、つまりはっきりとした境界線を持つゆえに相互外在的でそれぞれが個々のものとして区別される諸単位とは異なるものである。「経験の諸々の具体的脈動は、私たちが用いるその概念的な代用品があてがわれる範囲に制限されているのとは異なり、いかなる明確な限界の内にも閉じ込められない」(PU. p. 127)。具体的な経験を構成する単位は互いの境界でつながり合っており、そうした構造が連鎖していくことによって、ジェイムズが「知覚の流れ」と呼ぶものが形成される。つまりもろもろの単位と、それらの間に介在する境界とが、あわせてまるごと「知覚の流れ」と言われるのである。このことは、経験と経験とを結びつける関係をも経験に含めて理解しようとする根本的経験論の立場を指し示している。したがってこの項と項との「溶け合い」という事態そのものが、経験と経験とを結びつける連接的経験を意味しているのであって、非連続性の理論を採用しながらも、なお経験に連続的という性格を帰すことのできる根拠がここにある。

一・三・「見かけの現在」

「非連続性の理論」の基本的なアイディアは、一八九〇年に出版された『心理学原理』で「見かけの現在（specious present）」[6]としてすでに現れていた。ジェイムズは「見かけの現在」と「厳密な現在（strict present）」という二つの現在を区別する。後者の「厳密な現在は全く理念的な抽象物であり、決して感覚において得られないばかりでなく、おそらく哲学的な省察に不慣れな人々には考えられることすらない」(PP. p. 573）とされる。これは数学的な点としての瞬間であり、それを経験が現在として捉えることのできないような瞬間である。事後的な反省だけがそれを「現在であった」として同定しうるのであり、いわば生きられた時間を構成することはない。

それに対して「見かけの現在」は、「厳密な現在」が「ナイフの刃」として表現されるのとは対照的に、「それ自身の一定の幅をもつ鞍のようなもの」(PP. p. 574) とされる。「私たちの時間知覚を構成する単位は「持続」であり、いわば船首と船尾を備えている——つまり前方を見る端と後方を見る端とを備えている」(PP. p. 574)。「見かけの現在」は「厳密な現在」とは違って、それぞれある一定の幅をもっており、その一方の端は過去を向き、他方の端は未来を向いている。[7]「見かけの現在」は「厳密な現在」を「回顧的時間感覚 (retrospective sense of time)」と「予期的時間感覚 (prospective sense of time)」(PP. p. 571) とが挟み込むという構造を成しているということもできるだろう。より正確に言えば、「厳密な現在」は経験不可能なものであるから、直近の過去と直近の未来との間にあったらしきものを、後から指して「厳密な現在」と呼んでいるのである。[8]

本章が扱う論点にとって重要なことは、このような「見かけの現在」が単位として組織されることで、時間についての私たちの知覚が構成されていくとジェイムズが考えていたという点である。ここに「非連続性の理論」の原点を見出すことができる。この「見かけの現在」は「あらゆる考えられた時間 (conceived time) の根源的な模範と原型」(PP. p. 594) と言われる。「考えられた時間」とは生きられたものではない時間、直接経験されたものではない時間、「見かけの現在」に含まれない時間であって、つまり「厳密な現在」、過去として想起された過去、いまだ「見かけの現在」になったことのない予測された時間としての未来である。「見かけの現在」がこれらの原型であると言われうるのは、「より長い時間はこの曖昧に結合した単位を付け加えることによって、またより短い時間はこの単位を分割することによって考えられ、私たちによって習慣的に記号を通して思考される (PP. p. 603)」からである。私たちは直接に経験している「見かけの現在」という単位に特定の操作を施すことによって、つまりそれを複数化して相互に付け加え大きくしたり、それらを部分・要素へと分解して小さくしたりすることによって、元の単位とは異なる時間を構築するのである。

もっとも、ここで単位という言葉で表現されているものはもっぱら時間的な進展の構成に関わるものでしかない。「ある量の時間、空間、変化等々は、有限数の時間、空間、変化の最小量から構成されたものである」(SP. p. 80) という『哲学の諸問題』の言葉からも分かるように、「非連続性の理論」では有限の諸単位が連なって現実的経験を成すという構造が、時間的にも空間的にも当てはまるものとして考えられている。[9] ともあれ「非連続性の理論」はジェイムズの心理学に基づく考え方なのであって、経験が具体的に立ち現れる様を記述しようとする試みであると言えるだろう。

一・四・ルヌヴィエの「非連続性」

前述のように、ジェイムズの「非連続性の理論」は『哲学の諸問題』で主に提出されたものだが、彼は本書をフランスの哲学者シャルル・ルヌヴィエに捧げ、次のように述べている。

彼は最も偉大な哲学者の一人であり、彼の見事な多元論の擁護が一八七〇年代の私に決定的な影響を与えていなかったら、私は自分が育ってきた一元論的な迷信から生涯自由になれなかったかもしれない。要するに、本書は彼なしでは決して書かれなかったかもしれない。そういうわけで私は本書を、尽きない感謝の念をもって偉大なルヌヴィエの記憶に捧げる」。(SP, p. 3)

実際、ジェイムズとルヌヴィエは相互に友好的な書簡を交わし合い、哲学的な傾向の親近性を認め合っていた。ジェイムズに対するルヌヴィエの影響はいくつも見られ、とりわけ彼の自由論における影響が指摘されることが多い。ここではジェイムズの「非連続性の理論」に影響を及ぼしたと思われるルヌヴィエの学説に焦点を当てる。ジェイムズは「非連続性の理論」について述べる際にルヌヴィエの議論を援用し、彼からの極めて大きな影響を認めているのである。

ルヌヴィエは、ジェイムズと同様に、またジェイムズに先んじて、一元論的傾向の強い西洋哲学史の中であえて多元論哲学の形成を試みようとした哲学者の一人である。ジェイムズ自身がルヌヴィエの著書を読んで「回心」したと語っているように、ルヌヴィエなしにはジェイムズの哲学はまったく異なったものとなっていたであろう。ルヌヴィエの思想と詳細に突き合わせることによって、ジェイムズの多元論をさらに深く理解することにつながると考えられる。ジェイムズに対するルヌヴィエの影響は明白であり、多くのジェイムズ研究においてそれが指摘されているにもかかわらず、両者のテキストを実際に突き合わせて比較したものはほとんどない。ジェイムズのテキストからルヌヴィエへの言及を拾い出し、それだけをもってジェイムズに対するルヌヴィエの影響を指摘するにとどまる研究がほとんどである。ジェイムズはテキストのあちこちでルヌヴィエを参照しているのだが、たとえジェイムズの哲学にとって重要であると思われる箇所であっても、彼自身の記述だけでは十分に理解できないところが多くある。「非連続性の理論」はまさにそのような論点の筆頭である。もちろんそれらについてジェイムズは自身の言葉で説明を与えているのだが、ジェイムズは読者がルヌヴィエを読んでいることを前提として記述しており、それだけでその内実が十分に理解できるものとはなっていない。それゆえに、ジェイムズ哲学を真に理解するためには、ルヌヴィエのテキストの検討もまた必要とされるのである。

自らの立場を「新批判主義(néocriticisme)」と称しているように、ルヌヴィエはカントの批判哲学を出発点として基盤に据えつつも、彼の認識論と存在論を貫く「現象主義(phénoménisme)」という視座から、物自体と現象の峻別という二元論の否定、またそれに伴う理論理性と実践理性という区別の破棄によって、独自の哲学体系を構築した。ここでこの「現象主義」について詳述することはできないが、それは主観的とされる「表象」と客観的とされる「事物」を「現象」において一致させようとするものであり、すべてを「現象」によって説明する立場であると、ひとまずは簡単に言うことができよう。[10] 認識においてはあらゆるものは表象として私たちに与えられるのであり、私たちに現れる一切は表象である。少なくとも認識という枠組みにおいてすべては表象に他ならず、表象というあり方以外のあり方を考えることは不可能である。客観的な「事物（chose）」と言われるものも、それらが表象される、もしくは現れるという共通の性質を有しているという点で、認識にとってはあくまで表象でしかない。主観と客観はいずれも諸現象の特殊な在り方、様態にすぎないのであって、それ自体としての実在性をもっているわけではない。ルヌヴィエにおいては、カントではアプリオリとされるカテゴリすら、諸現象の恒常的な結びつき、すなわち「認識の第一の還元不可能な法則」、「認識の形式を規定しその運動を決定する根本的な関連」（Log. I. p. 119）として説明されるのである。

続いて彼の「有限主義」を取り上げる。ルヌヴィエはカントのカテゴリ表を改変し、第一の特権的なカテゴリとして「関係」を据える。その次に置かれる第二のカテゴリが「数」であり、これは「数の原理」、「数の法則」などとも言い換えられる。彼は「数のカテゴリは関係のカテゴリと密接に結びついている。確かに数は関連の一種でしかない。しかしあらゆる種類の関連は数を包んでおり、関係そのものも、一般的に捉えれば、数的な要素をもつ」（Log. I. p. 162）と言う。ルヌヴィエにとって第一のカテゴリである、世界の根源的な在り方を規定する「関係」それ自体が、そもそも数的に成立している。これによれば、表象もしくは現象として把握されるものは、時間的にも空間的にも、有限の大きさの単位（これは「原子（atome）」とも呼ばれる）が有限数集合し複合して、非連続的に構成されているものである。この意味で空間と時間は数的な構造を有しており、この数の法則によって成り立っている。[11]「全体」とされるものはそれを構成する「部分」の総和であり、それ以上のものではない（Log. I. p. 167）。

> 数は諸単位の総和である。量と同様に、空間は空間の諸単位とされる同等の諸空間の総和であり、時間は時間の諸単位とされる同等の諸時間の総和である。したがって、この空間とこの時間は数と同一視される。そして、諸単位の総和はすべて、単位を一つ足すことによって増やすことができる、したがって、あらゆる数は他の数に続くものである。それゆえ、可能な数の系列には終わりがなく、限定された、あるいは現実的な存在をもたない。現勢的な無限数は数ではない数であり、矛盾した概念である。（Log. I. p. 35）

こうしたルヌヴィエの考えの帰結の一つは、無限数、それも現勢的な無限数の否定であり、また空間及び時間の現勢的な無限分割の否定である。[12] 無限数、そして無限分割を肯定する立場を推し進めれば、「空間、物自体は無数の事物で構成され、実在的で現実的な事物が存在するが、それは一定の数ではない」（Log. I. p. 32）という主張に行きつくが、これは表象に与えられることを実在性の指標とするルヌヴィエにとって明らかに不合理である。他にも、無限数が意味するのはあらゆる数よりも大きい数であるが、これが数の概念を鑑みると矛盾である（Log. I. p. 34）とか、数が無限に至るには有限数の汲みつくしを前提とするがそのようなことは考えられない（Log. I. p. 35）などと言われるが、その意味するところは同じである。こうしたルヌヴィエの主張は、『第三試論――自然の諸原理』（一八六四年、一八九二年）において存在論的な側面がさらに強調されて繰り返されることになる。そこでは、現象が認識させる存在は「脈動的で、勃発的で、間歇的なもの」（Nat. p. 50）、「離接的な要素によって形成される」（Nat. p. 25）ものとして考えられている[13]。

ここで付け加えておかなければならないのは、こうしたルヌヴィエのいわば「非連続性」を核とする認識論・存在論は、彼の自由論と密接に結びついたものであるということである。ルヌヴィエは古代ギリシア以来の問題圏に身を置きつつ、連続性を「充満（plein）」、非連続性を「空虚（vide）」と言い換える。彼の主張に従えば、あらゆる存在者は非連続的な単位としての「原子」が有限数集合することによって構成されており、原子と原子とのあいだには連続的な「充満」という事態ではなく、非連続的な「空虚」という事態が存在している。そしてこの「空虚」が、世界の多元性だけではなく、自由の存在の可能性を開くのである。「空虚の体系は運動の開始を可能にし、したがってすべての類における現象の第一の開始という事実に場所を与える。したがって私は、この観点から自由の可能性を示したのである」（Log. II. p. 269）。ルヌヴィエにとって「連続」は「空虚」を含まない「充満」であり、「充満という仮説は必然性という仮説を導く」（Nat. p. 30）と述べられるように、それはすべてがあらかじめ決定されてしまっていることを意味する。逆に言えば、原子間に存在するとされる「空虚」のうちにこそ、自由や非決定性、新しさが存在する余地が見出されるとも言える。

いくつかの語彙選択の違いを除くと、このようなルヌヴィエの記述はほとんど「非連続性の理論」の引き写しのようにすら見えるかもしれない。ジェイムズは心理学的もしくは経験論的な仕方で、ルヌヴィエは数学的な仕方でという違いはあるものの、両者はいずれも「非連続性」の概念によって多元性の肯定へと傾いていくのである。

二．「関係」概念について

経験は諸単位によって構成されるという「非連続性の理論」について前節で確認したが、ここではそのような単位を、関係がそれらの間に成立するところの項そのもの、あるいは関係によって複数が寄り集まって一層大きな項を成すものとして捉えることにしたい。また、先に諸単位が溶け合うとか融合するとかつながるなどと述べたが、そのような事態を「関係」として捉えることにしたい。ここでは、こうした諸単位を接続する又は切断する「関係」を、ジェイムズがどのように考えていたかを検討する。そのための手助けとなるのが、フランシス・ハーバート・ブラッドリーの「関係」概念である。というのもジェイムズはブラッドリーがあらゆる関係を「内的（internal）」なものとしたことに対する反論として、「外的関係（external relation）」の存在を前面に押し出し、その意義を明らかにしようと努めたからである。[14] ブラッドリーを経由することで、ジェイムズの「関係」概念の理解がより深まるように思われる。注意しなければならないのは、「ブラッドリーはあらゆる関係を内的なものとみなし、ジェイムズはあらゆる関係を外的なものとみなした」という単純な切り分けは適切ではないということである。[15] ここでの対立軸は、「内的関係」を取るか「外的関係」を取るかではなく、「すべての関係は内的である」（ブラッドリー）か、あるいは「内的関係と同様に外的関係も存在する」（ジェイムズ）かである。まずブラッドリーの「関係」概念について、一八九三年に公刊された彼の主著『現象と実在』[16]にしたがって、本章の主題に関わりのある限りで確認してみよう。

二・一・ブラッドリーにおける「内的関係」と「外的関係[17]」

　まず、ブラッドリーが「すべての関係は内的である」という立場を取ったという言い方は、厳密に言えば正確でない。というのも彼にとって、そもそも項とか関係とかいったものは、実在や真理ではなくあくまで「現象（appearance）」に属するものでしかないからである。それらは「より具体的で質的な統一体に由来する、それ自体としては単なる抽象物」（Bradley [1966], p. 516）、「基底的な統一体の不適切な表現」、「直接的な全体性の不完全で不十分な発展」（ibid., p. 522）にすぎない。ここで「統一体」、「全体性」と言われるものはいわゆる「絶対者（the Absolute）」であり、人間が直接認識したり把握したりすることのできない超越的な存在、唯一の実在としての神である。それを関係や項によって知的に思考することは確かに私たち有限者にとって有用なことであるが、そうして思考されただけのものを実在的なものと取り違えてしまうと矛盾が生じる。[18] ブラッドリーが第一とする実在は絶対的なもの、「下—関係的（infra-relationnelle）」、「超—関係的（supra-relationnelle）」（Wahl [2005], p. 35）なものであり、項や関係はそこから派生する二次的で相対的（relative）な現れでしかない。

　その上でブラッドリーは「関係」（と項）という考えを批判するにあたって、とりわけ「外的関係」に矛先を向け、「内的関係」の方を前面に出して取り上げることはしない。「内的関係」という言葉によって意味されているのは、「項が関係に依存しているのと全く同様に、関係も項に依存しているのでなければならない」（Bradley [1966], p. 26）という事態、またある項が関係によって他の項に結びついているとき、後者が前者によって必然的に含意されているという事態である。関係と項、項と項とは相互依存の関係にあり、それらをばらばらに孤立させて独立した実体とすることはできない。関係が変化すれば項は変化し、項が変化すれば関係も変化する。ここで項と関係は内的に、つまり本性的につながり合って一体となるのであるから、もし「外的関係」が全く存在しないとすれば（ブラッドリーは存在しないと主張する)、このような「内的関係」をどこまでも推し進めてあらゆる事物にまで延長していくことができ、究極的には絶対者に至ると考えられる。もちろんそのような時、「内的関係」はもはや関係と言えるものではなくなっていることであろう。したがって「内的関係」は肯定されることはないが、強く否定されるというところまでもいかない。つまりブラッドリーにとって、相対的でしかない関係でありうるのは「外的関係」のみであり、「結局のところブラッドリーにとって、内的関係の原理は、関係の外在性のテーゼほど真理から離れたものではない」(Girel [2006], p. 401) と言えるのである。

ブラッドリーは「あらゆる関係は単に外的なものであり、その項に対して何らの差異も作らないということを、私は認めない」(Bradley [1966], p. 513) と言うのであるが、「外的関係」はどのようにして否定されるのだろうか。前述したように、「関係」という概念自体、より大きな統一体の実在性を第一とするブラッドリーにとっては非実在的なものなのであるが、それに加えて「外的関係」は無限後退に陥るから非合理であるという批判も行う。それは次のようなものだ[19]。関係や項を相互に独立したものと考えてみよう。項Aと項Bという二つの項があると仮定すると、この二つをつなぐ関係Cが、その外部から、つまりAとBの本性とは関わりなく、両者の間に入ってくることになる。CはA、Bと同じく一つの独立した実体であるため、今度はAとC及びCとBとの間をつなぐ新たな関係が二つ必要となる。このような過程が無際限に続いていくため、いつまで経ってもAとBとの間は架橋されることがなく、果てしない無限後退が導かれる、ということになる。以上から、ブラッドリーは「外的関係」の存在を完全に否定し、「関係」なるものが現象的なものとしてであれ可能だとすれば、それは「内的関係」という形においてでしかないと考えるのである。

二.二. ブラッドリーに対するジェイムズの批判

このようなブラッドリーの「関係」概念批判に対して、ジェイムズは次のように応答する。第一に、宇宙には「外的関係」と呼ぶにふさわしいものが全く存在せず、あらゆる事物が内的につながり合って「各々が全体の中に、全体が各々の中に」を要とする「全体的合流の統合」、「隅から隅まで (through-and-through) 型の統合」(TR, p. 52) を成すなどということは、経験論者であるジェイムズには全く肯ぜられない。世界は目に映るままの雑多なもの、混沌としたものであり、多様な「部分的な合流」が生じる「連鎖状の (concatenated) 世界」(TR, p. 52) である。そこでは様々な事物がそれぞれ独自の性質や実在性、(後で述べるように相対的な) 独立性をもって存在している[20]。ブラッドリーとジェイムズは、人間の認識が不完全である限り私たちは経験から始めるしかないというところまでは一致するが、ブラッドリーがこの有限な世界から目を向けかえて絶対的なものの存在を思弁的に構築しようとするのに対し、ジェイムズはあくまでそこにとどまり続けようとする点で袂を分かつ。「関係」に対する両者の態度の差異は、このような方法的な差異と軌を一にしている。

また第二に、ジェイムズにとってブラッドリーの絶対主義は、思弁によってこしらえられたあまりにも極端な二者択一を突きつけるものであって、現実的で具体的な世界の実相を捉え損なっている。すなわち、一切の関係は「外的関係」であるか「内的関係」であるかという二者択一、また一方の「外的関係」においては関係とそれがつなぐ項との間にはいかなる影響をも与え合うということがなく、他方の「内的関係」においては関係が変化すれば項は一変し、項が変化すれば関係は一変するという二者択一である。ブラッドリーのように、「環境とのあらゆる関係から切り離された有限な事実の各々を認めるか、でなければ環境を全く持たず、すべての関係を自らの内に包む統合的な絶対者を受け入れるか」(PU, p. 35) という両極端な立場のどちらかにつくように迫るのではなくて、「「独立」を絶対的に (simpliciter) とることはやめ、それを相対的に (secundum quid) とるようにせよ」(PU, p. 32) とジェイムズは言う。

ここで「内的関係」と「外的関係」に対するジェイムズの立場は中間的なものとなる。すなわち、世界には様々な関係が無数に存在しており、そのなかには内的なものも外的なものも存在するということ、また「内的関係」と言っても必ずしも項の性質をまるごと刷新してしまうものではなく、「外的関係」と言っても必ずしも項と全く無関係にただあるというわけではないということが、ジェイムズの主張するところなのである (TR, pp. 54-55)。一言でいえば、彼は「外的関係」と「内的関係」との差異を、本性の差異ではなく程度の差異として捉えようとする。ジェイムズはこうして、ブラッドリーの絶対主義的な、あれかこれかのロジックを骨抜きにしようとする。

三．「外的関係」と多元的存在論

三．一．グラデーションとしての諸関係の差異

ジェイムズは「関係があるとすればそれはすべて内的である」という主張を批判し、「関係は確かにこの世界に実在的なものとして存在し、しかも関係には外的なものもあれば内的なものもある」という立場を取ったことを前節で明らかにした。ここでは、この「外的関係」の概念こそが、第一節で述べた「非連続性の理論」とともに、ジェイムズの多元的存在論を可能にしている根本的な概念であるということを示す[21]。

> いかなる本もいかなるテーブルも関係を取り結ぶことはできるが、その関係は両者の存在によってではなくそれらのその時々の状況によって、その場限りで作り出される。経験のあまりに多くの連接性がこれほど外的に見えるからこそ、純粋経験の哲学はその存在論において多元論へと傾かなければならないのである。(TR, pp. 53-54)

繰り返すことになるが、ジェイムズは内的関係と外的関係との違いは程度の差異によるものだとして、諸関係を実質的には一元的に考えている。またこの引用でも「多くの連接性がこれ

ほど外的に見える（seem）」という言い方をし、ある関係が客観的及び絶対的に「外的」であると断言することを留保している。この引用の少し前で、ジェイムズは二つの「関係」＝「連接性」に関して次のように述べている。一つは「内密な連接性」であり、それはたとえば「類似」という関係が与えるものである。二つの項が互いに類似しているとすれば、その類似性は項自身の本性に起因するものなのであって、類似関係それ自身がその二つの項の場所や時間といった偶然的な要素から影響を受けることはない。もう一つは「外的な連接性」と言われるものであり、このような関係は項の外側に関与するだけであってその内的本性には関連をもたないとされる。そしてこれこそが純粋経験の存在論を多元的なものにしていると言われるのである。この二つの関係の違いを程度の差異として、それも内的・外的という基準による程度の差異として捉えるとはどのようなことなのか。このことを一層詳しく検討する。

「純粋経験の世界」に戻ってみよう。「諸関係はさまざまな程度の内密性をもつ」（WPE. p. 23）とジェイムズは言う。最も外的なものは単に相互に「ともに」あるという関係であり、ここから同時性、時間─間隔、空間的な近接及び距離、類似、差異などと続き、最後に最も内密な関係として自己内の継起的な諸経験間の関係がくる。こうした諸関係は英語の不変化詞でも表現され、内密性が低いものから高いものへ、with、near、next、like、from、towards、against、because、for、through、myと並べられる。と言っても、これであらゆる関係が網羅されたわけではない。たとえば「類似」を取ってみても、そこには様々な程度差が存在する。一方の極に純粋に内密な関係が、他方の極に純粋に外的な関係が想定され、あらゆる関係はその両極の間を無数のグラデーションをもって揺れ動くと考えてよいだろう。

したがって、互いに非連続的な諸項が溶け合うことを「関係」として捉えると述べたのは、いささかミスリードさせるものであったかもしれない。あらゆる諸経験は確かに何らかの仕方でつながり合っているのであるが、しかしその関係の仕方はその「内密性」の度合いに応じて様々に異なっている。「現れるままの姿で捉えると、私たちの宇宙はその大部分が混沌としている。あらゆる経験は諸々の連結から構成されているが、ただその一種類だけで全経験を貫くような連結は存在しない」（WPE, p. 24）と言われるのはそのような意味である[22]。空間内に二つの項があるとき、それらが互いに類似しており本性そのものから内的関係を取り結ぶような接続をなすこともあれば、ただ単に位置的に隣にある場合にそうであるような、外的と言うのにふさわしい内密性の低い関係もあるだろう。「外的」と「内的」と言われるのは程度の差異にすぎないのであるから、両者が全く性質を異にするわけではない。だから「溶け合う」と言ってもその仕方には濃淡があるのであって、ただ一通りの関係がすべての部分をのっぺりと画一的につなぎとめていくわけではない。そうではなくて、具体的な経験の世界において、項は様々な濃淡によって他の項と何らかの関係を取り結び、その関係がもつ内密性（あるいは外在性）の強度に応じて接続と分離とを生み出し、私たちが生きる混沌とした宇宙を作り上げている。

三．二．多なるものの世界

最後に、この二つの関係が協同することによってジェイムズが実在的と考えていた宇宙が成立している様を、具体的な例に沿って記述してみたい。これは空間的な位置関係によって考えるとわかりやすいだろう。ある本とあるペットボトルとが二〇センチメートル離れて並んでいるとき、この関係は外的と言われうる。なぜならこの本はペットボトルから三〇センチメートル離れていることも、ペットボトルの一メートル下にあることも、私たちには難なく考えられるからである。二〇センチメートル離れて並んでいるということは、この二つの物の本性から必然的に導出される関係ではなくて、外部から偶発的に引き起こされた位置関係なのである。

しかし何度も繰り返すが、「内密な」と「外的な」という二つの形容詞によって表されるのは、あくまで相対的な差異でしかない。「外的な」連接と言われるものも、それよりも内密でない連接からすれば、より「内密な」連接ということになるのであって、あらゆる連接関係はこの「内密性」という一つの尺度によってすべて異なっているのである。先ほどの例をもう一度使おう。ここに一冊の本と一本のペットボトルが隣り合って並んでおり、この二つはそれぞれ一つの個物として、互いに外的な関係を結んでいるとする。しかしこの本にはカバーがされており、またこのペットボトルにはキャップがしてあると考えてみると、本とカバー、ペットボトルとキャップとは互いに外的なそれぞれ別の個物であると捉えることもできるだろう。それでも、本とカバーとの、またペットボトルとキャップとの間に成り立つ関係の内密性は、本とペットボトルとの間に成り立つ関係の内密性よりも、一層高いものであると言えるだろう。だからこそ、本とカバーとが合わさった一冊の本として、またペットボトルとキャップとが合わさった一本のペットボトルとして、それぞれ一つの個物と考えられることができたのである。ペットボトルとキャップとの関係を外的とすればそれらは二つの個物として、それを内密とすれば一つの個物として、捉えられる。連接関係に修飾される「内密な」と「外的な」という二つの表現は相対的なものなのであり、前者の側面を強調すれば接続が、後者の側面を強調すれば分離が現われ、特にこの分離の存在によって、根本的経験論はその存在論において多元的にならざるを得ないのである。

プラグマティックに解釈されると、多元論、あるいは宇宙は多なるものであるとする学説が意味するのは、単に実在の種々様々な部分は、外的に関係づけられているかもしれないということである。多元論的な見方にしたがうと、思考することができるすべてのものは、いかに広大で包括的なものであろうと、何らかの種類の、あるいはいくらかの大きさの純粋に外的な環境をもっているのである。諸事物は数々の仕方で相互に「ともに」あるが、しかしすべてのものを包括したり、すべてのものを支配したりするものは存在しない。（PU, p. 145）

おわりに

ここまでの議論で、ジェイムズは自らの経験論のうちに「非連続性の理論」を導入することによって、世界に存在するもろもろの事物は、それぞれ多様で一定の大きさを持つ有限な諸単位によって非連続的に構築され、かつ非連続的な過程によって時間的に進展・変化すると主張した。ここにはルヌヴィエからの影響が色濃くみられる。そうした諸単位は互いにつながり合うのであるが、そのつながり合う仕方こそが「関係」である。ジェイムズはブラッドリーの「関係」概念批判、特に「外的関係」概念批判に対して異を唱え、あらゆる関係はその内密性・外在性によって異なっており、そうした無数の諸関係が接続や分離を作り出すことでこの世界を多なるものとして構成していると考えたのであった。このようにジェイムズの経験論では、混沌を恐れることのない多元的な宇宙観、あえて統一的な原理を求めることのない、雑多なものを雑多なまま肯定しようとする世界観が提出されているのである。

本章では「関係の外在性」の概念を、存在論的多元論を成り立たせている根拠として捉えようとした。そして「ウィリアム・ジェイムズの多元論、実在論、プラグマティックな認識論、可能性の理論、時間論、多様な概念は、関係の外在性の肯定に結びついている」（Wahl［2005］, p. 177）というジャン・ヴァールの言葉通り、この概念は本章で扱った問題だけにはとどまらない射程をもつ。とりわけ注目しなければならないと思われるのは、この「関係の外在性」の概念は、ジェイムズにおける偶然性、自由意志、創造、改善論といった、それ単独で取り出すだけでは扱いにくい諸問題にとって極めて重要な役割を果たしているということである。[23] 実際ジェイムズは、「外的関係は各々の歴史における一時的な偶然事にすぎないように見える」（PU, p. 41）と言う。もちろんそれは同時に、絶対主義的な哲学における神による必然性、また機械論的自然観における因果的な必然性への批判とも結びつくだろう。こうした問題に対するジェイムズの直接的言及の少なさによって生じている困難は、「関係の外在性」という視座から光を当てることで、いくばくか解消することができる。[24]

注

（1）本研究のこのような問題意識は、千葉［二〇一三］に強く触発されたものである。千葉は同書で、ドゥルーズの存在論において、あらゆるものがあまりに楽天的に次々とつながってしまうように解釈する先行研究を退けて、むしろ「非意味的切断」の契機の重要性を強調した。とりわけ第二章では、ドゥルーズのヒューム読解を参照することで「関係の外在性」のテーゼを詳細に検討し、それによって、一切が接続して全体性を形作るという〈存在論的ファシズム〉がいかに破壊されていくかについて論じている。「接続的／切断的の各面は、ドゥルーズのベルクソン主義／ヒューム主義に対応する」（二七頁）という千葉の指摘は、ジェイムズにもほとんどそのまま当てはまるものではないかと思われる。

（2）　ジェイムズが私たちの時間感覚の生起の仕方を「脈動」という生理学的な言葉によって表現しているのは、「「意識」は存在するのか」の終結部で、カント的な「我思考する」を「我呼吸する」に言い換えたことと対応している（DCE, p. 19）。

（3）　ランバースが指摘しているように、根本的経験論は、あらゆるものが「純粋経験」というただ一つの素材から構成されているとする点で形式的には一元論的であるが、もろもろの純粋経験の本性が相互に異なっているとする点で内容的には多元論的である（Lamberth [1999], p. 25）。

（4）　ジェイムズにとってたとえばゼノンの逆説は、このように現実の運動を構成している有限の諸過程を知性によって無際限に切り分けることに由来する誤りである。これはベルクソンの言う「等質的空間」と同じ事態を指しているように思われる（Bergson [2007], pp. 68-74）。

（5）　「私たちのすべての感官に由来する所与は、知覚の流れに入り込んで広大な全体に溶け込み、それぞれが大小の役割を占めている。さらにこうした部分のすべては自らの統一を壊さずに保っている。その境界は視野の境界と同じく明瞭ではない。境界とは介在するものであるが、知覚の流れにおいて介在するのは、やはり知覚の流れそれ自体の部分以外にない。そしてこれらの介在する部分には、それが分離するものが溢れ出ている。だから私たちが区別し概念的に隔離するものであっても、知覚としては隣接部分にはまり込み、浸透し、拡散しているということが分かる」（SP, p. 32）。

（6）　この言葉を作ったのはE. R. Clayであり、実際ジェイムズは彼の言葉をかなり長く引用することでこの概念を議論に導入する。なおClayはボストンのタバコ製造業者であるE. Robert Kellyの偽名であることがわかっている（Anderson [2014]）。

（7）　伊佐敷は幅をもった「見かけの現在」の特徴として、「時間が経過しても過去へ移行しない」、「その中で継起的経験が生じうる」の二つを挙げている。「「見かけの現在」について」『科学基礎論研究』第三三号第一巻、二〇〇五年、一一頁。

（8）　マイヤーズが「過去と未来を離れた知覚可能な現在などはない」と述べたのは、ジェイムズの言う「見かけの現在」は純粋に点的な現在ではなく、つねに直近の過去と未来とで構成された持続する現在だということを強調するためである（Myers [1986], p. 144）。

（9）　他にも『多元的宇宙』には以下のような記述がある。「自然は卵全体を一挙に作るか、あるいは全く作らないかであり、それは他のすべての自然の単位についても同様である」（PU, p. 103）。

（10）　このようなルヌヴィエの「現象主義」はいわゆる「中性一元論」にカテゴライズされるものであるように思われるが、この点でも「純粋経験」によって物心二元論の打破を試みたジェイムズとルヌヴィエの類似性を指摘することができる。なお、ジェイムズはバークリーの「観念」を中性一元論的に解釈した上で、それを自らの「経験」概念に近いものであるとしており、またルヌヴィエはバークリーの主著『人知原理論』を仏語訳している。詳細についてはさらなる検討を期するほかないが、ルヌヴィエとジェイムズがこのようにバークリーに接近していることは注意しておくべきだろう。

（11）　「ルヌヴィエの哲学は算術の哲学であり、離散量の哲学である」（Séailles [1905], p. 66）。

（12）　可能的な表象では無限分割もありうるとされる。Log. I, p. 33を参照。

（13）　他にも以下のような記述がみられる。「間歇性（intermittence）は自然の普遍的な法則であり、この法則の合理的な証明は、実効的な連続と現勢的無限のテーゼを不条理としたことから帰結する」(Nat, p. 48)。「世界は、多様な秩序の要素的脈動の、割り当てられえない数から成る莫大な脈動である」(Nat, p. 49)。

(14) ブラッドリーが関係について「内的」というところを、ジェイムズ自身は「内密な（intimate）」と呼んだり、また「関係」を「連接性（conjunction）」という言葉で言い換えたりしているという用語上の違いがある。しかし本章では、両者が「内的関係」、「外的関係」という同じ問題系に関わっていると考え、その違いにはこだわらなかった。

(15) 「私たちが抵抗しなければならない考えは、関係はすべて「内的」であるか「外的」であるかのどちらかでなければならない、というものである」(Girel [2006], p. 396)。

(16) ブラッドリーの「関係」概念の検討は、スプリッグがラッセルと対比させつつ極めて詳細に行っている（Sprigge [1993], pp. 393-434)。

(17) ここではもっぱらブラッドリーの「関係」概念に焦点が当てられている。彼の「観念」および判断論については、伊藤遼が本書の第六章第一節で論じている。

(18) 「ブラッドリーにとって諸事物についての実在的な真理は、世界のうちに独立した諸実体が数多くあるということではない。全体としての宇宙がまさに実際に存在するが、それに対して何らかの知的ないしは実践的把握を行うために、私たちはそれを判明な諸事物に分割するのである」(ibid., p. 404)。

(19) 以下の記述は *Appearance And Reality*, pp. 17-19 の議論をかなり単純化してその大まかな概要だけを示したものである。

(20) 「ジェイムズが宇宙のうちに諸関係を認めるのは、宇宙をより秩序あるものとするためではなく、単に宇宙をより実在に合致するものとするためである。実在は錯綜しており、混沌としている」(Wahl [2005], p. 174)。

(21) 「関係は項に対して外的である。ジェイムズが自らを多元論者と称するとき、彼は原則的にはそれ以外のことを語っていない」(Deleuze [2010], p. 109)

(22) 桝田啓三郎・加藤茂共訳で白水社から出版されている『根本的経験論』には「外的関係を強調すると、超克したはずの原子論や要素主義との関係が曖昧にもなる」（二四二―二四三頁）とあるが、これはジェイムズのこの言及を見逃しているために起こった誤解である。ジェイムズは外的連接性を導入したからといって、あらゆる関係が外的であるとしたのではない。世界には様々な連接関係があるが、その中のある一定のものが外的と呼ぶにふさわしいものであって、そのために根本的経験論は存在論としては多元的なものとなるのである。

(23) 「偶然性と分離、この二点が、外在性の意味である」（千葉、前掲書、九九頁）という指摘は注意に値する。これは基本的にはヒュームないしはドゥルーズに向けられたものだが、ジェイムズに対しても妥当であるように思われる

(24) 拙論「ウィリアム・ジェイムズにおける「自由意志」と「新しさ」について」（『宗教学研究室紀要』第一四号、二〇一七年、四二―五七頁）はこの問題について論じたものである。

文献

略号

ジェイムズの著作からの引用・参照には以下の略号を用いる。略号の後ろの数字はHarvard University Press版の全集の頁数である。

PP : *The Principles of Psychology* (1890)
PU : *A Pluralistic Universe* (1909)
SP : *Some Problems of Philosophy: A Beginning of an Introduction to Philosophy* (1911)

また、*Essays in Radical Empiricism* (1912) に収録された諸論文か

らの引用・参照には以下の略号を用いる。略号の後ろの数字は同じくHarvard University Press版の全集の頁数である。

DCE：Does 'Consciousness' Exist?（1904）
WPE：A World of Pure Experience（1904）
TR：The Thing and Its Relations（1905）

引用・参照は（論文・著作の略称，原著の頁数）といったように行うこととする。

ルヌヴィエの著作からの引用・参照は以下のように示す。

Log. I：*Essais de critique générale. Premier Essai. Traité de logique générale et de logique formelle,* Tome Premier, Paris, A. Colin, 1912.

Log. II：*Essais de critique générale. Premier Essai. Traité de logique générale et de logique formelle,* Tome second, Paris, A. Colin, 1912.

Nat：*Essais de critique générale. Troisième Essai. Les principes de la nature,* Paris, A. Colin, 1912.

Anderson, Holly, [2014], "The Development of the 'Specious Present' and James' Views on Temporal Experience," in Valtteri Arstila and Dan Lloyd (ed.), *Subjective Time: The Philosophy, Psychology, and Neuroscience of Temporality,* Cambridge, Mass: The MIT Press.

Bergson, Henri, [2007], *Essai sur les données immédiates de la conscience,* Paris: Presses Universitaires de France.

Bradley, F. H., [1966], *Appearance and Reality:* A *Metaphysical Essay,* Oxford: the Clarendon Press.

Deleuze, Gilles, [2010], *Empirisme et Subjectivité: Essai Sur La Nature Humaine Selon Hume,* Paris: Presses Universitaires de France.

Myers, Gerald E., [1986], *William James: His Life and Thought,* New Haven: Yale University Press.

Girel, Mathias, [2006], 《Relations internes et relations spatiales: James, Bradley et Green》, dans *Archives de Philosophie,* Tome 69, Paris: Beauchesne.

Lamberth, David C. [1999] *William James and the metaphysics of experience,* New York: Cambridge University Press.

Séailles, Gabriel, [1905], *La Philosophie de Charles Renouvier,* Paris: Félix Alcan.

Sprigge, Timothy L. S., [1993], *James and Bradley: American Truth and British Reality,* Chicago, Ill: Open Court Publishing Company.

Wahl, Jean, [2005], *Les philosophies pluralistes d'Angleterre et d'Amérique,* Paris: Empêcheurs de Penser en Rond.

千葉雅也『動きすぎてはいけない――ジル・ドゥルーズと生成変化の哲学』（河出書房新社，二〇一三年）

第八章　時空、決定、創発

――アレクサンダーの時空の形而上学とベルクソンの予見不可能な新規性の創造

米田　翼

はじめに

S・アレクサンダーは、一九世紀後半から二〇世紀初頭にかけてのイギリスの哲学界において、F・H・ブラッドリーやB・ボーザンケットの一元論的な観念論と、G・E・ムーアやB・ラッセルの多元論的な実在論とのあいだを揺れ動きながら、時空（Space-Time）を唯一の究極的実在とみなす一元論的な実在論の体系を構築した[1]。アレクサンダーの主著『空間、時間、神性』の功績は、オーストラリア実在論の父と称されるJ・アンダーソンやトロープ理論の主唱者として知られるD・C・ウィリアムズにおける評価を例外とすれば、長らく忘却されてきた[2]。しかし近年では、一元論を擁護すべき立場と考える一部の形而上学者によって、アレクサンダー哲学の再検討が促されている[3]。

こうした事情を考慮した上で、本章では『空間、時間、神性』を読み解いていく。ただし、一元論に直接関わる論点だけをあつかうことはしない。というのも、そのようなアプローチをとった場合、アレクサンダーが一元論的な実在論を展開した理由を見失う恐れがあるからだ。私たちは、この著作の中心をなす三つの理論、すなわち、時空論、カテゴリー論、創発論の関係を問うことで、彼が、単に倹約な存在論を求めて一元論（あるいは何らかの基礎的なものを措定する形而上学）を採用したわけではなく、この現実世界に存在する様々な事物・出来事のあり方を説明し尽くすことに主眼を置いていたことを示したい。

ところで、従来のアレクサンダー研究ではあまり問われることがないのだが[4]、アレクサンダーは自身と同じ一八五九年に生まれたフランスの哲学者H・ベルクソンから多大な影響を受けているように思われる[5]。実際、『空間、時間、神性』にはベルクソンに由来するアイデアが数多く見られるのだが、何よりも重要なのは、「おそらく、今日ではベルクソン氏こそが、時間を真剣に受け止めた最初の哲学者である」（STDi. p. 44）というように、アレクサンダーがベルクソンを同時代で最重要の時間の哲学者とみなしていることである。

もちろん、単なるインスピレーションにとどまるのであれば、両者の影響関係を問うことに特段の意味はないだろう。しかしながら、アレクサンダーの創発論の鍵となる予見不可能性（unpredictability）に関する議論は、ベルクソンの時間論に依拠したものであることを踏まえると、両者の影響関係を看過することはできないはずである。加えて、アレクサンダーは時空の実在論者であるにもかかわらず、基礎物理学が提示する四次元時空多様体の描像に一定の留保を加えているのだが、そこにもベルクソンの時間論からの影響が見られる。こうした事情を考慮して、本章の後半部では、ベルクソンからの影響を踏まえた『空間、時間、神性』の再解釈を試みることにしよう(6)。そうすることで、アレクサンダーが一元論的な実在論を擁護する意義がより明確になると思われる。

以下では、次のような手続きで議論を進める。第一節では、『空間、時間、神性』の基礎となる時空論の主要な論点を確認する。具体的には、時空、点—瞬間（point-instant）（あるいは時空領域（space-time, portion of space-time））、構成（constitution）といった概念の明確化を通して、時空の実在論を擁護することの意義を検討しよう。次いで、第二節と第三節では、事物が所有する諸特徴を時空によって基礎づけるというアレクサンダーのプロジェクトを支える二つの理論、カテゴリー論と創発論について検討する。カテゴリー論を検討する際には、とりわけ時空の基礎的決定（fundamental determination）という概念の明確化を主眼とする。創発論に関しては、まずは基本的な着想を確認し、次に、予見不可能性、または神性（Deity）の概念が導入される際に、ベルクソンの考えが念頭に置かれていることを示す。第四節では、アレクサンダーに影響を与えていると思われるベルクソンの議論を確認する。最後に結論部において、ベルクソンからの影響を考慮した場合、アレクサンダーの一元論的な時空の形而上学をどのように理解することができるかをまとめよう。

一．アレクサンダーの時空論(7)

一・一．いかなる意味で時空は実在なのか

まずは、アレクサンダーの時空論の中核を担う「時空は究極的実在である」という主張の内実を見定めるために、この主張の導出経緯を確認することからはじめよう。

（1）議論の出発点として、アレクサンダーは関係説との対照によって自らの考えを明確化する（STDi, pp. 38-39）。関係説とは、空間と時間を事物や出来事のあいだに成り立つ関係とみなす立場である。アレクサンダーの診断によれば、関係説の問題点は、空間と時間を単なる抽象的な形式とみなすこと、すなわち空間と時間にいかなる実効的な役割も見出さないことである。関係説は容認可能な立場であるが、唯一の立場ではないとし、彼は次のような代案を提示する。「空間と時間は、事物や出来事の単なる共存（coexistence）や継起（succession）の秩序ではなく、いわば事物や出来事がそこから作られる素材ないし母体（または諸母体）である」（STDi, p. 38, 傍点引用者）。このように、

アレクサンダーの考えでは、空間と時間は事物や出来事を構成する（constitute）素材にほかならない。この意味において、まずは「空間と時間は実在である」と主張される。

（2）次いで、空間の三つの次元と時間の三つの特徴との対応関係を示すという独特な論証[8]を通して、空間と時間の相互依存性が確認される。論証の内実を検討する作業は措くが、その要点は非常に単純である。「空間において位置をもたない時間的瞬間は存在せず、時間の瞬間なしには空間的点は存在しない。次のように述べるべきだ。点は瞬間において生起し、瞬間は点を占める、と」（STDi, p. 48）。要するに、アレクサンダーの考えでは、空間と時間は相互依存的に実在するのであって、独立して実在するのではない。このことから、「空間と時間は不可分の連続的統一体をなす」という主張が導出される[9]。

このように、（1）空間と時間は事物・出来事を構成する素材であり、（2）それらは不可分の統一的連続体をなす、というのが「時空は究極的実在である」という主張の内実である。

一・二　どのようなタイプの一元論なのか——時空（全体）と点—瞬間（部分）の関係をめぐって

時空を究極的実在とみなすという点で、アレクサンダーがある種の一元論を採用していることは疑いえない。では、それはどのようなタイプの一元論なのだろうか。この問いに答えるためには、点—瞬間と呼ばれる時空の構成要素の身分について検討してみるのがよいだろう[10]。

（1）アレクサンダー自身が述べるように、彼の時空の概念は、絶対的観念論における絶対者（Absolute）の概念と類似している（STDi, p. 346）。しかし、両者のあいだには明確な違いがある。ブラッドリーやボーザンケットといった絶対的観念論者に対して、アレクサンダーは次のように批判する。「絶対的観念論に突き刺さっている棘は、世界の諸部分は究極的な実在や真理ではなく、全体だけが真理であるという主張である」（STDi, p. 8）。ここでの批判の焦点は、絶対的観念論者が、全体だけを実在とみなして、部分は単なる見かけ（appearance）とみなしていることにある。これに対して、アレクサンダーは、全体としての時空だけでなく、部分としての点—瞬間もまた実在であると考える。

（2）では、時空と点—瞬間、全体と部分との関係をどのように理解すべきだろうか。両者の関係は「諸部分から全体が構成される」という関係ではない。アレクサンダーによれば、時空が無限（infinitude）であるのに対して、点—瞬間ないし時空領域は有限（finitude）である。そして、有限のものを集めた最大の和として無限のものが構成されるというのは不合理であり、むしろ無限の時空の限定事例（limiting case）として有限のものが派生する。現代形而上学の用語を用いるのであれば、ここで彼は時空に対する点—瞬間の存在論的依存（ontological dependence）を前提しているように思われる[11]。実際、彼は部分としての点—瞬間の自存（self-subsistence）を認めない。各々の点—瞬間は、それ自体で自存するのではなく、時空の原初的な連続性において相互に接続してのみ実在する（STDi, pp. 324-326)。

以上、見てきたように、アレクサンダーは、（1）全体（時空）と部分（点―瞬間）の実在を認めつつ、（2）全体（時空）に対する部分（点―瞬間）の存在論的依存、あるいは部分（点―瞬間）に対する全体（時空）の優先性（priority）を主張する。彼の立場は、全体だけの実在を認める立場（存在一元論）とも、部分だけの実在を認める立場（原子論）とも異なる。[12] 私の解釈では、全体と部分の実在を認めた上で、全体と部分の関係を前者に対する後者の存在論的依存とみなすアレクサンダーの立場は、現代で言うところの優先性一元論[13]に相当する。[14]

一・三・点―瞬間が事物・出来事を構成するとはどういうことか――同一性としての合成

改めて強調しておくが、アレクサンダーにとって、実在とは事物・出来事を構成する素材である。究極的には時空こそがそのような構成の素材であるが、時空に存在論的に依存して実在する点―瞬間もまた、構成の素材としての身分を与えられている。しかしながら、アレクサンダーは「構成とは何であるか」について詳細な説明を加えていない。ここで唯一の手がかりになりそうなのは、折に触れて述べられる「事物や出来事は点―瞬間の複合体（complex）である」という主張である。以下では、A・R・J・フィッシャーの解釈を参照して、この主張を明確化することにしよう。

「アレクサンダーは次のように考えているようである。構成関係は構成される事物が構成される素材と存在論的に異なるということを含意しないし、時空領域の複合体はその構成要素〔各々の時空領域〕以上のものではない、と」（Fisher [2015], p. 251）。このことからフィッシャーは、アレクサンダーは同一性としての合成（composition as identity: CAI）というアイデアにコミットしている、という解釈を提案する。大雑把にまとめると、CAIとは、諸部分（事物を合成する素材）と全体（合成される事物）とのあいだの合成関係を数的同一性関係とみなす考えである。CAIにはいくつかのバリエーションがあるが、フィッシャーが念頭に置いているのは、諸部分の総和と全体とのあいだの一対一の数的同一性ではなく、諸部分そのものと全体とのあいだの多対一（many-one）の数的同一性である。[15]

この解釈に従って、「事物や出来事は点―瞬間の複合体である」という主張を次のように定式化しておこう。

ACAI（Alexander's composition as identity）：点―瞬間から事物・出来事が合成されるということは、点―瞬間と事物・出来事が同一であるということにほかならない。

ただし、次の点には注意が必要である。ACAIを点―瞬間と時空の関係にまで拡張することはできない。なぜなら、このような拡張を行うと、点―瞬間と時空とのあいだの優先性関係が破綻するからである。アレクサンダーの体系では、時空だけが基礎的存在者なのであって、点―瞬間は派生的な存在者にすぎない。ACAIはあくまで点―瞬間と事物・出来事との関係についての主張である。

　これまで私たちは、時空、点―瞬間（または時空領域）、構成といった概念に焦点をあてて、アレクサンダーの時空論を確認してきた。これらの概念は、彼が経験的存在（empirical existence）と呼ぶ対象、すなわち私たちが日常的経験において出くわす様々な事物・出来事に形而上学的説明を与えるための道具立てである。アレクサンダーは、時空論を基礎として、経験的存在の諸特徴を説明するための二つの理論、すなわちカテゴリー論と創発論を展開する。以下で、その要点を確認することにしよう。

二．アレクサンダーのカテゴリー論

二・一・普及的特徴とその源泉

　アレクサンダーは経験的存在のあらゆる特徴を二種類に区別することからはじめる（STDi, pp. 184-186）。一方は経験的特徴と呼ばれ、他方はアプリオリな（または非経験的な）特徴と呼ばれる。前者の経験的特徴は、ある事物によって所有されているが、別の事物によっては所有されていないような特徴（たとえば「赤い」や「甘い」といった性質）、すなわち可変的な（variable）特徴である。これに対して、後者の非経験的またはアプリオリな特徴は、すべての事物に共通して見出されるような特徴（たとえば「存在する（exist）」や「関係をもつ（have relation）」といった特徴）、すなわち普及的な（pervasive）特徴である。一見して明らかなように、二種類の特徴を区別する基準は普及性（pervasiveness）であり、普及性概念は「すべての物体によって所有されている」（STDi, p. ix）と定義される。現代的な表現で言い換えれば、普及性とは「すべての存在者によって例化されている」ということにほかならない（Fisher [2015]）。

　このような区別を導入した上で、アレクサンダーは経験的存在の普及的特徴を世界のカテゴリー的特徴とみなす。具体的には、世界のカテゴリー的特徴とは、**存在**[16]（existence）、**普遍性**（universality）、**関係**（relation）、**順序**（order）、**実体**（substance）、**因果**（causation）、**量**（quantity）、**数**（number）、**Motion**[17]である。

　では、なぜこの世界にこれらのカテゴリー的特徴が普及しているのだろうか。言い換えれば、何がカテゴリーの源泉なのだろうか。アレクサンダーは、カテゴリーを悟性の形式とみなすカントに抗して、[18]「カテゴリーの源泉は時空〔という究極的実在〕である」と主張する。[19]

　この主張はACAIからの帰結として理解できる。カテゴリーとは事物・出来事の普及的特徴であるが、ACAIによって点―瞬間と事物・出来事の同一性が確保されるのであれば、事物・出来事の普及的特徴は点―瞬間の普及的特徴である、ということになる。このように考えると、点―瞬間をカテゴリーの源泉とみなすことになる。また、点―瞬間に対する時空の優先性より、点―瞬間は時空に基礎づけられるので、最終的には「カテゴリーの源泉は時空である」ということが帰結する。[20]

二・二・時空の基礎的決定――存在と関係のカテゴリーを例に

こうした議論を通して、アレクサンダーはカテゴリー一般を「時空それ自体の基礎的特徴または基礎的決定」（STDi, p. 189, 強調は引用者による）と定義する。[21] とはいえ、単に定義を与えるだけでは、なぜ時空にカテゴリー的特徴に相当するものが備わっているのかについては不明瞭にとどまる。[22] そこで、アレクサンダーは、時空における点―瞬間のふるまいのパターンとして、諸々のカテゴリー的特徴が定義可能であることを示していく。紙幅の関係上、すべてを網羅的に検討することはできないので、ここでは存在と関係のカテゴリーについて見てみよう。

存在（同一性・差異）：まずは、存在のカテゴリーについて検討しよう。存在とは点―瞬間ないし時空領域の占有（occupation）である。たとえば、ある存在者eが「存在する」というのは、eが特定の点―瞬間（たとえば、ある特定の空間的点aと特定の時間的瞬間Aによって規定される点―瞬間aA）を占めることにほかならない。また、存在のカテゴリーには、同一性（identity）と差異（difference）という派生的なカテゴリーが帰属する。たとえば、aAを占めるeは、まさにaAを占めるがゆえに、自己同一的であり、かつ、bBを占めるe'とは異なる。このように、存在、同一性、差異とは、時空のうちで点―瞬間が具体的に位置を占めること以外の何ものでもない。そして、このことはすべての点―瞬間に該当するため、存在、同一性、差異を普及的特徴とみなすことは妥当である。こうした議論を通して、アレクサンダーは「自分自身の時空領域の占有は、ほかならぬ時空の非経験的またはアプリオリな決定である」（STDi, p. 197, 強調は引用者による）と述べる。

関係：次に、関係のカテゴリーについて検討しよう。すでに確認した通り、存在は点―瞬間ないし時空領域の占有にほかならないが、各々の点―瞬間は時空の原初的な連続性において相互に接続している。このことから、関係に関する次の主張が導出される。「存在するもの（existents）はすべて関係のうちにある。なぜなら、諸々の出来事やそれらのグループは時空のうちで接続しているからである。存在するもののあいだの関係は時空の連続性から生じる」（STDi, p. 238）。関係の具体例として挙げられるのは、たとえば妊娠における母子関係である。妊娠において、母と子という二つの項は、空間的にも時間的にも接続した状況に巻き込まれている（STDi, p. 241）。関係とはこのような「諸項が参入する状況全体（the whole situation）」（STDi, p. 240）にほかならず、このような状況が成立するのは時空において各々の点―瞬間が連続しているためである。[23]

ここまで確認してきたことを、フィッシャーの整理を参照しつつまとめておこう。フィッシャーによれば、カテゴリーが時空の基礎的決定であるということは、「状況」という語によって明確化することができる。たとえば、順序のカテゴリーを例に挙げて、彼は次のようにまとめている。「順序とは、一連の音の調性のような何らかの連続体における、三つ以上の点―瞬間（からなる複合体）の状況である。「順序」という語は、個別的で複合的な状況を指示している」（Fisher [2015], p. 259）。実際、このことは存在や関係のカテゴリーについてもあてはまる。存在とは時空において特定の位置を占めるという状況であり、関係とはそのような仕方で存在するもの同士が時空において接続されているという状況である。先に挙げた九つのカテゴリーはいずれも何らかの時空的状況のパターンを指示するものであり、このことが時空の基礎的決定という概念の内実である。

二・三・諸カテゴリーの交流――Motionとmotionの定義

各カテゴリーが指示する時空的状況は、時空の原初的な連続性において成立しているのだから、互いに独立したものではない。このことから、アレクサンダーはカテゴリー間の交流（communication）を主張する。どのような交流なのかを説明するために、彼は諸カテゴリーを次のような三つのグレードに分類する（STDi, pp. 322-324）。

グレード１：存在（同一性・差異）、普遍性（個別性・個体性）、関係、順序
グレード２：実体、因果（相互性）、量（強度）、数（部分全体）
グレード３：Motion

これらのカテゴリーのあいだには、次の二つの交流が成り立つ。（1）同じグレードに属するカテゴリーは互いに交流する。（2）上位のグレードに属するカテゴリーと下位のグレードに属するカテゴリーは、前者のみが後者と交流する。

アレクサンダーは交流概念に詳細な説明を加えていないが、この概念はメレオロジーにおける重複（overlap）概念に置き換えて理解することができる。[24]（1）同じグレードに属するカテゴリー間の交流、たとえば存在と関係の交流とは、存在が指示する時空的状況と関係が指示する時空的状況が完全に重複するということである。実際、彼が「存在するものはすべて関係のうちにある」と考えていることはすでに確認した通りである。（2）異なるグレード間の交流、たとえば因果（グレード２）と関係（グレード１）の交流とは、因果を指示する時空的状況は、関係を指示する時空的状況に包含されているが、関係と完全に重複しているわけではないということである。これは、具体的には、因果は必ず関係であるが、関係は必ずしも因果ではないということである。

ところで、Motionまたはmotionという概念は、アレクサンダー哲学において最も理解が困難なものである。これらの語は基本的には運動（movement）という意味で用いられる。[25] また、Motionは時空全体に対応し、motionは個別的な時空領域に対応する。興味深いことに、アレクサンダーは運動に関する自身の考えは、ベルクソンの「運動はあるが、運動する慣性的で不変な対象はない。運動は運動体を必要としない」（PM, p. 163）という一節を念頭に置いていると述べている（STDi, p. xii）。[26] こうしたことは、アレクサンダーが時空やMotionに何らかの動性を認めていることを示唆するが、この点については後ほど検討することにして、カテゴリーとしてのMotionの特徴づけに移ろう。

繰り返すが、諸カテゴリーは何らかの時空的状況を指示する。そして、(2)の関係より、Motionは他のすべてのカテゴリーと交流ないし重複するカテゴリーである。このことから、Motionはグレード1とグレード2が指示する時空的状況がすべて同時に成立するような複合的な時空的状況を指示する、というように理解することができる。実際、アレクサンダーは「Motionは残りのもの〔他のすべてのカテゴリー〕よりも複合的である」(STDi, p. 322)と述べているが、このことは前述した意味で理解可能だと思われる。

アレクサンダーはMotionまたはmotionこそが時空の完全な基礎的決定だと考える。「motionにおいて、時空の基礎的決定の完全な物語が語られる。したがって、motionとはすべての時空領域について確証され(affirmed)うることの総体である」(STDi, p. 323)。しかし、興味深いことに、アレクサンダーは時空が構成する世界には進展の余地があると述べる(STDi, p. 347)。これはどういうことだろうか。繰り返すが、カテゴリーとは何らかの普及的な時空的状況にほかならない。そして、motionというカテゴリーは、グレード1とグレード2が指示する時空的状況がすべて同時に成立するような複合的な時空的状況である。

だが、motionはあくまでも時空の完全な基礎的決定でしかない。『空間、時間、神性』第二巻では、これとは異なる時空の経験的決定(empirical determination)という概念が登場する。予め述べておけば、アレクサンダーは、普及的ではない(すなわち可変的である)が、motionよりさらに複合的な時空的状況を想定しており、そうした時空的状況を経験的決定と呼ぶ。「motionにおいて、時空の基礎的決定の完全な物語が語られる」としても、この世界には、時空の経験的決定と呼ばれる創発の物語が残されているのである。

三　アレクサンダーの創発論

三・一・階層、決定、創発

まずは創発論の基本的着想を確認することからはじめよう。『空間、時間、神性』第二巻の冒頭部では、自然のうちには、最も基礎的なレベルの存在から、最も複雑なレベルの存在まで、様々なレベルの存在が階層をなしている、というモデルが導入される。[27] ここで想定されているのは、一次性質、物質性、二次性質、生命性、意識からなる階層である(STDii, pp. 50-70)。そして、これら諸レベルのあいだに成り立つ関係を説明するために、アレクサンダーは創発(emergence)という概念を導入する。

> 上位の質は、下位のレベルの存在から創発し、そこに起源をもつ。しかし、上位の質は、下位のレベル〔の存在〕から創発するとはいえ、そこに属しているわけではない。上位の質は、その所有者〔上位のレベルの存在〕に対して、独自の挙動法則を備えた、存在するもの(existent)の新しい秩序(order)を与える。(STDii, p. 46)

以下では、一次性質と物質性に関する記述を手がかりにして、ここでアレクサンダーが述べようとしていることを明確化していこう。

（1）**一次性質と物質性の区別**：まずは、一次性質と物質性がどのように区別されるのかを見ておこう。端的に言えば、一次性質（大きさ、形、数、運動）とは「カテゴリー的特徴の経験的様態」（STDii, p. 55）である。ここで「経験的様態」というのは、「私たちの日常的経験を通して捉え直されたもの」といった意味である。ただし、アレクサンダーは徹底した実在論者なので、「経験による捉え直し」という契機を導入することで、motionに何らかの主観的な質を付け足そうとしているわけではない[28]。motion一次性質は、私たちには大きさ・形・数・運動として捉えられるが、本来的にはmotionが指示する時空的状況によって決定される経験的存在の普及的特徴以外の何ものでもない。このような特徴は「motionの時空的質」（STDii, p. 45）と呼ばれる。

ところで、先の引用部に示されているように、アレクサンダーにとって質（quality）とは、各々の経験的存在に「独自の挙動法則」ないし「新しい秩序」を与えるような性質である。この点を踏まえると、moitonの時空的質、すなわち一次性質は、厳密な意味では質ではない（STDii, p. 56）――というのも、motionとは普及的な時空的状況であるため、motionの時空的質は、各々の存在に独自の挙動法則を与えるようなものではないからである。アレクサンダーが厳密な意味で「質」と呼ぶ最初のものは物質性であり、電子という物理的物質によって所有される電気特性などが物質性の典型例である[29]。電気特性は、すべての存在者によって所有されるわけではなく、電子に独自の挙動法則を与えるという点で、物質性のレベルに固有の質なのだ[30]。

（2）**経験的決定＝創発とは何か**：次に、電気特性という質の決定について確認しよう。ここでの要点は、電気特性はすべての事物によって所有されているわけではないが、時空によって決定されている、ということである。まず、ACAIより、電子はその構成要素たる諸々の点―瞬間と同一であるため、それらの点―瞬間が巻き込まれる時空的状況によって電子の特徴は決定されている。ところで、motionはその他のすべてのカテゴリーが支持する時空的状況よりも複合的な時空的状況であるが、時空において諸々の点―瞬間のあいだに成立する時空的状況がmotionに尽きることはない。つまり、motionよりもさらに複合的な時空状況はありうる。もちろん、そのような時空的状況によって決定されるのは、普及的な特徴ではない。逆に言えば、motionよりも複合的な時空的状況は可変的な特徴を決定する。これが時空の経験的決定の内実だと思われる。アレクサンダー自身の表現では、このことは、「電子自体はmotionの複合体であり、この複合体と電気的質とは相関関係にある」（STDii, p. 54）と述べられる。

（3）**時空的状況の複雑化**：では、一次性質（motionの時空的質）からどのようにして物質性（物質の質）が生じるのだろうか。「経験的存在はどこまでも時空的なものである。しかし、何らかの

motionのグループ、何らかの時空的な複合体のおかげで、そこでは私たちが質と呼ぶところの物質性、生命、色、意識といったものが相関している」（STDi, p. 183）。ここでアレクサンダーは、経験的存在とその質との相関関係について述べつつ、時空的状況の複雑化によって創発を定義しているように思われる。

以上を踏まえてまとめておこう。アレクサンダーは、motionの複雑化によって物質性が生じ、今度は物質性（が指示する時空的状況）の複雑化によって二次性質が生じ、以下同様に、生命性や意識といった新しい質が生じてくる、と考えているように思われる。創発とは、時空的状況の複雑化によって決定される質と質のあいだの関係である。ここで重要なのは次のことだ。アレクサンダーの創発論では、何らかのより基礎的なレベルの存在と存在論的に異なる存在が創発するのではない。時空的状況の複雑性の観点から見れば、下位のレベルと上位のレベルのあいだには複雑性の程度の差異しかない。しかし、時空的状況の複雑化によって創発する諸々の質のあいだには本性の差異がある[31]。また、諸レベルのあいだで挙動法則が異なるというのは、たとえば物質から生命が創発することで物理的運動とは異なる運動の挙動法則が実現するということだが[32]、これはそれぞれの階層の時空的状況が異なるということである。

三・二・予見不可能性な神性の創発――ラプラス批判とベルクソンへの言及

これまで見てきたように、アレクサンダーの考えでは、普及的特徴（カテゴリー）にせよ、可変的特徴（質）にせよ、すべて時空によって決定される。このことから、次のように思われるかもしれない。結局のところ、アレクサンダーの立場は決定論以外の何ものでもないのではないか、と。

だが、アレクサンダーの立場は、決定論とは似て非なるものである。そのように言えるのは、神性（Deity）という概念が導入されるからにほかならない[33]。簡潔に言えば、神性とは、時空において未だ決定されていない可変的特徴のことである。たとえば、時空において物質性までしか決定されていないとき、生命性や意識は神性である。これと同様に、時空において生命性や意識よりも高次の可変的特徴が創発する余地がある、とアレクサンダーは主張する（STDii, pp. 345-349）。

しばしば看過されがちな論点なのだが、この主張を正当化する役割を担うのは、いわゆる「ラプラスの悪魔」に対する反論である[34]。

> 〔1〕私の理解では、空間と時間の観点から一定数の瞬間における宇宙の条件が与えられると、空間と時間の観点から未来全体を計算することができる、というのは真理である。〔2〕しかし、未来はどのようになるだろうか、〔1〕未来は空間的かつ時間的な質〔2〕以上のどのような質をもつだろうかということは、すでにそれを知っているのでなければ、あるいは〔その時間を〕生きてそれを見るのでなければ、彼〔ラプラスの悪魔〕は知ることができない。（STDii.

p. 328.〔　〕内および傍点引用者）

ラプラスに対するよくある反論の一例にすぎないように思われるかもしれないが、アレクサンダー哲学のテクニカル・タームが散りばめられている点には注意が必要である。（1）「空間的かつ時空的な質」というのは、時空の基礎的決定による普及的特徴のことである。それゆえここでは、任意の瞬間における時空の全状況を知ることで、普及的特徴に関する未来の状況はすべて予測できる、と主張されている。（2）「空間的かつ時間的な質以上の質」というのは、時空の経験的決定による可変的特徴ないしは創発的質のことであり、このような質に関しては予測できないとされる。

ここで問うべきは、創発的質を「知ることができない」理由だろう。アレクサンダーによれば、その理由は「時間の経過と共に生命〔などの質〕が創発するまで待たねばならない（must wait）」（STDii, p. 327. 傍点引用者）というものだ。そして、この主張を正当化する根拠として、ベルクソンの議論が導入される。

結局のところ、それ〔ラプラスの思考実験〕は、時間を非実在とみなしている、あるいは同じことだが、宇宙が完成していると想定している。これは、ベルクソン氏の表現では、すべてが与えられている（*tout est donné*）ということである。〔…〕ともかく神でさえ予見できない宇宙の一部がある。それは、彼自身の未来である。（STDii, p. 329. 傍点引用者）

ここでは、「すべてが与えられている〔という前提は誤りである〕」というベルクソンの謎めいた主張に依拠して、「時間は非実在である」または「宇宙は完成している」といった暗黙の前提がなければ、未来の創発的質の予測可能性を主張することはできない、といったことが述べられている。それゆえ、アレクサンダーの予測不可能性についての主張の内実を理解するためには、ベルクソンの主張を理解する必要がある。

次節では、「すべてが与えられている〔という前提は誤りである〕」という主張だけでなく、この主張を含むベルクソンからの三つの影響を検討する――なお、これらの影響はすべて本章において既出の論点に関する新しい視点を提供するものである。以下では、ベルクソンからの影響を考慮して、アレクサンダーの一元論的な時空の実在論を段階的に特徴づけていくことにしよう。とりわけ、その最終段階において、神性がどのような意味で擁護されるのかを明確にすることにしたい。

四．ベルクソンからの三つの影響
――持続、無の観念の批判、予見不可能性

四．一．ベルクソンからの影響（1）――経験的存在の素材としての持続

何よりも重要なのは、ベルクソンの持続概念からの影響にほかならない。もっとも、この点については、すでに本章の「はじめに」でも触れた通りである。ここでは、ベルクソンの時間

論が重視される理由をより明確にしておくことにしよう。

最初に確認しておきたいのは、『空間、時間、神性』の翌年に刊行された『スピノザと時間』（Alexander［1921a］）の冒頭部におけるベルクソンへの言及である。

> もし、ここ二五年の最も特徴的な思想の特色を挙げるよう求められたら、私は時間の発見と答えるだろう。［…］私が思うに、私たちは時間を真剣に受け止めて、時間が何らかの仕方で事物を構成する不可欠な要素であるということを認識しはじめたばかりである。実際ベルクソン氏は、時間が究極的実在であると述べている。（ibid., p. 15, 傍点引用者）

すでに確認した通り、アレクサンダーにとって実在とは、経験的存在を構成する素材であり、この意味において、最も基礎的な実在は時空である。引用部を踏まえるのであれば、彼の実在論は、ベルクソンから着想を得たものであると解釈することができる。実際、『創造的進化』における「持続は私たちの存在の基底（le fond）であり、私たちが感じているように、私たちと通じ合う事物の実質そのもの（la substance même）なのである」（EC, p. 39）という一節は、アレクサンダーの議論と対応するだろう。このように、ベルクソンからアレクサンダーへの影響の第一の要点は、経験的存在を構成する素材、あるいは「宇宙を活気づける原理（the animating principle of the universe）」（STDi, p. 36）としての持続を発見したことである。[35]

四．二．ベルクソンからの影響（2）——いかなる意味においても宇宙の外部は存在しない

第二の論点は、アレクサンダーの存在概念に関わる。第二節で触れた通り、アレクサンダーの定義では、存在とは時空領域の占有にほかならない。これ以外のいかなる意味も与えられていないため、アレクサンダーの存在概念は一義的であると言える。

これと関連して、アレクサンダーは時空によって構成される世界の外部に何らかの存在の領域があることを決して認めない。このことは、W・モンタギュー、E・ホルト、A・マイノングの存在論に対する批判のうちに見出される（STDi, pp. 200–203）。アレクサンダーの診断によると、彼らはいずれも、思考の対象になりうるものはすべて何らかの意味で存在するということを想定している。また、これは「存在（existence）」よりも広大で包括的な有（being）」（Ibid., p. 200）あるいは「時空において存在するものがその部分であるような「存立（subsistence）」の世界または最高類（*summum genus*）」（Ibid., p. 201）を想定することにほかならないという。[36]こうした論敵の立場と対照すると、アレクサンダーは存在の領域が時空の内部に限定されるという立場を採用しているように思われる——量化のドメインを時空に限定すると言い換えてもよいだろう。[37]

さらに付言しておくと、アレクサンダーは、時空によって構成される現実世界（the actual world）の外部にある複数の可能世界（possible worlds）の存在をも認めない。実際彼は、哲学を「可

能的なものに関する学（science）」とみなしたラッセル[38]や、「私たちの経験世界はたくさんの可能世界の一つである」考えたライプニッツとの対照のもと（STDi, pp. 177–178）、自身の立場を次のように特徴づけている。「逆に、私たちにとって、形而上学とは現実世界に関する学である――もっとも、それは現実世界のアプリオリな特徴にのみ関わるのだが。可能世界という概念は、抽象によって何か重要なものが取り除かれてしまった現実世界を拡張したものである。その重要な要素とは時空である」（STDi, p. 178）。

このように、アレクサンダーの存在論的立場では、時空によって構成されるもの以外のいかなる存在の領域も認められず、時空によって構成される現実世界の外側にある可能世界の実在も認められない。以下ではこの立場を「現実主義（actualism）」と呼ぶことにしよう。

ところで、興味深いことに、アレクサンダーは、モンタギューたちの立場を批判する箇所の直前で、ベルクソンの『創造的進化』における無秩序と無の観念に対する批判的考察を参照している。

私たちが思考したり経験したりできる無（nothing）は、まったくの無（nothing-at-all）ではなく、何かしらの対象であり、有の一部である。[…]ベルクソン氏は、私たちが秩序（order）と呼ぶものとは異なる［何かしらの］秩序として無秩序（disorder）を解釈し、私たちの経験の範囲をなすものとは異なるものとしてのみ無の観念を認めた（EC, pp. 199–200）。

ベルクソンの無秩序と無の観念に対する批判的考察のうち、アレクサンダーの議論と密接に関係するのは、「ある事物の非存在（non-existence）を想定する判断」（EC, p. 290）に関する議論である。ベルクソンによれば、たとえば「対象Aは存在しない」というのは、（1）「対象Aが単に可能的なものとして存在する」と想定した上で、（2）現実と照合して、この想定が誤りであることを述べる判断である。ここで現実と照合するというのは、「この可能的なものの場所に、それとは異なり、それを追い出すある実在が存在する（il y a）」（Ibid.）ということを確かめることにほかならない。にもかかわらず、可能的なものの実在を認めたり、非存在それ自体の実在を認めたりするのは、誤りである。「対象Aは存在しない」と判断するとき、存在しているのは、可能的なものや非存在ではなくて、対象Aとは異なる何らかの現実的なものなのだ。

アレクサンダーは「存在を作るためにさらにいくつかの規定を追加せねばならないような、裸の（bare）有や中立的な（neutral）有といったカテゴリーなどない」（STDi, p. 198）という自身の主張を擁護するためにベルクソンの議論を参照している。だとすると、アレクサンダーの解釈においては、自身の存在論と同様に、ベルクソンの存在論も現実主義として捉えられている、と判断できる。アレクサンダーにとってベルクソンは、単に想定できるというだけで、時空ないし宇宙の外部に存在の領域を拡張する議論を棄却する同志なのである。[39]

四・三・ベルクソンからの影響（3）――予見不可能性と未完了の時間

最後の論点は、先ほど触れた未来の予測不可能性に関するものだ。以下では、「すべてが与えられる〔という前提は誤りである〕」というベルクソンの主張がどのような文脈に登場し、どのような理論的役割を与えられているのかを確認しよう。

ベルクソンは『創造的進化』の第一章で、徹底的機械論（mécanisme radical: MR）と徹底的目的論（finalisme radical: FR）という二つの立場を批判する。前者のMRは、以前の状態による以後の状態の決定の連鎖として世界の展開を考える立場である。後者のFRは、未来に置かれたプログラム（目的）の実現として世界の展開を考える立場である。いわば、MRは原因を前に置き、FRは原因を後ろに置く。一見すると、これらは正反対の立場に思えるが、ベルクソンは「同じ理由で受け入れられない」（EC, p. 39）と述べる。そしてその理由こそが、「すべてが与えられている」という暗黙の前提にほかならない。ベルクソンはMRを代表するラプラスに対して次のように批判している。

> 実際、機械論的説明の本質は、未来と過去を現在の関数として計算可能なものとみなすことで、すべては与えられていると主張することにある。この仮説に立つとき、計算を実行することができる超人的な知性ならば、過去、現在、未来を一挙に（d'un seul coup）見通すことができるだろう。（EC, pp. 37-38）

引用部から推測されるように、「すべてが与えられている」というのは、「実在の全体が永遠のうちに（dans l'éternité）ブロックとして（en bloc）置かれている」（EC, p. 39）ということの言い換えである。要するに、「すべてが与えられている」というのは、ベルクソンが永久主義[40]的な時間描像を棄却する際に用いるテクニカル・タームとして理解することができる。

では、ベルクソン自身はどのような時間論を採用しているのだろうか。杉山直樹の指摘によれば、ベルクソンの時間論の根幹にあるのは、現在・過去・未来という時制（tense）の区別ではなく、未完了・完了という相（aspect）の区別である（杉山［二〇〇六］七八―八三頁）。もっとも、未完了・完了という区別について、ベルクソン自身が明示的に述べているわけではない。しかしながら、たとえば『意識の直接与件』における「私たちの意識に現れる限りでの持続や運動の本質は、絶えず形成途上（en voie de formation）にあることだ」（DI, p. 89）という主張は、持続や運動が未完了の進展であることを端的に示している。

これに関連して、未完了の進展として捉えられる事象、たとえば心的行為に関しては、その未来の状態を予見することは不可能とされる。にもかかわらず未来の予見可能性を主張するというのは、本来であれば自然に行為が完了した後でなければ、当の行為を引き起こした先行条件が何であるのか指摘できないのに、行為がまだ継続している最中に、それを人為的に完了相のもとで把握することに由来する誤謬である――これがいわゆる「回顧的錯覚」である。

以上を踏まえて、「すべてが与えられている〔という前提は誤りである〕」という主張の内実を整理しておこう。一見真逆に見えるMRとFRは、時間を完了相において把握することで、永久主義的な存在論を密輸入しているという点では同罪であり、またいずれの立場においても、「事物の継起が単なる見かけであることには変わりはない」(EC, p. 40)。このような静的時間論を採用すると、持続の実効的な働きが見過ごされ、ひいては持続がもたらす予見不可能な新規性も見過ごされてしまう。

このように、「すべてが与えられている〔という前提は誤りである〕」という主張は、時間に関する存在論的な主張に関わっている。それゆえ、この主張を持ち出すアレクサンダーもまた、単に認識論的な観点から未来の予見不可能性を主張しているわけではなく、ベルクソンと同様の時間存在論にコミットしているように思われる。その存在論とは、宇宙は未完了の進展として持続し、そうであるがゆえに、宇宙の未来は最初から与えられているのではなく、開かれているというものだ。

実際、アレクサンダーは、ラプラスを批判する箇所だけでなく、自身の時空概念を特徴づける箇所でも、ベルクソンの「すべてが与えられている〔という前提は誤りである〕」という主張に言及している。

> もし時空がそのような全体〔諸部分からなる全体〕であるならば、すべては一度に与えられているだろう。しかし、時間というもの〔あるいは、同じことだが空間というもの〕は、ベルクソン氏が適切に述べているように、一挙に（altogether）与えられている訳ではない。そのように〔時空を諸部分からなる全体と〕考えることは、時間の実在を無視すること、すなわち時間を真剣に受け止めないことである。(STDi, p. 339)

このように、「すべてが一挙に与えられていない」ということは、アレクサンダーの時空概念の重要な特徴づけである。このことは、時空または宇宙が「成長宇宙（a growing universe）」(STDi, p. 66) と呼ばれることからも明らかだと思われる。[41]

おわりに

結びにかえて、ベルクソンからの影響を考慮して、アレクサンダーが一元論的な実在論を擁護した意義についてまとめていこう。

まず、第四節の内容を踏まえると、彼の立場は次の三つ立場の組み合わせとして理解できる。

① **存在を構成する素材の一元論**：経験的存在を構成する素材であるという意味において、時空は唯一の実在である〔ただし、時空に存在論的に依存する限りにおいて、点―瞬間という部

分の実在も認められる）。

② **現実主義**：単に想定可能なもの（絶対無や可能的なもの）は実在せず、持続によって構成されるものだけが存在する（ここで「実在」とは、存在を構成する素材という意味であるため、単に想定可能なものが実在しないというのは、そうしたものが存在を構成する役割を果たしていないということである）。

③ **成長宇宙説**：時空とは未完了の進展であり、時空の未来は開かれている。

これら三つの主張の関係は次のとおりである。まず、②の現実主義に関する主張は、①存在を構成する素材の一元論からの帰結である。次いで、②現実主義（特に様相に関する現実主義）を採用した場合、偶然性をどのように説明するのかという一般的課題があるが、これを説明するのが、③成長宇宙説である。永久主義を採用する場合、未来の時空の状況は、認識論的に予見不可能なだけで、存在論的には定まっているが、成長宇宙説を採用する場合、未来の時空の状況は、存在論的に開かれており、予見不可能な創発的質が実際に創発する。

このように、ベルクソンからの影響を考慮してアレクサンダーの時空の形而上学を読み直すならば、そのイメージは大きく刷新されると思われる。第一に、唯一の基礎的存在者としての時空全体、時空に存在論的に依存する派生的な存在者としての点—瞬間という部分の実在だけを認め、他のいかなる存在者の実在も認めないという点で、アレクサンダーが倹約な存在論を提案しているのは確かであるが、存在論的に倹約であるかどうかは、彼のプロジェクトの本筋ではない。アレクサンダーにとって何よりも重要なのは、我々が住まうこの現実世界について説明することである。だからこそ、彼は、非存在や可能世界の実在を認める立場、つまりこの現実世界について説明するためにこの現実世界の外側に訴える立場を退ける。この現実世界に住まう私について説明するためには、可能世界に住まう私とよく似た存在者を持ち出す必要はない。私を構成する素材である時空領域のあり方こそが重要なのである。時空を唯一の基礎的存在者とする一元論は、そうした素材の探求を通して帰結されるにすぎない。第二に、そうしたアレクサンダーの一元論は、「すべては時空の決定である」という標語と共に語りうるものではあるが、その一言だけで済ましえない法外な主張を含んでいる。なるほど、普及的特徴（カテゴリー）にしろ、可変的特徴（質）にしろ、経験的存在のあらゆる特徴は、時空における点—瞬間の配置的性質として決定されるという主張は、アレクサンダーの時空の形而上学の中心をなしている。しかし、そうした特徴が永遠に不変のものだという主張は、『空間、時間、神性』のどこにもない。我々の目の前に拡がるこの現実世界は、行き先もわからぬまま刻々と変化していくものであり、アレクサンダーはそれをそっくりそのまま肯定しようとする。そのひとつの徹底が、この現実世界に到来する（かもしれない）予見不可能な創発的質としての神性に対する信念にほかならない。そして、こうした創発ないし変化の究極原因もまた、超越的な神などではなく、この現実世界の素材である時空そのものである。あるいは、神とはそうした時空の別名にすぎない。

　私が思うに、今、アレクサンダーを読み直す必要があるとすれば、それは、単に一元論的な実在論の雛形を提唱したからではなく、この現実世界を説明するために一元論的な実在論を措定したからである。そして、そうしたアレクサンダーの形而上学的な思索の旅路には、常にベルクソンという同行者がいたことも強調しておきたい。

付記

　本章は、米田［二〇二二］の第一章の一部（第四節）と補論①を合算し、加筆修正したものである。また、本章の成果の一部は、JSPS科研費24K15888、24K00005の助成を受けたものである。

注

（1）初期アレクサンダーとイギリス観念論との関係についてはFisher［2017a］、『空間、時間、神性』の観念論的側面を強調する解釈についてはBrettschneider［1964］、実在論的側面を強調する解釈についてはAnderson［2005a］［2005b］を参照されたい。また、本書第五章（太田担当）と第六章（伊藤担当）もあわせて参照されたい。

（2）Fisher［2015］は、アンダーソンとウィリアムズへの影響や、アンダーソンの指導学生であったD・M・アームストロングへの影響について言及している。

（3）Cf. Schaffer［2009］［2010a］［2010b］; Thomas［2013］; Fisher［2015］; Rush［2021］.

（4）Thomas［2013］とRush［2021］は、アレクサンダーとベルクソンとの影響関係に言及している稀有な例である。特に、Rush［2021］については、注（13）と注（16）もあわせて参照されたい。

（5）そもそもアレクサンダーは英語圏における最初期のベルクソンの紹介者の一人である。たとえば、彼は一八九七年に*Mind*誌に『物質と記憶』（Bergson［1896］）の書評を寄稿している。一九一〇年代にベルクソンの英訳がはじまったことを踏まえると、アレクサンダーはフランス語でベルクソンを読解していた稀有な人物の一人と言える。

（6）これは、英語圏の一元論に仏語圏の哲学が与えた影響を検討するためにも避けては通れない作業である。本書第五章（太田担当）が示唆するように、一元論の歴史における仏語圏の哲学の位置づけはほとんど明らかになっていない。本章は、直接的に仏語圏の一元論を追跡する作業ではないが、部分的にはこうした作業に関わるものである。なお、ベルクソン自身が一元論者を自称することはないが、Tonquédec［1912］はベルクソンが一元論者であるかどうか検討している。

（7）現代の時空論については本書第一二章（大畑担当）を参照されたい。

（8）アレクサンダーは、空間と時間の相互依存性を主張するために、空間の三つの次元がなければ時間の三つの特徴は成り立たないということを証明する（STDi, pp. 50-56）。この証明は非常に難解であり、当時から多くの批判が寄せられたが、とりわけ重要なのはブロードとの論争である（Cf. Broad［1921］; Alexander［1921］）。この証明の内実を詳細に検討したものとしては、アンダーソンの研究を参照されたい（Anderson［2005a］, pp. 77-78;［2005b］, pp. 23-40）。

（9）アレクサンダーは「時間と空間は不可分の連続的統一体をなす」と主張すべき物理学的根拠として、H・A・ローレンツ、A・アインシュタイン、H・ミンコフスキーといった同時代の物理学者の議論を挙げている（cf. STDi 58-60, 87-92）。また、Thomas［2013］

では、デカルトなどの近世哲学における延長概念を考慮しながら、アレクサンダーの時空概念の明確化が試みられている。

（10）一元論をめぐる現代の論争においても、全体と部分の関係をめぐる問いは論争の中心に位置する。詳しくは本書第九章（小山担当）を参照されたい。

（11）存在論的依存に関しては、本書第九章（小山担当）を参照されたい。

（12）存在一元論と原子論に関しては、本書第九章（小山担当）を参照されたい。

（13）優先性一元論に関しては、本書第一〇章（雪本担当）の第一節を参照されたい。

（14）アレクサンダーが一元論者であるというのは、解釈者の間で意見が一致している。ただし、優先性一元論者なのか、存在一元論者なのかについては、意見は割れている。前者の解釈は、Schaffer [2010b] で古典的な優先性一元論者としてアレクサンダーの名が挙げられたことに由来し、Thomas [2013] や Fisher [2015] がこれを採用している。この解釈の特徴は、派生的な存在者としての点—瞬間という部分の実在を認める点にある。後者の解釈は、近年 Rush [2021] が提唱したものである。この解釈の特徴は、点—瞬間という部分の実在は認めない点にある。Rush [2021] は、存在一元論の一種であるプロブジェクティヴィズム、つまり、いかなる意味でも部分をもたないが、構造の複雑さと局所的な可変性をもつような唯一の基礎的存在者が存在し、それは宇宙である、とみなす立場を念頭に置きながら、アレクサンダーをこの立場と接近させようとしている。

（15）フィッシャーが明示的に述べているわけではないが、彼が想定しているのは「全体はその諸部分と集合的かつ個体的に数的に同一である」と定式化される奇妙な同一性としての合成（Strange-CAI）だと思われる。この点に関しては、Cotonoir & Baxter [2014] についてのフィッシャー自身のレビューを参照されたい（Fisher [2017b]）。

（16）一般的に、order は関係の一種とみなされるが、アレクサンダーは order を独立したカテゴリーとしてあつかうべきだと主張している（STDi, p. 193）。このことから推測されるように、order はアレクサンダー哲学の鍵概念のひとつである。本章では、文脈に応じて「順序」や「秩序」と訳しわけたが、アレクサンダーはこれら二つの意味を込めて order という語を用いていると思われる。

（17）本章では Motion という語に訳語を与えていない。その理由は三三で触れる。なお、ブラッドリーは『現象と実在』において Motion を現象（見かけ）とみなしているが（Bradley [1893], pp. 44-45）、アレクサンダーはこのことを念頭に置いて Motion 概念の再定義を試みていると思われる。また、アレクサンダーによる Motion 概念の再検討に大きな影響を与えた人物としては、ラッセルとベルクソンが候補にあがるが、近年では後者の影響を強く見る解釈が多数派である（Cf. Rush [2021]）。

（18）アレクサンダーは自らの立場をカントと対照している（STDi, pp. 190-193, 330-335）。両者の相違点について、アンダーソンは次のような簡潔な説明を与えている。「何よりもまず、アレクサンダーは、私たちの知識の形式を諸事物の形式とみなすというだけでなく、感覚の形式（空間—時間）と悟性の形式（カテゴリー）というカントの区別に見られるような、知識の形式と諸事物の形式が二つの異なる源泉をもつという説を棄却する点で、カントとは異なる。［カントとは］逆に、アレクサンダーは、空間と時間が諸カテゴリーの源泉であると主張する」（Anderson [2005b], p. 3）。

（19）Cf. STDi, p. 336.

（20）カテゴリー論の一般的な問題として、カテゴリーの完備性（completeness）の問題がある。アレクサンダーは、質や変化といったカテゴリーの候補が普及的でないことを示す論証を通して、自らのカテゴリー論の完備性を主張する（STDi, pp. 326-330）。また、「カテゴリーの源泉はカテゴリーでない」というカントに由来し、イギリス観念論者に継承された前提を踏まえて、時空性（spatio-temporality）はカテゴリーでないことを主張する（STDi, pp. 331-332）。

（21）本章では、determinationを「決定」と訳したが、単に「規定」という意味で理解してもよい。あえて「決定」と訳したのは、決定論（determinism）の問題とかかわるからである。

（22）アンダーソンに端を発する述語解釈では、「時空とはカテゴリーがその述語であるところの主語である——時空が本質的主語であるのと同時に、カテゴリーは本質的述語である」（Anderson [2005b], p. 14）というように、存在や関係のカテゴリーは「存在する」や「関係をもつ」といった点—瞬間の述語として解釈されることになる。しかし、アレクサンダー自身が「カテゴリーはいわば事物の形容詞や述語などではない」（STDi, p. 197）と強調しているため、述語解釈を支持することはできない。なお、述語解釈を支持しえない本質的な理由としては、アレクサンダーが述語となる普遍者の実在を認めないことを考慮すべきであろう。

（23）関係についてのこの考えは、アレクサンダーが原子（点—瞬間（部分）の実在だけを認めて時空（全体）の実在を認めない立場を採用しないひとつの積極的な根拠と考えることができる。

（24）重複概念による交流概念の明確化は、Fisher [2015] のアイデアである。必ずしも明示的に述べられているわけではないが、Fisher [2015] における重複概念は「あるカテゴリーに属する時空的状況のひとつひとつが、別のカテゴリーに属する時空的状況のどれかと（少なくとも）部分的には同一である」という意味で用いられていると思われる。

（25）Cf. STDi, p. 61.

（26）Cf. STDi, pp. 329-330.

（27）Lloyd Morgan [1915] が念頭に置かれている（STDii, pp. 45-46）。

（28）この点に見られるように、アレクサンダーの著作では、経験と事物の関係、あるいは知覚と知覚対象の関係については、ほとんど議論されない。もっとも、これは、実在論者にはよくあることだろう。あくまでもアイデアにすぎないが、アレクサンダーが前述した『物質と記憶』の書評（Alexander [1897]）においてベルクソンのイマージュ論や純粋知覚論を高く評価していることを踏まえると、ベルクソンの知覚論によってアレクサンダーの知覚論を補完することができるかもしれない。この点については、稿を改めて検討することにしたい。

（29）電子に関する議論は、電子の発見者であるJ・J・トムソンの議論に依拠している（STDii, pp. 53-54）。

（30）Thomas [2013] に見られるように、アレクサンダーは時空と物質を同一視しているという解釈が主流である。しかし、このような解釈は一次性質と物質性の区別を看過した端的な誤読である、というのが私の意見である。

（31）こうした考えは、一見すると心身問題におけるエピフェノメナリズムに似通っているように思える。議論の妥当性は措いておくが、アレクサンダー自身は、心は単に脳に随伴するのではなく、実際に因果的な効力をもつと主張し、自らの立場がエピフェノメナリズムとは異なるという点を強調している（STDii, pp. 8-9）。

（32）たとえば、因果というカテゴリー的特徴それ自体は普及的だが、どのような因果が成立しているかは階層ごとに可変的である。

（33）神性概念がなければ、アレクサンダーの創発概念には、時空においてすでに決定されている可変的特徴の関係を規定する役割しか担わないだろう。

（34）管見では、従来のアレクサンダー研究において、ラプラスへの批判が詳細に検討されることはない。このことは、アレクサンダーが創発概念を予測不可能性によって特徴づけていることが看過されてきたということを意味する。

（35）　アレクサンダーはベルクソンの空間論に対しては不満を述べている。「不幸なことに、空間と時間の関係に関するベルクソンの理解は、彼の哲学のなかで最も重要であると同時に最も困難なものであり、最も曖昧なものだ」（STDi, p. 36）。ただし、これはベルクソンの空間論に対する全面的な否定を意味しないと思われる。というのも、アレクサンダーは、ベルクソンの「時間の空間化批判」に言及し、これを重要な指摘として受け止めているからである（STDi, pp. 148-150）。おそらく、アレクサンダーが問題視しているのは、ベルクソンが空間を実在、すなわち経験的存在の素材とみなしていないということだと思われる。なお、『物質と記憶』の具体的延長概念を考慮すれば、両者の距離はさらに縮まると思われる。

（36）　「有」という概念は、「時空領域の占有」という限定的な意味ではなく、より漠然とした意味での存在概念として用いられている。また「存立」という概念は、基本的にはマイノングの用法に準拠していると思われる。なお、アレクサンダーが参照しているマイノングの著作は『想定について』（Meinong [1902]）である。

（37）　量化のドメインについては、本書第九章（小山担当）の第一節を参照されたい。

（38）　アレクサンダーが参照しているのは、ラッセルの『神秘主義と論理』（Russell [1917]）所収の論文「哲学における科学的方法について」である。そこでラッセルは、第一に、哲学の命題は一般的でなければならないということ、第二に、哲学の命題は、現実世界がどのようなものであれ、すべての可能世界において真であるようなものでなければならないということを指摘している。「哲学とは可能的なものに関する学である」というのは、哲学的命題のこれら二つの特徴を要約したものである（Russell [1917], pp. 110-111／邦訳一二五—一二七頁）。

（39）　ベルクソンは『思想と動くもの』所収の「第一緒論」において、現実的なものと可能的なものをすべてはじめに置く哲学との対比のもと、自身の哲学を次のように特徴づけている。「したがってそのような哲学は私たちの世界とはまったく違う世界にもあてはまる。それよりも、実在の波動をたどる真に直観的な哲学の方が、どんなに豊かな教えをもたらすことだろう。［…］たとえ統一性が存在するにせよ、それは探求の最後に結果として現れるものであり、それを原理として最初に置くことはできない。そしてその統一性は豊かで充実して連続する統一性、つまり私たちの実在の統一性であり、極度の普遍化から生まれてどんな可能世界にもあてはまる抽象的で空虚な統一ではない」（PM, pp. 26-27）。これは『空間、時間、神性』よりも後に書かれたものだが、ベルクソンとアレクサンダーが足並みを揃えていることの証左である。

（40）　ここでは、過去、現在、未来にあるすべての事物・出来事の実在を認める立場を「永久主義」と呼ぶことにする。

（41）　成長ブロック宇宙説、つまり過去と現在にあるすべての事物・出来事の存在を認め、未来の事物・出来事の存在は認めない立場の源泉は、しばしばC・D・ブロードに帰せられるが、近年の研究では、ブロードの立場は、アレクサンダーとの論争（Broad [1921]; Alexander [1921b]）を通して構築されたという説が浮上している（Thomas [2019]）。

文献

凡例

引用に際して略号を用いたものについては、文献の末尾に略号を示した。また、*Space, Time, and Deity*については、慣例にならって、第一巻をSTD i、第二巻をSTD ii、と略号した。

Alexander, S. [1897], "*Matière et mémoire* (Review)," in *Mind*, 6, pp.

572-573.

——— [1920/1927], *Space, Time, and Deity: The Gifford Lectures at Glasgow 1916-1918*, London: Macmillan: STDi & STDii.

——— [1921a], *Spinoza and Time*, London: Macmillan.

——— [1921b], "Some Explanations," in *Mind*, 30, pp. 409-428.

Anderson, J., [2005a], *Space-Time and the Proposition: The 1944 Lectures on Samuel Anlesander's Space, Time and Deity*, Sydney: Sydney University Press.

——— [2005b], *Space, Time and the Categories: Lectures on Metaphysics 1949-50*, Sydney: Sydney University Press.

Bergson, H., [1889 (2011)], *Essai sur les données immédiates de la conscience*, Paris: PUF: DI.

——— [1907 (2009)], *L'évolution créatrice*, Paris: PUF: EC.

——— [1938 (2009)], *La pensée et le mouvant*, Paris : PUF: PM.

Bradley, F. H., [1893], *Appearance and Reality: A Metaphysical Essay*, London: Allen & Unwin.

Brettschneider, Bertram D., [1964], *The Philosophy of Samuel Alexander: Idealism in 'Space, Time, and Deity'*. New York: Humanities Press.

Broad, C. D., [1921], "Professor Alexander's Gifford Lectures I," in *Mind*, 30, pp. 25-39.

Fagot-Largeault, A., [2002], "L'émergence," in Andler, D., Fagot-Largeault, A. & Saint-Sernin, B. (eds.), *Philosophie des sciences II*, Paris: Folio, pp. 951-1048.

Fisher, A. R. J., [2015], "Samuel Alexander's Theory of Categories," in *The Monist*, 98, pp. 246-267.

——— [2017a], 'Samuel Alexander's Early Reactions to British Idealism', in *Collingwood and British Idealism Studies*, 23 (2), pp. 169-196.

——— [2017b], "Composition as Identity (review)," in *Philosophical Quarterly*, 67 (267), pp. 409-412.

Lloyd Morgan, Conwy, [1915], "Mind and Body in their relation to each other to external things," in *Scientia*, 18, pp. 244-256.

Meinong, Alexius, [1902 (1910)], *Über Annahmen*, J. A. Barth.

Rush, Michael, [2021], "Samuel Alexander on Motion," in *Marking the Centenary of Samuel Alexander's Space, Time and Deity*, Palgrave Macmillan, pp. 129-148.

Russell, Bertrand, [1917], *Mysticism and Logic and Other Essays*, Allen & Unwin〔邦訳：バートランド・ラッセル『神秘主義と論理』江森巳之助訳、みすず書房、一九五九年〕.

Schaffer, J., [2009], "Spacetime the One Substance," in *Philosophical Studies*, 145, pp. 131-148.

——— [2010a], "The Least Discerning and Most Promiscuous Truthmaker," in *Philosophical Quartely*, 60 (239), pp. 307-324.

——— [2010b], "The Priority of the Whole," in *Philosophical Review*, 119 (1), pp. 31-76〔邦訳：ジョナサン・シャファー「一元論——全体の優先性」（立花達也・雪本泰司訳）本書第一三章〕.

Thomas, E. [2013], "Space, Time, and Samuel Alexander," in *British Journal for the History of Philosophy*, 21, pp. 549-569.

——— [2015], "Samuel Alexander's Space-Time God: A Naturalist Rival to Current Emergentist Theologies," in Nagasawa, Y. & Buckareff, A. (eds.), *Alternative Concepts of God*, Oxford: Oxford University Press, pp. 255-273.

——— [2019], "The Roots of C. D. Broad's Block Theory of Time", in *Mind*, 128 (510), pp. 527-549.

Tonquédec, Joseph de., [1912], "M. Bergson est-il moniste?," in *Études par des Pères de la compagnie de Jésus*, t. CXXX, no. 1: pp. 514-516.

杉山直樹［二〇〇六］『ベルクソン――聴診する経験論』創文社。

米田翼［二〇二二］『生ける物質――アンリ・ベルクソンと生命個体化の思想』青土社。

第Ⅲ部　現代における一元論

——J・シャファーの優先性一元論をめぐって

第九章　一元論はどのようにして現代に蘇ったのか*

——分析形而上学的観点から

小山　虎

はじめに

本書の「はじめに」でも述べたように、一元論を現代に甦らせたのがジョナサン・シャファーであることに疑いの余地はない。しかし、単に一人の哲学者の力で一元論が復活したのではないということはもっと留意されるべきだと思われる（そもそも分析哲学に限らず、哲学を含む現代のアカデミックな研究活動はどれも集団で行う営みであり、個人の力だけで大きな変化が生じることはほとんどない）。本章では、一元論復活の背景である**クワイン型メタ存在論**と**メレオロジー**という二つの理論を概観し、そのもとで生じた問題と一元論がどのようにしてその問題を解決できるかを確認することで、一元論復活の経緯を概観する。

　本章の大半は、現代の分析哲学[1]における存在論でどのような理論が用いられているかの概略を示すことに費やされる。その目的は、単に歴史的経緯を説明することではなく、現代の一元論にはそのような理論的背景があり、それゆえにその射程には一定の制約がかかっていることを示すことである。もちろん、そうした制約を取り払った一元論にも興味深い点が数多くあることは間違いないが、前章までで論じられてきたように、ひとくちに「一元論」と言ってもその実態は多様である。現代に復活したと言われるのはそうした歴史的な一元論のすべてではなく、特定のタイプにすぎない。一元論を支持するにせよ批判するにせよ、一元論に関して過去に論じられた議論が現代の一元論に対してどの程度適用可能かを検討する際には、蘇った一元論がどのようなものかを特定する必要がある。本章の目的は、現代の一元論が、前述のクワイン型メタ存在論とメレオロジーを前提して初めて理解可能なものであることを示すことである。

　本題に入る前にもうひとつ注意を促しておきたいことがある。本章で扱う一元論は、厳密にはシャファー本人が擁護する一元論とは異なる。本章で目指されるのはシャファーの立場や議論を紹介することではなく、存在論に携わる多くの現代の分析哲学者にとって一元論がどのようなものとして登場したかである。

一．クワイン的メタ存在論

現代の分析哲学における存在論を理解する上で外すことができないのが、**メタ存在論**（metaontology）である。メタ存在論とは、存在論的探求のためのフレームワークのことであり、存在すると言えるための基準を提供するものである。すなわち、存在論が「何が存在するのか」という問いに関わる分野や理論であるとするならば、メタ存在論は、「存在論的問いによってどういうことが問われているのか」という問いに関わる分野ないし理論である[2]。

以上の特徴づけからただちにわかるかもしれないが、存在論、すなわち、何が存在するか、の内実は、メタ存在論のレベルでどのような理論を採用するかに依存する。表面上は同じ問いであっても、その問いを表す文で用いられている言葉の意味や用法が異なっているのであれば、それは異なる問いである。言葉の意味が同じであっても聞き手の意図が異なるのであれば、やはり異なる問いだと考えてよいだろう。メタ存在論とは、こうした多義性が生じないための基準に関する理論である。

具体的に述べよう。現代の分析哲学におけるメタ存在論で、長らくデフォルト理論の地位を占めていたのが、**クワイン的メタ存在論**（Quinean metaontology）である[3]。クワイン的メタ存在論は、おおまかには、以下の四つの特徴を持つ[4]。

一．**規格化**された（regimented）言語を用いる。すなわち、言葉のふるまいが（少なくとも必要な範囲で）論理学と同様に定義されている。

二．**一階の述語論理**を用いる。すなわち、言語表現として「かつ（&）」、「または（∨）」、「もし〜ならば（→）」（条件文）、そして否定を意味する「〜でない（￢）」を表す論理結合子と、「すべての〜」（∀）と「ある〜（∃）」を表す量化子（前者は全称量化子、後者は存在量化子と呼ばれる）を含み、これらの表現を含む文の真理値がどのように決まるかが定義されている（これは真理定義と呼ばれる）。

三．**薄い存在概念**を採用する。すなわち、存在概念には、存在量化子を用いて表される以上の内容はない。

四．**存在概念は一義的**である。すなわち、存在量化子を用いて表される存在概念以外に存在概念はない。

これら四つの特徴から、クワイン型メタ存在論のもとでなんらか対象の存在について語るためには、一階の述語論理を含む規格化された言語を用いて、存在量化子を含む文の形で表現することになる。そして、その文の真理値は真理定義に基づいて判定される。つまり、何が存在するかを語る際は、厳格に定義された言語における文が用いられ、問題の対象が存在するかどうかも、その文の真理値を定めた定義が参照される。これは、存在概念を論理学の道具を用いて、Carnap［1947］の意味で「解明（explicate）」していると考えることができる。

クワイン型存在論についての理解を深めるには、具体例を用いるのがいいだろう。まず、次の文（1）は、（1a）のように規格化することができる。[5]

（1）幽霊は存在しない。

（1a）$\neg\exists x$（xは幽霊である）

ここでは論理記号の厳密な意味を気にする必要はない。ポイントは、（1a）では、「xは幽霊である」と存在量化子（$\exists$）と否定記号（$\neg$）の組み合わせで、（1）が表現されているという点である。カッコの外側の部分（$\neg\exists x$）を下からから読めば「x・存在・しない」であり、カッコの内側が「xは幽霊である」なのだから、（1a）の全体で「幽霊であるようなxは存在しない」ということが表されていることが理解できるだろう。

別の例を挙げよう。次の（2）は同様に（2a）のように規格化しうる。

（2）庭には二羽ニワトリがいる。

（2a）$\exists x \exists y$（（xは庭にいるニワトリである）&（yは庭にいるニワトリである）&（$x \neq y$））

（2a）の「xは庭にいるニワトリである」が登場するのは、（1a）の「xは幽霊である」と同様である。注意する必要があるのは、（2a）はxだけでなくyも登場している点である。もしyに関する部分がまったくなかったならば（つまり、「$\exists x$（xは庭にいるニワトリである）」だったならば）、これが（1a）と同様に「庭にいるニワトリであるようなxがいる」ということを表すということは問題ないだろう。yが登場することのポイントは、最後の「$x \neq y$」である。要するに、（2a）では、「庭にいるニワトリであるようなxがいる」と「庭にいるニワトリであるようなyがいる」と「$x \neq y$」という三つのことが表されているのである。この三つを合わせると、「xは庭にいるニワトリであり、yも庭にいるニワトリだが、$x = y$ではない」ということになる。すなわち、庭にはxというニワトリだけでなく、yという別のニワトリもいるわけだから、（2a）は庭には二羽ニワトリがいるということを表しているのである。「存在する・しない」や「いる・いない」に関する文は、このようにして規格化できる。そして、このような存在量化子（$\exists$）を用いて表現できる以外に存在概念はないのだから、これ以外の方法で何かが存在するかどうかについて語ることもできないのである。

しかし、このような規格化そのものは、クワイン型存在論にとってそれほど本質的ではない（どちらかと言えば、まともな存在論にとってなんらかの規格化は不可欠であり、クワイン型メタ存在論ではこのような方法で規格化しているということにすぎない）。むしろ重要なのは真理定義である。

クワイン型メタ存在論で利用される真理定義は「**タルスキ型真理定義**（Tarskian truth definition）」と呼ばれるものであり、これを適切に理解するとは、論理学で「モデル論的意味論（model theoretic semantics）」と呼ばれる理論を理解することにほかならない。ここでは最低限の理解で済ませよう。押さえておく必要があるのは、量化子には「**量化のドメイン**（domain of quantification）」と呼ばれる集合が伴い、真理値もこの「ドメイン」によって定義されるという点である。具体的には、次の（3）はそうした定義のひとつである。

（3）「∃x（xはFである）」が真 ⇔ ドメインの中にFであるものがひとつでも含まれているとき（そうでなければ偽）

これは存在量化子を含む文の真理定義を表したものである。もう少し詳しく見ていこう。まず、「∃x（xはFである）」は「Fは存在する」や「Fがいる」を規格化したものである。（3）はこれが真、つまり、Fは存在すると主張したときにそれが正しい主張となる条件を示している。すなわち、「ドメインの中にFであるものがひとつでも含まれているとき」である（Fがひとつもなければ正しい主張にならない。よって偽となる）。要するに、存在するという主張が正しいかどうかは、ドメインの中にそれがひとつでもあるかどうかにかかっているのである。

　理解を深めるために、また具体例を用いることにしよう。ドメインが日本中の動物を集めた集合だとすると、次の（4）は真である。

（4）ネコがいる。

これまでに見たように、（4）は「∃x（xはネコである）」というように規格化できる。そして（3）で述べられているように、この文が真なのは、ドメイン（日本中の動物の集合）の中にネコであるものがひとつ（一匹）でも含まれているときである。もちろん日本中の動物を集めた集合の中には、お向かいで飼われている子猫のシロも含まれているはずである。よって真となる。

　こうした真理値の判定は、ニワトリやネコが登場する日常的な文に限られるわけではないということには注意して欲しい。次の（5）は数学に関する文であるが、同様に真理値を判定できる。

（5）9と51の公約数が存在する。

この文はドメインが自然数を含む集合であるならば真である（9と51の公約数の3がドメインに含まれているからである）。また、たとえば「7と51の公約数が存在する」は偽である（7と51の公約数は存在しない）。

　（4）と（5）では異なるドメインを想定していたことに注意して欲しい。存在について語る際には、どのようなドメインを考えるかで答えが変わってくるのである。もし自然数の集合がドメインであれば（4）は偽であり、動物の集合がドメインであれば（5）は偽である。たとえ文の意味が変わっていなくても、異なるドメインで考えれば、何かの存在に関する文の真偽も変わりうる。逆に言えば、何かの存在に関する文の真偽がわかれば、ドメインの方にもそれに対応するものが含まれていることになる。そして、クワイン的メタ存在論では、ドメインのことを「**存在論**（ontology）」と呼ぶ。つまり、クワイン的メタ存在論のもとでは、存在論的探求とは、「〜が存在する」というタイプの文の真理値を明らかにすることを通じて、「ドメイン」と呼ばれる集合に何が含まれているかを特定する営みとして特徴づけられるのである。「存在論」という同じ言葉が用いられており、その目指すところ（「何が存在するのか」の探求）が同じであっても、それ以前の哲学とはかなり異なることが念頭に置かれているという点は注意が必要である。

また、クワイン型メタ存在論は、論理学を用いて存在概念を「解明」した上で、それに基づいて存在論的探求のためのフレームワークを与えている。こうした手法は、「解明」という観点で言えば、前述のカルナップやその師であるフレーゲを受け継ぐものであり、加えて、タルスキの真理定義を利用しているという点で、過去の分析哲学の成果を踏まえたものになっていると言えるだろう。

二　メレオロジー

現代の分析哲学における存在論で標準的に用いられるもうひとつの理論が、**メレオロジー**（mereology）である。メレオロジーとは、部分全体関係（何かが何かの部分であるという関係）についての形式的理論である（メレオロジーという名称も、部分を意味するギリシャ語に由来する）。二〇世紀前半に活躍したポーランドの論理学者S・レシニエフスキ（S. Leśniewski）が考案したものであり、英語圏ではLeonard & Goodman［1940］を通じて広まった。

メレオロジーは、その聞きなれない名称がイメージさせるほどには特殊な理論ではない。実のところ、一階の述語論理に部分全体関係を表す特別な述語をひとつ追加しただけのものである。ただし、追加された述語が通常の述語とはどのように異なっているかを定める追加の規則として何を採用するかによって様々なメレオロジー体系が得られる。[6] ここでは、標準的なメレオロジー体系である**一般外延メレオロジー**（General Extensional Mereology: GEM）を用いて話を進める。[7]

メレオロジーがどのようなものかを理解するためのポイントは、部分全体関係には「論理」があり、メレオロジーはこれを表現したものであるという点である。まず、部分全体関係には**推移性**が成り立つということがある（ただし、日常生活で「部分」という言葉が使われるときに必ず成り立つわけではないことには注意されたい）。たとえば、パソコンの部分のひとつにキーボードがあり、キーボードの部分として「Z」や「X」や「1」などの個々のキーがある。このとき、これらのキーはキーボードの部分であることに加えて、そのキーボードを部分として持つパソコンの部分でもある。つまり、AがBの部分であり、BがCの部分であるとき、AはCの部分でもある。これが推移性であり、次のように規格化できる（「Pxy」はxがyの部分であることを表すとする）。

（6）$(Pxy \& Pyz) \rightarrow Pxz$

部分全体関係には、推移性だけでなく**反対称性**（anti-symmetry）も成り立つことがある。たとえば、キーボードがパソコンの部分であるならば、その逆、すなわち、パソコンがキーボードの部分であるということはない（パソコンとキーボードが実は同一ということがない限りは）。つまり、AとBが同一でないとすると、AがBの部分であるときはBがAの部分であることはない。これが反対称性であり、次のように規格化できる。

（7）$x \neq y \rightarrow \neg(Pxy \& Pyx)$

通常の一階の述語論理に部分全体関係を表す述語として前述の推移性と反対称性が成り立つものを追加すれば、ひとつのメレオロジー体系ができあがる（ただし、一般外延メレオロジーにまで至るには推移性と反対称性だけでなく、もっと複雑な規則性が必要である）。部分全体関係に関して推移性や反対称性が必ず成り立つかどうかは議論の余地がおおいにある。しかし、クワイン的メタ存在論が存在概念の解明になっていると考えられるのと同じように、メレオロジーも部分という概念の解明になっていると考えることが許されるだろう。

部分全体関係を特殊な述語として一階の述語論理に導入すれば、部分全体関係と関連する他の概念を定義することが可能になる。一例を挙げると、「重複（overlap）」という関係は、一方の部分であり、かつもう一方の部分でもあるようなものが存在するというように定義できる（規格化すれば、$Oxy =_{df} \exists z(Pzx \& Pzy)$）。

このように単になんらかの規則性を持つ述語をひとつ追加するだけでメレオロジーの体系が得られるのだが、その意義は応用にある。まず、空間的な部分全体関係に限れば、推移性と反対称性が成り立つ（さらにはGEMで成り立つとされる他の規則性も成り立つ）。たとえば、山口市は山口県の部分であり、山口県は中国地方の部分である。そして山口市は当然中国地方の部分である。あるいは、いま私がいる部屋はこのビルの二階の部分であり、ビルの二階はビル全体の部分である。そして、この部屋はビル全体の部分である（以上、推移性の例）。加えて、山口市が山口県の部分であるならば、山口県が山口市の部分であることはなく、ビルの二階がビル全体の部分ならば、ビル全体がビルの二階の部分であることもない（以上、反対称性の例）。

哲学的観点から見てより興味深いのは、時間的部分も同様にメレオロジーで表現できることである。時間と空間は日常的な体験としてはまったく異なるものであるが、物理学の世界では「時空」という一体のものだということがわかっている。よって、時間に関しても時間と同様の部分全体関係が成り立つことが期待され、実際明らかに成り立つケースがある。たとえば、サッカーの試合には前半と後半がある。前半と後半が重複することはないが、なぜなら前半の部分であり、かつ後半の部分でもあるような時点がないからである（前述の「重複」の定義と比較されたい）。また、試合開始からの一五分間は前半の部分であるが、前半は試合開始からの一五分間の部分ではない（反対称性）。

もうひとつ、特に形而上学に関する興味深い例を挙げよう。**可能世界**（possible world）という概念は、必然性や可能性の「解明」に用いることができる。たとえば、あることの発生が必然的であるということは、すべての可能世界でそれが発生してい

表9-1　論理体系による概念の「解明」

「解明」された概念	論理体系	構成要素
存在	一階の述語論理	命題論理＋量化子
必然性・可能性	様相論理	一階の述語論理＋様相演算子
部分・全体	メレオロジー	一階の述語論理＋部分全体関係

るとして定義できる。逆にそれが可能であるということは、それが発生している可能世界があるということとして定義できる。[8]

ただし、可能世界そのものにこうした定義を与えることは容易ではない。だが、Lewis [1986] では、可能世界がメレオロジーを用いて定義されている。おおまかに言うとその定義では、ある対象となんらかの時空的関係が成り立つ対象（空間的に横に位置しているとか、時間的に前に位置しているとか）をすべて部分として持ち、かつそれ以外には部分を持たないものが、その対象のいる可能世界として定義されている。要するに、メレオロジーは、定義が困難な概念を定義できる手段を提供してくれるのである。

メレオロジーの意義は、様相論理と比較するとわかりやすいかもしれない。一階の述語論理はそれまでの命題論理に量化子を追加したものだが、それにより存在概念（だけではないが）の「解明」が可能になったと考えることができる。様相論理は一階の述語論理に様相演算子を追加したものである。これによって必然性や可能性の「解明」が可能になったと考えてもよいだろう。そしてメレオロジーは、一階の述語論理に様相演算子ではなく部分全体関係を表す述語を追加したものであり、これによって部分全体関係の「解明」が与えられたと考えることができるだろう（表9-1）。

三　メレオロジーから一元論へ

前節までで二つの理論（クワイン型メタ存在論とメレオロジー）の概略を示したが、一元論復活の経緯にはこの二つの理論から生じる問題が関わっている。

GEMには「無制限構成（unrestricted composition）の原理」と呼ばれる原理がある。これは、任意の対象の集まりについて、そのすべてを部分とする対象が存在することを保証する原理である。無制限構成の原理によれば、たとえば、エリザベス女王のダンス用ハイヒールの片方と月を部分とする対象も存在することになる。もちろんこの対象がどういうものかは見当もつかないが、それよりも問題視されていたのは、無制限構成の原理により、こうした新たな見慣れない対象が導入されるという点である。

前節でメレオロジーは部分全体関係の「論理」を表現したものだと述べたが、クワイン的メタ存在論とともに広く受け入れられていた考えとして、「存在者を増やすものは論理ではない」というものがある。[9] この考えからすると、対象を集めるだけで新たな対象の存在が保証されてしまうメレオロジーは論理ではないことになってしまう。論理のように存在者を増やさないものは「存在論的に無垢（ontologically innocent）である」[10]と言われる。つまり、メレオロジーは存在論的に無垢でないのである。

メレオロジーの存在論的無垢性を守るためのひとつの方法が、「存在論的依存（ontological dependence）」という概念に訴えることである[11]。要するに、靴の片方と月を部分とする対象は、一見したところ新たに増えた対象のように見えるが、実は全体はその部分（この場合はエリザベス女王の靴の片方と月）の存在なしにはありえない。このように、全体は部分なしに存在することができない、すなわち、部分に存在論的に依存している。よって、本来の意味では存在していないとするのである[12]。

存在論的依存がどれほど正当な概念かはさておき、存在論的依存に訴えたことで新たな問題が発生する。部分のどれにもさらなる部分があり、そうした部分にもさらなる部分があり、これが永遠に終わらないような対象を考えよう。このような対象は「ガンク（gunk）」と呼ばれる[13]。ガンクは「原子を持たないネバネバ」とも訳される。要するに、ガンクはいくらでも分割可能であるがゆえに、最終的な構成要素（以下、「原子」と呼ぶ）がないのである。

ガンクが存在論的依存に対してもたらす問題は、もし全体が必ずその部分に存在論的に依存するのであれば、ガンクもその部分に存在論的に依存していることになるが、そうした部分はそのまた部分に存在論的に依存しているはずである。だが、ガンクはその定義上、こうした存在論的依存の連鎖が無限に続くため、すべてが依存しているはずの原子が存在しない。ということは、ガンクが存在することは不可能になってしまう。前述のように、存在論的に依存しているものとは、依存先が存在しない限り存在できないもののことだからである。だが、どうしてガンクの存在は少なくとも原理的には可能であるべきではないだろうか。存在論的依存が成立しているとするとガンクが存在できなくなるのであれば、否定されるのはガンクの存在ではなく、存在論的依存の正当性ではないだろうか。

ガンクがもたらすこの問題を解決する方法として、まず、メレオロジーを完全に否定するということが考えられる。メレオロジーを完全に否定するとは、部分全体関係が成り立つことは一切ないとすることである。この場合、メレオロジーの意義は失われる（部分全体関係が成り立つことが一切ないのであれば、わざわざそれを表すための述語を追加してメレオロジーにする必要もない）。ただし、この場合、何が存在するのかという問題が残る。すぐに考えつく答えは、原子だけが存在するというものである。この答えは一見したところ特に反直観的ということもなく、満足のいくものであるように見える。

ここでライバルとして登場するのが一元論である。部分全体関係が一切成り立たないとしたとき、最小の存在である原子だけが存在するという答えが許されるのであれば、最大の存在であるすべての対象を部分とする全体（これは可能世界の定義と類似したものであることに注意されたい）だけが存在するという答えも許されてよいだろう。少なくとも、究極の部分だけが存在するという主張と、究極の全体だけが存在するという主張は同等であるように見える。それだけでなく、究極の部分は無数にあることと予想されるが、究極の全体はひとつである。すると、後者の方が存在論としては極めてシンプルである（ドメインのことを存在論とするクワイン的メタ存在論のもとでは、前者は無限の要素を含む集合であるのに対し、後者はたったひとつの要素しか含まない集合である）[14]。他の点で特に劣っていることがないのであれば、後者、すなわち一元論を選ぶべきではないだろうか[15]。

ガンクがもたらすこの問題を解決するためにメレオロジーを否定するのは本末転倒ではないかと思われるかもしれない。素晴らしいことに、メレオロジーを否定することなく、ガンクも存在論的依存も維持する方法がある。それは、存在論的依存を全体が部分に依存するのではなく、部分の方が全体に依存するとすることである（要するに、依存の向きをひっくり返すのである）。この場合、靴の片方と月は両者を部分とする全体に存在論的に依存することになるが、ガンクが問題を生じさせることはない。そしてこの場合、すべての対象がそれらすべてを部分とする、ただひとつの究極の全体に存在論的に依存することになる[16]。こうした究極の全体を認めることこそ、本書第一三章（Schaffer [2010]）で「優先性一元論（priority monism）」と呼ばれる立場にほかならない。

おわりに

以上の議論をまとめよう。一元論は、クワイン的メタ存在論とメレオロジーという二つの理論を背景にしており、メレオロジーの存在論的無垢性を守るために導入された、クワイン的メタ存在論を（部分的に）否定する存在論的依存の問題点であるガンクの問題を解決する立場として位置付けられる。本章の冒頭でも述べたように、これはシャファー本人の立場とは多少異なる[17]。しかし、存在論に携わる主流の哲学者にとってみれば、クワイン型メタ存在論とメレオロジーを最小限の変更で維持することができる立場として、優先性一元論は無視できないものとして映ったのである。

注

（1）「分析哲学」ということで何を意味するかは近年大きく揺らいでいるが、ここではアメリカやイギリス、オーストラリア等の英語圏で二〇世紀以降に主流となった哲学、という理解で十分である。むしろ「現代の」という点に注意されたい（すなわち、ラッセルやウィトゲンシュタイン、クワインらよりも、クリプキやルイスの影響が強い哲学者を念頭に置いている）。

（2）この特徴づけはChalmers [2009], p. 77に基づく。また、倉田［二〇一七］、三二頁も見よ。

（3）メタ存在論という見方が定着するまでは、「存在論的コミットメントの基準（criteria of ontological commitment）」という用語で語られることが一般的であり、クワイン型メタ存在論も、Quine

[1948] の「存在するとは、束縛変更の値となることである（To be is to be the value of a bound variable）」というフレーズとともに、クワイン型存在論的コミットメントの基準と認識されていた。存在論的コミットメントの基準とクワイン型メタ存在論の関係については、倉田［二〇一七］、三九―四三頁を見よ。

（4） cf. van Inwagen [1998].

（5） こうした規格化は「パラフレーズ」と呼ばれる。存在論の手法としてのパラフレーズとその問題点については、柏端［二〇一七］、一四―二二頁や倉田［二〇一七］、四四―四九頁を見よ。

（6） このことは、様相論理が一階の述語論理に様相演算子を追加したものであり、様相演算子がどのように働くかを定める規則として何を採用するかによって様々な様相論理体系が得られるのと同様である。

（7） 様々なメレオロジー体系の詳細については、Varzi [2019] を見よ。

（8） このように可能世界によって必然性や可能性を定義して様相論理の真理定義を与える理論が可能世界意味論である。

（9） こうした論理観を支持する哲学者としては、論理は世界について何も語らないという『論理哲学論考』（Wittgenstein [1921]）のウィトゲンシュタインが思い浮かぶかもしれないが、カント（の一般論理学）もそうである（cf. Hofweever [2018], 4.2）。ただし、こうした論理観が唯一ではないことに注意されたい。論理と存在論の関係については、Hofweever [2018] を見よ。

（10） 訳語のせいでわかりにくいが、この表現は「存在論的コミットメント（ontological commitment）」と対になっている。英語の「commit」には「罪を犯す」という意味があり、「innocent」には「無罪である」という意味があることを思い起こしてもらいたい。

（11） 別の方法として、**同一性としての構成**（composition as identity）テーゼに訴えるというものがある。むしろ論争史的にはこちらの方法が中心であり、存在論的依存に直接的に訴える議論は筆者の知る限り存在しない。本章で存在論的依存の方に注目するのは、単に説明が簡潔になるからである。このテーゼをめぐる様々な論点については、Cotnoir & Baxter [2014] を見よ。

（12） 気づいた読者もいると思われるが、これはクワイン的メタ存在論を否定することを必要とする（具体的には、三の薄い存在概念（存在量化子によって表現される存在概念）を否定するか、四の存在概念の一義性を否定するかのいずれか）。つまり、この方法は、メレオロジーの存在論的無垢性を守るためにクワイン型メタ存在論を犠牲にしていると言える。

（13） 元の英語は「不快なしつこい汚れ」という意味だが、もともとは洗剤の商品名に由来するそうであり、二〇二〇年現在でも同名の商品が存在する。

（14） 「よりシンプルな存在論を選ぶべきだ」という指針は、「オッカムの剃刀」と呼ばれるが、現代の存在論では「存在論的倹約性（ontological parsimony）」と呼ばれており、広く受け入れられている（たとえば、本書第二章（大畑担当）の一．一）。倉田［二〇一七ａ］、五二―五八頁を見よ（ただし、そこでは「単純性」という用語が採用されている）。

（15） このように、一元論は多元論と対立する立場として登場している。本書第一章（太田担当）四．一と五．一、および本書第五章（太田担当）の四．一で示されているように、この対立はドロービッシュが導入したものであり、一九世紀イギリスの観念論者によるロッツェの著作の翻訳を通じて英語圏に広まったと考えられる。

（16） GEMで、すべての対象を部分とする全体がただひとつだけ存在するということが定理として成り立つことが、こうした見解を後押ししている。ただし、メレオロジー体系の中にはそれが成り立たないものもあることには注意されたい。

（17） シャファー本人の立場、および彼が優先性一元論をどのような議論で擁護しているかについては、本書第一〇章（雪本担当）を見よ。

付　記　本章は、小山［二〇一九—二〇二〇］に若干の修正を加えて再録したものである。

文　献

Carnap, Rudolf, [1947], *Meaning and Necessity*, Chicago: Chicago University of Chicago Press〔邦訳：ルドルフ・カルナップ（永井成男訳）『意味と必然性』紀伊國屋書店、一九九九年〕.

Chalmers, David J., [2009], "Ontological Anti-realism," in David J. Chalmers, David Manley & Ryan Wasserman (eds.), *Metametaphysics: New Essays on the Foundations of Ontology*, Oxford: Oxford University Press.

Cotnoir, A. J., & Baxter, Donald L. M. (eds.), [2014], *Composition as Identity*, Oxford: Oxford University Press.

Hofweber, Thomas, [2018], "Logic and Ontology," in Edward N. Zalta (ed.), *The Stanford Encyclopedia of Philosophy* (*Summer 2018 Edition*), 〈https://plato.stanford.edu/archives/sum2018/entries/logic-ontology/〉.

Leonard, Henry S., & Goodman, Nelson, [1940], "The Calculus of Individuals and Its Uses", *Journal of Symbolic Logic*, 5 (2), pp. 45-55.

Lewis, David K., [1986], *On the Plurality of Worlds*, Oxford: Blackwell.〔邦訳：デイヴィッド・ルイス（出口康夫監訳、佐金武・小山虎・海田大輔・山口尚訳）『世界の複数性について』名古屋大学出版会、二〇一六年〕

Quine, Willard Van Orman, [1948], "On What There Is," *Review of Metaphysics*, 2 (1), pp. 21-38〔邦訳：W・V・O・クワイン（飯田隆訳）「なにがあるのかについて」、『論理的観点から——論理と哲学をめぐる九章』勁草書房、一九九二年〕.

Schaffer, Jonathan, [2010], "Monism: The Priority of the Whole," *Philosophical Review*, 119, pp. 31-76〔邦訳：ジョナサン・シャファー（立花達也・雪本泰司訳）「一元論——全体の優先性」本書第一三章〕.

Schaffer, Jonathan, [2018], "Monism," Edward N. Zalta (ed.), *The Stanford Encyclopedia of Philosophy* (*Winter 2018 Edition*), 〈https://plato.stanford.edu/archives/win2018/entries/monism/〉.

van Inwagen, Peter, [1998], "Meta-ontology," *Erkenntnis*, 48 (2-3), pp. 233-250.

Varzi, Achille, [2019], "Mereology," in Edward N. Zalta (ed.), *The Stanford Encyclopedia of Philosophy* (*Spring 2019 Edition*), 〈https://plato.stanford.edu/archives/spr2019/entries/mereology/〉.

Wittgenstein, Ludwig, [1922], *Tractatus Logico-Philosophicus*, Dover Publishing〔邦訳：ウィトゲンシュタイン（奥雅博訳）『ウィトゲンシュタイン全集1　論理哲学論考』大修館書店、一九七五年〕.

柏端達也［二〇一七］『現代形而上学入門』勁草書房。

倉田剛［二〇一七］『現代存在論講義Ⅰ　ファンダメンタルズ』新曜社。

小山虎［二〇一九—二〇二〇］「一元論はどのようにして現代に蘇ったのか」『スピノザーナ』第一七号、三五—五〇頁。

第一〇章　一元論に関する現代の議論

——J・シャファーによる擁護

雪本泰司

はじめに

現代の分析哲学における一元論は、ジョナサン・シャファーによって主導されていると言ってよい[1]。シャファーの一元論に関する論文は、Schaffer［2007］が最初である[2]。彼は同年にスタンフォード哲学百科事典の項目「一元論」の初版を書いている[3]。二年後に出版されたSchaffer［2009b］は時空の哲学を扱った論文であり、対象と時空が同一であるとする一元論について論じている[4]。その翌年の二〇一〇年には三本の論文が出版されている。Schaffer［2010a］（本書第一三章）はシャファーの一元論の論文の中で最も引用されているもので、優先性一元論（priority monism）の枠組みの整理と、優先性一元論を擁護する様々な論証を与えている。Schaffer［2010b］は、命題を「真にするもの（truthmaker）」の理論を扱ったものであり[5]、Schaffer［2010c］は、新ヘーゲル主義的一元論の擁護である。これら三本の論文は、すべて優先性一元論に関わっている。その三年後に出版されたSchaffer［2013］では「スピノザ的一元論」が論じられており[6]、その翌年には前述スタンフォード哲学百科事典の記事を大幅に改定している（Schaffer［2016b］）[7]。そしてその二年後には、イズマエルと共著で量子力学から一元論を擁護する論文を書いている（Ismael & Schaffer［2020］）。

本章では、特にSchaffer［2010a］（本書第一三章）とSchaffer［2010c］での議論に焦点を当て、シャファーが一元論を擁護するために与えた議論を概観することで、現代の分析哲学において論じられている一元論がどのようにして擁護されたのかを紹介する。

一．存在一元論と優先性一元論

前述のように、シャファーが一元論を論じた論文のうち、最も引用されているのは「一元論——全体の優先性」（Schaffer［2010a］、本書第一三章）である。この論文は、分析哲学で一般的に知られる一元論の捉えかたを「存在一元論（existence monism）」と呼び、それと対比される立場である優先性一元論を導入し、擁護するものである。シャファーによれば、分析哲学において一元論とは存在一元論であると誤解されてきた。だがじつは、哲学の歴史の中で繰り返し現れてきた一元論的なアイデアの正しい捉えかたというのは、シャファーが定式化する優先性一元論の方なのである。このように、分析哲学において一元論が少なくとも批判や擁護に値する可能な立場であるという地位を取り戻してきたのは、シャファーのこの区分によるところが大きい(8)。それゆえ、まずは存在一元論と優先性一元論の特徴付けを確認する。

注意すべきことは、以下で議論される一元論が、具体的対象の数についての主張だということである。性質やカテゴリーの数が問題になっているのではない。たとえば、心身二元論に対立する意味での一元論は、もちろん探求に値する立場であるがここでの議論の対象ではない。ある対象が具体的であるということを、シャファーは、その対象が宇宙の部分であることと定義する（あるいは、最大の具体的対象が宇宙であると言ってもよい）。具体的対象として、私やあなた、机や惑星の存在を認めるならば、具体的対象の数は1より大きくなるため、存在多元論にコミットすることになる。存在一元論とは、これらの対象の存在を認めず、宇宙のみが存在すると主張することにより、具体的対象の数は1であるとする立場である。

存在一元論と優先性一元論の違いは、優先関係によって生まれる。優先関係とは、何が何に依存しているのか、何が何を基礎づけているのかを「優先（prior）」という言葉によって表した関係である。たとえば、単元集合｛ソクラテス｝は、その要素であるソクラテスが存在するがゆえに存在するものであるため、要素のソクラテスが｛ソクラテス｝に優先するとされる(9)。この意味での優先性において、いかなる具体的対象にも優先されない具体的対象は、基礎的な具体的対象だとされる(10)。優先性一元論とは、基礎的な具体的対象を数えたときにその数が1であるという立場のことであり、優先性多元論とは、基礎的な具体的対象を数えたときにその数が2以上であるという立場のことである。優先性一元論／多元論は、具体的対象を数えるという点で存在一元論／多元論と共通しているが、単に具体的対象を数えるか、基礎的な具体的対象を数えるかという点で区別される。

「基礎的な具体的対象の数≦具体的対象の数」という関係が成り立つため、具体的対象の数が1だとすると、基礎的な具体的対象が1より大きくはなりえないから、存在一元論と優先性多元論は両立しない。だが、優先性一元論は存在多元論と両立する。したがって、次の**表10－1**のように、優先性一元論／多元論と、存在一元論／多元論の可能な組み合わせは、（1）優先性一元論かつ存在一元論、（2）優先性一元論かつ存在多元論、（3）優先性多元論かつ存在多元論、の三つとなる。

この**表10－1**を見れば、優先性一元論を採ったからといって、ただちに存在多元論が帰結するわけではないことがわかる。優先性一元論は、論理的には（1）と（2）の二つの可能性があ

表10-1　優先性一元論／多元論と存在一元論／多元論の可能な組み合わせ

	優先性一元論	優先性多元論
存在一元論	(1)	／
存在多元論	(2)	(3)

る。だが実際には、シャファーは優先性一元論かつ存在多元論、すなわち（2）を擁護する。（2）は、基礎的な具体的対象の数は1であるが、存在一元論と異なり、具体的対象として、机や惑星、私やあなたといった（基礎的でない）ものも数えられるという主張である。存在一元論（すなわち（1））は、机や惑星が存在するという常識に反する、という意味で理論的にコストを負うが、（2）はそのような常識と衝突しないため、前者に比べてコストが少ないという利点がある。[11]

一元論に関する従来の議論では、この**表10-1**での横軸方向の区別は行われていなかった。一元論といえば（1）であり、多元論と言えば（3）でしかありえなかった。したがって、一元論と多元論の対立は表の縦軸方向での対立、すなわち（1）と（3）の対立しかありえないと思われていたのである。（1）は巨大な理論的コストを伴うため、この状況は分析哲学において一元論は誤りであり検討に値しないという支配的な見解を生み出してきた。

しかし、**表10-1**の横軸方向の区別をシャファーが導入したことにより、一元論者も多元論者も、（2）という新たな選択肢を取ることが可能となった。これまで一元論だとみなされてきた見解が実は（2）であったとか、これまで多元論だと自認してきた立場が実は（2）であったという可能性が出てきたのである。さらに、一元論的だとみなされてきた歴史上の哲学的立場も実は（2）であったということさえ議論の俎上に載ってくる。しかも、その選択肢（2）を擁護する豊富な論証を提供した。このことが、従来の議論の前提を大きく変えるシャファーの優先性一元論のインパクトであったと言える。[12]

シャファーの一元論の分類はごく一般的な特徴のみにもとづいて行われている。この一般性によって、様々な哲学者の主張を優先性一元論として分類できる。しかしまた、その一般性のせいで、既存の一元論的な主張内容から新たな含意を引き出すという目的には適わないかもしれない。このような事情を考慮したとき、シャファーは不当な権威づけのためにビッグネームを自らの説に取り込んでいるのではないかという疑念が向けられても不思議ではない。

しかし、優先性一元論の説得力は、以下で見るように現代の経験科学と形而上学的吟味に堪える論証によって与えられている。以下で見る新ヘーゲル主義者にいたっては分析哲学者にとって分野の創始者たちの論敵であり、彼らに訴えるだけでは、少なくともSchaffer［2010c］発表時点の分析哲学者にとって説得力を増すことはなかっただろうと思われる。

もしもある哲学者の見解が優先性一元論だとみなせるなら

ば、その哲学者本人の論証に加えて、優先性一元論を支える以下の論証による正当化も（その哲学者固有の前提と反しない限り）もつことになる。これは、分析形而上学と経験科学を真剣に受け止める人々から見える哲学史の風景が一変するということを意味する。歴史上の哲学者を優先性一元論者としてみなせるかどうかという問題の面白さとして、少なくともこのような点を挙げることができる。

以下、特に断りがなければ「優先性一元論」で（2）を意味し、「存在一元論」で（1）を意味し、「優先性多元論」で（3）を意味することとする。以下の議論は、優先性多元論（すなわち（3））と優先性一元論（すなわち（2））の対立をめぐるものである[13]。

一・一・優先性一元論に関する議論の枠組み

次に、シャファーが与える議論の枠組みを確認する。優先性一元論を擁護する上で、シャファーは以下のように、メレオロジーに関する二つの条件を基礎的なものへ課すことで、優先関係と部分全体関係を結びつける[14]。

被覆条件（Covering）[15]：基礎的な具体的対象すべてのメレオロジー的融合物（fusion）＝宇宙

部分なし条件（No Parthood）：異なる二つの基礎的な具体的対象が部分全体関係にあることはない。

シャファーはこれらの制約を合わせてタイル貼り制約と呼び[16]、これを正当化する議論を行ったあと、これを前提して優先性一元論と優先性多元論の対立——彼自身はこれを一元論と多元論の対立と呼ぶのだが——の枠組みを整理する[17]。まず、以下のように優先性一元論と優先性多元論を定義する。

優先性一元論：基礎的な具体的対象がただ一つだけ存在し、宇宙は基礎的である。

優先性多元論：基礎的な具体的対象は二つ以上存在し、宇宙は基礎的ではない。

前述の被覆条件と部分なし条件があれば、次の二つの同値が得られる。

基礎的な具体的対象がただ一つだけ存在する↔宇宙は基礎的である

基礎的な具体的対象は二つ以上存在する↔宇宙は基礎的ではない

したがって、優先性一元論と優先性多元論は、それぞれ次のように言い換えることが許される。

優先性一元論：宇宙は基礎的である。

優先性多元論：宇宙は基礎的ではない。

よって、前述の二つの制約を前提すれば、優先性一元論と優先性多元論は網羅的（exhaustive）である。したがって、何が基礎的かという問いに対して、他の可能な答えはない。また、制約を前提せずともそれぞれの連言肢が矛盾するので、排他的(exclusive)である。

また、優先関係が整礎半順序(well-founded partial order)[18]な依存関係だとすると、優先性一元論と優先性多元論をそれぞれ次のように言い換えることもできる。

優先性一元論：宇宙のあらゆる真部分は宇宙に依存している。

優先性多元論：宇宙はその真部分に依存している。

以上が、優先性一元論と優先性多元論の対立の枠組みのシャファーによる整理である。なお、基礎的でない存在者間の優先関係については特に述べられていないことに注意されたい。部分全体関係と優先関係の繋がりは、タイル貼り制約を介して基礎的な存在者のレベルで結ばれているのみである[19]。

一・二・優先性一元論の擁護

このように枠組みを整理した後、シャファーは優先性一元論を擁護する。優先性一元論に対して考えられる反論として、(1)それが常識に反すること、(2)物理学に反すること、また、(3)ただ一つの基礎的存在者では、この世界が完全に均質ではないことが説明できないこと、などがある。シャファーはこのそれぞれに反論し、さらに、(4)原子のない世界を考えたときに優先性多元論では基礎を与えることができない、という論証を与えている。(1)は他に比べてシャファー自身が重要視していない記述が見られる(Schaffer [2010a], p. 50／本書第一三章二・一)ため、ここでは残りの(2)―(4)を取り上げる。

一・二・一・物理学には反しない

物理学に反するという反論に対してシャファーが与える応答は以下のような論証になっている。

宇宙はもつれ状態にある。
もつれた系は基礎的な全体である。
したがって、宇宙は基礎的な全体である。

二つの粒子からなる、もつれた系(entangled system)を考える。この系では、片方の粒子のスピンの向きが決まれば、もう片方の粒子の向きも決まる。全体としての系がもつこのようなもつれ状態は、粒子がそれぞれもつ内在的性質のすべてが与えられたところで、与えられるわけではない。すなわち、部分の状態が決まっても、全体の状態が決まるわけではないのである。逆に、全体の状態が決まれば部分の状態も決まる。また、量子場理論によると粒子は場のオペレータにすぎず、粒子の数は観測者が等速運動をしているか等加速度運動しているか(慣性系であるか非慣性系であるか)に応じて異なる。このような非客観的なものが、もつれ関係を担う基礎的対象であるとは考えられないため、粒子は基礎的対象ではない。ということは、もつれた系が基礎的である。第一の前提はこのようにして正当化される。詳細は省くが、シャファーは宇宙がもつれ状態にあることを様々な物理学的事実を引いて論じる。これにより、第二の前提も正当化される。この二つの前提から、宇宙が基礎的な全体であるという結論が導かれる。

一・二・二　世界が均質でないことは説明できる

この世界は、すべてが完全に均質（homogeneous）なのではなく、不均質（heterogeneous）である。つまり、質的に多様である。ここから次のような優先性一元論に対する反論が考えられる。

基礎的な対象は均質である。
宇宙が基礎的なら、宇宙は均質である。
宇宙は均質ではない。
したがって、宇宙は基礎的ではない。

だが、この反論は優先性多元論にも当てはまる。シャファーにとって、一元論と多元論の対立は、普遍論争と同じく、もし正しいならば必然的に正しいテーゼをめぐる論争である。したがって、優先性多元論が正しいならば、必然的に正しいのでなければならない。そこで、次のような不均質な可能世界を考える。この可能世界は、どこまで細かく見ても均質でないような、無限に不均質であるような世界である。優先性多元論はこの可能世界においても正しくなければならない（さもなくば必然的に正しいとは言えない）。しかし、この世界では、優先性多元論が想定するどんな基礎的な対象も、不均質であることになる。仮に基礎的な対象が均質であるとするならば、前述の優先性一元論に対する論証と同様に、多元論の基礎的対象も基礎的ではないという結論になる。基礎的な対象の不均質性を説明するという課題は、優先性一元論に関して目立っているが、じつは優先性多元論にも共通に課せられているのである。

シャファーはこの課題に対して、分配的性質（distributional property）を用いた説明を与えている。[20] 分配的性質とは、たとえば水玉模様であるという性質のような、ある性質に該当する箇所（水玉模様の場合、水色の丸）があちこちに分配されているが、全体には当てはまらないことによって成り立つ（全体が水色だと水玉模様ではない）性質のことである。ある基礎的対象が水玉模様を持つとしよう。その対象は水色の部分とそうでない部分を持つため不均質である。また、水色である部分は、部分であるがゆえに基礎的でない。このように、基礎的な対象が不均質であることに矛盾はない。

一・二・三　原子のない世界——優先性多元論の問題点

多元論よりも一元論が正しいことを示す一つの方法は、原子のない世界を考えることである。この世界の対象はいくらでも小さな部分へと分割することができる。したがって、この世界では、原子、すなわち最小の対象を基礎的対象とすることはできない。なぜなら、どんな対象にもそれより小さな部分が常に存在するため、「最小」の対象が存在しないからである。このような世界は少なくとも可能である。さて、さきほど述べたように、シャファーは多元論も一元論も、それが正しいとすれば必然的に正しいと考えている。したがって、多元論が正しいなら原子のない世界でも多元論は正しいのでなければならない。さらに、シャファーは優先関係について基礎付け主義を前提している。つまり、優先関係の連鎖はどこかで終わらなければならないと前提している。そしてこれも、正しいならば必然的に正しいと考えている。すると、原子のない世界においても、優先関係の連鎖が終わる基礎的な対象がなければならない。彼が与える論証は以下のようなものである。


　原子のない世界は可能である。

　多元論は正しいならば必然的に正しい。

　基礎的対象が存在することは必然的である。

　したがって、多元論は正しくない。[21]

一元論はこの問題に悩まされない。原子のない世界はあっても宇宙——基礎的な具体的対象すべての融合物——のない世界はないからである。多元論の基礎的対象が集まっても原子のない世界を作ることはできないが、一元論の基礎的対象は何の問題もなく原子のない世界を与えることができるのである。[22]

二　内的関係からの論証

本節では、Schaffer［2010c］で与えられている、一九世紀の新ヘーゲル主義者（主にイギリス観念論者）[23]たちの論証の再構成だとされる「内的関係からの論証（argument from internal relatedness）」を概観する。シャファーによれば、一九世紀の新ヘーゲル主義者たちが与えた一元論を支持する論証は誤解されてきた。彼が挙げる誤解は以下の三つである。


一．存在一元論のための論証だと思われてきたが、実際には優先性一元論のための論証である。

二．一元論を導くためには、想定されてきたような強い「内的関係」でなくとも十分である。

三．外的関係の存在が反例となると考えられてきたが、そうはならない論証がある。


誤解一については既に述べた。以下では誤解二と誤解三について説明しよう。

二．一．誤解二：強い「内的関係」は不要

新ヘーゲル主義者（ブラッドリー、ボーザンケットら）と初期分析哲学者（ムーア、ラッセル）は内的関係を中心に論争していたことは知られているが、彼らが念頭に置いていた内的（internal）という考えが何なのかは不明である。[24] シャファーが当時支配的だったと考える用法は次のものである（ibid., p. 349）。[25]

　関係Rは内的$_{\text{本質}}$である$=_{df}$（$\forall x_1$）…（$\forall x_n$）もしR（$x_1 \ldots x_n$）ならば、（（x_1が存在する↔R（$x_1 \ldots x_n$））& … &（x_nが存在する↔R（$x_1 \ldots x_n$）））が必然的である

この意味ですべてのものが内的$_{\text{本質}}$に関係しているなら、すべ

てのものは相互に依存しており、もしひとつのものが存在しなくなれば、すべてのものが存在しなくなる、という必要以上に強い含意がある。[26]

だが、これよりも弱い定義を採っても一元論を導くことはできる。前述の誤解二はここにある。そのために必要となる考えは、ヒュームがしたとされる、独立した存在者の必然的結びつきの否定である（Hume [1748]）。すなわち、複数の対象の間に何らかの必然的な結びつきがあり、その意味で「様相的に自由でない」のなら、それらは独立の存在者ではなく、何らかの依存関係があると考えられる。したがって、一元論を導くには、様相的に自由でないと言うことができれば十分である。そこでシャファーは、一元論を導くのに十分な内的関係の定義として、以下のものを提案する（Schaffer [2010c], p. 350）。

関係Rは内的$_{\text{制約}}$である $=_{df}$ $(\forall x_1)\ldots(\forall x_n)$ もし$R(x_1 \ldots x_n)$ ならば $\neg M^n(x_1 \ldots x_n)$

ここでの「M^n」はn項の様相自由関係を表している。二項の様相自由関係を使って説明すると、二つの対象aとbが存在し、aの任意の可能性（たとえば、aがここにあって赤い）とbの任意の可能性（たとえば、bがそこにあって青い）について、aとbがそのような仕方で（そして世界の残りはそのままで）存在する形而上学的に可能な世界が存在しなければ、$\neg M^2ab$ である。この場合、aがここにあって赤い可能性が、bがそこにあって青い可能性を制約している（あるいは制約されている）ことになる。つまり、内的$_{\text{制約}}$関係とは、それが成立するなら関係項が様相的制約を課されるような関係である。[27]

内的$_{\text{制約}}$関係の例としてシャファーが挙げている例の一つは重複関係である。aとbが重複関係にあるとしよう。このとき、aがここにあって全体的に赤く、かつbがそこにあって全体的に青い可能世界は存在しない（aが全体的に赤いのならbとの重複部分が青になりえない）。したがって、重複関係は内的$_{\text{制約}}$関係の一種である。

二・二・誤解三：外的関係の存在は反例にならない

シャファーによれば、Bosanquet [1911], p. 278 で支持されており、ラッセルとムーアが標的とした議論は、次のような論証「図式」（「＿＿」の部分が「本質」や「制約」などで埋められてはじめて論証として完成するという意味）であった。

すべてのものは関係している。
すべての関係は内的＿＿関係である。
したがって、すべてのものは内的＿＿に関係している。

シャファーによれば、この図式の二行目が、ムーアが「すべての関係が内的であるというドグマ」と述べたものである（Moore [1919], p. 50）。これを回避するためにシャファーは、同じ結論をもたらすが外的関係の存在と両立する次のような図式を提案する。[28]

すべてのものは関係Rによって関係している。
Rは内的――関係である。
したがって、すべてのものは内的――に関係している。

シャファーは以上のように目指すべき論証の図式を設定し、「――」に「制約」を代入した上で、論証の一行目に登場する関係Rの具体的な候補を挙げ、それらの存在が分析哲学においてある程度認められている仮定から導かれると主張する（Schaffer [2010c], p. 361）。シャファーが挙げる関係Rの候補は、因果的連結関係、時空的関係、世界メイト関係の三つである。これらを導くための仮定はそれぞれ、因果的本質主義、構造主義的超実体説、対応者理論である[29]。

（1）因果的連結関係

因果的連結（causal relatedness）関係は、関係項の間に因果経路が存在するときに成り立つ（ただし、因果経路は因果の向きとは無関係であり、かつ推移的に成立するものとする）。任意の具体的対象aとbについて、aから因果経路をビッグバンまで遡ることができ、かつビッグバンからbまで因果経路を辿ることができるので、すべての具体的対象は因果的に連結していると言える。

因果的本質主義を仮定すれば、因果的連結関係は内的制約関係であることを導くことができる。ここでの因果的本質主義とは、個体がその因果的効力（causal power）と因果的傾向（causal liability）を本質的に（すなわち、必然的に）持つという主張を意味する。この見解は、たとえば、（1）対象は特定の自然種に本質的に分類される、（2）自然種は特定の因果的効力と因果的傾向を本質的に与える、という二つの主張から導かれると考えることができる[30]。

さて、aとbが二つの電子だとしよう。aの内在的本性は永久不変かもしれないが、たとえばその位置は変わりうるし、そもそもaが存在しないこともありうる。bも同様であろう。しかし、aが現実と完全に同じ仕方で存在しているのに、bが現実と異なる位置にあったり、bが存在しなかったりするような組み合わせは、じつは因果的に不整合であり、ありえない。なぜなら、bは因果の網の目に埋め込まれているため、他がまったく変わることがないのにbだけが異なる位置にあったり存在しなかったりすると、因果の網の目に何らかの穴があることになるからである[31]。これは、現実とは異なる因果的力や因果的傾向があるということを意味するが、因果的本質主義によればaもbも因果的力や因果的傾向を本質的に持つので、それは不可能である。

関係Rが因果的連結関係だとすると、以下の論証が得られる[32]（ibid., p. 364）。

すべてのものは因果的連結関係によって関係している。
（因果的本質主義を仮定すれば）因果的連結関係は内的制約関係である。
したがって、すべてのものは内的制約に関係している。

（2）時空的関係

ここでの構造主義的超実体説（structuralist super-substantivalism）とは、（1）具体的対象は時空領域と同一であり（超実体説）[33]、かつ（2）時空領域は時空全体の構造――時空領域間の様々な時空的関係のネットワーク――によって決定される（構造主義）[34]という主張を意味する。構造主義的超実体説では、対象は時空領域と同一であり、かつ時空領域は時空的関係のネットワークによって決定されるため、対象のありかたはそれが持つ時空的関係によって決定されることになる。

さて、対象aが現実と完全に同じように存在するが、bは現実とは異なり存在しない可能世界について考えよう。aが現実と同じように存在するのは、時空全体の構造がそのようになっているためである。だが、もしbが存在しなければ時空全体の構造に変化が生じるため、aは現実と同じようには存在できなくなってしまう。ゆえに、bが存在しないことは不可能である。同様にしてすべての対象が、aが現実と同じように存在するために要求される。このようにして同様の論証が得られる（ibid., p. 366）[35]。

すべてのものは時空的関係によって関係している。
（構造主義的超実体説を仮定すれば）時空的関係は内的制約関係である。
したがって、すべてのものは内的制約に関係している。

（3）世界メイト関係

世界メイト（worldmate）関係とは、二つの対象が同じ可能世界に属しているということを意味する関係である[36]。現実に存在しているすべての対象は同じ世界（現実世界）に属しているので世界メイトである。この関係が内的制約であれば、以下のように三つ目の論証を与えることができる。

ここで仮定されるのは、様相的命題を可能世界によって分析する際にしばしば採用される対応者理論（counterpart theory）である。この理論では、同一の対象が複数の世界で存在していることはない。他の世界にいるように思われるものは、それとよく似た「対応者」にすぎない。さて、現実の具体的対象aとbを考えよう。aが存在する世界は一つだけ、すなわち現実世界である。ゆえにaの存在の仕方は、現実と同様に存在するか、存在しないかのいずれかである（もちろんbも同様である）。ここでaが現実と同じように存在するが、bは現実とは異なり存在しない可能世界について考えよう。aが存在する世界は現実世界のみであり、現実世界にはbが存在する。どちらかが存在しない世界は、現実世界ではないのである[37]。したがって、世界メイト関係は内的制約関係である。得られる論証は以下のようになる（ibid., p. 368）[38]。

すべてのものは世界メイト関係によって関係している。
（対応者理論を仮定すれば）世界メイト関係は内的制約関係である。

したがって、すべてのものは内的$_{制約}$に関係している。

二・三・内的関係から一元論へ

以上の誤解を解いた上でシャファーが与える「内的関係からの論証」は以下のものである（ibid., p. 342）。

すべてのものは内的に関係している。
すべてのものが内的に関係しているならば、基礎的なものは宇宙だけである。
基礎的なものは宇宙だけである。

この論証の一行目は、これまでの論証の結論である。この論証の二行目を導くためにシャファーが与える論証は、メレオロジーを用いたものである。以下ではそれを説明する。

まず、以下の三つはメレオロジーで標準的に採用される定義である。また、どれか一つを定義すればそれを用いて残りの二つも定義できる。

部分の定義　xはyの部分である$=_{df} x < y$
真部分の定義　xはyの真部分である$=_{df} x \ll y$
重複（overlap）の定義　xとyは重複する$=_{df} Oxy$

以下の二つもメレオロジーで標準的に認められている（以下、量化子はすべて現実の具体的対象に制限されている）。

uの定義　$u =_{df} (\iota x)(\forall y)\, y < x$
弱補足性（weak supplementation）　$x \ll y$ならば$(\exists z)(z \ll y \,\&\, \neg Ozx)$

前者は、すべての対象を部分として持つ対象（すなわち宇宙。これをuとする）の定義である。[39] 後者は、ある対象が別の対象の真部分であるならば、それとは重複しない別の真部分があるということを意味しており、特に一般外延メレオロジーと呼ばれる標準的体系では公理（もしくは定理）である。[40]

以下の三つの前提は、メレオロジーに関する前述五つの前提とは別に必要となる。

前提1　いかなる対象も様相的に自由ではない：$(\forall x)(\forall y)\neg M^2xy$
前提2　基礎的な対象がある：$(\exists x)Bx$[41]
前提3　基礎的な対象は、重複しないどんな対象とも様相的に自由である：$(\forall x)(\forall y)((Bx \,\&\, \neg Oxy) \rightarrow M^2xy)$

前提1は、二・二でシャファーが正当化した前提「すべてのものは内的に関係している」と、シャファーが提案する内的関係の定義から導かれる。その定義（内的$_{制約}$の定義）では、内的に関係しているものは様相的に自由ではないからである。前提2は議論の余地があるかもしれないが、弱補足性をより強いものに置き換えれば、なしで済ませることができる（ただし、その際は前提3も変更する必要があるが）[42]。前提3はさらに議論の余地があるように思われるかもしれないが、シャファー自身が述べているように、基礎的であるという形而上学的概念と、重複しているというメレオロジー的概念と、様相的自由という様相的概念を結びつけるものであり、この論証では大きな役割を果たしている。とはいえ、異なる二つの基礎的対象が重複していないのならば、それらは少なくともメレオロジーの意味では独立していると考えられ、さらに基礎的対象はいかなる具体的対象にも優先されないという意味で存在論的に独立していると考えられる。様相的自由という概念が、ヒュームに倣って独立した対象間の必然的結びつきを否定することによって導入されたことを考えれば、メレオロジーと優先関係において独立な対象が様相的に自由だと考えることに一定の説得力を認めてよいように思われる。

以上の定義と前提から、シャファーが与える論証は次のものである（Schaffer [2010c], p. 357）。

1.	$(\exists x)(Bx \,\&\, x \ll u)$	背理法の仮定
2.	$Ba \,\&\, a \ll u$	1、存在例化
3.	$(\exists x)\neg Oax$	2、弱補足性
4.	$\neg Oab$	3、存在例化
5.	M^2ab	2、4、前提3、普遍例化、→前件肯定
6.	$\neg M^2ab$	前提1、普遍例化
7.	$\neg(\exists x)(Bx \,\&\, x \ll u)$	1-6、5、6、背理法
8.	$(\exists! x)Bx \,\&\, Bu$	前提2、7、uの定義

この論証の結論（8）は、基礎的である対象がただ一つだけ存在し、それがuであることを意味している。よって、基礎的なものは宇宙だけである。

この論証に形式的な問題はないため、その意味では議論の余地はほとんどない。また、シャファーによれば、この部分へ反論している歴史的な多元論者はほとんどいない[43]。

おわりに

本章では、現代の分析哲学において一元論を主導しているジョナサン・シャファーが与えている議論を、Schaffer [2010a]（本書第一三章）とSchaffer [2010c] に注目して紹介した。彼が与えている論証は、形式的観点から見れば、単純かつ明確なものであり、その点を批判することは難しく、またあまり興味深いものでもない。注目すべきは、論証で用いられている前提である。シャファーは論証で用いる前提の論拠として、メレオロジーをはじめとする現代の分析哲学で広く知られている理論だけでなく、物理学にも訴える。また様々な過去の哲学者を参照して、自身の立場を擁護する論証やその前提の論拠を見出している。シャファーによる一元論の議論が活発な議論を呼んだのも、このように論拠が様々な領域に及ぶことが大きいと思われる。一方で、そうした様々な論拠の妥当性は未だ明らかになっているとは言えない。たとえば、過去の哲学者が実際に主張していたのはどのようなことなのか、それは本当にシャファーの議論の論拠となりうるものなのか、論拠となるにしてもどの程度の強い論拠となるのか、といった点は検討を要するものであると思われる。

注

（1）シャファーの他には、存在一元論を提唱するホーガンとポッチ（Horgan & Potrč [2009]）、カント的一元論を提唱するクリーゲル（Kriegel [2012]）等がいる。

（2）これはメレオロジーにおける構成（composition）の問題を扱ったものである（小山［二〇〇九］）。一元論に関する現代の議論ではメレオロジーが大きな役割を果たしている。これについては本書第九章（小山担当）を見よ。

（3）二〇〇七年版は現在のページのAuthor and Citation Infoから見ることができるが、二〇〇七年時点ですでに論文と事典項目の両方に、シャファーの一元論の中心的主張である優先性一元論が登場している。

（4）これは優先性一元論とは別のテーゼだが、議論の中で優先性一元論と接続する。

（5）この論文では、すべての命題の「真にするもの」は同一のものであり、それは世界であると論じられている。

（6）ここでの「スピノザ的一元論」は、実体は世界のみであるという主張だが、この論文だけは優先性一元論とは独立に論じられている。また、存在一元論とも優先性一元論とも両立可能である。

（7）この記事はその後も細かな改定を重ねており、本章執筆時点での最新版は二〇一八年版だが、現在でもシャファーの優先性一元論を知る上で最もまとまったものである。

（8）Goff［2012］p. 2では、「現代的な一元論の提示およびその擁護の古典」だとされている。

（9）この関係がいかなるものであるのか、また、この関係が具体的なものの間に存在することが擁護できるのかについては、さらなる議論があるが、シャファーはこのような関係が具体的なものの間に成り立っていると論じる。

（10）「優先」の代わりに「依存」を使って説明されることもある。その場合、単元集合はその要素に依存し、いかなる具体的対象にも依存しない具体的対象が基礎的な具体的対象となる。注（41）もこのことに基づいている。

（11）シャファーはこのような理由から、存在一元論は維持できないと考えており、Schaffer [2010a]（本書第一三章）ではあまり議論していない。だがその後この論文に対してHorgan & Potr č [2012]で存在一元論の立場から反論が寄せられたため、Schaffer [2012]で再反論している。また、優先関係が存在一元論に比べて有利な結果をもたらすわけではないという反論もある（deRosset [2010]）。

（12）定義から言えば（1）は優先性一元論の一種であるが、注（11）でも述べたように、シャファーにとっては検討に値しない立場のままである。彼の論証のほとんどは、（3）に対して（2）を擁護する論証である。すなわち、存在多元論を前提した上で、優先性多元論に対する優先性一元論の優位を得るための論証をする。シャファーの論証は存在多元論者同士での対立が想定されているが、その論証自体は多くの場合、存在一元論（すなわち（1））の優先性多元論（すなわち（3））に対する優位を主張するための論証にもなっている。実際以下で紹介する議論はどれも、優先性多元論の否定にはなっているが、存在一元論の否定にはなっていない。

（13）これ以前の「優先性一元論」では（1）と（2）の両方を含むが、これ以降は（2）のみを指す。

（14）分析哲学におけるメレオロジーの位置付けについては本書第九章（小山担当）の第二節を見よ。

（15）任意の集合Xについて、Xすべてのメレオロジー的融合物とは、

Xの要素すべてがその部分であり、かつXの要素でない部分は持たない対象として定義される。

(16) シャファーは「漏れもなければ重複もない（no gaps, no overlaps）」というスローガンを与えている（Schaffer [2010a], p. 38／本書第一三章一・三）。シャファーははじめ、このスローガンの後半を重複なし条件（異なる二つの基礎的な具体的対象が重複していることはない）として定式化するが、実際の議論には、重複なし条件よりも弱い部分なし条件で十分であるとしている。

(17) シャファーがタイル貼り制約を課す理由は、彼のメタ形而上学（metametaphysics）上の立場と関係している。すなわち、形而上学において重要な問いは何が存在するかではなく、何が基礎的（fundamental）かという問いだと彼が考えているからである。この問いについてはSchaffer [2009a] を見よ。シャファーは何が基礎的な具体的対象かという問いを基礎的メレオロジーの問い（the question of fundamental mereology）と呼んでいる。タイル貼り制約はこの問いへの制約でもあり、一元論と多元論は基礎的メレオロジーの問いに対する回答になっている。

(18) これは、優先関係が反射的かつ推移的かつ反対称的であり、加えて、優先関係をたどっていけば、どこかにそれ以上優先されない対象があるということを意味する。

(19) Schaffer [2010a] の中ではいくつかの前提が明示的に使われているが、その中で不可欠な前提は、具体的対象間に優先関係という順序関係が存在するということのみである。たとえば、宇宙が存在するという前提や、宇宙の部分が存在するということが前提されているが、どちらも取り払うことができる。その場合、それぞれ優先性一元論、優先性多元論が否定される。また、構成が同一性であること（composition as identity）の拒否と重複なし条件は、優先性一元論と優先性多元論が排他的であるために必要な前提だが、やはり取り払うことができる。その場合、両者が排他的でなくなるため、全体と部分の両方が基礎的であるという選択肢が可能になる。同様に、優先関係が整礎半順序であることと被覆条件は、優先性一元論と優先性多元論が網羅的であるために必要な前提だが、取り払うことができる。その場合、全体も部分も基礎的でないという選択肢が可能になる（p. 45／本書第一三章一・三）。

(20) 分配的性質については、たとえば、Parsons [2004] を見よ。

(21) 原子以外の基礎的対象があれば多元論は否定されないのではないかと思われるかもしれない。それはそのとおりである。しかし、多元論で容認される基礎的対象として、被覆条件と部分なし条件を満たすものは原子以外には考えにくい。たとえば、すべてが完全に均質でかつ原子のない世界を考えると、その世界のどこか中間レベルに基礎的対象があると主張するにはかなり困難である（これはシャファー本人が挙げている例である）。

(22) この議論は、本書第九章（小山担当）の第三節で紹介されている議論である。

(23) ただし、Zimmerman [forthcoming] によると、シャファーの定式化に最も近い「内的関係」を用いていたのはアメリカのロイスである。

(24) Ewing [1934], Ch. 2では両陣営が使った一〇の意味が区別されているが、シャファーはこれでも数え足りないのではと疑っている。

(25) ただし、ブラッドリーは外的だろうと内的だろうと関係が実在するとは考えないため、内的関係からの論証の支持者ではないとシャファーは考えている（Schaffer [2010c], p. 349, n. 7）。ブラッドリーの「関係」については本書第七章（山根担当）の第二節を見よ。

(26) シャファーはこの点についてスピノザとの類似性に言及している（ibid., p. 350, n. 9）。

(27) シャファーは、内的制約関係のヒントを与える文献として、Royce

[1900], p. 122, Baylis [1929], p. 375, そしてスピノザ的一元論を説明するJoachim [1901], p. 23を挙げている。

(28) ラッセルとムーアが見落とした外的関係の存在と両立するという点はすでにBradley [1897], p. 513で説明されているとシャファーは考えている(Schaffer [2010c], p. 361)。

(29) シャファーはこの三つの仮定を支持しているのではなく、ありうる選択肢として提示しているだけだと断っていることには注意されたい。また関係Rの候補は他にも考えられるとも述べている(ibid., p. 371)。

(30) シャファーがこの二つの主張の論拠として具体的に挙げているのはEllis [2001]である。

(31) ここで決定論が前提されているわけではないことに注意されたい。シャファー自身も述べているように、非決定論が正しくとも、法則が成り立たなくなるような組み合わせは依然として許されない(Schaffer [2010c], p. 363, n. 23)。

(32) シャファーは古典的一元論者が実際にこのような主張をしていたと述べている。そこで名前が挙がっているのは挙げているのは、Lotze [1892], p. 39, Blanshard [1962], p. 472, Ewing [1934], pp. 183-187の三名である。

(33) 超実体説の支持者としてシャファーはW・V・O・クワイン、D・ルイスといった著名な分析哲学者に加えて、デカルトとスピノザの名前も挙げている(p. 365)。超実体説と一元論の関係については、本書第一二章(大畑担当)を見よ。

(34) ここでシャファーが念頭に置いている構造主義は、科学的実在論論争における構造実在論の一種である「存在論的構造実在論(ontic structural realism)」のうち、独自の内在的本性を持つような対象は存在せず、対象の同一性は他の対象との時空的関係によって決定される(ゆえにその関係を本質的に持つ)とする立場である。

(35) シャファーによれば、哲学史上、超実体説と一元論のつながりを示したのはスピノザであり、カントはスピノザの一元論を避けるためには空間と時間の非実在性を宣言するしかないと結論した(Schaffer [2010c], p. 366)。

(36) 詳しくは、Lewis [1986], p. 69〔邦訳、七五頁〕を見よ。

(37) これが、対応者理論によれば自分の世界メイトである対象が存在しないことは不可能である——たとえば、自分はそのままで目の前のペットボトルだけがないことは不可能である——ということを意味しないことに注意されたい。対応者理論では、その種の可能性は、他の可能世界にいる自分の対応者の目の前にペットボトルがないことによって表される。詳しくは、ibid., Ch. 4.1を見よ。

(38) シャファーは同様の論証は超本質主義(hyper-essentialism)を仮定しても与えることができると述べ、対応者理論と超本質主義を比較している(Schaffer [2010c], p. 368)。ここでの超本質主義とは、存在者のいかなる特徴もその存在者に本質的であるという主張を意味する。このとき、ある可能世界に属するどんな個体もその世界に属するという性質を本質的に持つことになるので、対応者理論を前提した場合と同じ結果が得られる。シャファーが挙げる超本質主義の支持者はJoad [1936], pp. 414-415である。シャファーはBaylis [1929], p. 373を引用して、対応者理論と超本質主義の対立は意味論におけるものであって、形而上学におけるものではないと結論している。

(39) Schaffer [2010a], p. 38(本書第一三章一・三)では、宇宙によって具体的対象が定義されている。Schaffer [2010c], p. 356では具体的対象によって宇宙が定義される。宇宙と具体的対象のいずれかが未定義語となる。

(40) 一般外延メレオロジーについては本書第九章(小山担当)の第二節を見よ。

(41) Dxyをxがyに依存していることを表す述語だとすると、「$Bx =_{df} \neg(\exists y)Dxy$」というように基礎的対象であることを依存性によって定義できる。また、依存性の代わりに優先性を用いて同じ定義を与えることもできる。注（10）も見よ。

（42）　シャファーが与える前提二（および三）なしの証明（Schaffer [2010c], pp. 357-360）は、「$\hat{x} =_{df} (\iota y)(\forall z)(z < y \leftrightarrow \neg Ozx)$」を満たす$\hat{x}$が存在するというより強い原理に弱補足性が置き換えられ、前提二と三の代わりとなる前提四「重複しておらず、また様相的に自由でない対象は、相互に依存している：$(\forall x)(\forall y)((\neg Oxy \,\&\, \neg M^2xy) \rightarrow Ixy)$」を用いるものである。ここで登場する$Ixy$は相互依存性を意味し、「$Ixy =_{df} (\exists z)(Dxz \,\&\, Dyz \,\&\, x \ll z \,\&\, y \ll z) \,\&\, x \neq y$」というように依存性によって定義される（Schaffer [2010c], p. 347）。依存性については注（41）も見よ。

（43）　シャファーが挙げる例外はマクタガート、およびuの存在を認めないホワイトヘッドである（Schaffer [2010c], p. 355, n. 17）。

文献

Baylis, Charles, [1929], "Internality and Interdependence," *Journal of Philosophy*, 26, pp. 37-39.

Blanshard, Brand, [1962], *Reason and Analysis*. La Salle, IL: Open Court (reprinted in 1973).

Bosanquet, Bernard, [1911], *Logic, or the Morphology of Knowledge*, Vol. II, 2nd edition. Oxford: Clarendon Press.

Bradley, Francis Herbert, [1897], *Appearance and Reality: A Metaphysical Essay*, 2nd edition. Oxford: Clarendon Press.

Chalmers, David, David Manly, & Ryan Wasserman, (eds.), [2009], *Metametaphysics: new essays on the foundations of ontology*, Oxford: Oxford University Press.

deRosset, Louis, [2010], "Getting Priority Straight," *Philosophical Studies*, 149 (1), pp. 73-97.

Ellis, Brian, [2001], *Scientific Essentialism*, Cambridge: Cambridge University Press.

Ewing, A. C., [1934], *Idealism: A Critical Survey*, London: Methuen.

Goff, Philip, (ed.), [2012], *Spinoza on monism*, Basingstoke Palgrave Macmillan.

Horgan, Terence E., & Matjaž Potrč, [2009], Austere realism: Contextual semantics meets minimal ontology, Basingstoke MIT Press.

——— [2012], "Existence monism trumps priority monism," in Goff [2012], pp. 51-76.

Hume, David, [1748], *An Enquiry Concerning Human Understanding*（邦訳：ヒューム（神野慧一郎・中才敏郎訳）『人間知性論研究』、京都大学出版会、二〇一八年）.

Ismael, Jenann, & Jonathan Schaffer, [2020], "Quantum holism: Nonseparability as common ground," *Synthese*, 197, pp. 4131-4160 (published online in 2016).

Jackson, Frank, & Graham Priest, (ed.), [2004], *Lewisian Themes: The Philosophy of David K. Lewis*, Oxford: Clarendon Press.

Joachim, Harold, [1901], *A Study of the Ethics of Spinoza: Ethica Ordine Geometrico Demonstrata*, Oxford: Clarendon Press.

Joad, C. E. M., [1936], *Guide to Philosophy*, Mineola, NY: Dover, reprinted in 1957.

Kriegel, Uriah, [2012], "Kantian monism," *Philosophical Papers*, 41 (1), pp. 23-56.

Lewis, David, [1986], *On the Plurality of Worlds*, Oxford: Basil Blackwell（邦訳：デイヴィッド・ルイス（出口康夫監訳、佐金武・海田大輔・小山虎・山口尚訳）『世界の複数性について』名古屋大学出版会、二〇一六年）.

Lotze, Hermann, [1892], *Outlines of a Philosophy of Religion*, F. C. Conybeare (ed.), London: Swan Sonnenschein and Co.

Moore, G. E., [1919], "External and Internal Relations," *Proceedings of the Aristotelian Society,* 20, pp. 40-62.

Parsons, Josh, [2004], "Distributional Properties," in Jackson & Priest [2004], pp. 173-180.

Royce, Josiah, [1900], *The World and the Individual,* New York: Macmillan Company.

Schaffer, Jonathan, [2007], "From Nihilism to Monism," *Australasian Journal of Philosophy,* 85 (2), pp. 175-191.

——— [2009a], "On What Grounds What," in Chalmers, Manley, & Wasserman [2009], pp. 347-383.

——— [2009b], "Spacetime the One Substance," *Philosophical Studies,* 145 (1), pp. 131-148.

——— [2010a], "Monism: The Priority of the Whole," *Philosophical Review,* 119 (1), pp. 31-76 (reprinted in Goff [2012], 9-50)〔邦訳：ジョナサン・シャファー（小山虎・立花達也・雪本泰司訳）「一元論——全体の優先性」本書第一三章〕.

——— [2010b], "The Least Discerning and Most Promiscuous Truthmaker," *Philosophical Quarterly,* 60, pp. 307-324.

——— [2010c], "The Internal Relatedness of All Things," *Mind,* 119, pp. 341-376.

——— [2012], "Why the World Has Parts: Reply to Hogan and Potrč," in Goff [2012], pp. 77-91.

——— [2013], "The Action of the Whole," *Proceedings of the Aristotelian Society,* 87, pp. 67-87.

——— [2016b], "Monism," *The Stanford Encyclopedia of Philosophy* (Winter 2016 Edition), Edward N. Zalta (ed.), 〈https://plato.stanford.edu/archives/win2016/entries/monism/〉.

Zimmerman, Dean, [forthcoming], "A Recent Defense of Monism Based Upon the Internal Relatedness of All Things," *The Metaphysics of Relations,* Frankfurt: Ontos Verlag.

小山虎［二〇〇九］「なぜ物質的対象は複数存在すると考えるべきなのか？」*Nagoya journal of philosophy*、八、一一一八頁。

第一一章　一元論的観念論者としてのスピノザ像を遡及する
――忘れ去られた研究者を介して

立花達也

　分析形而上学者のシャファーは、「一元論」論文（Schaffer [2010a]／本書第一三章）において「優先性一元論」という立場を擁護した。それは、複数の存在者が存在するが、それらのなかで、すべてに優先する基礎的存在者（宇宙）はたった一つだけ存在するという立場である。この論文のなかで彼は、ラッセルとムーアによる常識に基づく一元論批判を論駁する議論を行い（本書第一三章二・一を参照）、また別のところではイギリス観念論者たちの主張を擁護している（本書第一三章付録を参照）。その議論を総合すると以下のようになる。すなわち、ラッセルとムーアはイギリス観念論者たちの一元論を「存在一元論」として解釈していた。それは、たった一つだけの存在者だけが存在する（がゆえにそれが唯一の基礎的存在者である）という立場である。しかし、イギリス観念論者たちの一元論を特徴づけるアイデアはじつは「優先性一元論」的であり、したがってラッセルらによる批判は有効ではなく、一元論はいまだ意義のある立場であり続けるのである。

　たしかにシャファーは「イギリス観念論者（British idealist）」というように名指ししているわけではない。しかし、彼によって参照されるロイス、ボーザンケット、テイラー、ジョアキムといった哲学者たちのテクストから、その文脈は明らかである（正確にはロイスはアメリカの観念論者であるのだが）。さらにいえば、歴史上の一元論者としてシャファーが挙げているのは、パルメニデス、プラトン、プロティヌス、スピノザ、ヘーゲル、そしてブラッドリーであった。ブラッドリーといえば、新ヘーゲル主義者の一人としてイギリス観念論をリードした立役者である。要するにシャファーの議論は、それを直接の目的としているわけではないにせよ、イギリス観念論的な立場の復活をともなっていることになる。以上に述べた文脈はあくまで主題とはなっていないものの、論文全体を貫くものとして確実に存在しているだろう。

　イギリス観念論がこの論文の背景にあるらしいことは、スピノザ研究の観点からも興味深いことである。実際、イギリス観念論者たちが活躍した一九世紀末から二〇世紀初頭のイギリスでは、スピノザは徹底して観念論的に読まれていたのである。

その流れを汲みつつ、高い水準の解釈を提示した重要文献が、いまではほとんど顧みられない研究者ハロルド・ジョアキム（Harold Joachim, 1868-1938）による『スピノザ『エチカ』の研究』（Joachim［1901］）と『真理の本性』（Joachim［1906］）である。シャファーは「一元論」論文でスピノザを引用する際に、ジョアキムのスピノザ解釈を援用しているのだが、その理由もまた、イギリス観念論と分析哲学の対立という文脈のうえに位置づけることができるだろう。

本章では、シャファーの論文によって提示された以上のような状況を受けて、スピノザをめぐる様々な解釈のあいだの関係を整理する作業を行いたい。具体的には、一元論的スピノザ解釈が歴史的に、とりわけイギリス観念論の文脈においてどのように与えられてきたのかを、最終的にジョアキムの一元論的観念論者としてのスピノザ像のうちに求めることとする。

一．シャファー
――優先性一元論者スピノザ

シャファーは「一元論」論文の付録において、優先性一元論を特徴付けるアイデアのうちの一つの出所として、スピノザの名を挙げている。そこで示されるスピノザ解釈とは、シャファーが「統合されたシステムとしての世界」と呼ぶ考え方、すなわち個体的な諸部分を、ともにある共通の全体へと統合され、それに依存するものとしてみなす考え方を、スピノザの書簡三二のなかに見出すというものである（Schaffer［2010a］, p. 68／本書第一三章付録）。ここで言われている「統合されたシステム」がいかなるものであるのかは明確に説明されてはいない。だがシャファーによれば、このシステムは部分の存在を前提にするのであり、そうしたシステムとして世界を捉える考え方においては存在者が複数あること（存在の多元性）が認められなければならないとされる。スピノザからも取り出されるこのアイデアに基づくならば、採用されるべきは存在一元論ではなく優先性一元論でなくてはならないということになる。

シャファーはこの考え方を、スピノザが同時代人と交わしたとある書簡のうちに見出している[1]。筆者はこの解釈そのものに対して批判的であるが、さしあたりここではその是非についてペンディングしておく[2]。ここで重要なのはむしろ、この「統合されたシステムとしての世界」というアイデアの出どころとして、ジョアキムのスピノザ解釈が参照されていることである。

ある単一の「延長」物――たとえばある特殊な物体――は、有限かつ依存的である。それはその文脈から引き裂かれた断片であり、この文脈においてのみその存在と意義をもつ。その存在においてもその本性においても、単一の延長物は独立性をもってはいない。それはその存在を、無限の因果系列に負っているのであり、その因果の各々はそれ自体で有限物体であり、他の有限物体の結果なのである。それはその本性を諸物体から成る全体的システム――諸物体は物質的な（corporeal）宇宙をともに構成している――における その場所に負っている。（Joachim [1901], p. 23）

ここではたしかに、有限な物体は「全体的システム」に対して依存し、その存在をこのシステムに負っているのだということが、スピノザの主張として引用されている。だが、この引用が置かれている文脈を念頭に置くならば、その狙いが単にスピノザを召喚することにあったとみなすことはできない。このことを示唆するのは第一に、シャファーがこの引用とともに、自身が執筆した別の論文「あらゆるものの内的な関係性」（Schaffer [2010b]）への参照も促していることだ。この論文は、イギリス観念論者たちのテーゼとされる「内的関係の公理」から優先性一元論を導出するものである。[3] また第二に、シャファーはこの「統合されたシステムとしての世界」という考え方への賛同者として、ジョアキム以外にもロイス、ボーザンケット、テイラーといった名前を挙げていることである。彼らはいずれも、一九世紀末から二〇世紀初頭に活躍した、観念論者である。ここでは、スピノザ自身を召喚することよりも、ジョアキムという観念論者によるスピノザ解釈を引くことが重要であったのだというべきだろう。

だが、なぜイギリス観念論なのだろうか。ここには、一元論は分析哲学の誕生とともに死んでしまったのだというシャファーの歴史観が前提されている。シャファーは「一元論」論文のはじめに、「分析哲学＝反一元論（多元論）」という図式が作り上げられるきっかけとなったのはラッセルとムーアであるとしている（Schaffer [2010a], p. 32／本書第一三章冒頭部）。[4] シャファーによれば、彼らは一元論を常識に訴えることによって否定しており、かつこの否定こそが分析哲学の出発点である。しかしシャファーはこれに対して、一元論と多元論の対立を考える際の議論の枠組みそのものが誤りだったのだということを示し、イギリス観念論を擁護可能な一元論（優先性一元論）の祖先として見出しているのである。

では、代わりにシャファーが提示する枠組みはいかなるものか。シャファーが援用するスピノザ像もまたこの枠組みにおいて捉えられているため、この点を押さえておくことは重要である。まず、ラッセルは多元論と一元論の対立を、多数のものが存在すると考える常識的な経験論的多元論と、一つのものだけが存在するとアプリオリに主張する過激な合理論的一元論のあいだの対立として枠付けていたとされる（ibid., p. 46）。これに対してシャファーは、多元論と一元論を対立させる議論を部分と全体の依存関係の問題へと枠付けなおす。シャファーの見立ては以下のとおりである。すなわち、ラッセルは当時の一元論を誤って（存在者、したがって基礎的存在者が一つだけとする）存在一元論として理解していたが、本来は（唯一の基礎的な存在者である全体が、部分に対して優先的であるとする）優先性一元論として評価しなければならなかったのだ。そして後者においては、部分は基礎的な存在者ではないものの、あくまで存在するものとして考えられる。要するに、基礎的な宇宙に対してその非基礎的な部分が依存すること、この主張の先駆者であることが優先性一元論者スピノザに求められているのである。

二．ラッセル
――批判すべき一元論者スピノザ

では、ラッセル自身はスピノザをどのように理解していたのだろうか。ここで確認したいのは、ラッセルはスピノザをブラッドリーあるいは一元論と結びつけるのであるが、それがジョアキムのスピノザ解釈を介しているということである。

ジョアキムが一九〇六年に出版した『真理の本性』についてのレビュー論文のなかで、ラッセルは彼の真理論を「真理の一元論（monistic theory of truth）」と呼んでいる。そして、それが拠って立つ立場を「論理的一元論（logical monism）」であるとしており、この立場は実在は一つであるという教説と結びついてるという（Russell [1910]）[5]。そこでのラッセルの議論は「内的関係の公理（axiom of internal relations）」に関わる。すなわち、「すべての関係は、関係づけられた項の本性に基礎づけられている」とする公理である（ibid. p. 160）。よく知られるようにラッセル自身は、論理的一元論に対し、論理的原子論の立場をとり、個々の部分の存在については極端な実在論的立場をとる。ラッセルの議論の内実にここでは詳しく踏み込むことはしない[6]。ここで注目したいのは、ジョアキムの著作についてのレビュー論文であるにもかかわらず、その批判の矛先がブラッドリーに向けられていることである。

この公理からただちに、実在または真理の全体がジョアキム氏の言う「有意義な全体（significant whole）」でなければならぬ、ということが帰結する。なぜなら、各々の部分は他のすべての部分および全体に対してそれのもつ関係を明示するところの本性をもっているのだから。したがって、どれか一つの部分の本性が完全に知られているならば、全体と他のすべての部分との本性もまた完全に知られていることになる。逆に、全体の本性が完全に知られているならば、全体の各部分に対する関係、したがってまた各部分他の各々の部分に対してもつ関係、したがってまた各部分の本性も、必然的に知られていなければならないのである。［…］内的関係の公理は、［…］ブラッドリー氏が正しく主張したように[7]、関係というものは存在せず、かつ多くのものは存在せずむしろただ一つのもののみが存在する、という帰結を生ずる。（ibid., pp. 161-163）

なぜ批判対象はブラッドリーなのだろうか。この点については、ジョアキムは所属するオックスフォード大学のマートン・カレッジにおいてブラッドリーの代弁者として知られていたという事情が背景にあると思われる。ブラッドリーは一八九〇年代において幅広い称賛を勝ち得ていたが、ラッセルは一九〇二年までブラッドリー本人に会うことはなく、あくまでジョアキムを介してその哲学を学んでいたとされる（また、ラッセルとジョアキムは親戚であり、若い頃から面識があった）。つまり、ジョアキムの語ることはブラッドリーの語ることでもあったということだ。実際、ジョアキムの真理論は一般的にイギリス観念論における真理論を代表するものとみなされており、またそれゆえ、このレビュー論文はブラッドリー批判として知られるのである[8]。

彼がブラッドリーの代弁者であるという点を強調するならば、ジョアキム自身の思想はラッセルに対して大きな影響を与えなかったのだと考えたくなる。しかし、こうしたジョアキムに対する評価は、ラッセルがスピノザを愛読していたことを考慮に入れることで変わってくる。ジョアキム自身の思想はとくべつ注目されることはなかったかもしれないが、そのスピノザ解釈となれば、話は別なのである。

ジョアキムのスピノザ解釈が注目されるべきである間接的な理由を二点挙げておきたい。第一の理由は、ラッセルは度々、ブラッドリーとスピノザをともども一元論的立場を代表する者として同一視していたということである[9]。しかし、ブラッドリー自身は自らの哲学とスピノザのそれとのあいだに類似性を見出してはいなかったはずだ。というのも、その一八九三年に出版された主著『現象と実在』（Bradley［1897］）において、スピノザに言及することは一度もなかったからである。それどころか、彼ははじめから自身の立場を「一元論」と呼んでいたわけでもないのである（本書第五章（太田担当）の五．一を参照のこと）。ここから推測されるのはむしろ、ブラッドリーがラッセルによって（多元論者と対立する意味での）一元論者として見なされる過程が、なんらかのスピノザ理解をともなっているらしいということである[10]。

ラッセルによるスピノザとブラッドリーの一元論化に関しては、次の二点を補足しておきたい。第一に、ブラッドリーの哲学をスピノザと一元論とに同時に結びつける言説は、少なくとも『現象と実在』の出版直後は、文献に認められる限りにおいて明確に現れていないらしいということである。すでに述べたとおり、ブラッドリー自身は自らの哲学を、スピノザ的であるとも一元論者であるとも述べていないのだった。だがそれにもかかわらず、『現象と実在』出版の翌年には早くも、その哲学がスピノザ的な側面を有していると指摘されている[11]。そこでは、ブラッドリーはスピノザあるいはシェリングのように、すなわち「すべての牛が黒くなる夜のように」、多様なものどもの区別をなくし、すべてを絶対者のうちに統一する傾向をもっているのだとされる（なお、この傾向は絶対者における区別と差異を強調するヘーゲル的な傾向によって補われるとされる[12]）。だがこの議論においては「一元論」という語が使われていないだけでなく、シャファーの枠組みのような部分と全体の依存関係による特徴付けは見られないのである。また他方で、一元論と多元論（と有機体論）を並列に置く言説はすでにMackenzie［1890］において明確に提示されているのだが、それはスピノザと結びつけられてはいない。しかし、のちにマッケンジーが自身の整理を洗練させ再提示する際には、一元論はスピノザ、そしてブラッドリーに結びつけられている。[13] そして、ここでのスピノザ論はジョアキムによる『スピノザ『エチカ』の研究』に基づくのである。このことから、少なくとも、ブラッドリーとスピノザと一元論と同時に結びつける文脈が固定されたのは、ジョアキムによる『スピノザ『エチカ』の研究』の後のことである、とみなすことも可能だと思われる（この点については本書第五章（太田担当）の五.二も参照のこと）。

第二の補足として、さらにジョアキムとブラッドリーの対応が現代では疑問視されているということも加味すべきだろう。Russell［1910］で批判されている真理論、すなわちジョアキムが擁護する真理の整合説はブラッドリーの立場を洗練させたものであるという見方は広く受け入れられている。しかし、そもそもブラッドリーの論理学は真理論と関わりがないか、あるいは、彼が真理論に取り組んだとしても晩年のことにすぎないという見方もある（Griffin［2007］, p. 224）。いずれにせよ、ジョアキムのスピノザ解釈と、ジョアキムとラッセルの論争とを通じて、ブラッドリーのイメージが拡張されているのだということができる。

ジョアキムのスピノザ解釈が注目されるべき第二の理由は、ラッセルがジョアキムの真理論に対して与えた「論理的一元論」というラベリングは、のちに『西洋哲学史』（Russell［1946］）のなかでスピノザに対しても用いられているということである。[14] つまり、ラッセルは一九〇六年にジョアキムの理論を論理的一元論として見なしたうえで、一九四六年にスピノザについて要約するなかで再びその形式を見出しているということになる。[15] ラベリングのみならず、『西洋哲学史』のなかには実際に、ジョアキムが提示する観念論的なスピノザ解釈が反映されており、そこでも先のレビュー論文と同様、部分と全体の関係が問題となっている。

> ［…］個別的な出来事はあるがままの出来事であり、全体のなかに溶ける（absorption into a whole）ことによって、別のものにはならないとわたしは思う。残忍な行為のおのおのは、永遠に宇宙の一部なのであって、後にどのようなことが起ころうとも、それを悪でなく善だということはできないし、その一部を含んでいる全体に完全性を賦与することもできないのである。
> それにもかかわらず、人類の通常の運命よりもひどい（と思われる）何事かを耐えねばならないのが運命である場合には、全体について（about the whole）考える、あるいはとにかく自分自身の嘆きよりも大きい事柄について考える、というスピノザの原理は有用な原理である。［…］（ibid., p. 603／邦訳第三巻五七三頁）

ジョアキムのスピノザ解釈における関連する箇所についての分析を後回しにするとして、ここでは部分と全体についての考え方にのみ着目しておこう。ここから読み取れるのは、「全体」のなかで「部分」を認識することが「部分」そのものの実在になんらかの影響を与える、という考え方を、ラッセルがスピノザに帰していたということだ。そして、この考えはたしかにジョアキムのスピノザ解釈に見出される。次節で見るように、この考え方は観念論的スピノザ解釈における基本的要素である。

三．ジョアキム
——一元論的観念論者スピノザ

ジョアキムは一九〇一年に『スピノザ『エチカ』の研究』を出版し、その五年後には彼自身の真理論である『真理の本性』を出版している。後者の序文には、友人のラッセルに本の一部がすでに手渡されていたという事実が記されており、またブラッドリーとボーザンケットへの賛辞、ヘーゲルからの影響の告白なども見られる（Joachim［1906］, pp. 4-5）[16]。その真理論はいわゆる「真理の整合説（coherent theory of truth）」として知られているものである。この本のなかでジョアキムはスピノザの哲学を高く評価し、その「誤謬論」を自身の真理論のなかに取り入れようと試みている（ibid., §4）。そして、そのなかでジョアキムは——ラッセルも正確に評したように——スピノザの哲学を明確に一元論として名指している。

このように、ジョアキムが一元論という言葉を明示的に使用したのは『真理の本性』においてである。だが、『スピノザ『エチカ』の研究』においてすでに、一元論的なシステムの提示はなされていたと言うことができると筆者は考える。そこで本節ではまず、彼がJoachim［1901］において与えたスピノザ解釈がいかに一元論的な思考を展開させたのかを、その観念論的な側面に着目することで明らかにする。次いで、その一元論的思考が『真理の本性』において、ジョアキム自身の真理論へとどのように流入したのかを明らかにする。この作業を通じて、一元論的観念論者としてスピノザを解釈する流れにおいてジョアキムのスピノザ解釈がいかなる役目を果たしたのかが明らかにされるだろう。

三．一．『スピノザ『エチカ』の研究』におけるスピノザ

一九世紀末のイギリスではにわかに、スピノザについての著作が次々と生まれることとなった。ポロック、マルティノ、ケアードらによる著作がそれであるが、しかしそれらは皆、スピノザのテクストを詳細に見ることはなく、もっぱらその哲学を哲学史のなかに穏当に位置づけることに終始していたといえる。そうした状況に対して、あくまでテクスト解釈としてのスピノザ研究を打ち出したのがジョアキムである。彼の研究をもって、イギリスにおける本格的なスピノザ研究がスタートしたと言っても過言ではない。

とはいえ、彼の研究はパーキンソンやニューランズが指摘するとおり、やはりイギリス観念論（あるいは新ヘーゲル主義）の影響を多分に受けたものとなっている[17]。その結果として、ジョアキムのスピノザ研究のなかには「統一性（unity）」と「多様性（diversity）」をめぐる緊張が、属性論と様態論にまたがって展開されることになる。少なくとも同時代の哲学者であるマクタ

ガートがそのように読んでいたことは、彼による書評から確認することができる[18]。

まずは属性論を見ていこう。ニューランズは、イギリス観念論者たち（ポロック、ケアード、マルティノ、ジョアキム）による属性論解釈を二つのテーゼにまとめている（Newlands [2011], pp. 111-113）。すなわち、第一に彼らは思惟属性を他の属性よりも基礎的とみなす。またそれによって、第二にスピノザが思惟属性以外の属性の実在の証明に失敗していると診断するのである。このまとめは簡潔で的を射たものであるように思われる。そして、こうしたイギリス観念論者による解釈の傾向は、ジョアキムの解釈においても維持されている。

しかし、ジョアキムのスピノザ解釈においてのみ、とりわけ強調されていることがある。それは、この属性論解釈が統一性と多様性の二者択一の問題に関わるものであるということだ。この点はきわめて重要である。ジョアキムのスピノザ批判は、一なる実体が無限に多様な属性をもつということが正当に論証されているかどうかという点に関わっている。スピノザによるその論証は、ジョアキムによれば、いわばいいとこ取りをしようとして矛盾してしまっているのである。彼によれば、我々は一元論（唯一の実体＝属性）か多元論（無限の属性）のいずれかを選ばなければならない。そして、彼の選択はまさに一元論だった。つまり、スピノザにおいては思惟属性が特権的であるとする観念論的解釈によって、一つの実体と一つの属性の対応を守ろうとしたのである。

次に様態論を見ていこう。それは簡潔にいえば、実体ないし実在の多様な様態の把握は幻想にすぎないとするものである。この主張は属性論における思惟属性の特権化と関わっている。というのも、思惟属性のみを強調することによって様態の実在についての議論は単に様態の認識の問題へと還元されるからである。ここでもまた、「統一性」と「多様性」をめぐる緊張が見られる。スピノザは唯一の実体から、「無限に多くの様態が無限に多くの仕方で帰結する」のだと述べている（『エチカ』第一部定理一六）。この主張における一と多の結びつきに対してジョアキムは、唯一の実体を「有意義な全体」とし、多様である様態をその断片的で不十分な認識であるとすることによって説明を与えるのである。

前節で触れたラッセルのスピノザ像に関わることとして、以上の様態論がジョアキムにおいては全体と部分の語彙で語られることについて述べておこう。ジョアキムは「全体と部分」という小節（Joachim [1901], pp. 89-93）のなかで、書簡三二を長々と引いてそれを読解している。そこからは、彼が（実体の本質を表現する）属性と様態のあいだに、部分と全体の関係を見出していることが読み取れる。属性（延長や思惟）という一番大きな全体としてのシステムに対して、すべての様態がその部分として存在する。よって、自然における部分と全体の概念は、この属性に対する「従属的なシステム（subordinate systems）」（ibid., p. 90）として見出されることになる。だが、他方でジョアキムは、部分と全体のカテゴリーは厳密に言えば実体、あるいは実在に適用させることはできないのだと注意してもいる。なぜなら、完全なる実在である実体は分割不可能であり、すなわち部分をもたないからである（『エチカ』第一部定理一五備考）。だがジョアキムによれば、それにもかかわらず、我々は宇宙に部分を見出すことができるとされる（ibid., pp. 42, 89）。しかしそれは、不可分な全体から非十全な仕方で部分を切り出すことによって可能となる。これがまさに、様態の認識にほかならない。

要するに、実体に依存しなければ存在しえない様態を他から切り離して部分として理解する限り、それは想像力による非十全な様態の理解に陥ってしまう。つまり、部分として見られた様態は十分に存在しているとは言えないのである。実際にジョアキムは、『現象と実在』のある箇所が「スピノザの教説の本質を表現する」ものであると評している（ibid., p. 102 n. 1）。以下は、引用されたブラッドリーのテクストである。

私にとって、多（the Many）のあいだにあるいかなる種のプロセスも、多がそれにおいてそれを通じて持続するところの全体の状態である。多のプロセスと、多それ自体の全体的存在は、ある実在の諸側面にすぎない。この唯一の実在は、その諸側面のなかで自らを動かし、自らを知るのであり、それを離れるとすべてのものとその変化、あらゆる知る者、あらゆる知られるものは絶対的に無となる。（Bradley [1897], p. 550）

それゆえジョアキムは、スピノザの実体による諸様態の「吸収（absorption）は、そのなかにいかなる要素も、区別も分節もないというほどに完全なのである」とまで断言する（Joachim [1901], p. 108）[19]。アメリカにおいてスピノザ研究を発展させた立役者の一人であるカーリーの批判的な読みにしたがうなら、ジョアキムが描く（誤った）スピノザ像はエレア派の一元論と等しい[20]。これはシャファーの枠組みに照らし合わせるならば、たった一つの存在しか認めない一元論、すなわち存在一元論にほかならない。したがって、結局のところ、ラッセルの一元論的観念論批判は正当であったと言うべきだろう。ジョアキムのスピノザ解釈を前提とするならば、そのスピノザの思想は部分は存在しないという主張を帰される点において、ラッセルが考えるとおりのものであり、またしたがって、シャファーの擁護は成立しない。

三・二・『真理の本性』におけるスピノザ

『エチカ』の研究書を出版した五年後、ジョアキムはイギリス観念論者たちがゆるく共有してきたものの長らく明示化されてこなかった真理についてのある見方、すなわち「真理の整合説」を体系化する仕事をする。それが『真理の本性』である。この本は四章から成る。まず第一章と第二章では、二つの真理論が批判される。第一に「真理の対応説」であり、第二に真理を命題が有する性質であるとする説である。後者の批判のターゲットはラッセルとムーアであるとされ、実際にラッセルには出版前にこの二つの章の原稿が手渡されていたことが考証されている。第三章ではジョアキム自身の立場である真理の整合説が示され、第四章ではこの説について予測される問題を予め提示し、応答することが試みられている。スピノザ論はこの最後の章のなかで展開されている。

『真理の本性』におけるスピノザ解釈はジョアキム自身の理論にとって少なからず重要な役割を担っているものの、その解釈は『エチカ』第二部定理三二と定理三五に対するいわば整合的な誤読となっていると思われる（Joachim［1906］, pp. 158–59）。つまり、議論は全体として筋は通っているように見えるが、そのように読めるかどうかは問題含みの解釈なのである。そこでは、スピノザの誤謬論が援用され、それによって真理の整合説における誤謬の問題の解決が図られている。

議論されている二つの定理とは以下のとおりである。「あらゆる観念は神に関係付けられる限りにおいて真である」（定理三二）、そして「誤謬とは非十全な、あるいは毀損し・混乱した観念、が含む認識の欠乏に存する」（定理三五）。これらをジョアキムは以下のように解釈する。第一の定理によれば、神の無限知性は「有意義な全体」であり、あらゆる思考はその意義をこの全体のなかで受け取るのだとされる。つまり、この全体の整合性のなかで捉えられる限りにおいてのみ、あらゆる観念は真であるということである。だがこれは裏をとれば、人間精神に関係づけられる限りにおいて、観念は断片的かつ非十全である（真ではない）ということになるだろう。第二の定理はまさにこのように解釈される。むろん、我々の観念もまた神において真であるのだが、我々の精神における観念はそれがそれ自身の補となる（つまり、ともに一つのシステムをなしている）他の諸断片から孤立するときに、そしてこの孤立において自身が自己充足的（self-contained）であると思い込んでしまうときに、誤謬になるというのである。要するに、有限なる精神としての我々は、自分自身の不完全性を認識し損ね、それ自身で充足した個体であると勘違いするときにのみ、誤っているということになる。いいかえれば、我々は自分が誤っていることを認めることによって真理の道を歩み始めるというわけだ（ibid., p. 138）。

しかし、以上の解釈が誤りであることは、ジョアキムが別の箇所で挙げている太陽についての判断という例を見れば明らかである（ibid., p. 140）。ジョアキムはこの例に関して、『エチカ』第二部定理一七備考と定理三五備考が「ひょっとすると（perhaps）」参考になるかもしれないと控えめな注を付しているのだが、実際には、この二つの備考でスピノザ自身も挙げている太陽の例とは趣旨が異なっている。ジョアキムの例は次のようなものだ。地球の表面にいる観察者Aが、太陽が昇り、沈み、地球の周りを回っているのだと判断しているとする。ジョアキムによれば、Aのこの判断はある意味で「誤っている」とは言えない。というのも、彼は天文学について無知であるが、しかし同時に自らの無知に気づいているであろうから。つまり、彼による太陽の記述は天文学的事実において十分な説明ではありえないが、彼はその説明が不十分であることを自覚し、それが十分であるか否かを宙吊りのままにしておく限りで誤謬を逃れているのだとされる。しかしながら、スピノザの例はまったく異なっている。彼は、太陽との正しい距離を知ったあとでもなお、太陽がまるで実際よりはごく近い距離にあるように見えてしまう、という例を提示したのである。ここでの観察者の誤謬は太陽が近くにあるように見えることに存するのではなく、正しい距離あるいはそのように見えてしまうという認識の原因を知らないことに存する。スピノザはここで――ジョアキムが定理三五をそう読むように――判断の正しさを差し控える限りは誤らないなどと言っているのではない。このとき、「あらゆる観念は神に関係付けられる限りにおいて真である」（定理三二）という定理はむしろ、我々のうちで誤謬とされるような「非十全で混乱した観念」もまた、「十全で明晰判明な観念と同一の必然性によって帰結する」（定理三六）という存在論的主張を証明するために用いられているのである。太陽が近くに見えるという表象もまた、太陽の本性と観察者の本性を部分的に含むものとして、必然的に生じているとスピノザは言いたいのだ。

　とはいえ、スピノザ自身の主張を離れてジョアキムの解釈だけを見るならば、ラッセルのスピノザ批判は理解しやすいものとなる。ジョアキムによれば、我々は自らの判断を宙吊りにする限りで誤らないが、それと同時に、より大きな文脈において判断する限りでそれまでの認識を捨て、認識を発展させていくのである。これはたしかに、「個別的な出来事があるがままの出来事である」ことを否定することであろう。ジョアキムとその解釈をそのまま引き受けたラッセルは、真理論においてもスピノザのなかに可変的な部分と絶対的な「有意義な全体」の関係を導入し、そのうえで一元論的な考え方を肯定したり否定したりしていると言えるだろう。

おわりに

　シャファーの議論の特徴は、一元論の議論に部分と全体の概念を持ち込むことであろう。部分と全体の対立によって一元論を考えることではじめて優先性一元論というオプションが生まれるからである。シャファーの解釈によれば、ラッセルはイギリス観念論者たちを存在一元論者として批判していたが、それは誤りであったとされる。しかし、ラッセルは部分と全体の対立という枠組みをもちつつ、シャファーが想定する意味において正当に、ジョアキム的スピノザを存在一元論として見なした可能性がある。そして、実際にジョアキムの解釈を見てみると、そこには部分と全体についての考えが見出されるものの、彼は部分の実在には積極的にコミットしていないのである。そのスピノザ解釈は第一に、思考属性の特権化と、またそれゆえ第二に、諸様態のあいだの区別が想像力、すなわち精神の働きによってなされるという見方に支えられていた。つまり、たしかに「統合されたシステムとしての世界」は部分をもつのだが、それはあくまで精神依存的なものとして存在するということになる。そして部分についての認識は常に非十全であり、その真理は「有意義な全体」としての唯一の実在によってのみ与えられるとされる。そうした全体においては、すべての部分は文字通り消え去ってしまう。このようなスピノザ像であるにもかかわらず、システムとしての全体という概念だけが残り、この点が肯定的にスピノザに帰されるに至ったのであろう。

　本章で明らかにしたかったのは、スピノザを一元論者としてみなす分類は必ずしも哲学の歴史における初期から与えられていたものではないし、そのイメージはあくまでイギリス観念論者たちによるスピノザ解釈を中心にして生み出されたかもしれないということである。そして、そのイメージの中心にはおそらくジョアキムのスピノザ解釈がある。それ自体はほとんど忘れられ、いまはただブラッドリーの観念論とラッセル・ムーアの実在論（初期分析哲学）の対立があったことのみが知られているが、（イギリス観念論者たちが読む）スピノザはおそらくその狭間にあって、小さくない役割を果たしていたと考えられる。敵の敵が常に味方であるとは限らないということ、そして、いまでは忘れられた研究者が重要な役割を担っていることもあるということ。これらが、哲学史の片隅をさらって得られる教訓ではないだろうか。

注

（1）『スピノザ往復書簡集』書簡三二（オルデンバーグ宛て、一六六五年一一月二〇日）。

（2）シャファーのスピノザ解釈に対する反論として、cf. Guigon [2012]; Laveran [2014]。

（3）この論文の詳細については本書第一〇章（雪本担当）の第二節を参照のこと。

（4）ラッセルとムーアの一元論批判については、本書第六章（伊藤担当）を参照のこと。

（5）ラッセルはこの立場を存在論的一元論（ontological monism）と呼んでいる。「真理は一つであるという［ジョアキムの］見方は「論理的一元論」と呼ばれるだろう。これはもちろん存在論的一元論、すなわち実在は一つであるという教説と密接に結びついている」（Russell [1910], p. 150）。本論文の初出は一九〇六年一〇月である。

（6）ラッセルの議論については、本書第六章（伊藤担当）の第三節で扱われている。この点については注（14）も参照のこと。

（7）ここでラッセルは注でBradley [1897] の一節を引いている。「実在は一つである。実在は単一でなければならない。なぜなら多元性（plurality）というものは、それが実在的であると考えると、自己矛盾に陥るからである。多元性は関係を含み、その関係によって、自らの意に反して、より高い統一を常に主張することになる」（p. 460）。

（8）cf. Griffin [2007].

（9）ラッセルによる両者の立場の同一視の理由の一つとして、実体概念を用いる哲学において、あらゆる命題を主語―述語の形式に還元できるという原理があると考えられる。「［…］ライプニッツの形而上学は明らかに、すべての命題が一つの主語に一つの述語を帰属させるものであり、かつ（これはライプニッツにとってはほとんど同じことだと思われたのだが）すべての事実は、或る特性をもつ実体から成る、という学説を基礎としていることを私は発見した。私はまた、同じ学説が、スピノザやヘーゲルやブラッドリーの体系の基礎にも存在することを発見した。実際かれらは、その学説をライプニッツがやったよりももっと論理的に厳密に、展開したのである」（Russell [1959], 邦訳七八頁）。この原理は一九〇〇年のライプニッツ論の時点で確信されていたことである（Russell [1900], pp. 12-15）。そこでは、スピノザの名は挙げられないものの、ブラッドリーがこの原理に妥当することが述べられている。またラッセルは、関係についての一元論的見解をもつ哲学者として、スピノザとブラッドリーを挙げたこともある（Russell [1903], p. 224）。ちなみに、この一連の記述においてはヘーゲルが省かれているのだが、ラッセルがスピノザとヘーゲルの差異をどのように捉えていたのかは興味深い問いかもしれない。ラッセルはあるラジオ番組においてヘーゲルを貶し、スピノザを褒め称えたことがあるとされている（cf. Blackwell [1985], p. 85）。

（10）多元論と対立する意味においての一元論としてスピノザの哲学を評価する、という観点からすればエルトマン『哲学史要綱』第二巻の英訳（Erdmann [1897]）に着目すべきかもしれない。そこでは、一元論と多元論という対立する枠組みが提示され、その枠組においてスピノザが論じられている。またさらに、Blackwell [1985] によれば、この本はラッセルの愛読書でもあったという（実際にRussell [1900], p. 222には第三版の原典への参照が見られる）。ただし、ドイツ語の原典では初版に一元論と多元論の対立についての記述は見られず、この記述は第二版、第三版と版を重ねるごとに追記されていったものと考証される。つまり、エルトマンはドイツ語圏におけるなんらかの風潮を後追いするかたちで教科書にまとめたのかもしれず、彼自身のオリジナリティは認められないかもしれない。とはいえ、一元論と多元論の対立図式がイギリスに流入する一つの経路としてエルトマンは評価されるべきだろう。なお、エルトマンの原典については太田匡洋から教示を受けた。

（11）cf. Seth [1897], pp. 119, 135. 初出は一八九四年（*The Contemporary Review*, 69）。

（12）『現象と実在』はのちに別の研究者によっても、「部分的にヘーゲル的であり、部分的にスピノザ的である」と簡潔に評されている（cf. Mackenzie [1902], p. 166）。

（13）cf. Mackenzie [1902], pp. 150-152.

（14）「スピノザの形而上学は「論理的一元論」とも呼んでいいもののもっとも優れた実例である。わたしが論理的一元論と呼ぶのは、全体としての世界が単一の実体であり、その部分はいずれも単独では論理的に存在することができない、という教説である」（Russell [1946], pp. 600-601／邦訳五七〇頁）。

（15）cf. Russell [1946], p. 600; [1910], p. 150. ただし後者の論文の初出は一九〇六年であり、"On The Nature of Truth" という三つのセクションから成るレビュー論文の最初の二セクションがRussell [1910] となった。この論文の一部は邦訳もある『私の哲学の発展』（Russell [1959]）でも読むことができる。

（16）本書第五章（太田担当）の五．二ではこの点に関するジョアキムからの引用が提示されているので参照のこと。

（17）cf. Parkinson [1993]; Newlands [2011].

（18）cf. McTaggart [1902], p. 518.

（19）またジョアキムは、様態の実在性が神のうちで消え去る（vanish）とも表現している。「あなた〔＝読者〕がそこを出発した偶然性と有限性（あるいは欠陥的な実在性）は（それを十分に経験しようという試みのうちで）消え去る（vanish）。そして、その場所であなたはそれ自身を条件付けられる必然性と、完全かつ無限な実在性をもつことになるだろう。それをスピノザは神と呼んだのである」（Joachim [1901], p. 53）。

（20）cf. Curley [1969], p. 21.

文　献

スピノザの著作

Spinoza, [1925]. *Spinoza Opera*, 4vols., Carl Gebhardt, Carl Winters.
スピノザ［一九五一］『エチカ（倫理学）』（上・下巻）、畠中尚志訳、岩波書店。
——— [一九五八]『スピノザ往復書簡集』畠中尚志訳、岩波書店。

Blackwell, Kenneth, [2013], *The Spinozistic Ethics of Bertrand Russell,* New York: Routledge.
Bradley, Francis, Herbert, [1897], *Appearance and Reality: A Metaphysical Essay,* 2nd edition, Oxford: Clarendon Press.
Curley, Edwin, [1969], *Spinoza's Metaphysics: An Essay in Interpretation,* Cambridge: Harvard University Press.
Erdmann, J. E., [1897], *A History of Philosophy, vol. 2,* (tr.) Hough, W. S., London: Swan Sonnenschein & Co Lim, New York: Macmillan & Co.
Guigon, Ghislain, [2012], "Spinoza on composition and priority," in P. Goff (ed.), *Spinoza on Monism,* New York: Palgrave Macmillan, pp. 183-205.
Joachim, Harold, [1901], *A Study of the Ethics of Spinoza: Ethica Ordine Geometrico Demonstrata,* Oxford: Clarendon Press.
——— [1906], *The Nature of Truth,* Oxford: Clarendon Press.
Laveran, Sophie, [2014], *Le Concours des parties - Critique de l'atomisme et redéfinition du singulier chez Spinoza,* Paris: Garnier.
Mackenzie, John, [1890], *An Introduction to Social Philosophy,* New York: Macmillan and Co.
——— [1902], *Outlines of Metaphysics,* New York: Macmillan and Co.
McTaggart, J. M. Ellis, [1902], "A Study of the Ethics of Spinoza by Harold H. Joachim," *International Journal of Ethics,* 12 (4), pp. 517-520.
Newlands, Samuel, [2011], "More Recent Idealist Readings of Spinoza," *Philosophy Compass,* 6 (2), pp. 109-119.
Parkinson, G. H. R., [1993], "Spinoza and British idealism: The case of H. H. Joachim," *British Journal for the History of Philosophy,* 1 (2), pp. 109-123.
Russell, Bertrand, [1900], *A Critical Exposition of the Philosophy of Leibniz,* Cambridge: Cambridge University Press〔邦訳：『ライプニッツの哲学』細川薫訳、弘文堂、一九五九年〕.
——— [1903], *The Principles of Mathematics,* Cambridge: Cambridge University Press.
——— [1910] "The Monistic Theory of Truth," in *Philosophical Essays,* London: Longmont, Green, & co., pp. 150-169.
——— [1946], *History of Western Philosophy,* London: George Allen and Unwin Ltd.〔邦訳『西洋哲学史：古代より現代に至る政治的・社会的諸条件との関連における哲学史３』市井三郎訳、みすず書房、一九七〇年〕.
——— [1959], *My Philosophical Development,* Unwind Books〔邦訳：『私の哲学の発展』新装版、野田又夫訳、みすず書房、一九七九年〕.
Schaffer, Jonathan, [2010a], "Monism: The Priority of the Whole," *Philosophical Review,* 119 (1), 31-76〔邦訳：ジョナサン・シャファー（立花達也・雪本泰司訳）「一元論――全体の優先性」、本書第一三章〕.
——— [2010b], "The Internal Relatedness of All Things," *Mind,* 119, pp. 341-376.
Seth, Andrew, [1897], "A New Theory of the Absolute," in *Man's Place in the Cosmos and Other Essays,* Edinburgh: Blackwood, pp. 92-158.

第一二章　時空の哲学における一元論

大畑浩志

はじめに

時間および空間は、ものから独立に実体として存在するのか。それとも、ものの関係に依存して存在するのか。有史以来、数多くの哲学者や科学者たちが、こうした時空の実体性ないし独立性について議論を重ねてきた。そのひとつのメルクマールは、一八世紀はじめに交わされた、ニュートン（の代弁者クラーク）とライプニッツによる有名な論争だと言えるだろう。彼らの論争以降、時空は実体だと考える「実体説（substantivalism）」と、そうではないと考える「関係説（relationism）」の対立として整理されたこの問題は、相対性理論や量子力学の誕生にも影響を受けながら、今なお多くの論者によって議論されている。

実体説にしたがえば、時空は物質的対象（material object）に依存しない、独立した存在者である。ところで、時空が実体だとしても、物質的対象の方はいったいどのような身分で存在するのだろうか。近年注目を集める「超実体説（super-substantivalism）」によれば、物質的対象は時空とは別の実体ではなく、それは時空に何らかの仕方で還元される。さらに、超実体説の代表的な論者であるジョナサン・シャファーによれば、超実体説から一元論が帰結する。本章において私は、超実体説から一元論が導かれるというシャファーの主張の正当性を検討したい。さらにそうした作業を通じて、時空の哲学と一元論をめぐる現代の議論を広く素描することを目的とする。

本章は二つの節に分かれている。第一節では、超実体説の主張の内実を明らかにする。まず超実体説の主な特徴を概観し（一・一）、次いで、そのような特徴のさらなる検討を通じて、超実体説のもっともよい解釈を定める（一・二、一・三）。第二節では、超実体説から実際に一元論が導かれると主張する。まず、超実体説が一元論を含意するという既存の議論を確認したのち（二・一）、超実体説と多元論の両立を図る近年の試みを批判的に検討する（二・二、二・三）。

一．超実体説とは何か

本節ではまず、超実体説が絶対説に対してもつ五つの利点を確認する（一．一）。さらに、物質的対象と時空の間に成り立つ関係は何か、そして時空はどのような性質を例化可能かという二つの観点から、超実体説の四つの解釈を示し、そのうちもっとも有望なタイプを見定める（一．二）。

一．一．超実体説の利点

物質間の関係に時空を還元する関係説とは異なり、実体説は時空の実体性ないし独立性を主張する。では、実体説において物質的対象はどのように考えられるのか。ニュートン以来の伝統をもち、さらに我々の常識ともフィットするのは、容れ物としての時空の中にものが入っているという見方だ。物質的対象を時空とは別の実体とするこうした見方は、「ニュートン的実体説」ないし「絶対説（absolutism）」と呼ばれ、長く実体説のスタンダードであった。

しかし実体説には、時空のみが実体であり、物質的対象はそうではないと考える可能性も残されている。それが超実体説である。超実体説によれば、机や猫や電子といった物質的対象は、すべて時空点ないし時空領域に還元される。もちろんこうした主張は、常識とは折り合わない。なにしろ、私が今叩いているのは（もしこのことが文字通りに成り立つならば）キーボードという物質的対象ではなく、キーボードの形をした時空領域なのだ。また、私のキーボードは黒色をしているが、これはキーボード（という物質的対象）が黒いのではない。キーボードの形をした時空領域そのものが、黒色を担っているのである。ふつう物質的対象がもつような役割のすべてを実際には時空領域が担っているということは、にわかには信じがたい。

しかし超実体説には、常識との不整合という欠点を補って余りあるメリットがあるとされる。超実体説が支持される主な理由は以下のとおりである(1)。

（1）存在論的に倹約的である。絶対説が物質的対象と時空という少なくとも二つの存在者のカテゴリーを必要とするのに対して、超実体説は時空というひとつしか必要としない。広く知られている形而上学の方法論からすると、存在者の種類はより少ない方が好ましい（オッカムの剃刀）。よって、絶対説と超実体説がともに世界のあり方を過不足なく記述しうるならば、超実体説の方が望ましい。

（2）物質的対象と、それが占有する時空領域は、形やサイズなどの幾何学的性質に関してつねに完全に一致する。絶対説は、この一致が成り立つのはなぜかを説明しなければならない。なぜなら、物質的対象とそれが占める時空領域は、それぞれ別の実体だからである。他方で超実体説によれば、物質的対象は時空領域に還元されるため、それらの幾何学的性質が一致するのは明らかである。

（3）物質的対象はつねに時空領域の中に見出される。物質的対象は、時空位置を占めることなく存在することができない。絶対説は、物質的対象と時空領域の間にこうした関係が成り立つのはなぜかを説明しなければならないが、超実体説にはその必要がない。

（4）現代物理学と相性がよい。量子場理論にしたがえば、粒子は場の局所的なエネルギーの束である。さらに場の理論における主流の立場では、場そのものが時空の性質として解釈される。以上を踏まえると、物質はすべて時空の性質として考えられ、こうした見方は超実体説の考えと合致する。

（5）時空領域を性質の直接の担い手とする見方は、形而上学の議論において都合がよい。たとえば、単なる性質の集まりと個体の違いは何か、という伝統的な問題に対し、「基体（substratum）」ないしは「裸の個物（bare particular）」のような形而上学的な性質の担い手を（別立てで）用意する必要がない。単に時空領域そのものを基体に相当するものとみなせばよい。

これら五つはすべて、絶対説に対して超実体説がもつ利点ないし特徴である。とはいえ、これらをより細かくみていくと、超実体説も一枚岩ではないことがわかる。我々は以下、とりわけ論争の的となる（1）と（5）をより詳しく検討することで、超実体説の様々な解釈の中からもっとも有望なタイプを見定める。

一・二・同一説 vs. 構成説

まず（1）について検討しよう。実体ではないとされた物質的対象は、時空とどのような関係にあるのだろうか。この点については、いくつかの説がある。「同一説（identity view）」によれば、物質的対象は時空領域と文字通り同一である。[2] また「構成説（composition view）」によれば、物質的対象は、別の種類の存在者である時空領域によって構成されている。[3] そのほか、物質的対象は時空から創発するという立場や、物質的対象と考えられるものは完全に消去されるという立場もある。[4] ここでは、頻繁に論じられ、また明確に衝突を起こすと思われる同一説と構成説を主に考察したい。

超実体説が同一説と構成説のどちらを採用するべきかという問題は、いわゆる「粘土と像のパラドクス」において、粘土と像の間に構成関係を認めるべきか否かという問題としばしば類比的に語られる。[5] 粘土と像のパラドクスとは、粘土とそれによって作られた像は同じ微視的な部分をもち空間的に一致するにもかかわらず、それらは異なる歴史的経緯や存続条件をもつがゆえに、数的に異なるようにみえるという問題である。我々はふつう、数的に異なるものは空間的に一致しないと考えるため、この問題はパラドクスとなる。ここでパラドクスの詳細を論じることは控えるが、その対処への入り口は大きく二つある。像を粘土からの構成物とみなすか、あるいは粘土と像を同一のものとみなすかである。[6] このようなアプローチが採られることから、粘土と像の問題は、物質的対象は時空から構成されるのか、あるいはそれらは同一かという問題と部分的には似ている。粘土と像のパラドクスを考えることは、超実体説の問題にも光を当てるかもしれない。

しかし私の考えでは、そもそも構成説は超実体説の精神に反している。もちろん常識との整合性という観点からすれば、たとえそれが時空領域からの構成物だとしても、日常的なものの存在が認められることは嬉しい。けれども、日常的な世界観をはじめからかなぐり捨て、倹約性や説明力の追求に邁進するのが超実体説の魅力ではなかっただろうか。そのような観点からすれば、構成説は採用できないだろう。物質的対象という新たなカテゴリーを、派生的にせよ増やすのは倹約的ではない。[7] またさらにやっかいな点は、時空から物質的対象が構成されるのであってその逆ではないのはなぜか、そして時空から物質的対象が構成されるメカニズムは何かといったさらなる問題が生じることである。もちろん同一説のもとでは、こうした問題は生じない。よって構成説が、常識と整合的である以上の利点をもたないならば、超実体説は同一説を採用すべきだろう。

一・三・穏健な超実体説 vs. 過激な超実体説

次に、(5)について検討する。超実体説によれば、時空そのものが性質の担い手となる。ではこのとき、時空はいったいどのような性質をもつことができるのだろう。「穏健な超実体説（modest super-substantivalism）」によれば、物質的対象に帰せられるあらゆる性質を実際に時空領域がもつ。たとえばタージマハルが白いのは、タージマハルの時空領域が実際に白さを例化しているからである。こうした見方に対して、穏健でないタイプの超実体説もある。「過激な超実体説（radical super-substantivalism）」によれば、時空領域がもつことのできる性質は、形やサイズ等の幾何学的性質に限られる。[8]

さて、超実体説の支持者の多くは穏健な立場を採用している。その理由は、シャファーの次の文章に端的に現れている。

> 幾何学的な性質とメレオロジカルな性質を、ひとたび容器［すなわち時空領域］に直接ピン留めしたならば、なぜそこでとどまるのか。なぜ同じように、質量と電荷を容器にピン留めしないのか。一般的に言って、基礎的な性質のいくつかだけのためのピンクッションとして時空を用いることに、何らかの原理に基づいた理由などあるだろうか。
>
> (Schaffer [2009], p. 139)

この引用で示唆されているのは、形やサイズや質量や電荷がすべて基礎的な性質だとすれば、時空領域が例化できる性質を幾何学的性質に限る必要はないということだ。

シャファーの主張を踏まえた上で、それでも過激な立場を堅持しようとするならば、我々はおそらく「すべての性質を幾何学的性質に還元する」という別の試みに着手しなければならないだろう。というのは、基礎的な性質が幾何学的性質だけだとすれば、時空領域がそれだけをもつという主張ももっともらしく思えるからである。

しかし容易に予想されるように、すべての性質を幾何学的性質に還元するという試みは、それ自体非常にハードなプロジェクトである。そのことは、現代物理学において、ジオメトロダイナミクスというプロジェクトが置かれている困難な状況からもみて取れる。ジオメトロダイナミクスとは、物理学者であるホイーラーが提唱した仮説であり、それによれば、一般相対性理論における重力場と電磁場はどちらも時空の曲率に還元される（Wheeler [1962]）。質量や電荷といった非幾何学的性質は、基本的にすべて重力場および電磁場によって記述されるため、それらを時空の曲率という幾何学的性質に還元するというこの試みは、過激な超実体説に求められるものと実質的に同じである。こうした試みはしかし、七〇年代を通じて激しい批判にさらされた。[9] 今日、ジオメトロダイナミクスは窮地に立たされている。そしてこうした状況は、過激な超実体説への強力な批判を形成するだろう。重力場と電磁場を時空の曲率に還元することが難しいならば、色や香りといったさらに親しみのある性質を、消去することなくすべて幾何学的性質に還元することがどれほど難しいかは、想像にかたくない。だとすれば我々は、少なくとも現時点では、やはり穏健な超実体説に軍配をあげるべきだろう。

二　超実体説は一元論を導くか

これまで、超実体説の様々なタイプを概観した。その上で我々は、時空と物質的対象は同一であり、また時空は物質的対象に帰せられるあらゆる性質を例化できると考えた。こうした立場を、穏健な同一説と呼ぼう。本節では、穏健な同一性を採用した超実体説論者であるシャファーの議論にしたがって、超実体説が一元論を含意することを確認する（二・一）。次いで、超実体説と多元論を調停しようとする近年の試みを批判的に検討する（二・二、二・三、二・四）。

二・一・時空全体 vs. 時空の部分

超実体説が穏健な同一説を採用したとき、一元論と多元論のどちらが帰結するのか。あるいはどちらも帰結しないのか。時空だけがあるのなら、一元論と多元論の対立は、時空全体とその部分はどちらに優先性があるのか、という問いに集約されるように思われる。[10] そのような前提のもと、シャファーは穏健な同一説を採用した上で、二つの理由から一元論――部分に対する全体の優先性を説く優先性一元論（priority monism）[11]――を引き出している（Schaffer [2009], pp. 135-137）。以下、順にみてゆこう。

第一の理由。時空の部分の本質的性質は、時空全体（時空多様体）の存在によって決定される。具体的に言えば、時空点間の距離のような幾何学的関係や、非連結（disconnectedness）のようなトポロジー的性質は、時空多様体の存在を前提としている。そしてこうした性質は明らかに時空の部分にとっての本質的性質であるから、時空の部分はその全体に存在論的に依存していると思われる。

第二の理由。時空の部分は時空全体における位置によって個別化される。時空の部分が、ここであってあそこではなく、今であって一〇分前でないためには、それが時空多様体の中でどのような位置を占めているかが特定されなければならない。時空の部分が時空多様体の存在を前提として個別化されるなら、それは全体に依存していると言ってよい。

以上のようにシャファーは、時空全体の部分に対する優先性から一元論を引き出している。目下の文脈で一元論を棄却するためには、諸々の時空の部分が先に存在し、それらから時空全体ができることを論証しなければならない。しかしこうした論証を通すのはきわめて難しいと思われる。なぜなら、多元論のもっともらしさは、机のようなものは宇宙全体に依存しないという直観に支えられているが、物質的対象が時空領域そのものであるならば、こうした直観は役に立たなくなるからである。[12]我々は、机は宇宙に依存しないという直観を有しているのであって、机の形をした時空領域が時空多様体に依存しないと考えているわけではない。したがって、超実体説を受け入れた上で一元論を否定することは難しいと言わざるをえない。

二・二．新しい多元論的超実体説

時空領域を物質的対象と素朴に同一視するならば、超実体説から一元論が導かれることはまず間違いない。しかし近年ダムズデイは、超実体説と多元論は両立可能だと主張している（Dumsday [2016]）。彼のアイデアはこうだ。諸々の物質的対象は時空多様体から独立に存在しており、したがって世界は多元論的である。しかし、物質的対象は時空多様体と同じ自然種に属している。このとき、時空全体の中に物質的対象が存在することは、水の入ったグラスに氷が浮いていることと類比的に捉えられる。氷はグラスの水に依存することなく存在しているが、それらはどちらもH_2Oという分子構造をもち、同じ自然種に属している。これと同じく、物質的対象は時空全体に依存していないが、どちらも時空という自然種に属している。[13]

従来の超実体説とダムズデイの立場を比較してみよう。「時空のみが実体である」というテーゼを掲げる限り、超実体説は物質的対象を時空に還元しなくてはならない。少なくとも、「他のものに依存せずそれ自体として存在するもの」を実体の定義とするならばそうなる。しかしダムズデイによる超実体説は、「時空のみが実体である」というよりはむしろ、「時空のみが基礎的な種である」と主張しているだろう。ダムズデイは、机のような対象がそれ自体として存在することを受け入れる。少なくともそのような意味で、物質的対象の実体性は認められるため、彼の立場は超実体説のテーゼに反するように見える。しかし実際のところ、机は時空という種に属しているのだから、我々はもはやそれを「物質」と呼ぶべきではないのだろう。ダムズデイは世界に時空的な対象しか認めていないのであり、その意味で彼の立場は超実体説の亜種なのだと言える。

ダムズデイは自らの立場を、「非メレオロジー的多元論的超実体説」(non-mereological pluralistic super-substantivalism: NMPS) と呼ぶ。その立場が多元論的かつ超実体説的であるのはよいとして、非メレオロジー的なのはどうしてか。それは、机や猫や電子のような対象をどれほど集めても、時空全体とは数的に一致しないからである。グラスに浮かぶ氷がグラスを満たす水の部分ではないように、机は時空全体の部分ではない。したがってダムズデイは、時空全体の部分である机が、全体に対して優先するなどとは主張していない。そうではなく、時空全体からは切り離されていながら、時空という種に属する机が、実体として存在すると主張している。

二・三・多元論的超実体説の検討

それでは、ダムズデイにより提案された新しい超実体説の検討に移りたい。それが少なくとも従来の超実体説に匹敵する理論であるなら、超実体説が一元論を導くという議論も疑わしいものとなるだろう。しかし私は、そうはならないと考える。つまり、NMPSは従来の超実体説と並び立つほどの理論ではない。以下、そのような議論を展開する。

NMPSの魅力は、従来の超実体説が直面する多くの困難を解決できることだとされる。そのうちのひとつが、物質的対象と時空領域は様相的性質が異なるがゆえに、別々の対象であらねばならないという問題だ(14)。この「様相の問題」は次のように整理される。

(1) 私は今実際にいる場所よりも、三フィート左にいることがありえた。

(2) どんな時空領域であれ、それが実際にある場所よりも三フィート左にあることはありえない。

(3) したがって、私は時空領域と同一ではない。

この論証は、物質的対象と時空領域の様相的性質の違いに訴えている。物質的対象が特定の位置にあることは偶然的であるが、時空領域はそうではない。したがって、(1)と(2)は真である。しかしだとすれば、「私は時空領域と同一である」という超実体説の主張は通らない。もし私と時空領域が同一であるとすれば、それは矛盾する様相的性質――「三フィート左にいることがありえた」という性質と「三フィート左にいることがありえなかった」という性質――をもってしまう。しかるに、我々は(3)を受け入れるしかない(15)。

さて、様相の問題に対するNMPSの応答をみるまえに、これまで提案されてきた解決策を確認したい。それは大きく二つある。第一の策は、ものの可能性すなわち事象様相(modality *de re*)の説明として、対応者理論を採用するというものである(16)。対応者理論においては、ある個体aがFであることが可能なのは、現実世界からみて別の、ある可能世界に住むaの対応者がFであるとき、かつそのときに限る。また、対応者関係は同一性関係ではなく類似関係である。このことを踏まえると、何と何が類似しているかは文脈によって異なるがゆえに、対応者関係の成立条件もまた文脈によって変化することがわかる。

対応者理論を用いると、超実体説は次のような戦略を採ることができる。（1）と（2）はそれぞれ異なる文脈で真となるのだから、私が矛盾するような様相的性質をもつことはない。まず（1）は真であるが、それは私がもつ色や香りや生体機能といった日常的性質に関心が払われた文脈に限られる。このような日常的性質が、現実の私の位置よりも三フィート左に分布した可能世界は確実に存在する。すなわちそれは、日常的性質に関して私とそっくりな人物が現実の私の位置よりも三フィート左にいるという可能世界にほかならない。そして目下の文脈では、何がこの可能世界における私の対応者として選び出されるかは日常的性質に関する問題であるため、私がもつ日常的性質が分布した領域――すなわち、私とそっくりな人物の時空領域――が対応者となる。ゆえに（1）は真となる。他方（2）もたしかに真だが、こちらは時空領域がもつ本質的性質に関心が払われた文脈に限られる。この文脈で時空領域の対応者として選び出されるのは、時空多様体上の位置が同じであるような、別の可能世界における時空領域であり、それが三フィート左にあることはない。したがって（2）もまた真となる。以上のように考えると、（1）と（2）はそれぞれ真となる文脈が異なるがゆえに、（3）が導かれることはない。

第二の策は、（1）を受け入れ、（2）をきっぱりと退けるというものだ。スコウによって提案されたこの方策においては、時空が幾何学的性質を本質的にもつという考え――幾何学的本質主義――が否定される（Skow [2015], p. 70）。スコウは次のように主張している。一般相対性理論によれば、時空の幾何学的性質は質量エネルギーの分布に依存する。したがって、時空点ないし時空領域それ自体が物質とは独立に幾何学的性質をもつと考える必要はない。目下の議論に照らせば、ある可能世界での私が現実の私の場所よりも三フィート左にいるとき、私の時空領域そのものもまた当世界において三フィート左に移動しているのである。よって（2）は棄却され（3）は導かれない。

以上が様相的問題に対する従来の解決策である。一見して明らかなように、対応者理論の採用や幾何学的本質主義の否定は、それそのものが論争を呼ぶような形而上学的立場へのコミットメントを意味する。しかしダムズダイによれば、NMPSはそのようなコミットメントなしに様相的問題を解決することができる。なぜならば、NMPSによれば、私が含まれている時空多様体と私自身は別の実体であるのだから、それらが異なる様相的性質をもつことには何の問題もないからだ。NMPSは困難に直接応答するというよりもむしろ、超実体説のテーゼを「時空のみが基礎的な種である」と理解することで、（1）と（2）を支える様相的直観をそのまま受け入れたとしてもなお棄却されない超実体説の形を提示している。

しかし私見では、NMPSは様相的性質の問題を解決できていない。なぜなら、ものの可能なあり方はそれが属する種に（部分的にせよ）依存するのだから、NMPSは（1）すなわち私の移動可能性を認められないはずだからだ。たとえば、「もし私が鳥であったなら、自由に空を飛ぶことができるのに」と空想するケースを考えよう。このとき前提とされているのは、私は現実では空を飛ぶことができないが、しかし自分が鳥であるような反事実的状況においては空を飛ぶことができるということだ。さて、このような様相的直観を支える根拠は何か。それは、人という種に属するものは飛行できず、そして、鳥という種に属するものは（ペンギンなどを除いて基本的に）飛行できるという事実である。つまり、個体の可能なあり方は種によって決まると考えられる。だとすれば、たとえ私が実体として時空多様体から切り離されていたとしても、時空という種に属する以上、私は現実にいる場所から移動しえないはずである。ダムズデイはスコウと違い（2）を受け入れるので、時空という種に属するものは位置を本質的性質としてもつという前提を否定できないだろうからだ。以上より、NMPSは（1）を否定するしかないが、しかしそれでいて、（1）を否定しがたい我々の直観をなだめてくれるような別の論証を与えてはいない。

それでもダムズデイは、（2）が正しいとしても、私の可能なあり方は時空という種に縛られないと反論し、（1）を守ろうとするかもしれない。しかしだとすれば、「私は今実際にいる場所よりも三フィート左にいることがありえた」という事実は何によって基礎付けられるのか。私が人であることだろうか。もしそうであるなら、私が人であると同時に属するとされる時空という種はいったい何であり、それはどのような役割を果たすのか。その役割が、個体の可能なあり方を決定するような重要なものでないならば、私が時空という種に属するという主張は空虚に聞こえる。

NMPSは、従来の超実体説が抱える困難を解決するような理論ではない。さらにその上、余計な問題が浮上する可能性がある。たとえば、物質的対象が時空という種に属するとしても、なぜそれがつねに時空多様体の中で見出されるのか、といった問題である。こうした事情を鑑みれば、NMPSが従来の超実体説、とりわけ穏健な同一説に代わるような理論だとは思えない。超実体説はやはり一元論を導くということになるだろう。(17)

おわりに

まとめよう。超実体説とは、「時空のみが実体である」というテーゼを根幹とする理論である。我々はまず、超実体説の特徴を概観したのち、そのもっとも有望なタイプを定めた。穏健な同一説と呼ばれるそのタイプによれば、物質的対象は時空領域と同一視され、また時空領域は、物質的対象に帰せられるあらゆる性質を実際に担いうる。次いで、超実体説から一元論が導かれることを確認した。時空全体はその部分に対して優先すると言えるので、時空のみがあるならば、一元論は自然に導かれる。また、超実体説と多元論を調停させる近年の試みも望み薄である。本章での私の見立てが正しければ、超実体説と一元論の結びつきは強いと言える。

注

（1）cf. Schaffer [2009], pp. 137–144; Dumsday [2016], pp. 185–186.

（2）cf. Schaffer [2009].

（3）cf. Lehmkuhl [2018]; Grant [2013]. なお、一般に構成関係がどのような関係であるかは論者によって意見が異なる。仮に構成関係が同一性関係であるならば、同一説と構成説はどちらも物質的対象と時空領域の間に同一性関係を認めるため、対立は消滅する。本章では、構成関係は同一性関係ではないという前提で議論を進める（Thomson [1983], p. 218 などは構成関係をある時点における相互部分関係とみなす）。同一性関係としての構成については、本書第八章（米田担当）も参照のこと。

（4）創発説については、Alexander [1920] および本書第八章（米田担当）、消去説については Arntzenius [2012], pp. 181–182 をみよ。

（5）cf. Lehmkuhl [2018], p. 34.

（6）粘土と像のパラドクスについての入門的な解説は、倉田［二〇一七］、第一章に詳しい。なお同書では、像と粘土はどちらも四次元的対象であるがゆえに、それらの一致は不自然ではないという解決策も検討されている。

（7）cf. Lewis [1986], p. 76.

（8）cf. Lehmkuhl [2018], pp. 37–40.

（9）cf. Graves and Earman [1972]; Stachel [1972].

（10）もっとも、存在するのは時空全体のみであり、さらにそれは部分をもたないとすれば、優先性を考慮せずとも一元論——存在一元論（existence monism）——が導かれる。存在一元論にしたがえば、時空の部分はそもそも存在しないため、全体と部分の間の優先関係は問われない。本章では時空全体（時空多様体）は部分をもつと前提する。

（11）優先性一元論について詳しくは、本書第一〇章（雪本担当）を参照のこと。

（12）机や人は宇宙全体に依存することなく存在するという直観は、「常識による論証」として、かつてムーアとラッセルが一元論を批判する際に用いた。これについては、本書第一一章（立花担当）を参照。

（13）ダムズデイは、時空多様体の中にそれと同種の物質的対象があるという事態を正確に理解するにあたって、三つの独立した理解案を提示しており、そのうちどれが正しいかについては保留している。そして厳密に言えば、水に浮かぶ氷という比喩が成立するのはそのうちのひとつ（物質的対象は時空多様体に組み込まれている）においてである。とはいえ私見では、三つの理解案の間に本質的な差異はなく、水に浮かぶ氷の比喩でダムズデイの着想は十分に捉えられる。

（14）ここで取り上げる様相的性質の問題以外には、物体の運動が説明できないという問題や、時空は性質の担い手となりえないといった問題がある。NMPSはこれらの問題も解決可能だと言われるが、本節で展開されるような議論が正しければ、そのような主張もまた疑わしいものとなるだろう。

（15）様相の問題のこうした整理は、Skow [2015], p. 69 を参考にした。

（16）cf. Sider [2001], pp. 111–112. Schaffer [2009], p. 145.

（17）絶対説に対して超実体説が優位に立ち、さらに超実体説が一元論を導くことも踏まえると、多元論を主張するにはおそらく時空を実体として認めるべきではないのだろう。つまり、多元論者は基本的に関係説を採用すべきだと思われる。

文　献

Alexander, S., [1920], *Space, Time and Deity,* London: Macmillan.

Arntzenius, F., [2012], *Space, Time, & Stuff,* New York: Oxford University Press.

Dumsday, T., [2016], "Non-mereological pluralistic supersubstantivalism: An alternative perspective on the matter/spacetime relationship," *Canadian Journal of Philosophy,* 46 (2), pp. 183-203.

Grant, S., [2013], "The Metaphysics of Space-time Substantivalism: A Methodological Study of the Structure of Space-time in the Context of General Relativity," Doctoral Dissertation, University of Otago.

Graves, J. C., & Earman, J., [1972], "Some Aspects of General Relativity and Geometrodynamics," *Journal of Philosophy,* 69 (19), pp. 634-647.

Lehmkuhl, D., [2018], "The Metaphysics of Super-Substantivalism: The Metaphysics of Super-Substantivalism," *Noûs,* 52 (1), pp. 24-46.

Lewis, D., [1986], *On the Plurality of Worlds,* Oxford: Wiley-Blackwell〔邦訳：D・ルイス『世界の複数性について』（出口康夫ほか訳）、名古屋大学出版会、二〇一六年〕.

Schaffer, J., [2009], "Spacetime the one substance," *Philosophical Studies,* 145 (1), pp. 131-148.

Sider, T., [2001], *Four Dimensionalism: An Ontology of Persistence and Time,* Oxford: Oxford University Press〔邦訳：T・サイダー『四次元主義の哲学――持続と時間の存在論』（中山康雄ほか訳）、春秋社、二〇〇七年〕.

Skow, B., [2005], "Once upon a Spacetime," Doctoral Dissertation, New York University.

Stachel, J., [1972], "The Rise and Fall of Geometrodynamics," *PSA: Proceedings of the Biennial Meeting of the Philosophy of Science Association,* 1972, pp. 31-54.

Thomson, J. J., [1983], "Parthood and identity across time," *Journal of Philosophy,* 80 (4), pp. 201-220.

Wheeler, J., [1962], *Geometrodynamics,* New York: Academic Press.

倉田剛［二〇一七］『現代存在論講義Ⅱ　物質的対象・種・虚構』新曜社。

第Ⅳ部　翻訳編

ジョナサン・シャファー（Jonathan Schaffer）　――第13章――

モーエンス・レルケ（Mogens Lærke）　――第14章――

第一三章　一元論

——全体の優先性

ジョナサン・シャファー（小山　虎・立花達也・雪本泰司訳）

凡　例

原著者による挿入は［　］、訳者による挿入は〔　〕を用いる。

原文のイタリック体による強調は傍点で表現した。強調でない場合はこのかぎりではない。

邦訳のある引用は、おおむね既訳に従っているが、適宜変更を施してある。

私にではなく、〔かの〕理《ロゴス》そのものに耳を傾けるなら、万物が一なることを認めるのが〔理にかなった〕賢いありかたというものである。

——ヘラクレイトス[1]

円とそれを構成する二つの半円を考えよう。優先する（prior）のは全体〔円〕と部分〔半円〕のどちらだろうか。二つの半円は全体に依存した抽象物なのだろうか。それとも、円はその部分から派生した構築物なのだろうか。今度は、円のかわりに宇宙全体〔具体的対象すべての究極的全体〕を、半円のかわりに無数の粒子〔具体的対象すべての究極的部分〕を考えてみよう。もしどちらかが究極的には優先するとしたら、一つの究極的全体と複数の究極的部分のどちらの方だろうか。

一元論者は、全体が部分に優先すると主張する。よって、宇宙（cosmos）を基礎的（fundmental）なものとみなし、一者（the One）からぶら下がるような形而上学的説明を与える。多元論者は、部分が全体に優先すると主張する。よって、粒子（particles）を基礎的なものとみなす傾向にあり、多者（the many）からうねり上るような形而上学的説明を与える。唯物論者と観念論者がどの性質が基礎的なのかについて論争しているのとちょうど同じように、一元論者と多元論者はどの対象が基礎的なのかについて論争しているのだ。

私は一元論的見解を擁護する。とりわけ、全体が優先することを支持する物理学的考察と様相的考察があるということを論ずるつもりである。物理学的には、宇宙が一つのもつれた系を形成するということにはもっともな証拠があり、かつもつれた系を還元不可能な全体として扱うことにはもっともな理由がある。様相的には、メレオロジーは原子のないガンク（atomless gunk）――これは多元論者が存在の基盤として考えている究極的部分をもたない――の可能性を許容している。

一元論と多元論のあいだの論争は、ながらく哲学の中心舞台を占めてきた。これに関してウィリアム・ジェイムズは、「それがきわめて含みの多い問題だから」という理由で、「あらゆる哲学上の問題のなかでもっとも中心的な問題である」とみなしている（James [1975], p. 64〔邦訳、一〇一頁〕）。一元論側の陣営は、自らが属する知の血統がパルメニデス、プラトン、プロティノスからスピノザ、ヘーゲル、ブラッドリーへと連なっていると主張することができる。一九世紀のあいだはずっと、一元論陣営は支配的な地位を獲得していたのだ[1]。

しかし今日、一元論は明らかな誤りであるか、ただ単に意味がないとして退けられるのがお決まりである。このような態度は、二〇世紀初頭に哲学で起きた反逆に由来している。初期の分析哲学者が新ヘーゲル主義者に反旗をひるがえしているとき、ラッセルとムーアは、一元論を常識に反するものとして退けた[2]。そして実証主義が形而上学一般に反旗をひるがえしていたとき、カルナップとエヤーは、一元論と多元論のあいだの論争全体を神秘主義的なナンセンスであるとして嘲笑った[3]。このように流行は変わるものなのだ。

本章で私は、一元論は一度も論破されたことはなく、むしろただ誤解されてきただけなのだと主張する。現在では一元論は、事物は一つだけしか存在しないという見解として解釈されるのが普通である（van Inwagen [2002], p. 25; Hoffman and Rosenkrantz [1997], p. 77）。こうした見解では、粒子も小石も宇宙も、世界のその他のいかなる部分も存在しないことになる。ただ一者のみが存在するのである。このように解釈されたなら、一元論が明らかな誤りとして退けられるのも当然かもしれない。しかし、なんと寛容さに欠けていることだろうか！

哲学史上の一元論にとって核となる主張は、全体が部分をもたないということではなく、全体が部分に対して優先するということである。プロクロスは次のように述べている。「モナドはいたるところで複数のものに対して優先する［…］。物体の場合、部分に先立つ全体とは、宇宙のなかのあらゆるばらばらの存在を包み込む全体なのだ」（Proclus [1987], p. 79）。こうした学説は、部分が存在し、それに対して全体が優先することを前提にしている。哲学史上の論争はどの対象が存在するかについての論争ではなく、むしろどの対象が基礎的であるかについての論争なのだ。私は次のように解釈された一元論的見解を擁護する。すなわち、世界は部分をもつが、部分とは統合された全体に依存する断片である。

全体の構成：第一節では、哲学史上の論争が、どの対象が基礎的であるかについての論争であることを明らかにする。第二節では、宇宙が基礎的であるという一元論的見解を支持する議論を、物理学とメレオロジーからの考察に基づいて与える。そして、哲学史的な事柄に関する短い付録でもって結びとする。

一．基礎的メレオロジーの問い

一元論者と多元論者のあいだの論争は――私が再構成するかぎりでは――どの対象が最も基礎的かに関わるものだ。[2] とりわけそれは、全体と部分というメレオロジー的な序列と、優先するものと優先されるもの（posterior）という形而上学的な序列のあいだにどのようなつながりがあるかに関わる。一元論と多元論は、何が最も基礎的かについての排他的かつ網羅的な二つの見解として登場してくるのだ。

一．一．全体と部分――メレオロジー的構造

一匹の猫には構造がある。たとえば、鼻は頭の部分であるが、しっぽの部分ではない。その猫の存在と、その鼻、頭、しっぽについて気を留めても、それらのあいだの部分全体関係（parthood relation）を見過ごしたならば、猫のある側面について見過ごしていたということになるだろう。猫について言えることは、世界についても言える。存在するものを列挙するが、それらのあいだの部分全体関係を見過ごした者は、世界のある側面について見過ごしていたということになるだろう。あるいはそのように私は想定する。

とりわけ、私は世界が存在し、かつ真部分（proper part）をもつと想定する。より正確に言えば、現実の具体的対象には極大のもの――あるいは宇宙（the cosmos）――が存在し、あらゆる現実の具体的対象がその部分であると想定する。私は現実の具体的対象にしか関心を払わないということを強調しておくべきだろう。可能者（*possibilia*）や抽象者（*abstracta*）、また対象以外のカテゴリーに属する現実の具体者（*concreta*）は私の関心事ではない（神々と魂（spirit）もまた、もしそんなものがあるとしたらだが、私の関心事ではない）。私が世界について語るとき――そして全体が部分に優先するという一元論的テーゼを擁護するとき――私は物質的な宇宙とその惑星、小石、粒子、さらにはその他の真部分について語っているのである。

真部分をともなう世界が存在するという想定は穏当でもっともらしいかもしれないが、少なくとも次の二つの点で異論の余地があるのはまちがいない。第一に、そもそも部分全体関係が成り立つと想定することに異論の余地がある。部分全体関係についてのニヒリスト（nihilist）は、真部分全体関係（proper parthood relation）についていかなる現実の実例も――そしておそらく可能な実例も――ないと考える。[4] 第二に、世界が存在すると想定することに異論の余地がある。たとえば、有機体主義者（organicist）は粒子と有機体だけがあると主張する。おそらく現実の宇宙はそのいずれでもない。[5]

これら二つの争点は独立している。ある人は真部分全体関係の実例があることを否定するが、世界が存在することを受け入れるかもしれない。[6] また、ある人は宇宙を延長した単純物として扱うかもしれない。あるいは、ある人は真部分全体関係の実例があることを受け入れるが、世界があることを否定するかも

しれない。有機体主義者はこの見解を採用する。もし世界が延長した単純物であるならば、最初から一元論者が勝利していることになる。もし世界が存在しないならば、最初から多元論者が勝利していることになる。全体と部分のどちらが優先するかについての実質的な議論は、全体と部分がどちらも存在するときにかぎってのみ生じうるのである。

　私は以下で一元論的見解を擁護するのだから、世界が存在するという想定を擁護するために、もう少し述べておいたほうがよいだろう。宇宙の存在は直観的にも経験的にも支持される。直観的には、自然言語ではこの存在者のための単称名辞（すなわち「宇宙」）が与えられている。宇宙はどう考えても、常識には思いもよらない奇異な融合物（fusion）のような何かではない。経験的には、宇宙は経験的研究の対象である。まさにそれは物理学的宇宙論の第一の主題なのである(7)。

　宇宙の存在にはさらにメレオロジーによって支持されると主張することができる。古典的メレオロジーでは――その無制限構成の公理（axiom of unrestrictred composition）によって[3]――現実の具体的対象すべての融合物としての宇宙の存在が保証される。ところで、構成がどんなときに生じるかについてのいかなる説明も、それが常識を維持し科学に適合するのであれば、宇宙の存在を認めるべきである。宇宙の存在を認めないのは、構成についてのもっとも過激な見解――テーブルと椅子の存在さえ認めない見解――のみである。次のように言えば十分であろう。もし一元論に対する最も強い反論が世界は存在しないというものであるなら、常識と科学によって守られていると主張しうるのは、まさに一元論者の方なのだと私は考えることだろう。

　いまからしようとしているさらにもう一つの異論の余地がある想定――すなわち、構成は同一性ではない（composition is not identity）という想定(8)――について述べておくべきだろう。とりわけ、宇宙が複数の惑星、小石、粒子、あるいはその他の宇宙の真部分とも同一ではないと私は想定する。もし一者が文字通りに多者であるとしたら、一元論と多元論はもはや対立する見解ではなくなるだろう――まさに両方の「陣営」が正しいということになるだろう。

　これまでに述べたことをすべて合わせると、世界があり、世界が真部分をもち、世界がどのような複数の真部分とも同一視されないということを私は想定している。私はこれらの想定はかなり信頼のおけるものだと考えているが、ここではこれ以上擁護することはできない。私の目的はこれらの想定を明確化し、どの点において異論の余地がありうるかを提示し、議論において担う役割を説明することだけである。

一・二・優先するものと優先されるもの――形而上学的構造

全体と部分というメレオロジー的構造は、世界にとっての唯一の構造というわけではない。優先するものと優先されるものという形而上学的構造もある。この構造は、何が何に依存するのかを反映しており、存在の基盤という役割を果たす基礎的で独立した存在者が何であるかを明らかにするものである。

ソクラテスについて考えよう。彼が存在するなら〈ソクラテスは存在する〉という命題は真でなければならない。逆に、〈ソクラテスは存在する〉という命題が真であるならばソクラテスが存在しなければならない。だが、ここには明らかに非対称性がある。その男が存在するからこそ（because）命題が真なのであって、その逆ではない。真理は存在に依存するのである（Aristotole [1984a], p. 22; Armstrong [1997], p. 3）。さらには、ソクラテスが存在するなら、彼の単元集合{ソクラテス}が存在しなければならない。逆に、{ソクラテス}が存在するなら、ソクラテスが存在しなければならない。だが――集合はその要素に基礎づけられているという「反復的集合観」を仮定すれば――ここには非対称性がある。ソクラテスのおかげで（in virtue of）{ソクラテス}が存在するのであって、その逆ではない。集合はその要素に依存する（Fine [1994], pp. 4-5）。ソクラテスが存在すること、〈ソクラテスは存在する〉が真であること、そして{ソクラテス}が存在することに注目したのに、それらのあいだの非対称な依存関係を捉えそこなっていたならば、世界のある側面を捉えそこなっていたことになるだろう。あるいはそのように私は想定する。

とりわけ私は、形而上学的な優先関係があると想定する。さらに、任意のカテゴリーに属する存在者のあいだでこの関係が成り立ちうると想定する――少なくとも、目下の関心である現実の具体的対象のあいだでこの関係が成り立ちうると想定する。だから、ソクラテスの獅子鼻と彼の身体と彼を具現化せしめている宇宙のあいだで成り立つ依存関係の順序について探求することは（もし実際に成り立つのなら）無意味ではないと想定する。

現実の具体的対象のあいだに優先関係があるという想定は、少なくとも二つの面で、引き受けるには重く、また異論の余地がある仮定である。第一に、そもそも優先などという関係があると認めることに異論の余地がある。形而上学的懐疑論者が優先関係の概念を認めるのを拒否する可能性は十分にあるだろう。[9] だが、そのような懐疑論者は世界の構造の一部を捉え損ねていると私は考える。存在に対する真理の依存、要素に対する集合の依存、あるいは物質的なものに対する心的なものの依存について議論したい人は、なんらかの優先概念に理解を示さなければならない。何が基礎的なのか――この基礎的とは究極的に優先するということである――に関心がある人は、なんらかの優先概念に理解を示さなければならない。ひょっとすると優先概念はさらに分析することができるかもしれない（Fine [2001]; Lowe [2005]; Schaffer [2009]を見よ）。私はそうした分析は疑わしいと考えているが、その問題に対してここでは中立にとどまろう。いずれにせよ、どのように分析されるかが示されえないかぎり、この有用で自然な概念は正統でないのだという主張は誤りだと私は考える。その基準では、事実上どんな哲学的概念も正統とみなされることはなくなってしまうことだろう。

第二に、現実の具体的対象のあいだの優先関係を認めることに異論の余地があるかもしれない。たとえば、ある人は性質のあいだに成り立つ優先関係があることは認めるが、それ以上優先という概念を拡張することを拒否するかもしれない[10]（明らかに、この第二の争点が生じるのは、第一の争点が克服されたときのみである）。とはいえ、先に言及した優先関係の例は様々なカテゴリーにまたがっている。ソクラテスは現実の具体的対象であり、〈ソクラテス〉は抽象的対象であり、〈ソクラテスは存在する〉が真であることは一つの事実である。そうすると、現実の具体的対象のあいだに成り立つ優先関係を求めることを禁じるのは不当な制約に思われる。とはいえ――ただいま考察した二つの理由のいずれかにより――もし現実の具体的対象のあいだに優先関係がないのだとしたら、一元論と多元論のあいだの論争全体がただちに却下されるべきである。

さらに、現実の具体的対象のあいだで成り立つ優先関係は、整礎半順序（well-founded partial ordering）を形成すると私は想定する。半順序構造は、優先関係を非反射的、非対称的、推移的なものとして扱うことによって得られる。整礎性は、優先関係の連鎖が終わりをもつことを要求することによって得られる。この想定はある種の階層構造を与えるのだが、この構造のもとで何が基礎的なのかという問いは意味をなす。基本的（basic）な現実の具体的対象があるということは整礎性条件から帰結する系である。整礎半順序がなければ、一元論と多元論のほかに第三の選択肢があっただろう。それによれば、一つの全体も複数あるその真部分のどれも、基本的であるということはない。どんな現実の具体的対象も基本的ではないからである。

整礎半順序を仮定することは、認識的基礎づけ主義（epistemic foundationalism）と類比をなす、ある種の形而上学的基礎づけ主義（metaphysical foundationalism）として理解されるかもしれない。認識的基礎づけ主義が、すべての認識的保証（warrent）は基本的な認識的保証に由来しなければならないと考え、無制限に連鎖した認識的保証と循環した認識的保証を否定するように、形而上学的基礎づけ主義は、すべての存在は基本的な存在に由来しなければならないと考え、無制限に連鎖した依存関係（形而上学的無限主義（metaphysical infinitism））と循環した依存関係（形而上学的整合主義（metaphysical coherentism））を否定する[11][4]。存在には基盤がなければならないのだ。もしあるものが存在するのが別のものだけのおかげであるならば、派生的存在者の実在性が究極的にはそこから派生するような何かがなければならない[12]。

これまで述べたことをすべて合わせると、現実の具体的対象のあいだに優先関係があり、それが整礎半順序構造をもつと私は想定している。これらの想定がたとえもっともらしいとしても引き受けるには重いものだと考えるが、ここでこれ以上何も擁護することはできない。繰り返すが、私の目的はこれらの想定を明確化し、どの点において異論の余地があるのかを提示し、議論において担う役割を説明することである。

一．三．基礎的メレオロジー――タイル貼り制約

ここまで私は、世界のメレオロジー的な構造と形而上学的な構造について論じてきた。一元論者と多元論者のあいだの論争

を特徴づけるには、この二つの構造を結びつける作業が残っている。なぜなら、この論争は、全体と部分というメレオロジー的序列と、優先するものと優先されるものという形而上学的序列の相関に関わるからだ。具体的にいえば、この論争は、現実の具体的対象のなかで何が基礎的なのか（究極的に優先するのか）に関わるものなのだ。私はまずいくつかの形式的道具立てを導入し、それを用いて、何が基礎的なのかに関するある制約を提示する。そしてそのあとで（一・四）、一元論的な見解と多元論的な見解を特徴づける[5]。

では形式的道具立てから始めよう。次のように、部分全体関係を表現するために「P」を、依存関係を表現するために「D」を、そして現実の物質的宇宙のための専用の定項として「u」を用いることにする。

Pxy = xはyの部分である
Dxy = xはyに依存する
u = 宇宙

私が関心をもっているのは現実の具体的対象だけだから、「C」をこの現実の具体的対象という身分を表現するために用いることにする。この身分は、次のように宇宙の部分であるということから定義できる。

$Cx =_{df} Pxu$〔xはuの部分である〕

最後に、基本的な現実の具体的対象であるというきわめて重要な身分を表現するために「B」を用いることとする。この身分は、次のように具体者でありかついかなる具体者にも依存しないということから定義できる。

$Bx =_{df} Cx \ \& \ \sim(\exists y)(Cy \ \& \ Dxy)$〔$x$はCであり、かつ$x$が依存していてCであるような$y$は存在しない〕

目下の中心的な問いは、基礎的メレオロジーの問い（the question of fundamental mereology）である。これは、「基本的な現実の具体的対象は何か？」という問いである。またこの問いは、「全体と部分というメレオロジー的階層の基盤は何か？」という問いである。さきほど導入した形式的道具立てからすれば、この問いは、「Bxであるような存在者xはどれか？」という問いになる。

この問いに対する可能な答えを検討する前に、のちに明らかになるように、可能な答えに課されるある制約を導入しておくのが有益だ。この制約がタイル貼り制約（the tiling constraint）である。これは、基本的な現実の具体的対象は全体として重複（overlapping）、すなわち重なりあうことなしに宇宙を覆っているという制約だ[13]。「漏れもなければ重複もない」というスローガンにしてもよいだろう。形式的道具立てでは、「宇宙は基本的なもので覆われている」という要請は、「すべての基本的存在者の融合物は宇宙全体である」という要請として表現することができる。記述φに適合するすべての存在者からなる融合物を指示するために「$Sumx(\phi x)$」を用いると、これは次のように表現することができる。

被覆条件（*Covering*）：$\mathrm{Sum}{:}x(\mathrm{B}x)=u$〔Bであるものすべてからなる融合物は u と同一である〕

「基本的なものは重なりあわない」という要請は、「二つの基本的存在者が共通部分をもつことはない」という要請であり、次のように表現できる。

重複なし条件（*No Overlap*）：$(\forall x)(\forall y)((\mathrm{B}x \ \&\ \mathrm{B}y \ \&\ x \neq y) \supset \sim(\exists z)(\mathrm{P}zx \ \&\ \mathrm{P}zy))$〔任意の x と y について、どちらもBであり、かつ $x \neq y$ ならば、x と y 両方の部分であるもの x は存在しない〕

被覆条件を要請する根拠となるのは、完全性による論証である。この論証の前提の一つ目は、実在のための青写真を提供するという意味で、基本的存在者は完全でなければならない、というものだ。より正確にいえば、複数の存在者が完全であるのは、それらの存在者すべてを、基礎的な関係を維持しつつ複製[6]することが、宇宙とその内容を複製することにとって形而上学的に十分であるとき、かつそのときに限る。[14]

完全性による論証の前提の二つ目は、存在者が複数あっても宇宙を覆わないのであれば、それらは不完全である、というものだ。それら複数の存在者は、覆われずに残された部分について青写真を提供できないだろう。たとえば、もし基本的なものが複数あるのにそれらがこのキャビネットを覆っていなかったのだとしたら、それらによってはこのキャビネットやその中身と結びついた内在的性質を特定できないだろう。実在のその部分は基盤なしで残されてしまうことになってしまうのだ。基本的なものを複製しても、宇宙を、そしてこのキャビネットと結びついた中身の内在的性質を複製するには、形而上学的に十分でないのである。

これらの前提により、基本的な現実の具体的対象は全体として宇宙を覆わなければならない、ということが帰結する。このことは、基礎的メレオロジーの問いに対する答えに課される有益な制約を与える。たとえば、ソクラテスの鼻は一つにして唯一の基本的対象という役割には不向きなものとなるだろう。実際、次のことは被覆条件から帰結する系である。もし基本的対象が一つだけ存在するとしたら、その基本的対象は宇宙そのものでなければならない。それより小さなものは被覆条件を満たさないからだ（もう一つの系として——それは整礎性から帰結する系でもある——は、基本的対象がある、というものだ。何によっても覆われないものはないのである）。

重複なし条件を要請する根拠となるのは、組み替え可能性による論証である。この論証は、基本的な現実の具体的対象は自由に組み換え可能であって、それぞれが独立した存在の単位（いわば建築資材）の役割を果たすようなものであるべきだ、という前提から出発する。したがって、そうしたものは、ヒュームの言葉を借りるなら、「まったくもってばらばらで分離している」べきなのだ（Hume [2000], p. 58〔邦訳六六頁〕）。多少なりとも正確に言えば、複数の存在者が自由に組み換え可能であるのは、各存在者を個別に考えたときの可能なあり方を組み合わせたものがどれも、それらの存在者全体としての可能なあり方であるとき、かつそのときに限る。もし複数の存在者が形而上学的に独立しているならば、それらの組み合わせ方に様相的な制約はないとすべきなのである[7]。

組み換え可能性による論証の第二の前提は、重なりあう存在者には様相的な制約がある、というものである。二つのまったく均質な赤色の円が重なりあっているが、どちらの円も個別に考えたときはまったく均質に緑色でありえたとしてみよう。すなわち、一方の円はどこかある部分ないしその部分の赤さを維持できないのだが、他方の円はその部分を維持しつつまったく均質に緑色となるのである。さもなくば、重なりあう部分は赤色でありかつ緑色でなければならないだろう。一般的に、共通部分の内在的関係が重なりあう一方に関して変化することは、他方の内在的性質か構成要素が変化することなしにはありえないのである。

これらの前提により、基本的存在者が重なりあうことが不可能であることが帰結する。重複は基本的なものの様相的自由を損なうのだろう。重なりあう事物のあいだには、それらの共通部分に関して調和制約（harmony constraint）があるのである。

のちに明らかになるのだが、重複なし条件は、私が必要とするいかなる条件よりも厳密には強い。実際私は、より弱い条件を用いる。それは「基本的なもののあいだでは部分全体関係は成り立たない」という次の条件である。

部分なし条件（*No Parthood*）：$(\forall x)(\forall y)((Bx \,\&\, By \,\&\, x \neq y) \supset {\sim}Pxy)$〔任意の$x$と$y$について、どちらもBであり、かつ$x \neq y$ならば、$x$は$y$の部分ではない〕

これが重複なし条件よりも弱い条件であるのは、次の場合に限られる。（i）もしどちらも基本的でありながら部分全体関係が成り立つものがあるならば、それらはその部分において重なりあっているが、（ii）もし基本的なものが重なりあっているならば、部分全体関係が成り立つ必要がない（たとえば、結合した双子は重なりあっているが、部分全体関係は成り立たない）。

部分なし条件を独立に支持しうる第二の論証がある。それは、経済性による論証である。この論証の前提の一つ目は、基本的対象は必要もなく増やしてはならない、というものである。より正確にいえば、基本的対象はただ完全でなければならないのではなく、最小限に完全、すなわち、その真部分集合であるような複数のものが完全であることはないという意味で完全でなければならないのである。

経済性による論証の前提の二つ目は、部分全体関係が成り立つような存在者は余剰である、というものである。なぜなら、あらゆる全体は、（i）多くの部分をもち、（ii）これこれの内在的性質をともなう部分をもち、かつ（iii）しかじかに関係しあう部分をもつ、という関係的かつ内在的な性質をもつからである。たとえば、ソクラテスは、しし鼻であるという内在的性質をもつ――ソクラテスの複製は、しし鼻でなければならない。[15] 同様に、宇宙の複製は、宇宙の部分および部分がもつ内在的性質および部分のあいだで成り立つ関係のすべてを複製していなければならない。全体を固定すると、その部分のすべてが固定されるのだ。[16]

これらの前提により、部分全体関係が成り立つ存在者は基本的な存在者に含まれるべきではない、ということが帰結する。結局のところ、ある全体とその真部分の一つを含むような複数の基礎的なものが完全であるならば、その真部分を含まない部分集合も完全になる。したがって最小限ではないのだ（実際、全体を複製することがその部分のすべてを複製することを含意するがゆえに、部分を追加しても、全体によってすでに与えられている実在の特徴づけには、新しい貢献は何もない）。一般的に、全体が基本的なものに含まれていれば、もはや真部分に関するいかなる言及も余剰なのである。[17]

「もし基本的対象が二つ以上存在するならば、そのとき宇宙が基本的であることはありえない」ということは、重複なし条件と部分なし条件の両方から帰結する系である。なぜなら、あらゆる現実の具体的対象はこの宇宙の部分であり、それゆえ宇宙と重なりあっているからだ。

全体的にいえば、タイル貼り制約は分割制約（partitioning constraint）として理解することができる。ありとあらゆるパイの切り分け方について考えてみよう。何もカットせず、パイ全体をそのまま出すというのもありだろうし、半分ずつに切って出すのもありだろう。あるいは四つに切るのもありだろう。だが、パイのどの部分も出さずに残してはいけない。どのように切るとしても、パイの全体は切り分けられるのである。そして、どの部分も二度食卓に出すことはできない。どの部分もパイのピースのどれか一つに属し、そしてそのピースにしか属さない。

パイの代わりに宇宙について考えてみよう。基礎的メレオロジーの問いに対する様々な答えは――タイル貼り制約を考慮すると――宇宙を基本的な部品へと切り分ける様々な切り分け方とみなすことができる。基礎的メレオロジーの問いは、基本的な部品という考えによって与えられるような、宇宙を切り分ける形而上学的に特権的な切り分け方があると想定しているとみなすことができるのである。

一・四・一元論と多元論

基礎的メレオロジーの問いに対する様々な答えは――タイル貼り制約を考慮すると――宇宙を分割する様々な切り分け方と対応している。宇宙の切り分け方の一つは、何もカットせず、全体をそのままにするというものである。この見解では、唯一無二の基本的な現実の具体的対象があり、それは世界全体である。これが一元論テーゼ[8]である。[18]

一元論テーゼ　$=_{df}$　$(\exists! x)Bx \ \& \ Bu$　〔Bであるものが一つだけ存在し、かつuはBである〕

このように一元論テーゼは、基本的対象は一つだけ存在するという数に関するテーゼと、宇宙は基本的であるという全体論的なテーゼの連言だと考えることができる。タイル貼り制約を仮定すると、これら二つの連言肢の各々は他方を含意する。もし基本的な現実の具体的対象が一つだけ存在するならば、それは宇宙全体でなければならない。なぜなら、それ以下のものは実在のすべてを覆うことができないからだ。そして、もし宇宙が基本的であるならば、その他に基本的な現実の具体的対象はありえない。なぜなら、その他のいかなるものも宇宙の部分となるからだ。だから、タイル貼り制約を仮定すると、以下の二つのテーゼは一元論テーゼと同値となる。

$(\exists!x)Bx$〔Bであるものが一つだけ存在する〕

Bu〔uはBである〕

加えて、依存関係が整礎半順序をなすというという基礎付け主義的な想定をすると（一・二）、一元論テーゼは、宇宙のあらゆる真部分が宇宙に依存するというテーゼと同値となる。一元論テーゼが成り立つと仮定しよう。整礎性より、あらゆる現実の具体的対象は基本的であるか、あるいはなんらかの基本的対象に依存するかのどちらかとなる。そして一元論テーゼの定義より、宇宙だけがこうした基本的対象である。それゆえ、宇宙のあらゆる真部分は宇宙に依存しなければならない。逆向きの含意を証明するにあたって、宇宙のあらゆる真部分が宇宙に依存すると仮定しよう。依存関係の非対称性より、宇宙はその真部分のいずれにも依存することができない。また非反射性より、宇宙はそれ自身に依存することができない。それゆえ宇宙は基本的でなければならない。さらに、宇宙以外のすべては宇宙に依存するという想定より、宇宙以外のなにものも基本的ではありえない。それゆえ、一つの、そして唯一の基本的な現実の具体的対象だけが存在しうる。すなわち宇宙である。かくして、形而上学的基礎付け主義を仮定すると、次のテーゼと一元論テーゼが同値となる。

$(\forall x)((Pxu \,\&\, x \neq u) \supset Dxu)$〔任意の$x$について、$x$が$u$の部分であり、かつ$x \neq u$ならば、$x$は$u$に依存する〕

宇宙の切り分け方の二つ目は、切れ目を入れるというものである。この見解では、基本的な現実の具体的対象はたくさん存在し、そのすべてが宇宙の真部分であることになる。これが多元論テーゼである。

多元論テーゼ $=_{df}$ $(\exists x)(\exists y)(Bx \,\&\, By \,\&\, x \neq y) \,\&\, {\sim}Bu$〔どちらもBであり、かつ$x \neq y$であるような$x$と$y$が存在し、かつ$u$はBでない〕

したがって、多元論テーゼは、少なくとも二つの基本的対象が存在するという数的なテーゼと、宇宙は基本的ではないという部分主義的（partialistic）テーゼの連言として考えることができる。タイル貼り制約を仮定すると、これらの連言肢はいずれも他方を含意する。もし少なくとも二つの基本的対象があるなら、宇宙は基本的ではありえない。そうでなければ基本的対象のあいだに部分全体関係が成り立つことになるだろう。もし宇宙が基本的でないなら、実在のすべてを覆うために少なくとも二つの基本的対象がなければならない。よってタイル貼り制約を仮定すれば、以下のテーゼと多元論テーゼが同値となる。

$(\exists x)(\exists y)(Bx \ \& \ By \ \& \ x \neq y)$〔どちらもBであり、かつ$x \neq y$であるような$x$と$y$が存在する〕

$\sim Bu$〔uはBでない〕

さらに、依存関係が整礎半順序をなすという基礎づけ主義的な想定をすると、タイル貼り制約と合わせることで、多元論テーゼは、宇宙がその真部分のいくつかに依存するというテーゼと同値となる。多元論テーゼが成り立つと仮定しよう。整礎性より、あらゆる現実の具体的対象は基本的であるか、あるいはなんらかの基本的対象に依存するかのどちらかとなる。多元論テーゼの定義より、宇宙の真部分だけがこうした基本的対象である。それゆえ、宇宙はその真部分のいくつかに依存しなければならない。逆向きの含意を証明するにあたって、宇宙はその真部分のいくつかに依存すると仮定しよう。すると宇宙は基本的ではありえない。整礎性より、これらの宇宙の真部分のいくつかは基本的でなければならない。タイル貼り制約より、これらの真部分の一つだけが基本的であるということはありえない。それゆえ、少なくとも二つの基本的対象がなければならない。かくして、形而上学的基礎づけ主義とタイル貼り制約を仮定すると、次のテーゼと多元論テーゼが同値となる。

$(\exists x)(Pxu \ \& \ x \neq u \ \& \ Dux)$〔$u$の部分であり、かつ$x \neq u$であり、かつ$u$が依存しないような$x$が存在する〕

ある特定のタイプの多元論テーゼには特別に言及しておく価値があるだろう。それによれば、基本的対象はすべてメレオロジー的に単純なものである。これが原子論テーゼである[19]。

原子論テーゼ $=_{df}$ $(\exists x)(\exists y)(Bx \ \& \ By \ \& \ x \neq y) \& (\forall x)(Bx \supset \sim(\exists y)(Pyx \ \& \ x \neq y))$〔どちらもBであり、かつ$x \neq y$であるような$x$と$y$が存在し、かつ任意の$x$について、$x$がBであるならば、$x$の部分であり、かつ$x \neq y$であるような$y$は存在しない〕

原子論テーゼは最もきめの細かいタイプの多元論テーゼであり、それによれば、世界はメレオロジー的に最も小さいピースにまでカットされる。原子論テーゼは、最も主題に忠実なタイプの多元論テーゼでもある——一元論が究極の優先性を究極の全体に帰属するのに対し、原子論は究極の優先性を究極の部分へと帰属する。原子論テーゼが最善のタイプの多元論テーゼであるとのちに私は論じるが（二・四）、多元論テーゼの定義に原子論テーゼを組み込むことはしない。

一元論テーゼと多元論テーゼは排他的である。一方の学説によれば宇宙が基本的であるが、他方の学説によればそれは否定される。タイル貼り制約を仮定すると、これらは網羅的でもある。基礎的メレオロジーの問いに対する回答は他にはないのだ。このことは、タイル貼り制約を仮定すると一元論テーゼと～

Buが同値となり、多元論テーゼとBuが同値となるという事実から帰結する。Buと～Buが網羅的だからだ。たとえて言うなら、一元論テーゼがパイ全体をそのままにしておく見解であるのに対し、多元論テーゼはパイを切る見解である（そして原子論テーゼは、この見解の、最も小さいくずにまでカットするバージョンである）。

この節の締めくくりとして、一元論テーゼと多元論テーゼについて五つの点を明確にしておくことには価値があるだろう。第一に、この論争は何が存在するかについてのものではない。両陣営は世界が存在し、また部分をもつということに同意することができるし、そうすべきである（一．二）。この論争はむしろ何が基礎的であるかについてのものである――基礎的メレオロジーの問いにどのように答えるのかについてのものなのである。

第二に、派生的存在者間の相対的優先性については、ここで定義したどちらの見解も何も述べていない。したがって、一元論テーゼはメレオロジー的階層のすみずみに至るまで全体がその部分に優先するということを許容するが、多数ある部分のすべてが等しく二次的だということも許容する。そして、多数ある究極の部分が優先関係の序列において第二の地位を占め、そこから形而上学的説明がうねり上がることとさえ許容する。同様に、多元論テーゼは――少なくともその原子論的タイプでは――メレオロジー的階層のすみずみに至るまで部分がその全体に優先するということを許容するが、原子論テーゼでさえ、究極の部分以外のすべてが等しく二次的であることを許容する。そして原子論テーゼでさえ、全体が優先関係の序列において第二の地位を占め、そこから形而上学的説明がぶら下がることを許容する。主題に忠実なバージョンの一元論テーゼと多元論テーゼは、全体と部分のどちらが優先するかはメレオロジー的階層のすみずみに至るまで変わらず一定のものとして扱うが、私は一元論者や多元論者がこの点で主題に忠実であることを求めない。

第三に、一元論テーゼと多元論テーゼは両方とも現実世界についての主張である。どちらも、他のどんな世界についても何も述べてはいない。基礎的メレオロジーについてのこれらの見解のいずれが現実的に真だとしても、それは形而上学的に必然的に成り立つべきだと私は論じる（二．二）。だがこれらの学説の定義にこのことを組み込みはしない。

第四に、この論争全体にとって本質的である唯一の想定は、現実の具体的対象のあいだに優先関係の序列があるという想定である（一．二）。この想定なしには、論争の対象となる基本的という概念は存在しない。残る想定は非本質的である。世界が存在するという想定は一元論テーゼをとりうる立場にすることを助けているし、世界が部分をもつという想定は多元論テーゼをとりうる立場にすることを助けている。これらの想定のいずれも放棄することができる。だがその時点で、論争の成否は決する。構成は同一性ではないという想定とタイル貼り制約の片面である重複なし条件はともに、一元論テーゼと多元論テーゼを排他的にすることを助けている。この二つを放棄することもできる。だがそうすると、全体とその多くの部分のうちのいくつかがどちらも基本的であるという可能性を考慮する必要が出てくるだろう。最後に、依存関係が整礎半順序をなすという想定とタイル貼り制約の片面である被覆条件はともに、一元論テーゼと多元論テーゼを網羅的にすることを助けている。この二つを放棄することもできる。だがそうすると、全体と完全であるような複数の部分がどちらも基本的でないという可能性を考慮する必要が出てくるだろう。

第五に、私がこれまでほとんど試みてこなかったことは、これらの学説がその名称に値すると論じることである（付録を見よ）。私が興味をもつのは学説そのものである。私は、宇宙が一つにして唯一の基本的な現実の具体的対象であり、そのすべての真部分に優先するというテーゼを擁護する。これを「一元論」と呼ばない読者は、どうぞご自由に別の名称を探していただきたい[20]。

論争を明確にしようとする私の試みはこれで終わりである。この論争は基礎的メレオロジーの問いに関わる。それは、どちらの現実の具体的対象が基本的であるかという問いである。一元論テーゼと多元論テーゼは――私が明確化しようとしてきた想定を仮定すると――排他的かつ網羅的であるような可能な答えとして現れる。一元論者にとっては、一つにして唯一の基本的対象が存在する。それは宇宙全体である。多元論者にとっては、多くの基本的対象が存在する。それらはすべて宇宙の真部分である。

二．一元論
――全体の優先性

どちらの対象が基礎的なのだろうか。一元論テーゼにしたがい、一つである全体――宇宙――が一つにして唯一の根本的対象なのだろうか。それとも、多元論テーゼにしたがい、多くの部分のいくつかが基礎的なのだろうか。形而上学的に正しい宇宙の切り分け方はどういうものだろうか。この節で私は、この論争において私が中心的だと考えている四つの論証について論じ、一元論陣営の方が論証に関して優れていると主張する[9]。

二．一．常識――恣意的な抽象物としての部分

多元論は常識からみて好ましいというラッセルの主張から始めるのが有益だろう。というのも、この主張は現代において一元論が明らかな誤謬として退けられるようになった原因だからだ。さて、ラッセルはこう宣言している。「数多くの分離独立したものがあるという信念は常識的だが、私もそう信じているということです。つまり私は「実在は単一にして不可分であり、世界には一見数多くのものがあると思われるけれども、それは実在のさまざまな側面にすぎず、本当はありもしない区別なのだ」とは考えません」（Russell [1985], p. 36〔邦訳、八―九頁〕）。それゆえラッセルは目下の論争を、「多くのものが存在する」と

考える常識的な経験論的多元論者と、ただ一つのものだけが存在するとアプリオリに論じる狂気じみた合理論的一元論者のあいだの論争として枠付けるのである（ibid. p. 48〔邦訳、二六頁〕）。これは分析哲学の出生譚であり、一元論にとっての弔鐘のごとく鳴り響いている。[21]

　しかし、分析哲学は――その多くの美徳のすべてと引き換えに――罪のうちに生まれたのである。ラッセルは一元論を誤解していた。一元論テーゼは、事物は一つだけ存在するという学説ではなく、むしろ一つである全体が基礎的であるという学説なのである（一・四および付録）。あるいは少なくとも、いま議論している一元論的な見解と多元論的な見解はともに、一つの全体と多くの部分が存在することを受け入れている（一・二）。このように、一元論テーゼの支持者と、ラッセルが言うような「経験論的な人物（empirical person）」は、「多くのものが存在する」というラッセルの主張に関して完全に合意しているのである。

　もし一元論テーゼに対する常識による論証があるというのなら、それは部分が全体に優先することを支持する論証でなければならない。すなわちそれは、宇宙が基礎的ではないことが常識的に明らかであるという論証でならなければならない。この点に関連して、砂粒と砂山について考えてみよう。直観的には、砂粒は砂山に対して優先するように思われる。だからライプニッツは――彼が複数だと考える基礎的なモナドでもって――一般的に「複合的なものは単純なものの集まり、つまり集合体に他ならない」（Leibniz［1989］, p. 213）[10] と主張し、アルノーに宛てた手紙に「集合体の実在性は、ひとえにそれを形づくっている存在の実在性による」と書いたのである[11]（ibid. p. 85）。

　他方で一元論者は、部分者（*partialia*）を抽象物とする一般的な捉え方を提供するかもしれない。これは、部分的な側面であるという点で語源的に正しい。全体は完全かつ具体的な統一体である。部分は、ブラッドリーが「片手落ちの抽象化」（Bradley［1978］, p. 124）と評したプロセスによって分離された全体の側面として考えることができるだろう。一つである全体が多くの部分に優先するとは、実体が様態に優先するのと同じことであり、このどちらも、一般的に具体的存在者がその抽象的側面に優先することの一事例なのである。[22]

　私見では、部分と全体のどちらが優先するかという問いに関して、常識はもっと微妙なニュアンスのある意見をもっている。私が考えるに、常識では、単なる寄せ集めは統合された全体からは区別される。統合された全体とは、「あるものから合成せられ、そうすることによってその全体が一つのものであり、しかもそれがある塊のようにしてではなく、綴り字のようにしてあるもの」のことである（Aristotle［1984b］, p. 1644〔邦訳、三五〇頁〕）。常識はおそらく、塊のような単なる寄せ集めの場合は、部分が優先することを支持する。だけれども、常識はおそらく、綴り字のような統合された全体の場合は、全体が優先することを支持する。だから、円とそれを構成する半円（あるいはもっと恣意的に円を分割したものでもよい）を考えてみよう。直観的には、円の方が優先する――半円は円を恣意的に区分したものを表す

――ように思われる。[23] あるいは、有機体とその器官を考えてみよう。少なくともアリストテレスによれば、有機体の方が優先する。器官は有機体内部でそれらが機能にどのように統合しているかによって定義される。[24] あるいは、知覚されたもの（percept）がもつ無数の細部について考えてみよう。このとき知覚されたものが優先するように思われる――知覚されたものの細部は、総和としてのゲシュタルトの個々の要素にすぎない。[25] したがって、どう少なく見積もっても、次のテーゼは正しいと思われる。

1．常識によれば、統合された全体はその恣意的な部分に優先する。

さらに、常識は宇宙を統合された全体として（塊のようにではなく、綴り字のように）みなす傾向にある。ブランド・ブランシャードが熱弁するように、「平凡な人間」も「最も思慮深い知性」も、「世界は最終的な説明においては境目があいまいな寄せ集めではない」と確信している（Blanshard [1973]. p. 180）。こうした直観は、多くの宗教的伝統に広く反映されている。プラトンの『ティマイオス』にある、デミウルゴスによって構築されたという宇宙の描像では、「自分自身のうちに生来自分と同族である生きものすべてを含んでいるような、一個の可視的な生きもの」というパターンで現れている（Plato [1961]. p. 1163〔邦訳、三四頁〕）。そしてそれは、自然のパターンについて熟慮すると再び浮び上がるのである。かくしてポール・デイヴィースは次のように書いている。「宇宙に秩序があることは自明であるように思われる。遠く離れた銀河から最も深い原子の奥底まで、われわれがどこを見ようとも、規則性と入り組んだ組織化に出会うのだ」（Davies [1983]. p. 145）。実際「宇宙」という語は、秩序を意味するギリシャ語から派生している。こうして次のテーゼが導かれる。

2．常識によれば、宇宙は統合された全体である。

最後に、常識はそれが関わる宇宙の多くの部分――動物や人工物など――を、少なくとも二点に関して、恣意的な部分とみなす傾向にある。恣意性の一つ目は、分割に関わる。常識では、世界が多くの仕方で切り分けられるということが正しく理解されている。ありとあらゆるパイの切り方、あるいは、地図上でのありとあらゆる線引きについて考えてみよう。ただ一つの仕方でしか切り分けないことに客観的な根拠はないと思われる。[26]

常識が、動物や人工物のようなありふれた普通の対象に関して認める恣意性の二つ目は、境界に関わる。常識では、ありふれた普通の対象はすべて雲のようなものであり、その端がぼやけているということが認められている。D・ルイスは次のように説明している（Lewis [1999c]. p. 165〔邦訳、二頁〕）。「端の方に位置する原子がつねに存在し、それらは、当の物体に明確に含まれるわけでも明確に含まれないわけでもないような、疑問の余地のある部分を構成している」（Unger [1980] と比較せよ）。だから地図上で、たとえば山と谷のあいだで線引きするのがよいというなんらかの客観的な理由がたとえあったとしても、山は正確にはどこから始まるのかに関する恣意性がなおも残るのである。分割の恣意性と境界の恣意性、そして常識の焦点が動物や人工物のようなたぐいのものに向けられていることを仮定すると、次のテーゼが導かれる。

3．常識によれば、たくさんある真部分は宇宙の恣意的な部分である。

1から3、そしてこれらの事柄に関して常識が無矛盾であるという想定から、次のことが帰結する。

4．常識によれば、宇宙はたくさんある真部分に優先する。

だから、常識の権威を主張しうるのは、そういうものがあるとすれば一元論テーゼなのである。4を裏付けるものとして、一元論陣営が形而上学において長らく優勢的な立場であり、また世界の宗教の多くが一元論的な特徴を有しているということに注意してほしい(27)。だから――二〇世紀の分析形而上学という専門領域を越えて目を凝らしてみると――複数の文化や複数の世代をまたいで存在する直観の牽引力の総計は一元論的見解の方に与しているのである。ジェイムズが、一元論は「哲学的常識の一部」(James [1975], p. 65〔邦訳、一〇三頁〕)だと認めて、彼の多元論のために次の弁明を書いたのは故のないことではない。その弁明は紙幅を割いて繰り返す価値があるだろう。

> 根本的多元論が、哲学者達からほとんど援助をうけなかったのは奇妙なことである。唯物論的な傾向の人であると、唯心論的な傾向のあるひとであるとをとわず、哲学者達はつねに、世界が一見それでみたされているようにみえるごみをはき清めることを心掛けてきた。彼らはまず第一に目につくもつれをしりぞけて、経済的で秩序にかなった概念をそのかわりにみちびきいれた。こういう概念は道徳的に高いものである場合もあったし、たんに知的に清潔なものであるにすぎないものもあったが、いずれにせよつねに、美的に純粋で明確なものであり、この世界内部構造に清くて知的なものを帰することをめざすものであった。こういう理性主義的な絵画にくらべれば、私の奉ずる多元論的な経験論はみじめな外観しか示さない。それは、にごって混乱し無骨なものである。くっきりした輪かくにもかけていれば、絵画的な気高さもほとんどない。諸君の中で古典的な実在構成になれている人が、この多元論的経験論を最初にみた場合、まったくこれを軽蔑しきって、そんな考えはわざわざ口に出して反対するにもおよばないと、いわぬばかりに肩をすぼめたとしても、無理はない。(James [1977], p. 26〔邦訳、三五―三六頁〕)

このように私は、どちらが優先するかについての直観にもっとも適合するのは――宇宙は統合された全体であるという主張として正しく理解されるのであれば――一元論テーゼであると結論する。ただし、急いで付け加えるべきだが、私はこのことはほとんど役に立たないとも考えている。せいぜい、一元論テーゼはデフォルトの見解であると主張できるというだけである。常識——アインシュタインが「一八歳になる前に身につけた偏見の沈殿物」(Bell [1951], p. 42からの引用) と呼んだもの——は一元論テーゼに与するだろうが、なんにせよこのことはほとんど重要ではない。

本節の最初に登場したラッセルの論証を改めて振り返ると、さらなる悩ましいステップが見出される。ラッセルは、この問題は経験的なものだと主張し、経験論的な人物が「自然に言う」事柄を引き合いに出す。しかし、どうして経験論的な人物が「自然に言う」事柄が重要になるのだろうか。経験的な問題は、常識に訴えかけることによってではなく、経験的な探求によって決着させるべきである。

二・二・量子もつれと創発——スーパーヴィーニエンスの非対称性

だとすると、経験的な探求はどういうことを明らかにするのだろうか。物理学は粒子の観点から世界の完全な因果的説明を与えるのだとされるかぎりでは、現在の経験的探求は多元論テーゼに味方するように思われるかもしれない。かくしてポール・オッペンハイムとヒラリー・パトナムは科学的レベル (scientific level) の階層について次のように述べるのである。「最下層を除くどんなレベルのどんなものにも、次に低いレベルに属するものへの分解法がなければならず」、またそれには「唯一の最下層が存在しなければならない」。そして彼らはそれを「素粒子」と呼ぶ (Oppenheim and Putnam [1991], p. 409)。ジェグォン・キムは次のように説明する。「最底辺のレベルは通常は素粒子か、あるいはわれわれのもっともすぐれた物理学が教えるところによれば、すべての物質的事物がそれによって構成されるような何片かの基礎的物質であると考えられている」(Kim [1998], p. 15〔邦訳、二二頁〕)。一元論テーゼよりも多元論テーゼを支持する良い論証がもしあるとすれば、それはラッセルの常識による論証 (二・一) ではなく、キムの物理学による論証だろう。

とはいえ、物理学による論証にはギャップがある。物理学が基礎的であると想定することと、基礎的な物理学が粒子やその他の「物質のかけら」を扱うと想定することは別である (Schaffer [2003]; Hüttemann and Papineau [2005])。一元論者は、物理学が世界の完全な因果的説明を与えるということを認めることができるし、認めるべきである。一元論者は、物理学による説明がもっともうまく与えられるのは、局所的な粒子の観点ではなく宇宙全体に行きわたっている場の観点からである、と主張するだろう。問題となるのは物理学の成功ではなく、むしろその内容なのである。

ここで、量子力学は一元論テーゼを支持する仕方で全体的であると論じることにしよう。量子力学におけるもつれた系 (entangled system) の記述から始めよう。もつれた系とは、次のように、状態ベクトルをn個の構成要素の状態ベクトルのテンソル積へと分解できない系のことである。

$$\Psi_{system} \neq \Psi_{component\text{-}1} \otimes \Psi_{component\text{-}2} \otimes \cdots \otimes \Psi_{component\text{-}n}$$

したがって、もつれた系の量子状態は、構成要素の量子状態以上の情報を含む⁽²⁸⁾。

例証のために、アインシュタイン、ポドルスキー、ローゼン（EPR）の思考実験について考えよう。そこでは二つの電子が一重項状態から生じている。

$$[\Psi\rangle_{EPR} = 1/\sqrt{2}\ [\uparrow\rangle_1[\downarrow\rangle_2 - 1/\sqrt{2}[\downarrow\rangle_1[\uparrow\rangle_2$$

ここで「$[\uparrow\rangle_n$」は電子^{n}がスピンアップ状態（厳密にいえば、ある選ばれた構成要素に関するスピンの上向き状態）にあることを意味し、「$[\downarrow\rangle_n$」は電子^{n}がスピンダウン状態にあることを意味する。一重項状態の電子のペアはスピンに関して反相関（anticorrelated）している。系全体の全スピンは0である。もし相関係数（$1/\sqrt{2}$）を結果の確率の平方根として読む（ボルンの規則）ならば、一重項状態の電子のペアは、0.5の確率で電子^{1}がスピンアップで電子^{2}がスピンダウンであると測定され、0.5の確率で電子^{1}がスピンダウンで電子^{1}がスピンアップであると測定される。重要なのは、この系では両方の電子がスピンアップとして測定されたり、両方がスピンダウンとして測定されることの確率が0であることだ。電子のペアがスピンに関して反相関しているとは、このような意味である。

Ψ_{EPR}に見られる一重項状態は量子もつれの状態にあり、それ自体としては二つの電子の状態ベクトルから導出することはできない。純粋スピン状態はどちらの電子にも個別的には帰属させることができない。純粋スピン状態は集団的に電子のペア、すなわち系としてのみ帰属させることができるのである。マイケル・エスフェルドは要点を次のように述べている。「全体が持つこれらの性質は部分の局所的性質について述べうるすべてを含んでおり、かつ部分の局所的性質について述べうるすべてを含んでいるのは全体が持つこれらの性質のみである」（Esfeld [2001], p. 252）。

このようなもつれは、アインシュタインが「不気味な遠隔作用」と述べたことで有名な結果をもっている。（スピンは反相関しているため）粒子がいくら離れていようとも、ひとつの粒子のスピン測定がただちにもうひとつの粒子のスピン状態を逆向きにするのだ。量子もつれ状態にある粒子は、まるでテレパシー能力を持っているかのように見える。一単位としてふるまうのだ。ティム・モードリンは次のように結論している。「複雑な全体の物理的状態はつねに、その部分の物理的状態あるいはその部分の時空的関係をともなった物理的状態に還元されうるわけではない［…］。史上最も徹底的な科学的探求の結果は、消去不可能な全体論を含んだ理論なのである」（Maudlin [1998], p. 56）。

ここまでは、量子もつれ状態にある系がどのようなものであるのかを伝えようとしてきただけだ。ここからは、量子もつれから一元論テーゼへと至る論証を始めよう。最初は、宇宙がひとつの巨大な量子もつれにある系をなすという前提だ。この前提は物理学的にも数学的にも論じることができる。物理学的には、世界はあらゆるものが相互作用するひとつの爆発（ビッグ・バン）で始まるという想定から最初のもつれを得ることができる。(29) そしてこの最初のもつれは、世界はシュレディンガー方程式に沿って発展するという想定のもとで保存される。(30) より正確に言えば、最初の特異点は事実上確実（測度1）に全域的もつれを生み出し、シュレディンガー力学は事実上確実（測度1）にそれを保存する。じじつ、シュレディンガー発展はもつれを拡散させる傾向があり、たとえ最初のもつれがなかったとしても「やがては宇宙のあらゆる粒子が相互にもつれるようになるに違いない」（Penrose [2004], p. 591）。

数学的には、宇宙の波動関数があると仮定するだけでよい。そうすれば、すべての波動関数がもつれていることは測度1であるため、宇宙の波動関数がもつれていることは事実上確実である。よって、もつれの解消を促す特殊な形式の発展――たとえば、なんらかの形式の波動関数の崩壊――があるのでないかぎり、全域的もつれを期待してよい。したがって――波動関数の崩壊がないかぎり――次のことは事実上確実である。

5．宇宙は量子もつれ状態にある。(31)

まだ論じなければならないことがある。量子もつれ状態にある宇宙はデイヴィッド・ボームとB・J・ハイリーが「とぎれのない全体性（unbroken wholeness）」（Bohm and Hiley [1993], p. 352）と呼んだものを提示するのだが、それはある意味で一元論を支持するのだ。デモクリトス的な多元論的描像から始めて――この描像は、内在的な物理的性質をもち、外的な時空的関係にある粒子によって特徴づけられる(32)――そこから一般化すると理解の助けになるだろう。デモクリトス的多元論は、量子もつれ状態にある系にとって適切な基礎を提供できない（Teller [1986], pp. 71-73; Healey [1991], pp. 405-406を見よ）。完全性の要求（一・三）を満たさないのだ。たとえば、総スピンがゼロというＥＰＲ系が持つ内在的な相関的性質を考えよう。この性質はデモクリトス的な基盤によっては定まらない――二つの粒子の時空的配置とともにそれらの量子状態が定まったとしても、ＥＰＲ系のその性質は定まらない。一般的に、宇宙とその内容を複製するためには、粒子間の時空的関係とともに粒子の内在的性質を複製するだけでは形而上学的に十分ではない。量子もつれ状態にある全体が持つ内在的な相関的性質が複製されないのだ。よって、基本的な現実の具体的対象は完全でなければならないという想定のもとでは、デモクリトス的多元論は除外される。

デモクリトス的仮定を撤廃したところで、より大きな分子やさらなる内在的性質に訴えても、多元論者が量子もつれ状態にある宇宙の完全な基盤を見つけることの役に立たないのは明白ではないだろうか。全体の物理的性質は、いかなる部分系の内在的性質を合わせても定まらないのである。多元論者が完全性を手に入れる助けとなるように見える唯一の手段は、新しい基礎的な外的関係、すなわち、量子もつれ関係を加えることである。多元論者は、粒子が基礎的であるということはそれでも維持しながらも、今度は時空的配置と相関的もつれの両方によって結びついているとする（Teller [1986] と比較せよ）。よって、たとえば、EPRの粒子は単にこれこれの距離にあるだけではなく、しかじかに相関しているということにもなるだろう。

しかしながら、量子もつれ関係に訴えることには大きな問題が少なくとも二つある。一つ目の問題は、物理学の基礎理論から粒子——提案されている量子もつれ関係の関係項——が除外されないことは、特に量子力学を超えて相対論的量子場理論へと視野を広げて考えると、明らかではないことだ（Halvorson and Clifton [2002]; Kuhlmann [2006], §5）。量子場理論では「粒子数」は単なる場のオペレーターの一つであり、それゆえ確定的な整数の期待値をもつ必要がない。もし系がいくつの粒子をもつのかについて事実すらないのだとしたら、どうすれば粒子が基礎的たりうるのだろうか。さらに、「粒子数」はフレーム不変ではない。たとえば、等加速する観測者が多くの粒子を観測することになるのに対し、慣性系の観測者は真空状態（最も低いエネルギーの場）を観測することになるというウンルー効果（Unruh effect）がある。よって、相対論的量子場理論における粒子は、特殊相対性理論における同時性と同様、非客観的なものとされることになると思われる。かくしてH・D・ゼーは、「原初的な(primordial)粒子概念を完全に放棄し、[…]それを場のみによって置き換える」ことを推奨し、「じっさいこれは、量子場理論の形式的道具立てにおいて既に行われてきたことである」と述べている（Zeh [2003], p. 330）。量子場理論の形式的道具立ては、表面上は世界中に広がる場を基礎的として扱っているように見える。

量子もつれ関係の問題の二つ目——純粋に量子力学内部の問題であり、たとえ粒子の存在を認めたとしても残る問題——は性質の統一性が失われることである。もし量子もつれ系を全体論的に取り扱うなら、基本的で内在的なスピン性質をそれらに与えることになる。そして決定的なことに、まさに同じその性質を異なる数の構成要素からなる異なる系に帰属することができる。たとえば、単一の電子、および様々な系のそれぞれが、同じスピン性質をもちうる。だが、もし量子もつれ系を量子もつれ関係における部分を介して取り扱うなら、異なる数の構成要素からなる系に同じその関係を帰属することはできない。R・ヒーリーが次のように説明するように、このことは経験的に重要な統一性の喪失を表している（Healey [1991], p. 420）。

> 系のスピンに関するかぎり、系がその部分系から構成されるかどうかは無関係である。量子力学はどちらの場合でも全く同じように系のスピンに適用される。このことは重要である。なぜなら、このことのために銀原子のような複雑な系の総スピンを、トリビアルでない部分系をもたないスピン1／2の系の総スピンと同様に扱うことが許されるからである。

次のように、量子もつれ系は基礎的な単位として扱うのが最善だと私は結論する。

6. 量子もつれ系は基礎的な全体である。

5と6から次が導かれる。

7. 宇宙は基礎的な全体である。(33)

よって、量子力学（相対論的量子場理論であればなおよい）が実在の構造についての現時点での最高の指針に相当するのだとすれば、いまや経験的探求は、一元論的見解の全体論を支持するように思われる。

一元論テーゼに至る第二の論証、すなわち創発の可能性による論証は、この第一の論証の背後に潜んでいたものである。私は量子もつれは創発の一事例であると論じたが、それは、真部分をもつ対象の性質が、その真部分の内在的性質と真部分のあいだに成り立つ基礎的関係によっては定まらないという特定の意味だった。経験的問いが究極的にはどのように解かれたとしても、この種の創発――宇宙レベルでの――が少なくとも形而上学的には可能であることは明らかだと思われる。

8. 宇宙が創発的性質をもつことは形而上学的に可能である。

では、宇宙がそのような創発的性質をもつ世界を考えよう。そのようなメレオロジー的に複雑な世界に住まう具体的存在者の領域を完全に特徴づけることは、その世界の複数の真部分をどのように集めても不可能だ。すなわち、どのような真部分の集まりを複製しても、それらのあいだの基礎的関係が保存されているならば、この可能な宇宙を複製するには形而上学的に十分ではないのである。実際、創発的性質をもつ対象を完全に特徴づけるには、その対象の全体、あるいはその対象が部分であるようなより広い全体なしには、どんなものでも十分ではない。よって、世界の基本的対象はその世界にとって完全でなければならない（これは一・三で見た完全性の要求の自然な様相的一般化である）とすると、創発的性質が存在する世界wの具体的対象のなかで、宇宙全体であるwが基本的でなければならない。ゆえに、次のような一元論的シナリオは形而上学的に可能である。

9. 宇宙が真部分をもつが基礎的全体でもあることは形而上学的に可能である。

一元論テーゼと多元論テーゼは現実世界についての学説だと定義されているのだが（一・四）、にもかかわらず私はこれらを、どちらが真だとしても形而上学的必然性をともなうという意味で、形而上学的に一般的なテーゼだとみなす（van Inwagen [2002], p. 28と比較せよ）。性質が普遍者かトロープか、それとも唯名論的構成物かという論争が形而上学的必然性にかかわると考えられているのと同様に、全体の優先性についての論争は、それと比較しうるような必然性にかかわるものであるように思われる。実際、形而上学的可能性の領域は、何が何を基礎付けるのかを支配する形而上学の法則と、何が両立できる（compossible）かにかかわると私はみなす。[34] 一元論テーゼと多元論テーゼは、メレオロジー的構造の基礎づけに関して、形而上学の法則についての競合する学説なのである。したがって、次が導かれる。

10．宇宙が基礎的全体であることが形而上学的に必然であるか、宇宙が（もし真部分をもつならば）派生的であることが形而上学的に必然であるかのどちらかである。

10のカッコ内の条件は、宇宙が一つの原子からなる事例を扱うためのものである。これは、多元論者でも宇宙が基礎的であることを認めるであろう事例の一つである。

9と10を合わせると、現実世界についてのテーゼとしての一元論テーゼが帰結する。

11．宇宙は基礎的全体である。

要するに、もし多元論テーゼが真ならば、10より、それは必然的に真である。しかし、9より、多元論テーゼは必然的に真ではない。よって、それは真ではない。

ここで根底にあるメレオロジー的非対称性の一つが明るみに出る。スーパーヴィーニエンスの非対称性である。これは、真部分はその全体にスーパーヴィーン（supervene）しなければならない（一．三）が、全体はその真部分にスーパーヴィーンする必要はないという非対称性である。換言すれば、創発は形而上学的に可能だが、下方創発（submergence）——創発の逆——は形而上学的に不可能なのである。下方創発に関して、真部分の内在的性質は、真部分のあいだの基礎的関係とともに、全体の内在的性質にスーパーヴィーンしてはならない。このことが不可能であるのは、（i）真部分のどんな内在的性質もそれ自体で、全体の内在的性質、すなわち〈これこれの内在的性質をもつ部分をもつ〉という性質と相関し、また（ii）部分のあいだのどんな関係も、全体の内在的性質、すなわち〈しかじかに関係した部分をもつ〉という性質と相関するからである。全体が定まれば、その部分のすべてが定まるのである。

スーパーヴィーニエンスの非対称性があれば、一元論者は、基本的対象の完全な目録が存在することを保証できる。下方創発の不可能性は、宇宙がそれ自体で完全であることを保証する。だが、多元論者は完全な目録が存在することを保証できない。創発の可能性があれば、どんな真部分の名簿であっても完全であることが保証されないからだ。この意味で、全体はおそらく——そしてわれわれの最善の物理学を鑑みれば実際に——その部分の総和以上の何かなのである。

二．三．不均質性——多者を配置する

しかしながら、とても一般的な種類の経験的情報で、多元論テーゼを支持すると考えられるかもしれないものがある。そのとても一般的な種類の経験的情報とは、質的にまだらな特徴を示すという意味で、世界は不均質（heterogeneous）であるという情報である。ある部分は他の部分から識別可能なのである。

不均質性は一元論者にとって古典的な問題である。この問題は、パルメニデスが考えた完全に均質（homogeneous）な球体によって前もって示されていた。その球体は「すべてが一様のものとして存在している。ここでより多く、そこでより少ないということもない」（Kirk and Raven [1962], p. 275〔邦訳、三二五頁〕）。また、「ちょうど、あらゆる側においてまん丸い球のかたまりのようなもので、中心からあらゆる方向に均等に釣り合っている。[…] それはあらゆる方向においてそれ自身と等しく、その限界内で一様に存している」(Kirk and Raven [1962], p. 276〔邦訳、三二八頁〕)[35]。プロティノスは次のようにこの問題を理解していた（Plotinus [1991], p. 353〔邦訳、一四一―一四二頁〕）。

> 一者（The One）がわれわれの言うような性質のものだとすると、そのような一（a unity）から、多なり、二なり、数なりの、およそ何ものかが存立することを得て来たのは、どのようにしてなのであろうか[…]。むしろどうして一者（the Primal）が自分だけに止まっていないで、これほどの多が流れ出て来てしまったのであろうか[…]。しかもその多は、もろもろの存在のうちに見られるとはいえ、われわれはこれを直接かの〔絶対的な一〕へ導きかえさなければならないと考えているのである[12]。

そして、ジョアキムはこの問題を一元論者にとっての「根本的な困難」と呼んだ。

> あらゆる一元論的哲学にとって、根本的な困難は、一者がもつ様々な差異の相対的独立性に対して、理解可能な意味を体系内で見出すことである。[…] われわれには一者があるが、その内部に多様性と複数性があることをその統一性と調和させるのは困難なのだ。（Joachim [1906], pp. 48-49; Ritchie [1898], pp. 469-70と比較せよ）（明らかにプロティノスとジョアキム――どちらも一元論者である――は、複数のものが存在することを否定しているのではなく、むしろ基礎的な一者から多様な複数のものを説明しようと試みている点に注意されたい。）

正確にはどのような論証なのだろうか。おそらく、鍵となる前提は、いかなる基本的存在者も均質でなければならない、というものである。この前提からは、一元論では一つの基本的宇宙があるがゆえに、均質な宇宙がなければならないということが帰結する。そして、多元論では多くの基本的部分があるがゆえに、互いに異なるそれらの部分のおかげで不均質が維持できるだろうということが帰結する。したがって多元論者は、世界が不均質であるのは、内的には均質な多くの小さな基本的存在者のあいだの外的な違いのため以外にはありえないと主張するかもしれない。

より正確には、鍵となる前提は次のようなものだろう。

12. 基礎的対象は均質でなければならない。

12から、一元論テーゼの否定がただちに帰結する。というのも、次のことが帰結するからである。

13. もし宇宙が基礎的であったならば、宇宙は均質だったろう。

このとき次のことは明らかである。

14. 宇宙は均質ではない[36]。

そして、13と14を仮定すると、一元論テーゼの否定が手に入る。

15. したがって、宇宙は基礎的ではない。

しかし、鍵となる前提12にしたがい、いかなる基本的存在者も均質でなければならないと考えるのはなぜだろうか。不適切な理由が二つ考えられる。一つ目の理由として、不均質な基本的存在者はなんらかの意味で「それ自身と異なる」と考える人がいるかもしれない。しかし、(i) もしこれが反論になるとしたら、この反論は多元論者が認める不均質な派生的存在者にも等しく適用されることになるだろう——それらも「それら自身とは異なる」からだ。この反論は基本的対象について、それが均質であることを要求する何か特別なものを見つけ出すことに成功していない。同様に、(ii) 不均質な基本的存在者に反論の余地があると考えることは、数的な違いを質的なまだらと混同することから生じているのかもしれない。自身と同一でないものはありえないというのは正しいが、内的には質的にまだらであるようなものはありえないというのは誤りである。

二つ目の理由として、いかなる均質性も、均質な部分の配列に基づく形而上学的説明を要求すると考える人がいるかもしれない。しかし、この要求は単に、特定のタイプの部分による特定のタイプの全体についての説明を要求しているにすぎない。これはそれ自体としては一元論に対して論点先取なのである。もし一元論テーゼに対する差し迫った反論があるとするならば、不均質な基礎的全体から始めて不均質性を説明する可能性を否定するような論証がなければならない。

実際、一元論者は、だれであれ不均質な基本的対象を許容しなければならないと返答することができる。なぜなら、宇宙のすべての部分が不均質な真部分をもつという意味での細部に至るまで不均質であることは形而上学的に可能だからだ。私は二・四において、ガンク（gunk）（あらゆる部分が真部分をもつ物質）の可能性について論じる。もしガンクが可能ならば、細部に至るまで不均質であることは可能であるべきだ。なぜなら、そのことによってガンク上で性質が一貫して分布していることになるからだ。

細部に至るまで不均質な世界では、すべて——なんであれ基本的なものも含む——が不均質でなければならない。これは、12が誤っていることが形而上学的には可能であることを示している。さらに、このシナリオは、不均質性を内的に均質な部分のあいだの違いによって説明しようとする多元論者の戦略が不十分であることを示している。A・E・テイラーが「お前だって論法（Tu Quoque）」を用いて指摘するように、もし多元論者にとっての存在の基本的単位が「それら自身で内的な多様性をもつならば、［そのとき］それらによって解決されるはずの問題がそれら自身のうちで繰り返されるだけなのだ」（Taylor［1961］, p. 88）。

残るは、（一元論者と多元論者の両方が求めている）均質な基本的存在者について一貫した説明をどうやって与えるのかという問いである。少なくとも三つの一貫した説明がある。一つ目の説明――私が支持するもの――は、分配的性質（distributional property）による説明である[37]。ある全体が与えられたとしよう。たとえばそれは、水玉模様であるという性質をもつかもしれない。その全体が「それ自身と異なる」、あるいはその他の問題のある身分をもつなどということは問題にならないだろう。その全体が水玉模様であるという主張は整合的な主張であり、水玉模様であることから派生する水玉部分と背景のあいだに不均質さがあることを含意する。

あらゆる不均質な分配的性質の背後には、でこぼこの配置経路（configurational path）が曲がりくねっている。たとえば色は、三次元の色配置空間（色相、明度、彩度の三次元）における点として表現することができる。よって二次元平面の色は、五次元の配置空間における経路として表現することができる。この空間では、平面上の個々の点は〈x, y〉座標によって表現され、色空間上の位置〈色相、明度、彩度〉を割り当てられるのだ。色に関して均質な二次元平面は、この五次元空間上では三つの色次元に関してひたすら平坦な経路を通るが、それに対して（水玉模様の平面のような）色に関して不均質な平面は、でこぼこの経路を通る。[13] このような配置空間上の経路は、確定的な（determinate）分配的性質を特定するのである。

配置空間によって不均質な世界を表現することは、形而上学的なトリックではなく、物理学での定番である。たとえば、量子力学では宇宙の波動関数は配置空間における場として表現するのが標準的である。そのような場は、空間上の各点に対して複素振幅を割り当てるのだ。ここでもまた、世界が「それ自身と異なる」、あるいは他の問題のある身分をもつなどということは問題にならない[38]。

一元論者にとって、世界が均質であるという一般的な事実は、〈均質である〉という確定可能な（determinanble）性質を世界が例化するために成り立つ。世界が均質であることの個別のあり方は、物理的な配置空間内でこれこれの曲線を通るという確定性質を世界が例化するために成り立つ。かくして、一なる全体は生み出されうるのである。

不均質性についての二つ目の説明は、領域化された性質（regionalized property）によるものである。この説明では、外見上は一項の性質が、領域のための追加の項が入る場所をもっているものとして扱われる。それゆえ世界は、たとえば赤関係をこの領域ともち、かつ緑関係をその領域ともつことによって不均質になりうる[39]。

不均質性についての三つ目の説明は、領域化された例化（regionalized instantiation）によるものである。この説明は、性質を領域化するかわりに、例化を領域化する（Johnston［1987］）。それゆえ世界は、たとえば赤をこの領域で例化し、かつ緑をその領域で例化することによって不均質になりうる。領域化は繋辞に組み込まれるため、「世界がここ的に（herely）赤であり、かつそこ的に（therely）緑である」、あるいは「世界がここ的な仕方で（in a herely way）赤であり、かつそこ的な仕方で（in a therely way）緑である」というように、副詞を用いて表すこともできる。

まとめると、基本的存在者の不均質性は誰にとっても問題である。だが幸運なことに誰にとっても、整合的な解決策がいくつもあると思われる問題である。

二・四・原子なきガンク——存在の非対称性

ここで最後の論証に移ろう。それは、多元論者は原子なきガンクの可能性をきちんと説明することができないというものである。ガンクとは、そのすべての部分が真部分をもつ物質のことだ。そのため、原子論的な基盤をなすための究極的部分が存在しないのである。[14]

はじめに、ガンクは形而上学的に可能であると考える適切な理由がある（Schaffer［2003］を見よ）。ガンクの存在が想定可能（conceivable）であることはまちがいない。たとえば、あらゆるものは延長し、かつ分割しうると想定することができる。これにより、ゼノンの名とともに知られる分割の無限の系列が生み出される。同様にパスカルの仮説は想定可能である。この仮説では、宇宙のあらゆる物理的「原子」は小型のレプリカ宇宙を含んでおり、その小型宇宙のあらゆる「原子」もそれ自身の小型宇宙を含んでおり、これと同様のことが無限に続く、というぐあいに、果てしなく入れ子になっている小宇宙の系列が存在する。さらには、もし文字通り接触することのできる延長する物質的対象が存在するなら、それらが接触可能なのはガンク状の接合部においてのみである（Zimmerman［1996］）。このような文字通りの接触は想定可能であるため、ガンクの存在は想定可能でなければならない。私は想定可能性が形而上学的可能性を含意するとは思わないが、想定不可能性は不可能性を含意すると考える。このように、少なくとも想定不可能性によるガンクへの反論は存在しない。

さらには、古典的メレオロジーにはガンクなモデルが存在する（Simons［1987］, p. 41を見よ）。よって、古典的メレオロジーのモデルが形而上学的可能性を表現するかぎりにおいて、ガンクが形而上学的に可能であることが帰結する。それどころか、メレオロジーについてのこれとは別の見解のほとんどで——真部分関係など存在しないとする過激なニヒリズム的見解を除き——ガンクは許容される。たとえば、有機体説では、カメ——あるいは他のどんな有機体でもよい——の部分がどこまでもカメであることが許容される。次の韻文詩をそのように考えてほしい。

大きなノミには小さなノミが

噛み付くためにその背中に
小さなノミには微小なノミが
同じことがずっと無限に
（Bohm [1957], p. 139 で引用されている詩）

同様に、構成の条件として因果的統合や時空的連結を求める説明でもガンクは許容される。

最後に——ひょっとすると最も説得力があるかもしれないが——ガンクは科学的に真剣な仮説である。ゆえにハンス・ゲオルク・デーメルトは、電子の部分構造が無限後退すると措定しており（Dehmelt [1989]）、ハワード・ジョージアイは、実効的な場の量子論が「ある種の無限後退をすることで任意の近距離へと至る［…］まさに果てしなく層が連なる」無限の塔を形成することを示唆している（Georgi [1989], p. 456）。またブライアン・グリーンは、「まちがいなく歴史は、宇宙への理解が深まるときはいつでも、細かなレベルの物質を構成するさらに小さい微小構成要素が発見される、ということをわれわれに教えてきた」と述べ、「ひも」でさえ「宇宙という玉ねぎのもうひとつの階層」でしかないかもしれないということを認める（Greene [1999], pp. 141-142）。したがって、科学的に真剣で経験的に開かれた仮説に形而上学的可能性の資格が与えられてしかるべきであるかぎり、次のことにはさらなる証拠が存在する。

16. 原子なきガンクは形而上学的に可能である。

さて、一元論者にとってガンクの可能性は問題にならない。もし世界がガンクであるなら、世界はそのようなものなのだ。世界のすべての部分が真部分をもつだけだ。同様に、もし世界が原子論的であるなら、世界はそのようなものなのだ。世界のすべての部分が究極的部分をもつだけだ。同様に、もし世界がガンクと原子の混合物を含んでいるのなら、世界はそのようなものなのだ。世界のある部分はすべての部分が真部分をもち、別のある部分はすべての部分が究極的部分をもつだけだ。一元論者はどの可能性にも対処できる。

しかし、多元論者はいかにしてガンク（あるいはガンクと原子の混合）の可能性を説明することができるだろうか。主な選択肢が三つあるように思われる。まず、多元論者は、依存関係には終わりがないという案を選ぶかもしれない。この場合、より基本的なものがどこまでいっても際限なく存在することになる。この案が表しているのは、部分が全体に優先するという原子論のモチーフを主題に忠実に発展させたものである。

しかし、終わりなき依存関係は、基本的対象が存在するという基礎づけ主義の要請（一．二）と衝突する。この選択肢では、ガンク世界ではいかなるものも基本的でない。究極的基礎は存在しないことになるのである。存在は無限に引き伸ばされ、終わりに達することは決してない。プロティノスが論じるように、「原子〔デモクリトス〕もまた、〔基礎〕の位置を占めえないだろう。そもそも原子というものは全く存在しないのだから。なぜなら、すべての物体は、どこでも切断されうるのだから」（Plotinus

[1991], p. 97〔邦訳、二七頁〕[15]。基礎づけ主義の要請は、現実では成り立っている単なる偶然的真理だと考えられているのではない。それは存在の基盤の必要性から帰結すると考えられているのであり、そこからすべての派生的存在者が派生するのである。実際、もし形而上学的可能性が、何が何を基礎付けるのかを支配する形而上学の法則と両立できるものにかかわるならば（二・二）、基礎づけ主義は、もし真であるならば必然的に真となる。それゆえ基礎づけ主義者は、様相的により強い次のテーゼを認めるべきである。

17. 基本的対象が存在することは形而上学的に必然である。

どう少なく見積もっても、形而上学的構造に関するこうした古典的な基礎づけ主義の描像を捨て去ることを要請するのは、（一元論テーゼでは負う必要がないのに）終わりなき依存関係を選ぶと負うことになる負担であると思われる。

二つ目の選択肢として、多元論者は、選言主義へと進むことができる。すなわち、原子論テーゼは現実世界の基礎的なものについてのテーゼであると主張し、他方でガンク世界や混合世界の基礎的なものについては異なる――ひょっとすると一元論的でさえあるかもしれない――見解を支持するのである[40]。だが、この案はせいぜい、現実世界はガンクではないというこの案の前提と同程度のもっともらしさしかもたない。先に述べたように、現実世界がガンクかどうかは経験的に開かれた問いなのである（Schaffer [2003], pp. 502-506）。

さらには、選言主義は不愉快になるほど統一的でない。もし原子論テーゼが現実世界で真ならば、現実のメレオロジー的複合物はどれも現実の単純物に基礎づけられることになる。しかし、もし何が何に基礎づけられるのかがこのような仕方で定まるのであれば――そし形而上学的可能性が基礎付けが定まる仕方を固定すると前提するなら――次のことが形而上学的に必然な真理であるべきだ。

18. もし原子論テーゼが真であるならば、それは必然的に真である[41]。

どう少なく見積もっても、ガンクのシナリオと原子論のシナリオを統一的に扱うことができないということは、（一元論テーゼでは負う必要がないのに）選言的に扱うことを選ぶと負うことになる負担であると思われる。

最後の選択肢として、多元論者は原子論テーゼを取り下げ、基本的存在者はメレオロジー的には中間の階層に位置するという分子論を主張するかもしれない。だがこれは、不愉快になるほど恣意的であるように思われる。メレオロジー的構造に自然な継ぎ目がない場合は特にそうだ。たとえば、均質でピンク色をしたガンクの球体は、メレオロジー的構造のどこをとっても中間であり（一番上の階層以外は）、どこをとっても均質でピンク色をしている。つまり、どのように分解しても特権的な中間の階層などないように思われるのだ。このように、均質なガンクは多元論者にとって特別に問題となる。なぜなら、（ⅰ）原子論者にとっては原子が存在せず、（ii）分子論者にとっては特権的な分子が存在しないからだ。特権的な階層は一番上だけなのである。

　さらには、基本的な分子に訴えることがもうすでに半ば一元論的である。なぜなら、タイル貼り制約（二・三）を仮定すると、いかなる基本的な分子の真部分も、それ自体では基本的でありえないことになるからだ。それゆえ、基本的な分子に訴えることは、基本的な分子とその派生的部分については、全体を部分より優先的に扱うことを必要とするのである。よって、どうすれば分子論的多元論者が一元論に対して原理原則に基づいた批判をしうるのかは理解しがたい。たとえば、一元論への批判が、部分が全体より優先するという「常識」に訴える批判であるとしたら、分子論的多元論者も同様にその批判にさらされることになる。あるいは、もし一元論への批判が均質性によるものであるとしたら、基本分子は均質でありうる――均質なガンクの事例を扱うにはその必要がある――と前提するなら、分子論的多元論者も同様に批判にさらされることになる。このように、多元論者は原子論テーゼを受け入れるのがもっとも賢明であるように思われる。

19. もし多元論テーゼが真であるならば、原子論テーゼは真である。

　これまで述べたことをすべて合わせよう。18と19を仮定すると、もし多元論テーゼが真であるならば原子論テーゼが形而上学的に必然である、ということが帰結する。しかし、16と17を仮定すると、原子論テーゼは形而上学的に必然ではない。なぜなら、原子は必要でないからだ。それゆえ多元論テーゼは偽である。あるいは、どれだけ少なく見積もっても、ガンクシナリオと混合シナリオに対して、統一性とエレガンスさにおいて一元論的な説明に匹敵しうるような説明を多元論者はどうしたら与えることができるのか理解しがたい。マクタガートは――彼自身は多元論者であるにもかかわらず――次のような論証をしている（McTaggart [1988], p. 172）。

> このようなまったき複雑性の中に固定点を見出すことができるのだろうか。私が思うに、いまのところわれわれが見出しうるのは一つだけである――すなわち宇宙だ。もし単純な実体が存在するならば、［…］それらもまた固定点であるだろう。だが、単純な実体の存在は証明されていない［…］。しかし、宇宙は存在し、数ある実体のなかでもその立場は唯一かつ重要なものである［…］。したがって宇宙は、客観的には［…］すべてではないかもしれないが、大多数の実体よりもずっと基礎的な立場にあるのだ。

　ここで根底にある二つ目のメレオロジー的非対称性が明るみに出る。すなわち、存在の非対称性である。この非対称性は、究極的な全体がなければならないが、究極的な部分は必要ではないというものだ。言い換えれば、原子なきガンクは形而上学的に可能だが、世界なきジャンク（worldless junk）――ガンクとは逆に、あらゆるものが何かの真部分となる――は形而上学的に不可能なのである。古典メレオロジー――無制限構成の公理を含むもの――では、具体的対象すべての融合物が一つだけ存在するということが保証される。よって、古典メレオロジーにガンクなモデルはあるが、ジャンクなモデルはない。実際、メレオロジー的に極大の要素は、古典メレオロジーがすべてのモデルに保証する唯一の個体である。もしそうした古典メレオロジーのモデルが可能性に対応しているならば、存在が保証されるのは一者のみである。

しかし、古典的メレオロジーを脇に置くとしても、どのような条件で構成が生じるかについて、ジャンクなモデルを許容するもっともらしい説明は事実上存在しない。たとえば、仮に構成が時空的連結性を要求するとして、時空的に連結した対象からなる無限の系列が存在し、その系列の対象がどれも次の対象の真部分であるならば、これら無限に多くの対象の融合物それ自体は、時空的に連結しているはずだ。

さらに、ジャンクの不可能性は、可能的対象は可能世界に存在しなければならないという当たり前の事実からも帰結する。いかなる世界も――世界を可能な具体的宇宙として理解すると前提するなら――世界なきジャンクを含むことはできない。なぜなら、ジャンクを含んだ世界は、その世界の他の存在者の真部分ではない存在者だからだ。世界はジャンクの終わりを告げるのである。

まとめると、もし究極的な全体と究極的な部分のあいだの選択であり、かつすべての形而上学的に可能な世界で同じスタイルで選択されなければならず、そしてすべての形而上学的に可能な世界には存在の基盤がなければならないとするならば、選択できるのは全体だけだ。なぜなら、全体だけが存在することを保証されているからだ。一元論者だけが、形而上学的に可能なあらゆる世界の存在の基盤について、統一的なストーリーを与えることができるのである。

これで論証についての私の議論はおしまいである。私は、一元論的見解を支持する物理学的考察と様相的考察があると主張した。物理学的には、宇宙がもつれた系をなすとすることには良い証拠があり、もつれた系を還元不可能な全体として扱うことには適切な理由がある。様相的には、メレオロジーは原子なきガンクの可能性を許容するが、それは多元論者が存在の基盤として用いる究極的な部分を持たない。私はまた、常識による考察と不均質性による考察が多元論を支持しないということも論じた。よって私は、一元論側の陣営の方が優っている、あるいは少なくとも、これまでに考察した四つの論証に関しては優っていると結論する。一元論テーゼはわれわれの真剣な再検討に値するのである。

付録：歴史的な事柄

本文において私は、宇宙は一つにして唯一の基本的な現実の具体的対象であり、その真部分のどれよりも優先するという学説について論じ、この学説に「一元論テーゼ」というラベルを与えた（一・四）。このラベルの正当性については通りすがりに試みただけだった。この付録は、このラベルが適切であるかどうかという歴史的問題に関心がある読者のためのものである。

私が与えた一元論の解釈を「優先性読解」と呼び、この意味で一元論者である人のことを「優先性一元論者」と呼ぶことにしよう。そしてこれを、別の広く知られた読解と比較しよう。その読解によれば、一元論とは、宇宙は一つにして唯一存在する現実の具体的対象であるという学説のことである。これを「存在読解」と呼び、この意味で一元論者である人のことを「存在一元論者」と呼ぶことにしよう。本文で用いた形式的道具立て（一・三）では次のようになる。

優先性一元論テーゼ $=_{df} (\exists!\, x)Bx \ \&\ Bu$ 〔Bであるものが一つだけ存在し、uはBである〕

存在一元論テーゼ $=_{df} (\exists!\, x)Cx \ \&\ Cu$ 〔Cであるものが一つだけ存在し、uはCである〕

優先性一元論テーゼは、一元論テーゼとまさに同じ学説であるが、存在一元論テーゼは、一つにして唯一の現実の具体的対象が存在するという学説である。[42][16]

存在一元論テーゼは優先性一元論テーゼを含意するが、その逆では成り立たないという点で、存在一元論テーゼは優先性一元論テーゼよりも厳密に強い学説である。もし存在一元論テーゼが成り立つなら、宇宙は唯一の現実の具体的対象である。依存関係の非反射性により、宇宙はそれ自身に依存することはない。それゆえ、宇宙はいかなる現実の具体的対象に依存することもない。したがって基本的である。また、他の現実の具体的対象が基本的であることはありえない。なぜなら、この見解では、他の現実の具体的対象が存在しないからだ。それゆえ、優先性一元論テーゼと同様、宇宙が一つにして唯一の基本的対象であることが帰結する。しかし、優先性一元論テーゼは存在一元論テーゼを含意しない。なぜなら、優先性一元論者は宇宙の多くの派生的な真部分の存在を認めることができるし、認めるべきだからだ。

優先性一元論テーゼと存在一元論テーゼの区別を前提すると、次の問いが生じる。様々な歴史上の一元論者たちは優先性一元論者として読むのが一番なのだろうか。それとも、徹底した存在一元論者として読むのが一番なのだろうか（あるいはひょっとすると、どちらでもないとして読むのが一番なのかもしれない）。解釈の寛容性に基づき、問題となるテキストが耐えられるのであれば、存在読解よりも優先性読解のほうが好ましいと私には思われる。結局のところ、存在一元論テーゼはラディカルな見解であり、G・E・ムーアの述べた「ここに一方の手がある［…］そしてここにもう一方の手がある」（Moore [1993b], p. 166）のような、見るからに当たり前の事柄と衝突する。一元論が——存在一元論テーゼとして解釈されたとき——不人気になったのは、ゆえなきことではないのである。優先性一元論テーゼならばムーアが述べたような陳腐さと衝突することはない。この立場は――賢明なことに――ムーアの両手は基礎的な存在者ではない、ということを含意するだけなのだ（二・一）。

しかし、テキストが適合しているかどうかは難しい問題である。これには少なくとも三つの理由がある。第一に、検討すべき哲学史上の一元論者は多くおり、パルメニデス、プラトン、プロティノス、プロクロス、スピノザ、ヘーゲル、ロッツェ、ロイス、ボーザンケット、ブラッドリー、ブランシャードが含まれる。これらの哲学者たちの一人一人についてここで詳細に議論することなどできるはずがない。第二に、これらの哲学者たちは各々が独特の学説をもっている。一元論的伝統に属する哲学者の一人一人と適合し、かつ厳密に定式化された一元論的学説が存在するというのはかなり疑わしい。第三に、一元論的伝統に属するテキストの多くは曖昧なことで悪名高い。それらは学術的な論争の対象となっており、矛盾する衝動に駆られやすい。

一見したところ優先性読解を支持している論拠を示すために、一元論的伝統の主な系統三つを追跡し、これらの系統はどれも存在一元論テーゼが偽であると前提している一方で、優先性一元論テーゼとは完全に両立する、と主張することによって論を進めたい。まず、一元論的伝統の主な系統の一つ目は、全体が部分に優先するとする系統だ。よって、プロクロスの次の格言が思い出される。「モナドはいたるところで複数のものに対して優先する。〔…〕物体の場合、部分に先立つ全体とは、宇宙のなかのあらゆるバラバラの存在を包み込む全体なのだ」（Proclus［1987］, p. 79）。この文脈でジョアキムは「部分の全体」について語っている。そこでは「全体の構造的見取り図が、その部分である諸々の差異の本性を正確に決定する」（Joachim［1906］, pp. 9–10）[43]。プロクルスとジョアキムがどちらも、全体の部分についていかに自由に語っているかに注意されたい。

部分よりも全体が優先するという――明らかに優先性一元論テーゼと適合する――主張はまさに、明らかに存在一元論と両立しえない。というのも、存在一元論テーゼは、全体にいかなる部分があることも否定するからだ。それゆえ、存在一元論テーゼは全体がそれに対して優先するものがあることを否定するのである。このように、全体が部分に優先すると主張する歴史上の一元論者たちはみな、部分の存在にコミットしているのである。ただし、派生的存在者として。

一元論的伝統の主な系統の二つ目は、全体は有機的に統一されているとする系統である。これはプラトンの『ティマイオス』にまで遡る。そこで宇宙は、デミウルゴスによって構築された「自分自身のうちに〔…〕生きものすべてを含んでいるような、一個の可視的な生きもの」（Plato［1961］, p. 1163〔邦訳、三四頁〕）[44]というパターンで現れている。この系統は、プロティノスの宇宙論の周りを蛇行して進んでいる。「〔全体者〕は、自己自身の内にすべての生きものを含んでいる一つの生命体である〔…〕〔物質〕的な宇宙に含まれている〔個別的な〕ものは〔……この全体者の〔不可欠な〕[45][17]部分なのである」（Plotinus［1991］, pp. 318-319〔邦訳、一九六頁〕）。ヘーゲルは次のように印象深い仕方で記している（Hegel

[1975], pp. 191–92〔邦訳、三五二頁〕)。

たとえば一つの〔有機体〕の諸肢体と諸器官はそれのたんなる部分〔…〕ではない。というのは、それらのものがまさにそれらのものであるゆえんはただそれらの一体性(unity)においてのみである〔…〕からである。これらの諸肢体と諸器官は解剖学者の手のもとではじめてたんなる部分となるのであり、その場合しかし解剖学者は〔――この職業を思い起こされたい――〕もはや生体ではなく、死体を取り扱っているのである。だからといって、そのような解体は総じておこなわれるべきではないと言っているのではなくて、全体と部分といった外的で機械的な〔関係〕は有機的生命を真のあり方において認識する(study)には十分ではない、ということである。そして〔もしこれが有機的生命の場合に当てはまるのであれば〕この〔関係〕を精神と、精神世界の諸形態に適用する場合にはもっとずっと高い程度において、そうである。(46)[18]

プラトン、プロティノス、そしてヘーゲルがみな、宇宙という物体のなかに存在する個体についていかに語っているかに注意されたい。

　こうした有機的統一という概念は存在一元論テーゼとは両立しない。有機的統一の概念は、有機体を実体的全体であり、その四肢と器官はそれらが全体の内部でする相互作用に依存するとするアリストテレスの見解に由来する。有機体は部分をもつ。それゆえ、有機的統一について語る歴史上の一元論者は誰であれ、宇宙という物体の(いわば)四肢と器官であるような部分の存在にコミットすることになる。しかし、有機的統一の概念は優先性一元論テーゼとは完全に適合する。有機体についてのアリストテレスの見解は、統一された実体的全体についてのものであり、(二・一と同じく、砂山ではなく詩の一音節のように)全体が部分に優先する。このように、全体は有機的統一性をもっているという主張は、全体が部分に優先するという優先性テーゼの一つの表現にすぎないのである。

　一元論的伝統の主な系統の三つ目は、世界は統合されたシステムであるとするものである。この発想の種は、スピノザがオルデンバーグに向けて書いた次の文に見出すことができると考えられる。「全体と部分の関係について申せば、諸物の本性が相互に和合していてそれらができるだけ互いに一致するかぎり、私はその諸物をある全体の部分とみなします」(Spinoza [1994], pp. 82–83)[19]。また、したがって「すべての物体はそれが一定の仕方で規定されて存在するかぎり、全宇宙の一部分であって、それはその全体と調和し、また残余の諸物体と連結するものとみられねばなりません」(Spinoza [1994], p. 84)(47)[20] ロイスは、実在する対象の複数の集まりとされるものはどれも「相互に独立しないように」内的に関係しており(Royce [1900], p. 122)、われわれを「真なる自己の一片」にするような仕方で「実在する一者の部分あるいは側面」でなければならないと論じている(Royce [1967], p. 416)。またボーザンケットはこう書いている。

「世界あるいは宇宙は構成要素からなるシステムであり、あらゆる構成要素は仮定により区別されるが、それにもかかわらず全体の統一に寄与する」(Bosanquet［1913］, p. 37)[48]。スピノザ、ロイス、そしてボーザンケットがみな、システムの構成要素についていかにあからさまに語っているかに注意されたい。

　統合されたシステムとしての世界という発想は、存在一元論テーゼと両立しない。なぜなら存在一元論テーゼは、宇宙以外のなにかが存在することを否定するからだ。ゆえにそれは、宇宙へと統合されるどんなものが存在することも否定する。このように、宇宙は統合されたシステムだと主張するすべての歴史上の一元論者は誰であれ、全体に統合されるものとしての部分の存在にコミットしていることになる。テイラーが次のように要約している。

> 認識にとっての世界(The world for knowledge)は、［…］秩序だった全体あるいはシステム［…］でなければならない。したがって、それはまちがいなく一つでなければならない。それは、どうにかして幸運にも整合的な集まりを形成してしまうような独立の要素の寄せ集めではありえないのである。また一方では、それはシステムであるがゆえに、たんなる一団ではありえない。それは多様な項ないし構成物における単一の原理、しかもそれらを貫く原理の表現でなければならない。(Taylor［1961］, pp. 94-95; Ewing［1934］, p. 87と比較せよ)

だが、統合されたシステムとしての宇宙という発想は、優先性一元論テーゼと完全に適合する。というのもこの発想は、個々の部分は、共通の全体へと統合することに依存した断片であるというものだからだ。ジョアキムは――スピノザ解釈というかたちで――以下の考えを表明している。

> ある単一の「延長」物――たとえば個別の物体――は、有限かつ依存的である。それはその文脈から引き裂かれた断片であり、この文脈においてのみその存在と意義をもつ。それは、その存在においてもその本性においても独立性をもってはいない。それはその存在を無限の因果系列に負っており、その系列の各項はそれ自体で有限物体であり、他の有限物体の結果である。それはその本性を、物質的宇宙を構成する物体からなるシステム全体におけるその位置に負っている。(Joachim［1901］, p. 23; Schaffer［2010］も見よ)

　私はここまで、一元論的伝統の主な三つの系統が、なぜ存在一元論テーゼとではなく優先性一元論テーゼと適合するのかを説明してきた。これに、歴史上の一元論者の多くは直接的に存在一元論テーゼを否定していることを付け加えてもよかっただろう。たとえば、ボーザンケットは「従属的個体(subordinate individual)」(Bosanquet［1911］, p. 260)をあからさまに認め、部分が「完全な意味において実体」でありうることを否定することにのみ関心をもっていた(Bosanquet［1911］, p. 253)。ひょっとするともっとも記憶に残るものかもしれないが、アレクサンダーは『空間・時間・神性』の第一巻を次の言葉で締めくくっている。「［部分は］実在の全体ではないが、それ自身において実在的である。［…］一者は多者が保存された多者のシステムであり、多者を包み込んだ渦なのではない」（Alexander [1950], p. 347）。

さらには、歴史上の多元論者のほとんどは、何が何を基礎づけるのかについての論争に自ら参加していたことを付け加えてもよかっただろう。かくしてライプニッツは、全体は部分のおかげで存在すると主張する。「集合体の実在性は、ひとえにそれを形づくっている存在の実在性による」（Leibniz [1989], p. 85〔邦訳三二八頁〕）[49]。ジェイムズは「部分から全体へ」と進むことについて語り、「存在者はまず第一に存在し、いわばそれ自身の存在だけにたよって生きており、そうして第二次的にお互いに知られあうのかもしれない」と主張している（James [1977], p. 33〔邦訳四九頁〕）。そしてマクタガートは、自分が多元論にコミットしていることを次のように表現している。

> どの側面がより基礎的であるかと問われるならば、多元論の方がより基礎的であると答えなければならない。なぜなら［…］一次的部分は、それらは多数であるのだが、他にはない意義を持つ地位を占めるからである。宇宙とその一次的部分の関係を適切に表しているのは——われわれがその関係をアプリオリに突き止めることができるかぎりでは——宇宙は一次的部分に顕現すると述べることよりも、宇宙は一次的部分から構成されると述べることである。そして、このことにより多元論の陣営が優勢になる。（McTaggart [1988], p. 271）

実際、ラッセルでさえ——ときおり一元論者を存在一元論者として誤読するという罪を犯すにもかかわらず——自身の肯定的な学説を依存関係によって提示している。「複合的なものの存在は単純なものの存在に依存しており、その逆ではない」（Russell [2003], p. 92）。一元論者が複数の部分の存在を否定する必要がないのと同様に、多元論者も一なる全体の存在を否定する必要はないのである[50]。

優先性読解を支持する証拠を挙げるのはこれで終わりである。優先性読解のほうがより寛容であり、テクスト的にもより適合すると私は論じた。しかしひょっとすると、関連するテクストに対するもっと綿密な読解により、一元論的伝統のなかでは優先性一元論テーゼと存在一元論テーゼの両方が織り混ざっていることが明らかになるということもあるかもしれない[51]。もしそうなれば、優先性一元論テーゼは復活に値する一元論的伝統の系統なのだと私は提案するだろう。あるいはひょっとすると、もっと綿密な読解により、伝統的な一元論者たちが——これまで私が引用してきた箇所に反して——結局はみな存在一元論者であったということが明らかになるということもあるかもしれない。もしそうなれば、たとえ歴史的な深みにいまいち欠ける問いだとしても、それ自体が内在的に興味深い問いであるとして、なおも基礎的メレオロジーの問いを推奨するだろう。

謝辞

モニウス研究所（A. M. Monius Institute）の寛大な支援に感謝したい。

また、多くの方から有益なコメントをいただいたことに感謝する。それには、フランク・アルツェニウス、ダーク・バルツリー、エイナル・ボン、フィリップ・ブリッカー、ロス・キャメロン、デイヴィッド・チャルマーズ、エドウィン・カーリー、マイケル・デラ＝ロッカ、ネッド・ホール、リチャード・ヒーリー、テリー・ホーガン、ジェナン・イズマエル、ジェイムズ・クラインズ、ユーライア・クリーゲル、ネッド・マーコジアン、クリス・マクダニエル、ブライアン・マクラフリン、トレントン・メリックス、クリスティ・ミラー、ジョッシュ・パーソンズ、スザンナ・シェリンバーグ、テッド・サイダー、ブラッド・スコウ、ケリー・トログドン、ブライアン・ウェザーソン、そして『フィロソフィカル・レビュー』誌の査読者たちが含まれる。そして、トロント大学、ブラウン大学、オハイオ州立大学、イェール大学、アムステルダム自由大学、パーデュー大学、ラファイエット大学、サイモンフレイザー大学、コロラド大学ボールダー校、モナシュ大学、セントアンドリュース大学、さらに形而上学メイヘム（Metaphysical Mayhem）とアリゾナ存在論会議（Arizona Ontology Conference）では、聴講者から有益なフィードバックをいただいた。

原注

（1）Joad［1957］によれば、一元論は一九世紀において「哲学者のあいだで中世以来、他のいかなる哲学も受けることがなかった広範囲の同意」を集めてきた（ibid., p. 428）。かつてシラーはロッツェに対する返信のなかで次のような不平を述べている。「哲学において一元論ほど安っぽくありふれたものはない。不幸なことに、いまだ希少なのは、それを擁護し、その想定を批判的に確立しようとする試みである」（Schiller［1897］, p. 62）。

（2）かくしてラッセルはこう記した（Russell［1985］, p. 36〔邦訳、八―九頁〕）。「数多くの分離独立したものがあるという信念は常識的だが、私もそう信じているということです。つまり私は「実在は単一にして不可分であり、世界には一見数多くのものがあると思われるけれども、それは実在のさまざまな側面にすぎず、本当はありもしない区別なのだ」とは考えません」（Moore［1993a］, p. 107と比較せよ）。

（3）だからエヤーは次のように主張したのである（Ayer［1956］, p. 146〔邦訳、一九六頁〕）。「「実在は一である」という一元論者が主張し多元論者が反駁するのを特徴としている確信は、いかなる経験的な状況もその真理性に対して影響を持ちえないゆえに、無意味である」（Carnap［1959］, p. 67と比較せよ）。

（4）この文脈において、Rosen and Dorr［2002］は、メレオロジーについての「虚構主義的な不可知論（fictionalist agnosticism）」を推奨している。それによれば、部分全体関係についての語りは、暗黙的なオペレーター「メレオロジーという虚構によれば（according to the fiction of mereology）」を接頭辞としてもつものとして理解されるべきものなのである（pp. 169-171）。

（5）有機体主義的見解はvan Inwagen［1990］によって擁護されている。ただし彼はのちに、いかなる世界も存在しないという帰結をあからさまに受け入れ、「世界」が複数表現（plural term）となるようにパラフレーズする（van Inwagen［2002］, p. 127）。

（6）Horgan and Potrč［2000］が推し進める見解の主要な形而上学的テーゼは次のようなものである。「一、まさしく一つの具体的な個別者、すなわち全体的宇宙（ブロブジェクト（blobject））が本当に存在する。二、ブロブジェクトは、ばくだいな時空的構造上の複雑性と、ばくだいな局所的可変性をもつ――たとえそれが本当の部分をなんらもたないとしても」（ibid., p. 249）。Schaffer［2007a］において、私はニヒリズムの最良のヴァージョンは世界だけを措定する一元論的ヴァージョンであると主張している。

（7）それゆえHawley and Holcomb［2005］は、宇宙論を「全体とし

ての宇宙の形成と構造、および発展の研究」として定義している（p. 5）。またHartle［2003］は、「量子的宇宙論の中心的問い」を「宇宙は量子的状態をもつが、それは何なのか？」と特徴づけている（p. 615）。

（8）Baxter［1988］はおそらく、構成は同一性であるというテーゼの主要な擁護者である。Lewis［1991］，§3.6、Armstrong［1997］、そしてSider［2007］はみな、構成は同一性でなく、重要な点で同一性と類似的であるというテーゼを擁護している。私はバクスター型の見解が偽であると仮定しているだけだ。

（9）この点に関連して、Thomson［1999］は、存在論的優先性と認識論的優先性の両方を「不可解な概念」として公然と非難している。とはいえ、彼女はすぐさま、「［それらの概念が］なんであるかについて、われわれがなんらかの理解をしている」ことを認めてしまうのだが（ibid., p. 306）。同様にLewis［1999a］は、スーパーヴィーニエンスを「最小限に切り詰められた形式の還元主義を与え、疑わしげな存在の否定や、存在論的優先性に関する主張や、翻訳可能性に関する主張に煩わされない」と売り込んでいる（ibid., p. 29）。

（10）たとえば、D・ルイスは、性質について自然性に関するランク付け（naturalness ranking）を導入しているが、このランク付けが対象にまで及ぶかどうかについてはあいまいである（たとえば、Lewis［1999a］, pp. 45-46をLewis［1999b］, p. 65と比較せよ）。

（11）Lowe［2005］は、優先関係の非対称性を説明の一般的な非対称性と結びつけている。「「なぜならば（because）」はまさに非対称的である。なぜならば、それがある説明関係を表現しており、説明は非対称的だからだ」。そして次のように付け加えている。「説明の非対称性はもちろん、循環論証を容認できないことと密接に結びついている」（§3）。

（12）アリストテレスは実体を究極的に優先するものとして特徴づけ、そうした実体を存在の基盤だと考えた（Aristotle［1984b］, p. 1688〔邦訳、五二一頁〕）。「この考察は実体に関するものである。けだし探求せられるのは実体の原理や原因だからである。しかしてそのわけは、全体者がある統体として見られる場合には、実体はその窮極的なる部分をなすもの［…］だからである」（Gill［1989］, p. 3およびSchaffer［2009］と比較せよ）。こうした実体なしには結局なにも存在しないだろう。ライプニッツがデ・フォルダーに宛てて書いているとおり、「借り物の実在性しかないところには実在性などまったくありません。というのも実在性は、ともかくなんらかの［…］基体（subject）を必要とするからです」（Adams［1994］, p. 335からの引用〔邦訳：ゴットフリート・ヴィルヘルム・ライプニッツ（佐々木能章訳）「デ・フォルダー宛書簡（抄）」下村寅太郎・山本信・中村幸四郎・原亨吉監修『ライプニッツ著作集9　後期哲学』工作舎、一九八九年、一一八頁〕。Aristotle［1985a］, p. 5およびFine［1991］, p. 267と比較せよ）。

（13）Lewis［1986a］がまばらな性質（sparse properties）について述べているように、「事物を完全に、無駄なく特徴づけるのにちょうど十分な数しか存在しないのである」（ibid., p. 60〔邦訳、六六頁〕）。このことをメレオロジーへと自然に一般化したものは、Varzi［2000］によって与えられている。「よい目録は完全でなければならない。すなわち、量化のドメインのなかにあるすべてはどこかに現れていなければならない。しかし、よい目録はそれに加えて余剰を避けなければならない。すなわち、どんなものも二回以上現れるべきではない」（ibid., p. 286）。

（14）この定式化は、F・ジャクソンの物理主義の定義を一般化したものである。Jackson［1998］では次のように、最小限の物理的複製によって物理主義が定義されている。「なんらかの世界の最小限の物理的複製であるようなどんな世界も、その世界の端的な（simpliciter）複製である」（ibid., p. 160）。これを一般化すると、われわれの世界の最小限の基礎的対象の複製であるようなどんな世界も、われわれの世界の端的な複製である、という主張となる。だが、私はこの定義を、基礎的であるとはどのようなことかを定義するためにではなく、むしろ単に基礎的なものに課される制約として用いている、ということに注意されたい。

(15) 内在性（intrinsicness）と部分全体関係に関するさらなる議論については、Weatherson [2008] と Sider [2007] を見よ。Weatherson [2008] は次の例を与えている。「たいていの人々は〈腕より長い脚をもつ〉という性質をもち、また実際、この性質を内在的にもっていると思われる」（§2.1）。

(16) かくしてArmstrong [1997] は次のように示唆している（p. 12）。「メレオロジー的全体はその部分にスーパーヴィーンするが、同様に部分は全体にスーパーヴィーンする」（Lewis [1991], p. 8と比較せよ）。しかし、私は全体が部分にスーパーヴィーンすると主張しただけにすぎず、本文の論証はその方向でのみうまくいくことに注意されたい（全体が部分にスーパーヴィーンすることと部分が全体にスーパーヴィーンすることの違いは、〈そのような部分をもつ〉という性質は全体にとって内在的であるが、他方で〈そのような全体に帰属する〉という性質は部分にとって外在的である、という点である）。部分は全体にスーパーヴィーンするのかという問いについては二・二で改めて論じる。

(17) 古典的な用語でいえば、実体は実体的な真部分を有しえないと私は主張したことになる。かくしてアリストテレスは、「いかなる実体も実体からなることはない」と主張した（Aristotle [1984b], p. 1643〔邦訳三四八頁〕）。なぜなら、一つの実体は単一（unity）でなければならず、したがって二つの実体から構成されるものはなんであれ「現実的に二つ」でなければならず、したがって「決して現実的に一つのものであることはない」のでなければならないのである（Aristotle [1984b], p. 1640〔邦訳、三三八頁〕）。同様にスピノザは、実体は実体的な真部分を有しえないと論じている。そうでないとすると「全体は［…］その部分なしにありかつ考えられうることになる。これが背理であることはだれも疑うことができまい」（Spinoza [1994], p. 93〔邦訳、二一頁〕）。

(18) この点に関連して、ヘーゲルは、基礎的なものが「〔全体として〕不可分な〔単一性における〕有機的な存在」であると主張する（Hegel [1949], p. 301〔邦訳四一九頁〕[21]）。ブラッドリーは次のようにつけ加える。「宇宙よりも小さいものはすべて全体から抽象されたものである」（Bradley [1978], p. 521）。哲学史上のさらなる議論については付録を見よ。

(19) この点に関連して、ライプニッツは次のように主張している。「こうしたモナドは自然の真のアトムであり、一言でいえば諸事物の要素である」（Leibniz [1989], p. 213〔邦訳、二〇六頁〕）。ラッセルは次のことをつけ加える。「私は宇宙には単純な事物があると信じており、また、これらの存在のあいだで、複合的な存在がそれのおかげで構成されるような関係が成り立つと信じている」（Russell [2003], p. 94）。哲学史上のさらなる議論については付録を見よ。

(20) J・S・マッケンジーは「宇宙主義（Cosmism）」という名称を提案している。「ある理論は、次の意味で本質的に単一主義的（singularistic）でありうる。すなわち、実在の全体を分けることのできない統一体とみなし、その統一体のどの側面も本当に残りから独立していない、という意味で。それでもそれは、次の意味で多元論的でもありうる。すなわち、取り消すことのできない多くの根本的な区別をその統一体のなかに認めるという意味で［…］。私はそれを「宇宙主義」と呼ぶことを提案する」（Mackenzie [1914], p. 27）。マッケンジーは同じ宇宙主義者として、プラトン、アリストテレス、スピノザ、ヘーゲル、ブラッドリー、マクタガートの名前を挙げている。

（21）ラッセルの論証はこだまし続けている。次はHoffman and Rosenkrantz［1997］からの最近のこだまだ。「一元論は非常に深刻な欠点をさらに抱えている。それは、経験の明白なデータと思われるもの、すなわち複数の事物があるということと矛盾することである」（p. 78）。

（22）Williams［1953］は次のように述べている（p. 14）。「「抽象」の、そのもっとも広い「真の」意味にあるのは、部分的（partial）、不完全（incomplete）、ないし断片的（fragmentary）、すなわち、〈それを含む全体よりも小さい〉という特徴である。世界すべて（World All）以外のすべてのものにとって、世界すべての真部分であるようなものが少なくとも一つ存在する――実際そのように存在するのだから、世界すべて以外のすべてのものは、この広い意味において「抽象的」なのである」（Schaffer［2009］, §3.3を見よ）。

（23）かくしてプロクロスは次のように主張する。「円は半円から成り立っているのではなく、むしろ逆である。[…]円の中心を通る弦（直径）が引かれたとき、その時点で半円が作られる。名前自体がこのことの証明である。「半円」は「円」から由来するのであり、その逆ではないからである」（Proclus［2007］, pp. 55-56）。

（24）アリストテレスは、全体が部分に優先する例として、直角と鋭角、人間とその指を挙げている。「概念〔ロゴス〕についていえば、部分は全体によって説明せられるからであり、またその存在についていっても、全体は部分なくして存在しうるがゆえに部分に先立つものである」（Aristotle［1984b］, p. 1634〔邦訳、三二一頁〕）。

（25）知覚されたものと同じことが他の心的統一（mental unity）についても言える。だから観念論者である哲学者は、心的全体がその部分よりも優先するように見えることを一元論のさらなる論証とみなすかもしれない。実際、一九世紀イギリスの一元論者たちのほとんどはまずもって観念論者だったのであって、結果として一元論者だったにすぎない。Joad［1957］は次のように説明している。「われわれは諸々の観念を抱き、全体として計画を形成する。[…]一元論哲学における全体は、この点において心的全体と似ている」（p. 420）。

（26）この点に関連して、Dummett［1973］は「不定形の塊であり、まだ別個の対象へと分節化されていないという実在の描像」（ibid., p. 577）を提案している。Campbell［1990］は――「ただひとつの真の実体、すなわち宇宙そのものしか存在しないというスピノザの結論」を擁護している――次のように述べている「それに沿って区分けすることを自然（Nature）が認めるような自然な線などないように思われる」（ibid., p. 139）。

（27）実際、ジェイムズが指摘しているように、一元論は宗教的経験のほとんど普遍的な特徴である（James［1985］, pp. 329-330〔邦訳、二三四頁〕）。「神秘的状態は、一般的に、かなりはっきりとした理論的に捉えられるような傾向をもっている[…]。これら哲学的方向の一つは楽観論であり、もう一つは一元論である」（Huxley［1944］, p. 5と比較せよ）。（Alston［1991］のような）宗教的経験がなんらかの証拠となるとみなす哲学者は、このことを一元論に対するさらなる証拠とみなすべきである。この点に関して、宗教的経験をなんらかの証拠として扱うことに対する標準的な反論のひとつが、対立する経験の問題（the problem of conflicting experiences）であるということを記しておくことには価値があるかもしれない。この問題により、どんな特定の宗教的見解についても、それを反駁する阻却要因（rebutting defeater）が与えられる恐れがある（Plantinga［2000］, p. 439）。一元論は、宗教的経験の特徴のうち、そのような対立に悩まされない数少ないもののひとつかもしれない。だから――このことがどのような価値をもつかはともかくとして――そのような阻却要因によって脅かされない宗教的経験の特徴という特別な地位に値することさえあるかもしれない。

(28)　もつれの概念を導入したSchrödinger［1935］は、それを「量子力学のあるひとつのではなく、むしろ唯一の特徴」と呼んだ（ibid., p. 555）。もつれは量子力学のまさに一般的な数学的特徴であり、アラン・アスペらによって経験的に確かめられている。未来の物理理論において量子力学のなんらかの特徴が生き残ると合理的に期待できるかぎり、もつれは生き残ると合理的に期待できる。d'Espagnat［1981］は、この点について次のように述べている。「分離不可能性（non-separability）は、いまや物理学の最も確実な一般的概念のひとつであると言って差し支えない」（ibid., p. 1804）。

(29)　ビッグバンを物理的に実在するものとして扱うべきか、それとも単なる境界条件（時空における穴）として扱うべきかは係争中である。もしビッグバンが境界であるなら、私が必要とする想定は、境界にまで至るとすべての因果の地平線は消滅する、というものである。実際、たとえ消滅しない因果の地平線が存在するとしても、それによってもたらされるのは、せいぜいのところ形式だけの中身のない多元論でしかない。この場合、宇宙には他から切り離された巨大な泡が多く含まれる。それでも、われわれが出会いうるあらゆるもの——われわれの泡の中のあらゆるもの——はひとつの量子もつれ系をなす。

(30)　時間発展が常にシュレディンガー力学（ユニタリー性）を介しているのか、それとも波動関数の崩壊というさらなる力学が存在するのかは係争中である。

(31)　Joes［2006］は次のように説明している。「量子力学の非局所的特徴により」、どんな［量子もつれ］系の記述も、それが無矛盾であれば、「最終的には宇宙全体を含まなければならない」（ibid., pp. 226-27）。Zeh［2004］によれば、「デコヒーレンスの本質的教訓は、宇宙全体は強くもつれていなければならない、ということである」（ibid., p. 115）。この場合、見かけ上の粒子は「ユニタリーに発展する（したがって強くもつれている）全域的な波動関数の観点から力学的には記述されうる」（Zeh［2003］, p. 330）。

(32)　D・ルイスの「ヒューム的スーパーヴィーニエンス（Humean Supervenience）」は、デモクリトス的多元論の現代的変種である。それによれば、「世界にとって存在すると言えるものは個別的事実に関する局所的物質からなる巨大なモザイクのみであり」、それらの物質は「時空的距離という外的関係の体系」によって相互に関係しているが、「その一つ一つはどれもちっぽけなものである」（Lewis［1986b］, p. ix）。

(33)　この点に関連して、Toraldo di Francia［1998］は次のように述べている（p. 28）。「どんな粒子も過去にはまちがいなく他の粒子と相互作用していたのだから、世界を個別で独立した対象へと分離するのは不可能だとわかる」（Gribbin［1984］, p. 229と比較せよ）。Nadeau and Kafatos［1999］は、「宇宙と呼ばれる継ぎ目なく相互に連結した全体」（ibid., p. 5）に訴えて、「物理的実在のすべての側面において、最も基本的で第一のレベルに、分割されない全体性が存在する」（ibid., p. 4）と主張している。Esfeld［2001］は、「すべての量子系を一つに合わせた全体のみが純粋状態にある［…］。結果的に、あらゆる物質は量子系のレベルではひとつの全体論的系である」（ibid., p. 258）と結論する。Penrose［2004］は、「もつれた量子的世界」と題された章で、「一つより多い粒子の系は、それにもかかわらず単一の全体論的単位として扱われなければならない」（ibid., p. 578）と言う。

(34)　Rosen［2006］によれば、形而上学の法則は「基本的構成要素のカテゴリーとその組み合わせの規則を特定するものであり、基本的でない存在者が基本的配列からどのようにして生み出されるのか、あるいは「基礎づけられる（grounded）」のかを決定する」（ibid., p. 35）。

(35)　メリッソスが似たような結論を引き出していることをSedley［1999］が記している。「［メリッソスは］均質性（それは「どこでも似ている」）を導いている。その根拠は、不均質であるものはすべてそのために複数である、というものだ」（ibid., p. 126）。

（36）　Rea［2001］は、均質な世界は「五感に現れるどんなものについてもそれを否定することを要求しない」と指摘する。なぜなら、原理的にはこうした見かけは、心が受け取る偽なる見かけにすぎず、「物質世界の否定ではない」とみなされうるからである（ibid., p. 147）。

（37）　ここで私はParsons［2004］に従っている。彼は〈水玉模様であること〉と〈一端において熱く、他方の端で冷たいこと〉という例を与えて、分配的性質は複数の均質な部分から派生しているとする還元主義的な見解に反論するために、細部に至るまで均質である可能性に訴えている。

（38）　実際Albert［1996］は次のように、ニュートン力学と量子力学の両方にとって最も自然な存在論は、配置空間内で運動する単一の世界原子（world-atom）によるものであると示唆している（ibid., p. 277）。「量子力学の現実的な理解は必ず、世界の歴史を、ある空間内で進行するように描写するようになる。その空間は配置空間である」（P. Lewis［2004］と比較せよ）。

（39）　この考えは、外見上は一項の性質が時点のための追加の項が入る場所をもっている、という通常の耐続主義（endurantism）的考えを相対論的に拡張したものと考えることができる。実際、宇宙の不均質性の問題は、耐続する対象の内在的変化（時間的に不均質であること）の問題と類似している。内在的変化の問題に関するさらなる議論については、Sider［2001］, Ch. 4を見よ。

（40）　かくしてK・ファインは、全体は部分によって組み立てられているという多元論的見解に一般的には共感しているにもかかわらず、「限りなく分割可能な物質からなる宇宙」の可能性を考慮して、全体が基本的であるように思われるとここでは譲歩している。「よって一様な物質の一片はどれも、より小さい物質の一片の寄せ集めであるはずだ。だがそれでも、一様な物質の一片はすべて基本的であると想定する方が道理にかなっている」（Fine［1991］, p. 266）。

（41）　ライプニッツ、ラッセル、ウィトゲンシュタインはみな、原子論テーゼの形而上学的必然性を支持している。実際、ライプニッツ、ラッセル、ウィトゲンシュタインは、原子論テーゼの形而上学的必然性からガンクの不可能性を論じていると読むのが一番だと私は思う。ライプニッツはアルノーに次のように指摘している（Leibniz［1989］, p. 85〔邦訳：ゴットフリート・ヴィルヘルム・ライプニッツ（西谷裕作訳）「アルノーとの往復書簡」下村寅太郎・山本信・中村幸四郎・原亨吉監修『ライプニッツ著作集8　前期哲学』工作舎、二〇一八年、三二八頁〕。「その構成物の一つ一つが、いまだやはり寄せあつめにすぎないかぎりは、実在性などどこを探しても、あろうはずはないからです。それでは困るというなら、自分の実在性の根拠を、さらにべつに求めなければならない。しかし［…］結局そんなものはどうしても見つからないということになりましょう」（Leibniz［1989］, p. 213; Russell［2003］, p. 94; Wittgenstein［1990］, p. 35と比較せよ）。こうして、16に従ったガンクの形而上学的可能性を支持する論証が決定的に重要であることがわかる。というのも、それらの論証は、多元論テーゼが真だとすることからガンクの不可能性へと推論するという逆向きの論証とは異なり、ガンクの可能性から多元論テーゼが偽であることを推論することに独立の理論的根拠を与えているからである。

（42）　より幅広い一元論的見解の分類については、Schaffer［2007b］, §1を見よ。

（43）　Joad［1957］は次のように要約している。「したがって、一元論的哲学者たちが強調する全体は部分に対して論理的に優先する。いわば、全体がまず存在する。そして存在するがゆえに、全体で満ち、かつ全体によって決定される本性をもつような部分において、全体が現れるのである」（ibid., p. 420）。

（44）かくしてHarte [2002] は、ティマイオスの宇宙論では、宇宙という物体の部分は全体構造における位置によって決定されると論じている。彼女は次のように結論する。「したがって、部分は構造負荷的（structure-laden）であるという主張は、部分は全体に対して何かしら形而上学的に依存しているという主張にほかならない」（ibid., p. 279）。

（45）O'Meara [1996] は次のようにコメントしている。「プラトンとアリストテレスにおけるのと同様に、プロティノスにおいて中心的な種類の優先性は「本性による（by nature）」優先性である［…］。実在の中で何が基礎的か、事物は何に依存するかを同定する試みとしての基礎的存在論にかかわるのは、この種の優先性である」（ibid., p. 79）。これは、プロティノスにとっての「一者が、他のすべてのものが依存するものである」ということに対するコメントである（ibid., p. 77）。

（46）ヘーゲルのコーパス全体に織り込まれた「遍在する有機体のメタファー」に関する議論については、Beiser [2005] を見よ。その結論は、「ヘーゲルの思考は本質的に、世界を有機体とみなす見方、すなわち宇宙を単一の巨大な生きた有機体とする見解に由来する」（Beiser [2005], p. 80）というものである。

（47）別の箇所でスピノザは「全体としての自然は一個の個体であり、そのもろもろの部分すなわちすべての物体が［…］無限に多くの仕方で変化する」と考えていると語っている（Spinoza [1994], p. 127〔邦訳七七頁〕）。さらなる議論については、Curley [1969] を見よ。

（48）ブランシャードは、『個体性と価値の原理（*The Principles of Individuality and Value*）』でのボーザンケットのテーゼについて、賛成しながら次のように記述している。「世界は、その部分が必然性によって互いに結びついている単一の個体であり、その結びつきがとても密接かつ有機的であるがゆえに、部分の本性はそれらが絶対者においてどこに位置するかに依存する」（Blanshard [1973], p. 145）。ブランシャード自身は、「存在するものの宇宙は、それに含まれるすべてが内的に関係したシステムである」という見解を擁護している（Blanshard [1939], p. 516）。

（49）ライプニッツのモナドは、空間を超越する理念的存在者である。よって彼の見解は、宇宙の内部で全体が部分に優先することに関して、厳密には中立的である。この問題についてライプニッツは実際に一元論テーゼの側に立っている。「連続体において、全体はその部分に優先する」（Levey [1998], §3より引用）。

（50）実際ジェイムズは、一元論が優勢だった時代に、一元論から来るまさにこの種の混乱のことを冷やかしている。「奇妙なことに、多元論者が「宇宙は多である」といえば、多くの一元論者は自分たちの大勝利を記録するものだと考える。「「宇宙」だって！」と彼らをほくそ笑むのである、「その言葉があいつの本心をむきだしにしている。あいつは自分の口から一元論者であることを告白していやがる」と」（James [1975], p. 66〔邦訳、一〇四―一〇五頁〕）。

（51）私はパルメニデス（Owen [1960] を見よ）とメリッソス（Sedley [1999] を見よ）は存在一元論者だと考える。Horgan and Potrč [2000] [2007] はまちがいなく存在一元論者である。

訳注

［1］広川洋一『ソクラテス以前の哲学者―初期ギリシアにおける宇宙自然と人間の探求』講談社、一九八七年、二〇三頁。

［2］メレオロジーとは、部分と全体の関係を表す形式体系のことである。また、以下で登場する「真部分」や「重複（重なりあい）」、「融合物」などはメレオロジーで定義されている用語である。詳しくは本書第九章（小山担当）の第二節を見よ。

［3］無制限構成の公理（ないし原理）およびそれと一元論との関係

については、本書第九章（小山担当章）の第三節を見られたい。

［4］　無限主義と整合主義は、基礎づけ主義と同じく、現代認識論の主要な立場の一つである。詳しくは、ダンカン・プリチャード（笠木雅史訳）『知識とは何だろうか――認識論入門』勁草書房、二〇二二年の第四章（特に四二―四八頁）を見られたい。シャファーは認識論の論文も書いているほど認識論の造詣も深く、ここでは認識論と形而上学の類比に基づいて議論を進めている。

［5］　本節の議論は、本書第一〇章（雪本担当章）の一・一で要約されている。

［6］　この「複製（duplicate）」は分析形而上学の専門用語の一つであり、AとBが複製であるならば、AとBの内在的性質が完全に同じになるように定義されたものである（Lewis [1986a], Ch. 1.5）。詳しくは、Lewis [1986a] や Lewis [1991a] を見られたい。

［7］　ここでの組み替え可能性は、Lewis [1986a], Ch. 1.8 で「組み替え原理（principle of reccombination）」と呼ばれているものである。

［8］　原著では、形式的に定義されたテーゼの名称はイタリック表記になっているが、見やすさを優先して、傍点は付さずに「テーゼ」と追加するだけに留めた。以下で登場する「多元論テーゼ」や「原子論テーゼ」も同様である。

［9］　本節の議論は、本書第一〇章（雪本担当章）の一・二で要約されている。

［10］　ゴットフリート・ヴィルヘルム・ライプニッツ（西谷裕作訳）「モナドロジー（哲学の原理）」下村寅太郎・山本信・中村幸四郎・原亨吉監修『ライプニッツ著作集9　後期哲学』工作舎、二〇一九年、二〇六頁。

［11］　ゴットフリート・ヴィルヘルム・ライプニッツ（竹田篤司訳）「アルノーとの往復書簡」下村寅太郎・山本信・中村幸四郎・原亨吉監修『ライプニッツ著作集8　前期哲学』工作舎、二〇一八年、三二八頁。

［12］　シャファーの参照する英訳で「the Primal」となっている箇所は、最近の英訳では「一者（the One）」と訳されている（Gerson, Lloyd P. (ed.), *Plotinus: the Enneads*, Cambridge University Press, 2017, p. 539）。また、「かの絶対的な一（that absolute unity）」の「絶対的な」に対応する語は見当たらない（単に「それ（it）」と訳されている）。

［13］　確定（的な）性質（determinate property）とは、確定可能性質（deteminable property）とセットで、性質のあいだのある関係を表すために用いられる用語である。具体的には、確定性質（たとえば、赤色をしている）をもつことは、ある確定可能性質（たとえば、色がある）ことを含意するが、逆は成り立たない。

［14］　ガンクについては、本書第九章（小山担当）の第三節も見られたい。

［15］　「デモクリトス（Democritus）」は、シャファーが参照している英訳での挿入である。また、「基礎の位置を占める（meet the need of a base）」は、最近の英訳では「物質（質料）の地位を占める（have the rank of matter）」と訳されている（Gerson, Lloyd P. (ed.), *Plotinus: the Enneads*, Cambridge: Cambridge University Press, 2017, p. 172）。

［16］　優先性一元論と存在一元論の区別については、本書第一〇章（雪本担当）の第一節も見られたい。

［17］　シャファーが参照している英訳で「全体者（All）」と訳されている箇所は、邦訳および最近の英訳では「宇宙（universe）」と訳されており、「物質的な（material）」と訳されている箇所は、「感性的（sensble）」と訳されている。また、「不可欠な部分（integral part）」の「不可欠な」に対応する語は見当たらない（単に「部分（part）」となっている）（Gerson, Lloyd P. (ed.), *Plotinus: the Enneads*, Cambridge University Press, 2017, p. 452）。

［18］　シャファーが参照している英訳では、原文の「生体（lebendigen

leibs)」が「有機体（organic body）」と訳されており、また「見なす（betrachten）」に対応する語が見当たらない。加えて、「この職業を思い起こされたい（whose occupation be it remembered）」と「もしこれが有機的生命の場合に当てはまるのであれば（if this be so in organic life）」が挿入されている。

[19]　畠中尚志訳『スピノザ往復書簡集』岩波書店、一九五八年、一七〇頁。

[20]　前掲書、一七二頁。

[21]　おそらくシャファーは気づいていないが（少なくとも本論文執筆時点では）、「全体として（on the whole）」には注意が必要である。一見この表現は部分全体関係が成り立つような全体を示唆しているようにも見えるが、実際には原文の「総じて（überhaupt）」の訳として英訳で採用された表現にすぎない。また、「不可分な単一性における（in undivided oneness）」の「単一性（oneness）」に対応する語は見当たらない。

訳者謝辞

本論文に登場する古代から現代に至る様々な哲学者からの引用をどのように訳すかについて、本書の他の章の執筆者、および山口大学人文学部教授の脇條靖弘先生からいただいたご助力に深く感謝したい。特に脇條先生からはギリシャ語原文、邦訳、英訳の違いに関して多岐にわたる助言をいただいた。これらの助言がなければ本翻訳はかなり不正確なものとなっていたことだろう。

文　献

Adams, Robert Merrihew, [1994], *Leibniz: Determinist, Theist, Idealist*, Oxford: Oxford University Press.

Albert, David, [1996], "Elementary Quantum Metaphysics," in *Bohmian Mechanics and Quantum Theory: An Appraisal*, James T. Cushing, Arthur Stock, and Sheldon Goldstein (ed.), Dordrecht: Kluwer Academic Publishers, pp. 277-284.

Alexander, Samuel, [1950], *Space, Time, and Deity: The Gifford Lectures at Glasgow 1916-1918*, 1, New York: Humanities Press.

Alston, William, [1991], *Perceiving God: The Epistemology of Religious Experience*, Ithaca, NY: Cornell University Press.

Aristotle, [1984a], "Categories," in *The Complete Works of Aristotle*, 1, Jonathan Barnes (ed.), Princeton: Princeton University Press, pp. 3-24.〔邦訳：アリストテレス（中畑正志訳）「カテゴリー論」、『新版アリストテレス全集1　カテゴリー論　命題論』岩波書店、二〇一三年〕.

——— [1984b], "Metaphysics," in *The Complete Works of Aristotle*, 2, Jonathan Barnes (ed.), Princeton: Princeton University Press, pp. 1552-1728.〔邦訳：アリストテレス（岩崎勉訳）『形而上学』講談社、一九九四年〕.

Armstrong, D. M., [1997], *A World of States of Affairs*, Cambridge: Cambridge University Press.

Ayer, A. J., [1952], *Language, Truth and Logic*, New York: Dover Books.〔邦訳：A・J・エイヤー（吉田夏彦訳）『言語・真理・論理』岩波書店、一九五五年〕.

Baxter, Donald, [1988], "Many-One Identity," *Philosophical Papers*, 17, pp. 193-216.

Beiser, Frederick, [2005], *Hegel*, London: Routledge.

Bell, Eric Temple, [1951], *Mathematics: Queen and Servant of Science*, Washington, DC: Mathematical Association of America.

Blanshard, Brand, [1939], *The Nature of Thought*, 2, London: George Allen and Unwin.

——— [1973], *Reason and Analysis*, LaSalle, IL: Open Court Press.

Bohm, David, [1957], *Causality and Chance in Modern Physics*,

London: Routledge and Kegan Paul.

Bohm, David, & B. J. Hiley, [1993], *The Undivided Universe,* London: Routledge.

Bosanquet, Bernard, [1911], *Logic: Or the Morphology of Knowledge,* 2, Oxford: Clarendon Press.

——— [1913], *The Value and Destiny of the Individual,* New York: Macmillan.

Bradley, F. H., [1978], *Appearance and Reality,* Oxford: Clarendon Press.

Campbell, Keith, [1990], *Abstract Particulars,* Oxford: Basil Blackwell.

Carnap, Rudolph, [1959], "The Elimination of Metaphysics through Logical Analysis of Language," in *Logical Positivism,* A. J. Ayer (ed.), New York: Macmillan, pp. 60–81.〔邦訳：ルドルフ・カルナップ（内田種臣訳）「言語の論理的分析による形而上学の克服」永井成男・内田種臣編『カルナップ哲学論集』紀伊國屋書店、一九七七年、一〇—三三頁〕

Curley, Edwin, [1969], *Spinoza's Metaphysics,* Cambridge, MA: Harvard University Press.

Davies, Paul, [1983], *God and the New Physics,* New York: Simon and Schuster.

Dehmelt, Hans, [1989], "Triton, ... Electron, ... Cosmon ... : An Infinite Regression?" *Proceedings of the National Academy of Sciences,* 86, pp. 8618–8619.

d'Espagnat, Bernard, [1981], *Physical Review Letters,* 49, p. 1804.

Dummett, Michael, [1973], *Frege: Philosophy of Language,* Cambridge, MA: Harvard University Press.

Esfeld, Michael, [2001], *Holism in Philosophy of Mind and Philosophy of Physics,* Dordrecht: Kluwer.

Ewing, A. C., [1934], *Idealism: A Critical Survey,* New York: Humanities Press.

Fine, Kit, [1991], "The Study of Ontology," *Noûs,* 25, pp. 263–294.

——— [1994], "Essence and Modality," *Philosophical Perspectives,* 8, pp. 1–16.

——— [2001], "The Question of Realism," *Philosophers Imprint,* 1, pp. 1–30.

Georgi, Howard, [1989], "Effective Quantum Field Theories," in *The New Physics,* Paul Davies (ed.), Cambridge: Cambridge University Press, pp. 446–457.

Gill, Mary Louise, [1989], *Aristotle on Substance: The Paradox of Unity,* Princeton: Princeton University Press.

Greene, Brian, [1999], *The Elegant Universe: Superstrings, Hidden Dimensions, and the Quest for the Ultimate Theory,* New York: Random House.

Gribbin, John, [1984], *In Search of Schrödinger's Cat: Quantum Physics and Reality,* New York: Bantam Books.

Halvorson, Hans, & Rob Clifton, [2002], "No Place for Particles in Relativistic Quantum Theories?" *Philosophy of Science,* 69, pp. 1–28.

Harte, Verity, [2002], *Plato on Parts and Wholes: The Metaphysics of Structure,* Oxford: Clarendon Press.

Hartle, James, [2003], "The State of the Universe," in *The Future of Theoretical Physics and Cosmology,* G. W. Gibbons, E. P. S. Shellard, & S. J. Rankin (eds.), Cambridge: Cambridge University Press, pp. 615–620.

Hawley, John F., & Katherine A. Holcomb, [2005], *Foundations of Modern Cosmology,* 2nd ed. Oxford: Oxford University Press.

Healey, Richard, [1991], "Holism and Nonseparability," *Journal of Philosophy,* 88, pp. 393–421.

Hegel, G. W. F. [1949], *The Phenomenology of Mind*, trans. J. B. Baillie. London: George Allen and Unwin〔邦訳：G・W・F・ヘーゲル（熊野純彦訳）『精神現象学』筑摩書房、二〇一八年〕.

——— [1975], *Hegel's Logic: Being Part One of the Encyclopedia of the Philosophical Sciences*, trans. William Wallace, Oxford: Oxford University Press〔邦訳：ヘーゲル（真下信一・宮本十蔵訳）『ヘーゲル全集1　小論理学』岩波書店、一九九六年〕.

Hoffman, Joshua, & Gary S. Rosenkrantz, [1997], *Substance: Its Nature and Existence*, London: Routledge.

Horgan, Terence, & Matjaž Potrč, [2000], "Blobjectivism and Indirect Correspondence," *Facta Philosophica*, 2, pp. 249-270.

——— [2007], *Austere Realism: Contextual Semantics Meets Minimal Ontology*, Cambridge, MA: MIT Press.

Hume, David, [2000], *An Enquiry Concerning Human Understanding*, Tom L. Beauchamp (ed.), Oxford: Oxford University Press〔邦訳：デイヴィッド・ヒューム（斎藤繁雄・一ノ瀬正樹訳）『人間知性研究〈新装版〉』法政大学出版局、二〇一一年〕.

Hüttemann, Andreas, & David Papineau, [2005], "Physicalism Decomposed," *Analysis*, 65, pp. 33-39.

Huxley, Aldous, [1944], *The Perennial Philosophy*, New York: Harper and Row.

Jackson, Frank, [1998], "Armchair Metaphysics," in *Mind, Method, and Conditionals*, London: Routledge, pp. 154-176.

James, William, [1975], *The Works of William James: Pragmatism*, Frederick H. Burkhardt, Fredson Bowers & Ignas K. Skrupskelis (eds.), Cambridge, MA: Harvard University Press〔邦訳：ウィリアム・ジェイムズ（桝田啓三郎訳）『ウィリアム・ジェイムズ著作集5　プラグマティズム』日本教文社、一九六〇年〕.

——— [1977], *The Works of William James: A Pluralistic Universe*, Frederick H. Burkhardt, Fredson Bowers & Ignas K. Skrupskelis (eds.) Cambridge, MA: Harvard University Press〔邦訳：ウィリアム・ジェイムズ（吉田夏彦訳）『ウィリアム・ジェイムズ著作集6　多元的宇宙』日本教文社、一九六一年〕.

——— [1985], *The Works of William James: The Varieties of Religious Experience*, Frederick H. Burkhardt, Fredson Bowers, & Ignas K. Skrupskelis (ed.), Cambridge, MA: Harvard University Press〔邦訳：ウィリアム・ジェイムズ（桝田啓三郎訳）『ウィリアム・ジェイムズ著作集3―4　宗教的経験の諸相』日本教文社、一九六二年〕.

Joachim, Harold, [1901], *A Study of the Ethics of Spinoza: Ethica Ordine Geometrico Demonstrata*, Oxford: Clarendon Press.

——— [1906], *The Nature of Truth*, Oxford: Clarendon Press.

Joad, C. E. M., [1957], *Guide to Philosophy*, New York: Dover Books.

Johnston, Mark, [1987], "Is There a Problem about Persistence?" *Proceedings of the Aristotelian Society*, 61s, pp. 107-135.

Joos, Erich, [2006], "Decoherence and the Transition from Quantum Physics to Classical Physics," in *Entangled World*, Jürgen Audretsch (ed.), Berlin: Wiley-VCH, pp. 203-233.

Kim, Jaegwon, [1998], *Mind in a Physical World: An Essay on the Mind-Body Problem and Mental Causation*, Cambridge, MA: MIT Press〔邦訳：ジェグォン・キム（太田雅子訳）『物理世界のなかの心――心身問題と心的因果』勁草書房、二〇〇六年〕.

Kirk, G. S., & J. E. Raven, [1962], *The Presocratic Philosophers: A Critical History with a Selection of Texts*, Cambridge: Cambridge University Press〔邦訳：G・S・カーク、J・E・レイブン、M・スコフィールド（内山勝利・木原志乃・國方栄二・三浦要・丸橋裕訳）『ソクラテス以前の哲学者たち（第二版）』京都大学学術出版会、二〇〇六年（原著第二版の邦訳）〕.

Kuhlmann, Meinard, [2006], "Quantum Field Theory," *Stanford Encyclopedia of Philosophy,* Fall 2006 edition, ed. Edward N. Zalta. 〈http://plato.stanford.edu/archives/fall2006/entries/quantum-field-theory/〉.

Leibniz, G. W. F., [1989], *Philosophical Essays,* Roger Ariew & Daniel Garber (ed. and trans.), Indianapolis, IN: Hackett〔邦訳：ゴットフリート・ヴィルヘルム・ライプニッツ（下村寅太郎・山本信・中村幸四郎・原亨吉監修）『ライプニッツ著作集』工作舎、二〇一八—二〇一九年〕.

Levey, Samuel, [1998], "Leibniz on Mathematics and the Actually Infinite Division of Matter," *Philosophical Review,* 107, pp. 49–96.

Lewis, David, [1986a], *On the Plurality of Worlds,* Oxford: Basil Blackwell〔邦訳：デイヴィッド・ルイス（出口康夫監訳、佐金武・小山虎・海田大輔・山口尚訳）『世界の複数性について』名古屋大学出版会、二〇一六年〕.

——— [1986b], "Introduction," in *Philosophical Papers,* 2, Oxford: Oxford University Press, pp. ix-xvii.

——— [1991], *Parts of Classes,* Oxford: Basil Blackwell.

——— [1999a], "New Work for a Theory of Universals," in *Papers in Metaphysics and Epistemology,* Cambridge: Cambridge University Press, pp. 8–55.〔邦訳：デイヴィド・ルイス「普遍者の理論のための新しい仕事」柏端達也・青山拓央・谷川卓編訳『現代形而上学論文集』勁草書房、二〇〇六年、一四一—二二八頁〕.

——— [1999b], "Putnam's Paradox," in *Papers in Metaphysics and Epistemology,* Cambridge: Cambridge University Press, pp. 56–77.

——— [1999c], "Many, but Almost One," in *Papers in Metaphysics and Epistemology,* Cambridge: Cambridge University Press, pp. 164–182〔邦訳：デイヴィド・ルイス「たくさん、だけど、ほとんど一つ」柏端達也・青山拓央・谷川卓編訳『現代形而上学論文集』勁草書房、2006年、一—三六頁〕.

Lewis, Peter, [2004], "Life in Configuration Space," *British Journal for the Philosophy of Science,* 55, pp. 713–729.

Lowe, E. J., [2005], "Ontological Dependence," *Stanford Encyclopedia of Philosophy,* Summer 2005 edition, Edward N. Zalta.(ed.)〈http://plato.stanford.edu/ archives/sum2005/entries/dependence-ontological/〉.

Mackenzie, J. S., [1914], "The Meaning of Reality," *Mind,* 23, pp. 19–40.

Maudlin, Tim, [1998], "Part and Whole in Quantum Mechanics," in *Interpreting Bodies: Classical and Quantum Objects in Modern Physics,* Elena Castellani (ed.), Princeton, NJ: Princeton University Press, pp. 46–60.

McTaggart, John McTaggart Ellis, [1988], *The Nature of Existence,* Vol. 1, C. D. Broad (ed.), Cambridge: Cambridge University Press.

Moore, G. E., [1993a], "A Defence of Common Sense," in *G. E. Moore: Selected Writings,* Thomas Baldwin (ed.), London: Routledge, 106–133〔邦訳：G・E・ムーア（國嶋一則訳）「常識の擁護」『観念論の論駁』勁草書房、一九六〇年〕.

——— [1993b], "Proof of an External World," in *G. E. Moore: Selected Writings,* Thomas Baldwin (ed.), London: Routledge, pp. 147–170.

Nadeau, Robert, & Menas Kafatos, [1999], *The Non-local Universe: The New Physics and Matters of the Mind,* Oxford: Oxford University Press.

O'Meara, Dominic J., [1996], "The Hierarchical Ordering of Reality in Plotinus," in *The Cambridge Companion to Plotinus,* Lloyd P. Gerson (ed.), Cambridge: Cambridge University Press, pp. 66–81.

Oppenheim, Paul, & Hilary Putnam, [1991], "Unity of Science as a Working Hypothesis," in *The Philosophy of Science,* Richard Boyd,

Phillip Gasper, and J. D. Trout (ed.), Cambridge, MA: MIT Press, pp. 405–427.
Owen, G. E. L., [1960], "Eleatic Questions," *Classical Quarterly*, 10, pp. 84–102.
Parsons, Josh, [2004], "Distributional Properties," in *Lewisian Themes: The Philosophy of David K. Lewis*, Frank Jackson and Graham Priest (ed.), Oxford: Oxford University Press, pp. 173–180.
Penrose, Roger, [2004], *The Road to Reality: A Complete Guide to the Laws of the Universe*, New York: Alfred A. Knopf.
Plantinga, Alvin, [2000], *Warranted Christian Belief*, Oxford: Oxford University Press.
Plato, [1961], "Timaeus," in *The Collected Dialogues of Plato*, Edith Hamilton and Huntington Cairns (ed.), Benjamin Jowett (trans.), Princeton, NJ: Princeton University Press, pp. 1151–1211〔邦訳：プラトン（種山恭子訳）「ティマイオス」、田中美知太郎・藤沢令夫編『プラトン全集12　ティマイオス　クリティアス』岩波書店、一九七五年〕.
Plotinus, [1991], *The Enneads*, Stephen MacKenna (trans.), New York: Penguin〔邦訳：プロティノス（田中美知太郎監修）『プロティノス全集』、中央公論新社、一九八六―一九八八年〕.
Proclus, [1987], *Commentary on Plato's Parmenides*, Glenn R. Morrow & John M. Dillon (trans.), Princeton: Princeton University Press.
——— [2007], *Commentary on Plato's Timaeus: Volume 3, Book 3, Part 1, Proclus on the World's Body*, Dirk Baltzly (ed. and trans.), Cambridge: Cambridge University Press.
Rea, Michael, [2001], "How to Be an Eleatic Monist," in *Philosophical Perspectives*, Vol. 15, Metahysics, James E. Tomberlin (ed.), Oxford: Basil Blackwell, pp. 129–151.
Ritchie, D. G., [1898], "The One and the Many." *Mind*, 7, pp. 449–476.
Rosen, Gideon, [2006], "The Limits of Contingency," In *Identity and Modality*, Fraser MacBride (ed.), Oxford: Oxford University Press, 13–39.
Rosen, Gideon, & Cian Dorr, [2002], "Composition as a Fiction," In *The Blackwell Guide to Metaphysics*, Richard Gale (ed.), Oxford: Basil Blackwell, pp. 151–174.
Royce, Josiah, [1900], *The World and the Individual*, New York: Macmillan.
——— [1967], *The Spirit of Modern Philosophy*, New York: W. W. Norton.
Russell, Bertrand, [1985], "The Philosophy of Logical Atomism," in *The Philosophy of Logical Atomism*, David Pears (ed.), LaSalle, IL: Open Court, 35–155.〔邦訳：バートランド・ラッセル（高村夏輝訳）『論理的原子論の哲学』筑摩書房、二〇〇七年〕.
——— [2003], "Analytic Realism," in *Russell on Metaphysics*, Stephen Mumford (ed.), London: Routledge, pp. 91–96.
Schaffer, Jonathan, [2003], "Is There a Fundamental Level?" *Noûs*, 37, pp. 498–517.
——— [2007a], "From Nihilism to Monism," *Australasian Journal of Philosophy*, 85, pp. 175–191.
——— [2007b], "Monism," *Stanford Encyclopedia of Philosophy*, Spring 2007 edition, Edward N. Zalta. (ed.), 〈http://plato.stanford.edu/archives/spr2007/entries/monism/〉.
——— [2009], "On What Grounds What," In *Metametaphysics*, David Chalmers, David Manley, and Ryan Wasserman (ed.), Oxford: Oxford University Press, pp. 347–383.
——— [2010], "The Internal Relatedness of All Things," *Mind*. 119, pp. 341–376.
Schiller, F. C. S., [1897], "Reply: Lotze's Monism," *Philosophical*

Review, 6, pp. 62–64.

Schrödinger, Erwin, [1935], "Discussion of Probability Relations between Separated Systems," *Proceedings of the Cambridge Philosophical Society*, 31, pp. 555–563.

Sedley, David, [1999], "Parmenides and Melissus," In *The Cambridge Companion to Early Greek Philosophy*, A. A. Long (ed.), Cambridge: Cambridge University Press, pp. 113–133.

Sider, Theodore, [2001], *Four-Dimensionalism: An Ontology of Persistence and Time*, Oxford: Oxford University Press〔邦訳：セオドア・サイダー（中山康雄監訳・小山虎・鈴木生郎・齋藤暢人訳）『四次元主義の哲学――持続と時間の存在論』春秋社，二〇〇七年〕.

――― [2007], "Parthood," *Philosophical Review*, 116, pp. 51–91.

Simons, Peter, [1987], *Parts: A Study in Ontology*, Oxford: Oxford University Press.

Spinoza, Benedict, [1994], *A Spinoza Reader: The Ethics and Other Works*, Edwin Curley (ed. and trans.), Princeton, NJ: Princeton University Press〔邦訳：バルーフ・デ・スピノザ（上野修・鈴木泉編）『スピノザ全集』岩波書店，二〇二三―二〇二三年〕.

Taylor, A. E., [1961], *Elements of Metaphysics*, New York: Barnes and Noble.

Teller, Paul, [1986], "Relational Holism and Quantum Mechanics," *British Journal for the Philosophy of Science*, 37, pp. 71–81.

Thomson, Judith Jarvis, [1999], "Parthood and Identity across Time," in *Metaphysics: An Anthology*, Jaegwon Kim and Ernest Sosa(ed.), Oxford: Basil Blackwell, pp. 301–311.

Toraldo di Francia, Giuliano, [1998], "A World of Individual Objects?" in *Interpreting Bodies: Classical and Quantum Objects in Modern Physics*, Elena Castel- lani (ed.), Princeton: Princeton University Press, pp. 21–29.

Unger, Peter, [1980], "The Problem of the Many," *Midwest Studies in Philosophy*, 5, pp. 411–467.

Van Inwagen, Peter, [1990], *Material Beings*, Ithaca, NY: Cornell University Press.

――― [2002], *Metaphysics*. Boulder, CO: Westview.

Varzi, Achille, [2000], "Mereological Commitments," *Dialectica*, 54, pp. 283–305.

Weatherson, Brian, [2008], "Intrinsic vs. Extrinsic Properties," *Stanford Encyclopedia of Philosophy*, Fall 2008 edition, Edward N. Zalta (ed.). 〈http://plato.stanford.edu/archives/fall2008/entries/intrinsic-extrinsic/〉.

Williams, D. C., [1953], "The Elements of Being," *Review of Metaphysics*, 7, pp. 3–18, 171–192.

Wittgenstein, Ludwig, [1990], *Tractatus Logico-Philosophicus*, C. K. Ogden (trans.), London: Routledge〔邦訳：ウィトゲンシュタイン（奥雅博訳）『ウィトゲンシュタイン全集1　論理哲学論考』大修館書店，一九七五年〕.

Zeh, H. D., [2003] "There Is No 'First' Quantization." *Physics Letters*, A309, 329–334.

――― [2004], "The Wave Function: It or Bit?" in *Science and Ultimate Reality: Quantum Theory, Cosmology and Complexity*, John D. Barrow, Paul C. W. Davies, and Charles L. Harper, Jr. (eds.), Cambridge: Cambridge University Press, pp. 103–120.

Zimmerman, Dean, [1996], "Could Extended Objects Be Made out of Simple Parts? An Argument for 'Atomless Gunk'," *Philosophy and Phenomenological Research*, 56, pp. 1–29.

第一四章　スピノザの一元論？　どんな一元論？

モーエンス・レルケ（立花達也訳）

凡例

原著者による挿入は［　］、訳者による挿入は〔　〕を用いる。原文のイタリック体による強調は傍点で表現した。強調でない場合はこのかぎりではない。

邦訳のある引用はおおむね既訳に従っているが、原著者自身による英訳を尊重し、適宜変更を施してある（原注1を参照）。

略号

スピノザの著作からの引用・参照には以下の略号を用いる。

KV : Korte Verhandeling van God, Mensch en deszelvs Welstand『神、そして人間とその幸福についての短論文』〔邦訳：上野修訳、岩波書店、二〇二三年〕. 参照の際には部・章番号、また慣例に従い節番号を表記する。

TIE :『知性改善論』Tractatus de Intellectus Emendatione. 参照の際にはBruder版の段落番号を表記する。

Ep : Epstolæ Doctorum Quorundam Virorum ad B. D. S. et Auctoris Responsiones; Ad aliorum ejus Operum elucidationem non parum facientes『スピノザ往復書簡集』〔邦訳：畠中尚志訳、岩波書店、一九五三年〕参照の際には書簡番号を表記する。

PPD : Renati Des Cartes Principiorum Philosophiae Pars I, & II, More Geometrico demonstratae『デカルトの哲学原理 附 形而上学的思想』〔邦訳：畠中尚志訳、岩波書店、一九五九年〕. 参照箇所は以下のように略記する。P＝「定理」、D＝「証明」、C＝「系」、S＝「備考」、Ax＝「公理」、Def＝「定義」.

CM : Cogitata Metaphysica『デカルトの哲学原理 附 形而上学的思想』〔邦訳：畠中尚志訳、岩波書店、一九五九年〕. 参照の際には該当箇所の章と節を表記する。

E : Ethica ordine geometorico demonstrata『エチカ』〔邦訳：上野修訳、岩波書店、二〇二二年〕. 参照箇所については以下のように略記する。1, 2, 3, 4, 5＝「部」、Prae＝「序文」、P＝「定理」、App＝「付録」、L＝「補助定理」、D＝「証明」、C＝「系」、S＝「備考」、Ax＝「公理」、Def＝「定義」、Post＝「要請」、Ex＝「説明」。

実体はただ一つしか存在しない、すなわち、神あるいは自然のみが存在する、という主張は、スピノザの哲学の中核をなすとみなすのが習わしである。[1] たとえば、スピノザについての最近の著作でマイケル・デラ＝ロッカは、スピノザの実体の形而上学についての章を次のように記すことで始めている。「この世界にはいくつのものが存在するのか。スピノザの答えは「一つ」である」(Della Rocca [2008], p. 35)。これはまた、スピノザの「一元論」として一般に知られている立場を表した言明でもある。ジョナサン・シャファーは、さらに強い定式化のもとで、すなわち、「一つ」を量化子ではなく性質の意味で捉えて、『スタンフォード哲学百科事典』の「一元論」についての項目を次のように記すことで始めている。「多くの一元論が存在する。それらに共有しているのは、一性(oneness)を帰属することである」(Schaffer [2007])。彼は続けて、スピノザを「存在一元論者(existence monist)」の範例の一つとして分類する。存在一元論者によれば、「具体的対象のトークンは正確に一つだけ存在する(一者)」(ibid.)[1]

「一元論」という用語の歴史を脇に置くとして――というのも、この用語はこうした言明の正当性について、用語法上の疑念を提起するからだ[2]――概念上の論点については議論の余地がないように思われる。スピノザは『神、人間、そして人間の幸福に関する短論文』(KV)においてすでに、神を「一にして唯一なる、すべてを包括する存在者(the one, unique, all-encompassing being)」(KV I, II, §17n)として言及している。彼は「神のみが有を持ち、その他のものはすべて有を持たず、それらはむしろ様態である」(KV II, V, §10)、また「すべてのものは神という唯一のものに存する」(KV II, XXIV, §3)と論じる[3]。その後『エチカ』(E)においてスピノザが次のような主張をしたことはよく知られている。「自然のうちにはただ一つの実体しか存在しない」(EIP10S, G II 52: C 416)、「神のほかにはいかなる実体も存しえず、また考えられえない」、「神は唯一である、すなわち(D6より)自然のうちにはただ一つの実体しかない」(EIP14&C1, G II 56: C 420)。このうち最後の二つは、スピノザを一元論者とする読解のほとんどにとって中心をなすものである[4]。

それにもかかわらず、スピノザのテクストをより詳細に眺めてみると、デラ＝ロッカやシャファーがスピノザのために十分に細やかな答えを与えているかどうかはまったく明らかではない。すなわち、我々が以下で論じる二つの箇所で、スピノザは謎めいた仕方で次のように述べている。「神は不適当な仕方でのみ一とか唯一とか呼ばれる」(CM I, VI, G I 246: C 312)、「神を一とか唯一とか名付ける者は神についての真の観念を有しないか、あるいは神について不適当な語り方をしていることはまちがいない」(Ep. 50, G IV 239: S 892)。それゆえスピノザは、神ないし実体が「一」であり「唯一」であることを肯定も否定もしていないように見えるのである。

神を一として数えることの不可能性に関するこれらの言明は、スピノザが数ないし数的規定(numerical determination)を形而上学の基礎づけから排除する一般的傾向をもっていることを思えば、驚くべきことではない。マルシャル・ゲルーは、「数の軽視」をスピノザ哲学のまさに一般的な特徴とさえみなしている。その際に彼は主に、ロデウェイク・マイエル宛の有名な書簡(Ep. 12)を参照している(Gueroult [1968], pp. 422–423, 514–

519; cf. Melamed [2003], pp. 3-22)。この書簡でスピノザは、「尺度、時間および数はたんに思惟の様式、あるいはむしろ表象の様式にすぎない」(G IV 57: C 203) と書いている。彼は「数は一切を規定することができないということ」(G IV, 59: C204) を主張し、「[事物は] いかなる数をもってしても算定されえない」(G IV, 61: C205) という事実を強調しているのである。このテーマは『形而上学的思想』(CM) にも見られる。

　我々は、事物を説明するのに役立つ思惟様態をも持っている。これは事物を他の事物と比較して規定するものである。我々がこれを行う際に用いる思惟の様態は、時間、数、尺度——他にもまだいくつかあるであろう——と呼ばれる。これらのうち、時間は持続を説明するのに役立ち、数は非連続的量を説明するのに役立ち、尺度は連続的量を説明するのに役立つ。(CM I, I. G I 234: C 300)

問題は、こうした数の軽視が正確にはどこにまで及んでいるのかを知ること、そして、このことが神ないし実体の単一性 (unity)[2] についてのスピノザの考え方にどのように、またどうして影響するのかを知ることである。

　注釈者のなかには、その詳細さに差はあれども、この五十年以上のあいだ、この問いに関わってきた者もいる。ゲルーが主張するには、スピノザにとって「唯一」(unique) であるとは、もしそれを数的な意味で理解しているとすれば、神について不適切な語り方なのである[5]。『スピノザ——実践の哲学』(一九八一年) においてジル・ドゥルーズも、次のように用心深く記している。「存在という観点からすれば、あらゆる属性にとってただ一つの単一実体が存在する (だがそれでも、この「一つ」という語は適切に用いられてはいない)」(Deleuze [1981], p. 148)。一九九四年の論文においてピエール・マシュレは、スピノザを「一元論者」とする読解に対して正面攻撃を仕掛け、こうした読解はヘーゲルのスピノザ解釈の安易な (そしてしばしば無自覚の、あるいは無意識下ですらある) 使用に基づくと論じている。それゆえ、先に引用したCM I, VIとEp. 50 の文を出発点にすることによって、マシュレはこう主張する。「スピノザのものだとされる「一元論」とは、単なる言い方、すなわち彼の思想の見せかけ以外のなにものでもないのであり、それは道具箱に戻してそのまま忘れてしまうほうがよいのである」(Macherey [1994], p. 53)。私自身は『ライプニッツのスピノザ解釈』(二〇〇八年) でマシュレに近い解釈を擁護した。そこで私は、実体の単一性の本性に関するライプニッツとスピノザのあいだのコントラストを強調した (Lærke [2008], pp. 671-678)。主にフランス語圏の注釈者のあいだでなされてきたこれらの議論は、英語圏ではほとんど注目を受けないか、考察する価値があるものとみなされてこなかった[6]。最近の論文でフランシスカ・ディポッパは、こうした議論の存在に触れているものの、「実体が「一つ」かどうかという論争には哲学的な関心をほとんど見出していない」(Di Poppa [2009], p. 933n)。だがしかし、哲学史家は最低でも、自らが研究する哲学者たちが関心をもっていたことに関心をもたねばならないと私には思われる。先に引用したCMとEp. 50の文は、スピノザがこのことに関心をもっていたことを証明している。したがって私は、ディポッパによる大雑把な棄却をあえて無視することにし、いま一度、スピノザをシャファーがいう意味での一元論者、すなわち、実体に一性を帰属するとみなすことがほんとうに可能なのかを問う。

私は三つの用語に焦点を当てる。それらは、基数「一」がなんらかの適切な仕方で神に割り当てられうるかどうかに関わりをもつものとして、スピノザのテクストにおいて直接的に提示されている。その三つの用語とは、「単一性（unity）」「唯一性（uniqueness）」「一性（oneness）」である。スピノザにおける実体の単一性の本性を十分に把握するためには、他の用語も調べる必要があるだろう。そうした用語には、「単純（simple）」、「不可分（indivisible）」、「個体（individual）」、「単一（singular）」、「全体（whole）」、「すべて（all）」、「あらゆるもの（everything）」、「内属的（immanent）」、「内的（internal）」、「一義的（univocal）」、「同一的（identical）」、「同じ（the same）」、「等しい（equal）」、「最初（first）」、「優先する（prior）」が含まれる。しかし私は、スピノザが明に暗に用いているこれらの概念については、本章では触れないことを選んだ。本章の目的は主に否定的なものである。すなわち、なぜスピノザは神の単一性が一性と唯一性によって適切に理解されうると考えなかったのかを説明すること、そしてスピノザを「一元論者」とする読解はそのことを念頭におくべきであることを指摘することである。では神の単一性はどのように理解されるべきだとスピノザは考えたのか。私は本論文でこの問いに答えることを試みていない。以下で私は、ゲルーとの議論を通じて、「一つ」という規定のスピノザの捉え方がもつ二つの側面を展開する。それらの側面はそれぞれ、数的規定の想像的／知性的（imaginary/intellectual）、相対的／絶対的という特徴に関わっている。私はこの議論を用いて、なぜスピノザがときおり、一つかつ唯一であることが神に「適切に」述定されうることを否定しているのかを正確に規定する。私はとりわけ、以下のことを示す。すなわち、スピノザが神の単一性を当初どのように考えていたのかは、ある一般的な理解の拒絶に根ざしているのである。その一般的な理解によれば、多数性（multitude）をどう考えるかは単一性をどう考えるかに依存しており、ある意味で存在と一は変換可能な用語である（*ens et unum convertuntur*）。むしろスピノザにとって一性は、それをどう考えるかが多数性に依存するような相対的な性質なのである。これを根拠に、彼は相対的性質を適用することができない絶対的で実体的な本性をもつ神に一性を帰することを否定する。最後に、結論として私は、この解釈と、スピノザがあからさまにしている、神が「一つ」にして「唯一」であるという趣旨の言明とを調停する方法を提案する。

一．一つかつ唯一なるものとしての神

本章の導入部において引用した文でスピノザは、実体が「一

つである」(*unum*) ことと実体が「唯一である」(*unicus*) ことを肯定も否定もしている。彼は「単一性」(*unitas*) については何も述べていない。実際、*unitas* という用語は『エチカ』のどこにも出てこない。単一性はこのように、スピノザの形而上学の主要な説明に関わる概念的な「含み」なしに登場するため、私は以下でこの用語を、この点でスピノザが実体についてほんとうはどのように考えていたか――それがどのようなものだったにせよ――を表す、いくぶん中立的で分析的な用語として用いることにする[7]。よって、私の問いは次のように言い直される。いったいどのような理由でスピノザは、神の単一性を「一性」と「唯一性」によって語ることの適切性を疑いえたのだろうか。我々はここで、二つの規定――一つと唯一――が、あたかもこれらの規定が(適切にせよ、不適切にせよ)同時に神に帰属される性質であるかのように、関連するテクストのほとんどで一緒に現れていることに注意せねばならない。それゆえ、あたかもこの二つは、同一ではないにせよ、少なくとも内的に互いに結びついているように思われる。しかし、この二つがどのように結びついているかは決して明らかではない。「一性」と「唯一性」がスピノザの神の場合にどのように関係しているかは、彼の立場の特殊性を理解するためには答えなければならない重大な問いの一つなのである。

まずは「唯一である」という性質について考えよう。我々はここでEIP8S2と、EIP8S2に含まれる論証の別バージョンをスピノザが与えている書簡(Ep. 34)に注意をむけるべきだ。この二つのテクストでスピノザは、「どんな定義も一定の個体数というものを含まず、表現もしない」(EIP8S2, G II 50: C415) と論じている。彼は例として「二〇人の人間」という量を取り上げている。もし二〇人の人間が存在するのなら、二〇より多くもなければ少なくもない人間が存在することの理由あるいは原因が存在しなければならない。こうした原因あるいは理由は、定義あるいは概念に含まれているか否かに応じて、内的か外的かのいずれかとなる。しかし、「人間」の定義は「二〇」という量の概念を含意していないのだから(我々は何の問題もなく二人や三人、あるいは六〇〇人の人間を考えることができる)、その限りにおいて二〇人の人間が存在することの原因あるいは理由は、人間の定義あるいは概念に関して外在的(extrinsic)でなければならない。このことから、数え上げられたものの概念に何も付け加えない、すなわち、二〇人の人間が存在することは四〇人の人間が存在することとなんら変わることがないという意味で、二〇という数は純粋に外在的な名称であると結論することができる。この論証は、一見すると人間のような個体の概念、すなわち様態(mode)にのみ関わるように見える。スピノザが論じるには、ところがこの論証はあらゆる概念あるいは定義に適用可能である。「複数存在すると考えられるものはすべて、必然的に外的な原因によって産出される」のであり、したがって「いかなる定義であっても、複数の、あるいはある決まった数の個体を含まない、あるいは表現しない[…]」(Ep. 34, IV 179-180: S 854-855)。したがって、この例から引き出しうる数に関する一般的教訓は、神あるいは実体の概念にとっても重要な帰結をもっている。スピノザは次のように述べる。

> さて、実体の本性には［…］現に存在することが属するのだから、実体の定義は必然的な存在を含まなければならず、したがって定義だけからその現実存在が結論されねばならない。ところで実体の定義からは（すでに［…］示したように）複数の実体の存在は出てくることができない。（E1P8S2, G II 51: C 415-416）

この論証は次のように説明することができる。定義により実体は、それ自身において在り、それ自身において考えられる（E1D3）。実体がそれ自身において在るとは、存在することがその本性に属するということ、すなわちそれ自身から必然的に存在するという意味である。E1P7より、このことは実体の本性が存在を含むという事実から帰結する。このことはE1D1にしたがえば、実体が自己原因（*causa-sui*）であることに等しい。同様に、あるものを（十全に）考えることとはその原因を通して考えることであるから（E1A4）、実体をそれ自身を通じて考えるとは実体を自己原因として考えることである。このように考えると、スピノザがE1D3でしている別の定義と同様に、実体が「その概念がそれを形成するのに必要な他のものの概念を必要としない」ものであることがわかる。したがって、自己原因であり、かつ自己原因を通して考えられることから、実体はそれ自身の理由あるいは原因を外から持ってくることができないが、それ自身の理由あるいは原因でなければならない（E1P11D2）。言い換えれば、実体はいかなる外在的な名称をもたないことになる。しかし、すでに見たように、数的規定はすべて数え上げられたものの外に理由あるいは原因——したがって、数え上げられたものの定義あるいは概念に含まれない理由あるいは原因——をもたねばならない。その限りにおいて、数は実体あるいは神に帰属できない。こうして、スピノザはE1P8S2において、「これらのことから、約束されていたように、同じ本性の実体はただ一つのみ存在するということが必然的に出てくる」と結論する。Ep. 34において、彼は「完全な存在者としての神の定義は神の本性［…］以外のなにものも含んでいないし、一定数の神々を含んでいない」（G IV 179: S 854）と結論しており、このことから「一つの神のみの存在」が帰結する（G IV 180: S 855）。これらの結論のいずれも、神が一であるという主張を含意していない（それは実際、正反対のように思われる）。むしろただ、神の定義より、神は複数ではないということが必然的に帰結するという主張だけを含意している。

しかし、ゲルーが主張するところによれば、スピノザは実際には神の数的単一性を、より強い意味において否定している。

> あらゆる数、すなわち一つや唯一、いくつか（several）といった概念は、事物に関わらない「思考の様態」、つまり、我々の精神が、自らが想像的に知覚する事物を説明するためにつくりだした人工的な手続きにほかならない。数を実在的

> なものとして我々の外部に投影することは、我々が事物についてもっている知識を損なうことなのである。（Gueroult [1968], p. 155）

それゆえ、「唯一であるとは、もしそれを数的な意味で理解しているとすれば、神について不適切な語り方なのである」（ibid., p. 156）。この文脈においてゲルーが根拠にしているテクストは、本論文の導入部でCMとEp. 50から部分的に引用しておいたものである。CMのテクストを先に検討しよう。スピノザは次のように書いている。

> そこで最初のもの、すなわち一者から始めよう。人々〔形而上学者たち〕はこの名辞が知性の外に実在する何かを表していると言う。しかし彼らは、この名辞が何を加えるかを説明することができない。このことは、彼らが理性における存在を、実在する存在と混同していることを示すのに十分である。これに反し、我々の考えでは、単一性は事物自身と決して区別されない。あるいは存在に何ものをも加えない。むしろそれは、我々が或る事物を、それと類似しあるいはそれと何らかの点で一致する他の事物から分離するための思惟の様態にすぎない。ところで単一性に対立するものが多数性である。これもまたもちろん事物に何物をも加えることなく、思惟の様態にほかならない。これは我々が明晰判明と認識するところである。そして私は、このように明晰な事柄に関して、これ以上何かいうことがあるとは思えない。じっさい、事態をいっそう正確に検討しようとするならば、神を一つとか唯一とか呼ぶのは適切ではないことを我々は示しうるであろう。（CM I, VI, G 1245–1246; C 311-312）

スピノザがここで批判している形而上学者たちが誰なのかはさほど明らかではない。だが、スピノザが物知らずでない限り、伝統的なスコラ哲学を意味していることはありえない。なぜなら、ここでのスピノザ自身の論証は、トマス・アクィナスがつくりあげた神の単一性に関する推論の筋道にきわめて類似しているからだ。スピノザと同様に、アクィナスもまた、一性が事物の存在に何かを加えることを否定する。「一は存在にいかなる実在性も加えない。むしろそれは分割の否定でしかない。なぜなら一は分割されない存在を意味しているからである。これがまさに、なぜ一が存在と同じものであるかの理由である」（Aquinas [1920], p. I, q. 11, a. 1）。これを根拠にして、アクィナスは「一という数の根源」は神に帰属することができず、一性が神に帰属するのは「一」が「存在と変換可能」な「形而上学的存在者」を意味するものとして理解されるときだけだと主張する（ibid.）[8]。スピノザ自身の主張に反して、彼の論証は一見するとまったく議論の余地がないもののように思われる。しかし、論証の第二の部分でスピノザは、もしより綿密に考察するならば、より強い結論に辿り着きうると警告し、実際に神はいかなる意味においても――アクィナスが神の単一性の記述として適切かつ受容可能だと認める「形而上学的存在者」の意味もおそらく含まれる——「一つ」でも「唯一」でもないと結論している[9]。とはいえ、CMが置かれた文脈、すなわち、彼自身の考えを提示することではなく、「より曖昧な、形而上学の著者たちが共通に扱う事柄を説明する」(CM I, Preface, G 1, 233: C 299) ことだけを目的として書かれたテクストであるという文脈を考えれば、スピノザがここで問題をそのまま残すことを選んだのは理解できる。

しかし、この論証はヤーリフ・イェレス宛ての書簡 (Ep. 50) においてさらに展開されている（後でその重要性を議論する例はここでは引用していない）。

> 次に私が『デカルトの哲学原理』(PPD) の付録で証明したこと、すなわち、神が一つとか唯一とか言われるのは、本当は適切な表現ではないということに関しては、次のようにお答えします。事物はその存在に関してのみ一つとか唯一とか呼ばれるのであって、その本質に関してはそう呼ばれることができません。というのは、共通のクラスに含まれていない限り、事物を数のカテゴリーのもとで考えることはできないからです。[…] さて、神の存在は神のまさに本質であり、我々は神の本質について普遍的な観念を形成することができないのですから、神を一とか唯一とか呼ぶものは、神についての本物の観念をもっていない、あるいはとても不適切に神について語っている、ということはまちがいありません。(Ep. 50, G IV, 239: S 892)

ここでスピノザは、要点を敷衍するために本質と存在の区別に訴えている。だが一見すると、この推論は、彼がE1P8S2やE1P14C2で引き出した結論、すなわち、神は複数ではないという結論以上に強い結論を正当化しているわけではないように見える。二や三、二〇といった数が、どうして存在には適用できて本質には適用できないのかは比較的明らかである。それらが外在的な名称だからだ。すでに見たようにスピノザはE1P8S2で、数はたとえば「人間」の本質のような、規定された数を含意しない本質には適用されず、本質を例化している存在——たとえば存在する「二〇人の人間」——にのみ適用されると論じた。なぜ「二〇人の人間」のような規定が、問題の人々はみな、ある共通のクラス、すなわち「人間」のクラスに属しているとみなされ、個物、すなわちソクラテスやナポレオンやジャック・クストーのような個人とはみなされないことを含意しているのかも比較的明らかである。だが、明らかにスピノザはそうだと述べているにもかかわらず、なぜこの原則が一という数に適用されるのか、そして、なぜクストーのような一つの個体を一つと考えるために、クストー自身の（個別）観念ではなく、なんらかの（普遍）観念が必要になるのかは明らかではない。また、「共通」という語がただ一つではなく二つのものを含むようにも見えるという限りにおいて、クストーとしてのクストーの観念にいかなる共通のクラスが含まれるのかは、さらに明らかではない。スピノザが念頭に置いていたことをより よく理解するためには、二つの論証、すなわち、E1P8S2とEp. 34に含まれる論証と、CM II, IIとEp. 50に含まれる論証を、より綿密に比較せねばならないだろう。

二　想像的な一性と知性的な一性

『スピノザ1：神（*Spinoza I: Dieu*）』（Gueroult [1968]）の付録一七で、ゲルーはこうした分析を提案している。本節では、次節で提示する私自身の解釈へと進む前に、ゲルーの分析を提示し、注釈することにしたい。スピノザの二つの論証のあいだの第一の違いとして思い浮かぶのは、Ep. 50には「共通のクラス」（*commune genus*）[3]と「普遍観念」（*universalis idea*）という二つの概念が登場することである。これら二つの概念はE1P8S2やEp. 34ではどこにも登場しない。ゲルーが指摘するように、したがって我々の最初の問題は、これら「共通のクラス」と「普遍観念」をどのように理解すべきか、である。選択肢はいくつかある。第一の選択肢は次のものだ。共通のクラスと普遍観念は、E2P40Sでスピノザが「超越的」ないし「一般的」な概念と呼んでいるものと似ている。これらは想像に基礎づけられた抽象概念であり、「限界のある人間の身体は、同時にある一定数のイメージしか判明に形成することができない」（G II 121: C 476）がゆえに形成される。我々はあまりに複雑な存在者やあまりに小さい違いについては、判明なイメージを形成できない（またそれゆえ、想像することもできない）。たとえば、多数の人間を知覚することから、我々は抽象的かつ普遍的な人間の概念を形成する。「なぜなら、あまりにも多くのイメージが人間の身体で一度に形成されるために、イメージする能力を上回るからである」（G II 121: C 477）。ものに数を割り当てること（たとえば二枚の貨幣や二〇人の人間）は、こうした抽象概念を要求するのである。したがって、ものを数え上げることは、我々がもののあいだの本当の違いを見分けることができないことだけに関係しており、ゆえに数は想像に基礎づけられるのである。このことは、人間や貨幣のようなものを数え上げることに当てはまるのだから、なおさら神にも当てはまる。したがって次のように思われるかもしれない。スピノザが数を神に帰属することを拒むのは、あらゆる数には何か本質的に想像に関するようなところがあるからだ、と。ゲルーはEp. 50を、この路線で論じたものとみなしている（cf. Gueroult [1968], p. 579）。

もしこれがスピノザにとって数に関することのすべてであるとしたら、スピノザの「数の軽視」はかなり過激なもののように見える。これは様態にも実体にも当てはまる。なぜなら、数は常に、複数の個体を共通のクラスに包摂することを可能にする、個体のあいだの小さいが本当の差異の抽象化に基礎づけられているからである。数は純粋に想像的なものなのだ。ところが、スピノザのテクストをより綿密に見てみると、想像によってではなく、知性によって数を割り当てることが可能になる方法が存在しうるように見える。ゲルーも注意しているとおり、スピノザは「数を想像の領域に限定しているようには思われない」し、「じっさいスピノザは、想像的な数を越え、別の種類の数を用いているように思われる。その別の種類の数は、客観的な本性と必然的な価値をもち、純粋知性によってアプリオリに産出される明晰判明な概念であり、事物それ自体に対して妥当である」（Gueroult [1968], p. 580, 581）。ゲルーはE2P40Sをこの文脈で論じてはないが、この備考はこの方向で考察するための良い指針を与えてくれる。たとえばスピノザは、普遍概念がどのように形成されるのかをイメージする能力を上回ったことによって説明したあとで、次のように付け加えている。「もちろん完全に上回るのではないが、それでも、精神がそれら単数の人間のあいだのわずかな違いも想像できなければ、それらに規定された数も想像できない、という程度には上回る」（G II 121: C 477. 強調は引用者）。この追加部分は示唆に富む。というのも、（想像的な）数の構成は普遍概念の形成に依存しているのだが、その普遍概念の形成が基礎付けられている抽象が何からの抽象かというと……数え上げられたものに規定されている数からの抽象のように見えるからだ。したがって次のように考えることもできるだろう。数は存在するが、別の数も存在する。すなわち、ある意味において「二〇人の人間」は存在するが、別の意味においても「二〇人の人間」は存在するように思われるのである。それゆえ一方では、想像的な普遍概念に基づいて形成される想像的な数が存在し、他方では、その想像的な普遍概念を形成する際の抽象元である（おそらくは想像的でない）数が存在する。後者の種類の数は、その基礎が事物の本性にある、あるいはゲルーが言うように、「存在論的に基礎づけられている」ように思われる。そのため、「個別的様態が複数存在することに属する具体的かつ実在的な多数性を考えているのは、想像力ではなく純粋知性なのである」（Gueroult [1968], p. 580）。

さて、少なくとも部分的には事物の本性に基礎づけられているように見える、この「より深い」数をどのように理解すべきだろうか。E1P8S2でスピノザが「二〇人の人間」について述べていることにもっと注意を払うべきだ。たしかに彼は「人間本性一般の原因」（*causam naturae humanae in genere*）について語っているが、しかし何が考察されているのかというと、「各々の事物の真なる定義」（*veram uniuscujusque rei definitionem*）と「人間の真なる定義」（*vera hominis definitio*）であるということも強調しているのである。同様に、Ep. 34で彼は次のように述べている。

> なぜ二〇人より多くもなく少なくもない人間が存在するかについても、理由を探し求めねばなりません。なぜなら[…]すべての人の存在に対して理由ないし原因が与えられねばならないからです。ところがこの原因が［…］人間自身の本性のなかに含まれることは不可能です。なぜなら、人間の真の定義（*vera…definitio*）は二〇人という数を含まないからです。よって[…]これら二〇人の人間が存在する原因、したがってまた個別に考えられた各々の人間が存在する原

因は、彼らの外部になければなりません。（Ep. 34, G IV 180: S 854-855）

明らかに、「二〇人の人間」に関するこの論証においてスピノザは、先に述べたような想像的な普遍概念の意味で人間について語っているのではなく、人間のなんらかの「真なる定義」に依拠している。そしてこうした「真なる定義」によってのみ、スピノザがE2P40S1で「共通概念（*notio communis*）」と呼んでいる種類の観念を理解しうる。共通概念とは、スピノザにとって第二種認識[4]を構成するものであり、常に十全である[5]。共通概念は、事物のあいだの類似点の観察や差異の抽象に基礎づけられておらず、事物が他の事物を触発し、また他の事物によって触発される仕方に基礎づけられているという点で、超越概念や普遍概念と異なっている。それゆえ共通概念は、同じものによって同様の仕方で触発されるものをまとめる概念であり、したがって、スピノザが言うように、触発的な性質に関して「一致（*convenire*）」する[10]。このような触発的な性質は、スピノザにとって想像的なものではないため、それによって生み出される共通概念もまた想像的ではない。スピノザの共通概念の理論と共通概念がどのように形成されるかの込み入った詳細に踏み込む必要はない[11]。この文脈では、実際スピノザは、数え上げが共通概念に基礎づけられる限りで、数が個体ないし様態に十全に割り当てられると信じている、ということを注記すれば十分である。

E1P8S2とEp. 34において展開されている論証は人間の「真なる定義」から展開されており、想像的だとされる「共通のクラス」や「一般観念」からではないため、この論証はEp. 50に含まれている論証よりもなんらかの仕方で深いものなのだと結論できるだろう。かくしてゲルーは、Ep. 50の論証が「想像レベル」に位置づけられるのに対して、E1P8S2の論証は「存在論レベル」に位置づけられ、したがって「より対価を払う価値のある」論証だと述べている（Gueroult [1968], p. 581）[12]。それゆえ、神の一性に関していえば、このことは次の結論へと我々を導く。すなわち、スピノザがたとえばE1P14C2で神を「一つ」であり「唯一」であると語るとき、彼が念頭に置いている一性は存在論的なものであり、想像的な種類ではない。この場合、神にこうした性質を帰属するのは不適切だとするスピノザの論証は、非十全で想像的な数え上げと、十全で知性的数え上げの区別に依拠しているように見えうるだろう。だから、神を数的に「一つ」と呼ぶのが不適切なのは第一の意味においてのみであり、それでもなお第二の意味では数的に「一つ」と呼ぶのは適切なのである。かくしてゲルーは次のように述べる。「ここで［Ep. 50において］神に関して否定されているのは、想像的な唯一性である［…］。反対に、定理8の備考は、神から存在論的な複数性を排除することによって、神に（存在論的であり想像的でない）唯一性を認める」（Gueroult [1968], p. 518）。この読解では、一性は、想像されるのではなく理解されるのであれば、あいかわらず神の本質的な性質であり、神の単一性を十全に表現する。

三　絶対的な一性と相対的な一性

ゲルーの分析にはいくつか本質的な洞察が含まれている。単に「想像力を助ける」数と、「真なる定義」に基づいて形成される数とを区別しなければならない、という点については、私は完全に同意する。しかし、問題のテクストの相対的な価値に対するゲルーの評価には懸念を抱いている。

第一に、スピノザがEp. 50で語っている「共通のクラス」と「普遍観念」が必然的に想像的な一般概念である、ということは私には明らかではない。スピノザがこれらの概念の認識論的身分について述べている箇所はまったくないのである。用語上の含み、つまり、スピノザによる「共通のクラス」と「普遍観念」という表現の使い方（E1P40S1ではどちらも使用されておらず、そして「普遍概念（universal notion）」、「超越的名辞（transcendental term）」そして「共通概念（common notion）」についてのみ語られている）を無視すれば、スピノザがここで念頭に置いていることには、想像力に基礎づけられる一般概念（general notion）と知性に基礎づけられる共通概念の両方が含まれる、と考えるのを妨げるものはなにもない。さらに、同じ論証をCM I, VIで提示する際、スピノザは、あるものを「一つ」と呼ぶことは「類似している」ものや、なんらかの点で一致している他のものから区別する際に我々が用いる思考の様態にすぎない」と述べている（op. cit.）。しかし、この規定は問題の相対的な「類似」や「一致」の特徴について何も述べておらず、それらの規定が必然的に非十全であると示すものはなにもないのである。結局のところ、一致している点と一致していない点にしたがって事物を分類することは、スピノザにおいて共通概念の形成のまさに基礎なのである。この点が考慮されるならば、E1P8S2における論証をEp. 50において与えられる論証よりも特別視する根拠はないと私は考える。むしろまったく反対に、私が信ずるところでは、ある重要な点で、Ep. 50での論証はE1P8S2での論証よりも深い論証である。

このことから第二の、より決定的な点へと導かれる。私は、人間やコインといったような様態に関しては、想像に基礎づけられた数と知性に基礎づけられた数のあいだに重要な区別があるという指摘に完全に納得しているのだが、想像に基礎づけられた数と知性に基礎付けられた数の区別が、実体の単一性、すなわち神の単一性に関わる論証という文脈で重要であるという指摘にはまったく納得していない。ゲルーの読みでは、神を「一つ」かつ「唯一」と呼ぶことが適切でありえないのは、そうした神の単一性が、神についての想像的な「普遍観念」に基礎づけられている限りにおいてである（このことはEp. 50で描かれているとおりだ）。しかし、神に帰属される一性が神の「真なる定義」に基礎づいたものならば、神は一つであり、かつ唯一であると呼ばれうる（このことはE1P8S2、またしたがってE1P14C2で描かれているとおりだ）。ところが、私が信ずるところでは、Ep. 50でスピノザが神に一性を帰属させない理由は、このように「共通の種」や「普遍観念」がもつ想像的な特徴のためではない。その理由はこれから見るようにむしろ逆で、そうした規定がもつ相対性のためなのだ。すなわち、想像に基礎付けられた数と知性に基礎付けられた数に共通する相対性のためなのである。

いま一度テクストに戻ろう。EIP8S2とEp. 34における論証の目的は、神を数的に一つのものとして語りえない、ということではなく、数的に複数のものとして語りえない、ということを排除することだった。この観点からすれば、スピノザの立場は、多くの一神論的哲学者に見いだされる立場と実質的に異なってはいない。しかし、神が数的に一つであることを排除するのは、まさにスピノザがEp. 50でしたと主張していたことだ。それゆえ、もしEp. 50における論証とEIP8S2/Ep. 34における論証の違いが、想像に基礎づけられた一性と知性に基礎づけられた一性のあいだの区別によらないのだとすれば、何であれば二つの論証の違いになるのだろうか。この問いの答えは、スピノザがEp. 50で与えている例——先にこの論証を与えた際に省略したものだ——から引き出せる。スピノザはこう書いている。

> たとえば、一つの銅貨と一つの銀貨を手に持つ人は、この銅貨と銀貨を貨幣という同一名称で呼びうる限りにおいてでなくては二つという数について考えることができません。こうした場合にあってのみ初めて自分が二つの貨幣を持つと言うことができるのです。彼はその銅貨も銀貨もともに貨幣の名をもって表示しているのですから。これから明白なのは、我々が事物を一つとか唯一とか呼ぶことは、前に言ったように、その事物と同じ類の他の事物を考えた後においてのみ可能であるということです。(Ep. 50, G IV, 239: S 892)

ここでの「前にも言ったように (*ut sic dicam*)」は、CM I, VIでの言明を指している。それによれば、単一性とは「類似しているものや、なんらかの点で一致している他のものから区別する際に我々が用いる思考の様態」にすぎない。すでに記したように、問題となっているこの「一致」は、想像上の類似という不十全な観念と、触発的な共通性という十全な観念のどちらによっても考えることができる。じつのところ、どうしてこの論証が、どちらの種類の「一致」を指しているかによってなんらかの影響を受けるのか、私にはわからない。むしろこの論証は、その他の数に対する一という数の地位に依存している。より正確にいえば、この論証は一という数が他の数とは異なる特別な地位をもつことはないという想定、すなわち、一とは観念のあいだの関係以外のなにものでもないという想定に依存しているのである。「二」は他のすべての数と同様、「ものを他のものとの比較を通じて規定することによって説明することに役立つ思考の様態」である (CM I, I, G I 234: C 300)。したがって、我々があるものを一つと言うとき、我々は単にそのものに、それによって一つのものを他の一つのものから区別する相対的な性質を帰属させているだけなのだ[13]。一つであるということは、同じ本性をもつ複数のものを考えることなしには思考不可能なのであり、同じ本性の複数のものが思考不可能であれば、なおさら思考不可能なのである。

このように一性を相対的性質として考えることは、私が判断しうる限りではまったく独自なものである。この考え方は、たとえばトマス・アクィナスに見られるような伝統的な見解とは明らかに異なる。アクィナスに従えば、部分が全体に優先することが公理的に真であるのと同様に、単一性が多数性に優先することもまた公理的に真である。というのも、「[…] 多数性そのものは、なんらかの仕方で一者のもとに含まれない限りは存在者のもとに含まれはしない」(Aquinas [1920], p. I, q. 11, a. 1) し、「多数性すべてに先んじて単一性を見出さねばならない」(Aquinas [1955-57], I, 18, a. 8) からだ。もちろん、多数性すべてを形而上学的に基礎づけるこのような種類の単一性は、「一という原理的な数」の意味で「一」として数えられる。この意味での「一」は存在論的内容をもたない単なる数学的抽象物だからだ。だが、くだんの単一性は、一性が存在と交換可能であるような「形而上学的な存在者」の意味で「一」として数えられるのである。さらに、一性は存在に何も付け加えることがないのだが、存在はそれでも数えられる対象でありうるし、また適切に数えられるのである。この論点はきわめて直観的である。すなわち、「一〇人の人間」のような多数性において数えられているのは、数ではなく存在である。このようにアクィナスにおいては、単一性が多数性に優先することは、彼の形而上学的な種類の「一性」の考え方と切っても切れない関係にあり、このとき存在と一は交換可能 (*ens et unum convertuntur*) なのである。これは、たとえばアドリアーン・ヘーレボールドのような、スピノザ自身が置かれている知的文脈に属するスコラ哲学の思想家が *numerus constat ex unitatibus*、つまり「数は単一性に依存する」と論じるときの主張として知られている種類の見解である。この言葉は、多数性の考え方は単一性の考え方に依存するということを意味するものである (Heerebord [1665], vol. II, disp. 4, 200)。しかし、実質的に Ep. 50 でスピノザは、これとは正反対の見解、すなわち、(「一つ」の意味での) 単一性は (「複数」の意味での) 数に依存するという見解を保持ししている。一性は、多数性と唯一性の概念から概念的に派生した第二性質なのである。さらに、多数性と唯一性はそれぞれ複数であると複数でないという相対的性質にほかならないので、一つであることは、その概念の派生元の概念である多数性ないし唯一性と同様に、純粋に相対的な性質なのである。かくして、アクィナスに反してスピノザは、数的な単一性に先んじて多数性をもたねばならないと考えるのであり、ヘーレボールドに反して、単一性はこの意味で数に依存すると考えるのである。すなわち、単一性は数から成る (*Unitas constat ex numero*)。このように、Ep. 50 での数「一」に関するスピノザの論証は、伝統的な見解に反して、唯一性はなんらかの (絶対的な) 一性に基礎づけられる (相対的な) 性質ではなく、むしろ実際には一性が (相対的な) 唯一性に基礎づけられる（相対的な）性質である、というものなのである。この論証はアクィナスが考えていたような形而上学的な存在者の考え方に直接的に影響する。一性は、ものの存在に何も追加しないだけでなく、他のものとの関係において考えられる場合を除き、存在に関係しない。結果的に、多数性が数的な単一性に優先することについてのスピノザの考え方は、存在と一が交換可能であるような形而上学的な存在者の概念を拒否することも含意している。それ自体について考えるなら、存在者が一つとして数えられることはないのだ。同じ本性をもつ複数の存在者が考えられる場合には、それでも一つとして数えることができるのだが、それは、同じ本性をもつ他の存在者、すなわち他の複数の一つとの関係において可能なのである。このような数え方は、人間や貨幣のような様態について考えている場合は、完全に適切である。しかし、神の場合、同じ本性をもつ他のものを考えることができない。神の本質そのものにより、多数の神は思考不可能である。したがって、同じ本性をもつ一の考え方が同じ本性をもつ複数の考え方に依存するがゆえに、神に一という性質を適切に割り当てることはできないのである[14]。

おわりに

本章で私がスピノザに帰属した数「一」の考え方は、「一性」と「唯一性」という性質を神に帰属することに対するスピノザの疑念を説明する。それはまた、もしジョナサン・シャファーが論じるように、一元論の概念が「一性の帰属」と不可分なのであれば、なぜ「一元論」というラベルをスピノザに当てはめるのが不適切でしかありえないかも説明する。しかし、この解釈はまったく問題がないわけではなく、いくつか問題を提起する。『エチカ』でスピノザは、おそらく彼の哲学を「厳密な形而上学において（*in regere metaphysico*）」展開している。だがそれなら、EIP14C1の有名な「神は唯一である」、そして「自然のうちにはただ一つの実体しか存在しない」（G II 56: C 420）という主張を我々はどう理解すればよいのだろうか。スピノザは自己矛盾している、あるいは『エチカ』における「一」という語の使用は不正確であると結論すべきなのだろうか。そうすべきなのかもしれない。しかし、少なくともこの問題の一部を回避する別のやり方がある。それはスピノザの一般的な哲学実践と整合的であり、かつ明らかにもっと面白いやり方だ。この章を締めくくるにあたって、そのような別の読解を簡潔に提案したい。

実際、CM II, VI、およびEp. 50と、スピノザは神が「一つにして唯一」であることを明示的に肯定している序文で引用したEIP14C1およびKVの様々な箇所のあいだに、本当の概念的矛盾は存在しない。そうではなく、これらのテクストのあいだには、ある種の用語法上の不一致があるのだ。すなわち、「一」という用語の意味が異なっているのである。そのうえ、この不一致は、問題のテクストの身分や目的の違い、すなわち、教育的かどうか、論争的かどうか、論証的かどうかなどによって説明できる。それゆえ、私が信じるところでは、我々はジャンルの問題、突き詰めれば言葉の問題を取り扱っているのである。スピノザ自身、CM II, VIで、最終的には神の単一性の問題は「言葉ではなく事柄を気にするものにとってはほとんど、あるいはまったく問題にならない」(G II 246: C 312) と強く主張するとき、これを同じようなことを示唆しているように見える。

ほんのしばらくのあいだスピノザのアドバイスを無視し、「言葉」を少し気にかけてみよう。あるいはより正確には、関連するテクストの位置付けや目的を気にかけてみよう。Ep. 50はCMの考察が発展したものだ。PPDとCMは、もともとはカセリウスという名の生徒のために書かれたものであり、彼に対して自身の本当の哲学を露わにするのは軽率だとスピノザは考えていた (Ep. 8. G IV 39: S 778)。PPDはデカルトの哲学に充てられた著作だが、CMの第一の目的は、形而上学者によって用いられている一連の一般的な哲学用語を明確化することにあり、くだんの一六六三年に出版された本全体[6]の教育的な狙いと一致している。反対に『エチカ』は教育的な著作ではない。それはオリジナルの定義と公理から演繹されるスピノザ自身の体系である。またその目的は、それ以前の哲学用語を明確にすることではなく、「一般的な論理学と哲学」がはらんでいた「より不明瞭的な事柄」に害されていない新しい一連の概念を展開することである (CM I, Preface, G I 233: C 299)。『エチカ』でスピノザが、伝統的な用語のように響く哲学用語を多く使用していることは認めねばならない。そのなかには、彼が『形而上学的思想』で明示的に取り上げている用語も含まれる。しかし、『形而上学的思想』とは逆に、彼は今度はとりわけ自分自身の目的のためにそれら哲学用語を再定義しており、それらの用語の多くはこの文脈では、伝統と独立に理解され、またスピノザの形而上学の内的な概念的構造によって授けられる体系上の意味にしたがう場合にのみ、理解可能になるものである。それゆえ、我々が『形而上学的思想』と『エチカ』のあいだに用語法的な不一致を見て取るとしても、あるいは、『エチカ』で採用されているある用語の使用を『形而上学的思想』が不適切なものと定めているのも、驚くことはない。

このことを念頭に起きつつ、最後にスピノザのアドバイスを受け止め、今度はEIP14C1の言葉ではなく事柄に注意してみよう。そして、「一つ」の実体の概念がスピノザの演繹枠組みにおいてどのように練り上げられているのかを考察しよう。スピノザによればEIP14C1はEIP14から「きわめて明白に」帰結するとされる、という点に注目しよう。この定理は「神の外にはいかなる実体も与えられることができずまた考えられることもできない」というものである (G II 56: C 420)。しかし、この定理から「形而上学的存在者」、すなわち、存在と交換可能であり、存在論的には多数に優先する単一性という伝統的な意味で、実体は一つであるということが「きわめて明白に」帰結することはないのはまったく明らかである。それどころか、ここから明白に帰結するのは「複数的でないこと」という否定的で相対的な性質、すなわち唯一性である。さらに、スピノザのEIP14C1のそれ以降の用い方に、次のことを示すものは何もないのである。すなわち、それにしたがえば神は複数ではない、すなわち別の一つが存在しないことになる純粋に相対的な概念よりも強い意味で、一つであると神を理解すべきであることを示すものは何もない⑮。EIP14C1ですら、一性はスピノザの神の本質的特徴としてではなく、むしろ他の相対的性質から派生する二次的な相対的性質として登場している。

ゆえに、スピノザが神の一性について述べるのが系、すなわち主命題の単なる補足として登場する派生的ないし二次的命題においてのみであるのは驚くことではない。系を意味するラテン語の名詞*corollarium*が、無料で与えられるものも意味することを思い出そう。この含みは適切である。ある意味で「一性」と「一元論」はEIP14C1において無料で与えられる。この命題は明白であり、またEIP14から完全に透明かつ直接的な仕方で得られるからである。しかし、このような無料で得られる利益の常として、たいして価値があるわけではなく、すでに購入したものに大きな価値を付け加えることはない。それゆえ、これら二つの規定はどちらも、すでにEIP14で述べられていること、すなわち、神は唯一である、つまり複数ではないということ以上のことを与えてはくれない。しかし、この関係的で、単に否定的な性質は明らかに、神の単一性の概念として十全ではない。結果として、「一つの実体だけが存在する」は、一元論的読解が考えるような典型的なスピノザ主義の言明としてまかり通ることはありえないのである。

原注

（1）本章に関して、私〔＝レルケ氏〕はOhad Nachtomyとの様々な意見交換から大いに恩恵を受けている。本章の草稿はバル・イラン大学、シカゴ大学、ライデン大学で発表された。私を招いてくれたことと、またこれらの機会にいただいた有益なコメントのすべてに感謝する。私はまた、いくつかの有益なコメントについてGonzalo Rodriguez-Pereyraにも感謝する。とくに指示がない限り、翻訳は私〔＝レルケ氏〕自身によるものである。

（2）「一元論」という語はスピノザのテクストのどこにも登場しない。「一元論」を哲学用語として最初に使用したのはクリスチャン・ヴォルフである。すなわち、彼の『神、世界、人間の精神、そしてあらゆる事物一般についての理性的思考』第二版の序文においてである[7]。この本は一七二一年、つまりスピノザの死からおよそ四四年後に出版された。ヴォルフは『合理的心理学』（一七四〇年）で、一元論的哲学者について次のような簡潔な定義を与えている。「私はただ一つの実体の種類のみを認める哲学者を一元論者と呼ぶ」（Wolff [1740], Sect. 1, chap. 1, §32, 24.）。だがスピノザは、実体は無限に多くの属性から成ると主張していたし、EID6Exより、なんらかの仕方で諸属性が別個の種（*genera*）と解釈されているのは明白である。つまり、もともとの意味でとらえるならば、スピノザが一元論者でないのは明白である。しかし、「一元論」という語の意味は、最初にヴォルフによって導入されてから哲学史を通して大きな変化にさらされてきた。もっとも重要なのは、一元論が、あらゆるものが一つ、あるいはただ一つの実体だけを認めるような学説もまた意味するようになったことだ。より注意深い注釈者は、ヴォルフによって説明されたような一元論から区別するために、「存在一元論」という語り方をしている（たとえば、Kulstad [2003], pp. 63-82を見よ）。R. J. Delahuntyは「属性的一元論（attributival monism）」と「実体的一元論（substantival monism）」

という似た区別を設けて、スピノザを後者の一元論者として分類している（Delahunty [1985], pp. 105–107）。第二の「一元論」概念、つまりより最近の「一元論」の用法の歴史的起源は、私が信ずるところではヘーゲル主義者である。ヴォルフによる考案以降、ゲッシェルが『思考の一元論（Der Monismus des Gedankens）』で再導入するまでは、哲学者が「一元論」という語を用いることはまれだった。ゲッシェルは（二元論と対立する方の）一元論を「ある始原的単一性に基づいた」学説として記述しており、「この単一性は始原（der Anfang）ないし端緒（das Erste）であり、そこからその内に存する二元的なもの（die Zwei）が展開する」（Göschel [1832], p. 40）[8]。こうしたジャーゴンから十分明らかなはずだが、ゲッシェルは熱烈なヘーゲル主義者だった。この種の一元論はかなり頻繁にスピノザに帰されてきた。好例として、Russell [2004], pp. 521–531 を見よ。また、Macherey [1994], pp. 39–41 のラッセルについての考察も見よ。

（3）神の一性あるいは唯一性をほのめかしている、または直接に述べている他のテクストには、次のものが含まれる。EIP15S, G II 57–60: C 421–424; Ep. 12, G IV 56: C 203; Ep. 35, G IV 181: S 855; TIE 76; KV I, I, Note I; KV II, 17; KV I, Dial. I, 9; KV Appendix II, 10; KV I, II, 27; KV II, XX, 4.

（4）たとえば、Charlton [1981], p. 503; Bennett [1984], p. 70; Kulstad [1996], p. 299; Kulstad [2003], p. 65; Schmidt [2009], p. 72 などを見よ。例外はR. J. Delahuntyである。さきにKV II, XXIV, §3 から引用した箇所、「すべては唯一のもの、すなわち神そのものに存している」を彼は「[スピノザの] 哲学体系の本質」を述べる箇所として理解している。

（5）Gueroult [1968], p. 156, 578.

（6）例外はある。とりわけ、Nachtomy [2014], passim を見よ。

（7）しかし、神の単一性（*unitas*）は、CMの「神の単一性について」と題されたセクションで明示的に議論されている。スピノザはここで、神の単一性を支持する論証を神の全知についての考察から展開している。「我々は最高の知能をも神の属性に数えてきた。また神は自己のすべての完全性を自らによって所有するのであって、他によって所有するのでないことを付け加えた。もしいま多くの神、すなわち多くの最高完全な存在（有）があるとすれば、そうしたすべての神々は必然的に最高の知能者でなければならぬであろう。しかしそのためには、その各々の神が、ただ自己自身を認識するだけでは足りない。自分自身ならびに他の神々を認識せねばならぬ。その帰結として、この場合、各々の神の知性の完全性は、一部は自己自身に、また一部は他に依存することになる。この結果、これらの神々のいずれもが最高完全な存在ではありえないであろう。換言すればそれは、前に記したように、自己のすべての完全性を自らによって所有し、他によって所有するのでないような存在ではありえないであろう。しかるに神があらゆる点で完全な存在であり、存在することはすでに証明ずみである。ここから我々は、ただ一つ（*unicum*）の神だけが存在することを結論しうる。」（CM II, II, G I 253: C 318–319）。この論証の帰結が言及しているのが唯一性だけであることに注意しよう。実際、スピノザがこの論証を、単一性を支持する論証としては不十分だとみなしていたと考える理由がある。かくして、CMのオランダ語訳版にだけ含まれているある箇所では次のことが述べられている。「この証明はまったく説得的であるが、それにもかかわらず神の唯一性を説明してはいない」（CM II, II, G I 253: C 319）。同一の論証はPPDにも登場する。しかしそれは、神の存在が「複数あるのではない（*non datur plures*）」ことを示すものとして、すなわち唯一性の証明として登場している（PPD I P10, G I 169: C 254–255）。この論証はデカルトには見られない。カーリーによれば、この論証の起源はドゥンス・スコトゥスの*Questiones in quattuor libros sententiarum*, I, ii, 3（C

318, note）にまで遡る。

（8）ここでの目的は、数がそれ自身で存在論的な重みをもっていることを排除することにある。ヘーレボールドが述べるように、「数は実在的存在ではない」（Heereboord [1665], vol. II, disp. 4, p. 199）。

（9）ここでは、アクィナスが神を単に一つではなく至高的に一つであるとみなしていたという事実にかかわる複雑な事情は置いておくとしよう（Aquinas [1920], p. I, q. 11, a. 4）。この考え方の根底にあるアナロジーと卓越性からの推論については、Klima [2000], pp. 195–215を見よ。

（10）この文脈における重要な〔「一致」という語の〕登場箇所はEPDL2である。「すべての物体は一定の事柄で一致する（*convenient*）」。この語はEIVにおいて頻繁に現れる。それはスピノザが、（人間のような）もののあいだでの「一致」がいかに喜びの源となるのかを説明するときである（EIVP18S; EIVP31–37; EIV Chap. 7 and 9を見よ）。Ep. 32では、*consentire*と*convenire*が等しいものとして扱われているように思われる（G IV 173: S 849）。『エチカ』では語*consentire*は使われていない。しかし、『エチカ』で*convenire*はいくつかの意味で使われていることに注意されたい。この語は、真理に関するスピノザの議論でもしばしば登場しており、それはE1A6において真理の基本的要件を「真なる観念はその対象観念と一致しなければならない（*Idea vera debetcum suo ideato convenire*）」と定めたほどである。この語の後者の用法は、私が理解する限り、現在の文脈では重要ではない。

（11）理解の助けになる説明として、Deleuze [1968], pp. 252–267 とDeleuze [1981], pp. 80–81, 154–163を参照のこと。

（12）ゲルーは、翻訳が難しい'*de meilleur aloi*'という表現を用いている。Ep. 34でスピノザは、ここで展開された論証を、この定理を証明する「最良の仕方」と呼んでおり、このことがEIP8S2とEp. 34の論証が優れていると考えることに対して支持を与えるかもしれない（Ep. 34, G IV 180: S 855）。しかし、スピノザがEp. 34の八年後、すなわちEp. 50で、依然として本質と存在からの別の論証を繰り返しているという事実により、この特定の評価に大きな信憑性が与えられることはない。

（13）Ep. 32には非常に興味深い類似の表現が見出される。それは部分と全体の関係に関するものだ。「全体と部分の問題については、複数の事物の本性が互いに適合しており、そのために、ありうるなかで特に緊密に一致している点で、私はそれらをある全体の部分だとみなします。それらが互いに異なっている限り、その点で各々は我々の精神の中で別個の観念を形成し、それゆえ部分ではなく全体とみなされるのです」（Ep. 32, G IV 170–171: S 848）。まさに単一性と複数性の場合とまったく同様に、スピノザはここで、全体と部分の考え方は、本性間のなんらかの「一致」の考え方に依存するということを示唆している。すなわち、すべての部分が該当するなんらかの一般ないし共通概念を精神が思い浮かべるということを示唆している。だがより重要なのは、スピノザが、別個の全体がどういうものかの考え方は、この全体が他の全体とは異なるものとして考えられることに依存するとも論じていることである。このように、「一つ」であることが相対的な性質であるのとまったく同じように、「全体」であることは相対的な性質なのである。

（14）J. Bennettは類似したことをほのめかしており、次のような提案をしている。少なくともある事例では、われわれはスピノザの「実体」という語を「可算名詞」ではなく「質量名詞」として理解すべきであり、それゆえスピノザにとっては「一つの実体がある（there is *a* substance）」というより「実体がある（there is substance）」のだと（Bennett [1984], p. 104）。しかし、Bennettはこの問題に関するさらなる議論をすぐに打ち切ってしまう。それは、この問題自体が面白くないということにかこつけてではなく（まったく逆である）、この問題が単にスピノザの頭をよぎったとは思われないと論じている（ibid.）。この論文により、スピノザがこの問題を念頭に置いていたことが明らかになるはずである。

(15) EIP17C2では、EIP14C1が（EIP11とともに）「神だけがそれ自身の本性の必然性のみから存在する」ことを示すために用いられる。EIP24Cでは、この定理は「存在が関わるのは［神の］本性のみである」と述べることと等しいとされる。EIP29Sでは、この定理は（EIP17C2とともに）「永遠かつ無限の本質を表すような実体の属性」という表現が、「自由原因である限りにおける神」という表現と等しいことを証明しているとされる。EIP30Dでは、「神のうちにあるものを以外に触発は存在しない［…］」、すなわち、触発は神以外の実体に属するものではないということを証明する際に、この定理は「自然のなかには（P14C1より）唯一の実体、すなわち神が存在する」と説明されている。EIP33Dでは、この定理は「二つあるいはそれ以上の神が存在する可能性がある」という考えが「不条理」であることを証明するために用いられる。最後にEIIP4Dでは、この定理は「神は唯一である」と述べるために用いられる。

訳注

［1］存在一元論については、Schaffer, Jonathan, [2010], "Monism: The Priority of the Whole", *Philosophical Review*, 119, 31-76.（本書一三章）の付録および本書第一〇章（雪本担当）の第一節も見られたい。

［2］「unity」は一貫して「単一性」と訳した。これを「統一性」と訳さなかったのは、この論文においてこの語は「多の一への統合」という意味では用いられてはいないという消極的理由によってである。この論文ではほとんどの場合、この語は「たんに一と数えられること」と互換可能であるような仕方で用いられる。とはいえ、レルケ自身はこの語がスピノザにとって有するべき本来の意味については中立的であろうとしている。なお、畠中直志はCMにおいてこの訳語を採用している（CM I, VI）。

［3］レルケは*commune genus*というラテン語をcommon classと英訳しており、「共通のクラス」という訳語はそれを尊重したものである。これは、元のラテン語の「類」という意味よりも、スピノザがここで用いている用法がインスタンスとの関係で用いられるクラスに近いとレルケが解釈したためだと思われる。

［4］スピノザは認識を三種に区別している。第一種認識は身体変状に基づく表象作用であり、虚偽の原因となる。第二種認識は、自他の身体を等しく触発する「共通概念」によってなされる理性的な認識である（E2P40S2）。そして、第三種認識は神の属性の十全な観念から個物の本質の十全な認識へ至ることとされ、直観知とも呼ばれる（E5P25D, E2P40S2）。第二種認識の基礎となる共通概念の解釈には諸説あるが、レルケはこの段落でこの概念もまた身体の変状に基づいていることを強調した議論を展開している。

［5］この「十全である（adequate）」という語彙はスピノザの用語である。指示対象との一致ではなく、観念とそれを生み出す原因との関係に焦点が当てられている。

［6］この一六六三年に出版された本とは『デカルトの哲学原理』であり、CMはそれに付録として収録されている。

［7］ヴォルフによる「一元論」の導入の詳細については、本書第一章（太田担当）の一．一を見られたい。

［8］ゲッシェルによる「一元論」の再導入の詳細については、本書第一章（太田担当）の第三節を見られたい。

文献

Aquinas, Thomas, [1920], *Summa theologica*, New York: Benziger〔邦

訳：トマス・アクィナス（稲垣良典訳）『神学大全』創文社、一九六〇—二〇一二年〕.

——— [1955-57], *Summa contra gentiles,* New York: Hanover House.

Bennett, Jonathan, [1984], *A Study of Spinoza's Ethics,* Indianapolis: Hackett.

Charlton, William, [1981], "Spinoza's Monism" in *The Philosophical Review,* 90 (4), pp. 503-529.

Delahunty, R. J., [1985]. *Spinoza,* London: Routledge and Kegan.

Deleuze, Gilles, [1968], *Spinoza et le probleme de l'expression,* Paris: Minuit,〔邦訳：ジル・ドゥルーズ（工藤喜作・小柴康子・小谷晴勇訳）『スピノザと表現の問題〈新装版〉』法政大学出版局、二〇一四年〕.

———, [1981], *Spinoza. Philosophie pratique,* Paris: Minuit〔邦訳：ジル・ドゥルーズ（鈴木雅大 訳）『スピノザ——実践の哲学』平凡社、二〇〇二年〕.

Di Poppa, Francesca, [2009], "Spinoza's Concept of Substance and Attribute: A Reading of the Short Treatise," in *British Journal for the History of Philosophy,* 17 (5), pp. 921-938.

Göschel, Karl P., [1832], *Der Monismus des Gedankens, Zur Apologie der gegenwärtigen Philosophie am Grabe ihres Stifters,* Naumberg: Eduard Zimmerman.

Gueroult, Martial, [1968], *Spinoza I: Dieu,* Paris: Aubier-Montaigne.

Heerebord, Adriaan, [1665], *Meletemata philosophica,* Neomagi [=Nijmegen] : Andreae ab Hoogenhuysen.

Klima, Guyla, [2000], "Aquinas on One and Many," in *Documenti estudi sulla tradizione filosofica medievale,* 11, pp. 195-215.

Kulstad, Mark, [2003], "What Spinoza, in company with Leibniz and Descartes, can bring to Light about Important Varieties of Substance Monism," in Andreas Bachli and Klaus Petrus (eds.), *Monism,* Frankfurt & London: Ontos Verlag, pp. 63-82.

———, [1996], "Spinoza's Demonstration of Monism: A New Line of Defense," in *History of Philosophy Quarterly,* 13 (3), pp. 299-316.

Lærke, Mogens, [2008], *Leibniz lecteur de Spinoza. La genèse d'une opposition complexe,* Paris: Champion.

Macherey, Pierre, [1994], "Spinoza est-il moniste?," in. Revault d'Allones et H. Rizk (eds.), *Spinoza. Puissance et Ontologie,* Paris: Kime, pp. 39-53.

Melamed, Yizhak, [2000], "On the Exact Science of Non beings. Spinoza's view of Mathematics," in *Iyyun. The Jerusalem Philosophical Quarterly,* 49, pp. 3-22.

Nachtomy, Ohad, [2014], "Infinité de l'être et infinité du nombre chez Leibniz et Spinoza," in P.-F. Moreau, M. Lærke, et R. Andrault (eds.), *Spinoza/Leibniz,* Lyon: ENS Editions.

Russell, Bertrand, [2004], *History of Western Philosophy,* London: Routledge〔邦訳：バートランド・ラッセル（市井三郎訳）『西洋哲学史』みすず書房、1961年〕.

Schaffer, Jonathan, [2007], "Monism," in the Stanford *Encyclopaedia of Philosophy,* 〈http://plato.stanford.edu.〉 First published March 2007. Entry: August 2010.〔二〇一〇年当時にレルケが参照できたのはFall 2008 Edition〕

Wolff, Christian, [1740], *Psychologia rationalis,* 2nd edition, Marburg.

あとがき

本書出版まで思いがけず時間がかかってしまった。

本書制作の母体になった「一元論（モニズム）勉強会」に本書の編者である小山が初めて参加したのは二〇一六年九月、つまり今から八年以上前のことである。本書の執筆者でもある雪本が誘ってくれたのだ。雪本は、こちらも本書の執筆者である立花と二人で一元論の勉強会をしており、所属しているゼミにOBとして出入りしていた小山に声をかけてくれたのである。そのときに読んでいた論文は、シャファーの「一元論」だった（ちなみに、雪本と立花がこの勉強会用に作成していた翻訳は、のちに本書第一四章の下訳になった）。

「勉強会」には、ほどなくして本書執筆者の米田が加わり、翌二〇一七年の春には、勉強会の成果として、どこかの学会でワークショップをやろうという話になったと記憶している。当時の勉強会参加者の専門は、小山と雪本が英米（分析）系、立花と米田がフランス系だったので、バランスを考えて、誰かドイツ系の提題者を探そうということになった。最初に打診したのが、米田の知人で本書の執筆者の一人である真田である。残念なことに真田は打診した時点で既にドイツ留学が決まっており（当時はまだ現在のようにオンラインで学会参加するのは全く一般的でなかった）、別の提題者を探すことになったが、幸運にもすぐに見つけることができた。それが本書で二つの章の執筆を担当した太田である。最終的に、雪本、太田、立花の三名が提題、小山が司会で、関西哲学会第七〇回大会の公募ワークショップ「一元論の多様なる展開」を開催することとなった。日時は二〇一七年一〇月二二日、台風で緊急警報が鳴り響く中という思い出深いものとなった（当日の様子は、雪本泰司「一元論の多様なる展開」、『アルケー』（関西哲学会）、№26、37-43頁を見られたい）。

関西哲学会での太田の発表原稿により、本書の制作は一気に具体化した。なにしろ二章分である（単純に文字数で言えばそれ以上だろう）。年代も一八世紀から二〇世紀中盤までと広く、ドイツ語圏と英語圏の両方での「一元論」概念の変遷を追った太田の原稿を軸にすれば、一八世紀から現代にまで至る「一元論の概念史」を描き出すことが十分可能だと思われたのだ。さらに、タイミングの良いことに、二〇一七年の春、本書の編集を担当していただいた晃洋書房編集部の井上芳郎さんからコンタクトがあった。企画案の一つとして「一元論」を挙げておいたことは言うまでもない。こうして、ワークショップ提題者三名（雪本、太田、立花）に「勉強会」参加者である小山と米田、そして米田の紹介で以前から「勉強会」に参加していた大畑を加えた六名で、本書の制作が始まった。二〇一七年の一二月のことだった。

すでに六名の執筆者がいたとはいえ、太田の原稿を軸にするには執筆者の専門が偏っていてバランスが悪い（小山、雪本、大畑の三名は、太田の原稿で扱われていない現代が専門である）。何度か打ち合わせを重ねた末、小山の紹介で伊藤が、米田の紹介で山根が、太田の紹介で津田が参加することとなり、二〇一八年一一月には九名全員が参加して研究会を開催した。初稿の完成期限は二〇一九年七月に設定された。のちに立花の紹介で三浦が、そして関西哲学会に参加できなかった真田も執筆者に加わり、合計一一名の執筆者で二〇二〇年の出版を目指すことになった。

この時点では、まさか出版がそれから五年も遅れるとは全く予想していなかった。

最初のトラブルは、コロナ禍である。新型コロナウィルスによる感染症が蔓延し、パンデミックが始まった。それに重なったのが出版費用の問題である。当初の見込みよりも出版費用がかなり膨らんでしまい、工面できなくなってしまったのだ。原稿はほぼ出揃ったものの、いつ終わるともしれないパンデミックが進行中であり、どうやって出版に漕ぎつければいいのかわからない。本書の出版は、完全に暗礁に乗り上げてしまった。

この間の編集作業のことを思うと、今でも胸が苦しくなる。コロナ禍の最中にもかかわらず原稿は揃った。表記の統一や翻訳のチェックなど、最終稿の完成に必要な作業はまだまだあるが、執筆者の努力を思えば、一刻も早く出版しなければならない。しかし、出版費用を捻出するまでは、いくら急いで完成させても出版できないのだ。どうにかして必要な費用を捻出できないか、試行錯誤しながらの編集作業は、遅々として進まなかった。

翻訳のチェックも思いのほか時間がかかった。前述のように、シャファーの論文には雪本と立花による下訳があったため、かなり時間を短縮することができたが、一つ問題があった。様々な哲学者からの引用があちこちに散りばめられていたのだ。それも英訳で。引用された英訳をそのまま日本語にするだけならそれほど難しくなかったが、正確を期すにはドイツ語やギリシャ語の原文、さらにはその邦訳と照らし合わせる必要があった。実際、そのような作業により、シャファーの議論があまり正確な訳とは言えない英訳に基づいていることが判明した（詳しくは本書第一四章の訳注を見られたい）。原文や邦訳と照らし合わせて、できる限り正確な訳文を作成するという作業はかなり困難なものだったが、曲がりなりにもそれを達成することができたのは、本書の執筆者の助力（特にヘーゲルの引用に関しては真田の貢献が大きい）、そして訳者謝辞にも記したように、山口大学人文学部の脇條靖弘教授のおかげである。改めてお礼を申し上げたい。

編集作業の終わりが見えてきたのは三年後の二〇二三年のこ

とだった。時を同じくして、出版費用についても大きな進展があった。所属先の山口大学の制度を利用できることになったのだ。もっとも、申請額から大幅に減額されてしまい、不足分を所属部局である時間学研究所に泣きついて補ってもらう羽目になったのだが。いずれにせよ、本書が無事に出版に至ることができたのは、山口大学の「科研 Up-Grade プロジェクト」と、山口大学時間学研究所の「時間学のあけぼの」から支援のおかげである。ここで謝意を表したい。

出版費用が捻出できるようになったのだから、急いで翻訳権を所得しなければならない。本書には二本の論文の翻訳が含まれている。シャファー論文については当初から翻訳を所収する予定であったため、二〇一八年の段階で本人にコンタクトし、渡米して直接許諾を得ていた。翻訳権を所有しているデューク大学出版局にも、シャファー氏本人から依頼してもらい、無料で翻訳権を取得することができた。しかし、レルケ論文については、レルケ氏本人からはすぐさま快諾の返答をもらうことができたものの、翻訳権を所有しているシュプリンガー社は費用を請求してきた。この回答にレルケ氏は納得せず、何度もシュプリンガー社と交渉していただいたのだが功を奏さず、最終的に請求された金額を支払うことで翻訳権を取得することになった。翻訳を快く許諾していただき、翻訳権取得のために尽力もしていただいたジョナサン・シャファー氏とモーエンス・レルケ氏には謹んでお礼を申し上げたい。

翻訳権の取得が無事完了し、山口大学と晃洋書房の間で正式な出版契約が結ばれることになった時には、二〇二三年も終わり、二〇二四年になっていた。

本書を手に取っていただいたみなさんはご承知のことと思うが、本書の出版はさらにその一年後、二〇二五年である。出版契約の締結から実際の出版まで一年を要したのも決して短いとは言えない。校正作業にこれほど時間がかかったのは、初稿から時間が経ちすぎたことが主な要因だと思う。にもかかわらず、執筆者のみなさんは校正作業だけでなく、なかには索引作成までお手伝いいただいた方もいる。辛抱強くお付き合いいただいた執筆者のおかげで、本書はようやく日の目を見ようとしている。どれだけ感謝してもし足りない。

感謝し足りないと言えば、本書を最初から最後まで担当していただいた晃洋書房の井上さんである。井上さんにお会いしてからもう丸八年になろうとしている。この間、実際にお会いしたのはたった一度だけだが、そのときにまだ生煮えもいいところだった本書の構想を熱心に聞いていただいた。井上さんとの出会いがなかったならば、おそらく本書の制作は単なる思いつきだけで終わっていたことだろう。それだけではない。これまで述べてきたように、本書の制作は、予算がないとか翻訳権が取れないとか、様々な理由で何度も何度も中断を余儀なくされた。毎回辛抱強く待ってもらえる井上さんでなければ、間違いなく本書の制作は途中で断念することになっただろう。本書が井上さんのご期待に応える出来になっていることを願うばかりである。

この八年で編者を取り巻く状況は大きく変わった。職場は大阪大学の基礎工学研究科から山口大学の時間学研究所に変わった。本書の制作はどちらの職場でも本来の業務とは多少（多少どころではないかもしれない）ずれており、小山の個人的なプロジェクトという位置付けだったが、非常に協力的だった。深く感謝したい。自宅も大阪から山口に移り、さらに結婚して子どもも産まれた。様々なかたちでそれぞれの立場から支えてくれた家族に感謝したい。

二〇二五年一月

編者　小山　虎

マ　行

ラ　行

タ　行

ナ　行

ハ　行

サ　行

事項索引

ア 行

カ 行

ナ　行

ハ　行

マ　行

ヤ　行

ラ　行

人名索引

ア 行

カ 行

サ 行

タ 行

山根 秀介（やまね しゅうすけ）　――第７章――

京都大学大学院文学研究科博士後期課程修了、博士（文学）
舞鶴工業高等専門学校人文科学部門准教授

主要業績：「ウィリアム・ジェイムズにおける宗教的な経験と実在」（『宗教哲学研究』36、2019年）、「シャルル・ルヌヴィエの反カント主義とウィリアム・ジェイムズ」（『フランス哲学・思想研究』25、2020年）など

米田 翼（よねだ つばさ）　――第８章――

大阪大学大学院人間科学研究科博士後期課程修了、博士（人間科学）
大阪大学大学院人間科学研究科附属未来共創センター助教

主要業績：『生ける物質――アンリ・ベルクソンと生命個体化の思想』（青土社、2022年）、『ベルクソン思想の現在』（共著、書肆侃侃房、2022年）など

雪本 泰司（ゆきもと たいし）　――第10章、第13章翻訳――

大阪大学大学院人間科学研究科博士後期課程在籍中

主要業績：“Truthmaker Monism”（小山虎と共著, *Annals of the Japan Association for Philosophy of Science*, 29, 2020年）、「否定的真理の問題―truthmaker 理論における非全面主義への批判」（『哲学の探究』42, 2015年）など

立花 達也（たちばな たつや）　――第11章、第13章翻訳、第14章翻訳――

大阪大学大学院文学研究科博士後期課程単位取得退学、博士（文学）
大阪大学大学院基礎工学研究科特任助教

主要業績：「部分の優先性と分割不可能性――スピノザ『エチカ』第一部定理一二を中心に」（『哲学』73, 2022年）、“Spinoza on Contemporary Monism: A Further Discussion”（*Annals of the Japan Association for Philosophy of Science*, 29, 2020）など

大畑 浩志（おおはた ひろし）　――第12章――

大阪公立大学大学院文学研究科後期博士課程修了、博士（文学）
大阪公立大学研究員、神戸大学ほかで非常勤講師

主要業績：「量子的対象とは何か――このもの主義的束理論に基づくアプローチ」（『科学基礎論研究』51（１-２）, 2024年）、「なぜ君でなくてはいけないのか――愛の対象の代替不可能性について」（『Contemporary and Applied Philosophy』13, 2021年）など。

ジョナサン・シャファー（Jonathan Schaffer）　――第13章――

ニュージャージー州立ラトガース大学哲学科博士課程修了、Ph.D. in Philosophy
ニュージャージー州立ラトガース大学哲学科特別教授

主要業績：“Monism: The Priority of the Whole”（*Philosophical Review*, 119（１）, 2010年［本書13章］）、“On What Grounds What”（*Metametaphysics*, eds. by D. Chalmers, D. Manley, and R. Wasserman, Ch. 12, 2009年）など

モーエンス・レルケ（Mogens Lærke）　――第14章――

パリ第四（ソルボンヌ）大学哲学科博士課程修了、PhD（Docteur ès Lettres）
CNRS（フランス国立科学研究センター）オックスフォード・フランス研究所（Maison française d'Oxford）主任研究員

主要業績：*Philosophy and Its History*（eds. with J. Smith and E. Schliesser, Oxford University Press, 2013年）、*Leibniz lecteur de Spinoza*（Honoré Champion, 2008年）など

《執筆者紹介》

執筆順、＊は編著者

＊小山 虎（こやま とら）　――まえがき、第９章、第13章翻訳――

大阪大学大学院人間科学研究科博士後期課程修了、博士（人間科学）
山口大学時間学研究所准教授

主要業績：『信頼を考える――リヴァイアサンから人工知能まで――』（編著、勁草書房、2018年）、『知られざるコンピューターの思想史――アメリカン・アイデアリズムから分析哲学へ――』（PLANETS、2022年）など

太田 匡洋（おおた ただひろ）　――第１章、第５章――

京都大学大学院文学研究科博士後期課程修了、博士（文学）
沼津工業高等専門学校准教授

主要業績：『もう一つの19世紀ドイツ哲学史――ポストカントにおける哲学方法論の系譜』（京都大学学術出版会、2022年）、*Confronting the German Idealist Tradition: Jakob Friedrich Fries, the Friesian School and the Neo-Friesian School*（Routledge, 2023年）など

津田 栞里（つだ しおり）　――第２章――

一橋大学大学院社会学研究科博士後期課程修了、博士（社会学）
東洋大学文学部講師

主要業績：『バウムガルテンとスピノザ論争史――18世紀ドイツ哲学再考』（晃洋書房、近刊）、「バウムガルテンの実体論における二重の差異化――伝統的な理論の刷新とスピノザへの応答」（『哲学』73、2022年）など

真田 美沙（さなだ みさ）　――第３章――

ハイデルベルク大学哲学部、博士（哲学）
日本学術振興会特別研究員RPD

主要業績：*Unendlichkeit und Maß: Das Zustandekommen des Aufbaus der Lehre vom Sein in Hegels Wissenschaft der Logik*（Königshausen & Neumann, 2024）、「ヤコービ哲学における学的証明とその労働に関する批判についての考察：ヘーゲルのヤコービ批判の再検証のために」（『ヘーゲル哲学研究』29、2023年）など

三浦 隼暉（みうら じゅんき）　――第４章――

東京大学人文社会系研究科博士課程在籍中

主要業績：「後期ライプニッツの有機体論――機械論との連続性および不連続性の観点から」（『ライプニッツ研究』５, 2018年）、「経験からの要求と実体的紐帯――後期ライプニッツにおける複合実体の問題」『哲学雑誌』135（808）, 2021年）など

伊藤 遼（いとう りょう）　――第６章――

京都大学大学院文学研究科後期博士課程単位取得退学
St Andrews and Stirling Graduate Programme 修了、PhD（Philosophy）
早稲田大学文学学術院准教授

主要業績：「ムーアの実在論と英国哲学史におけるその位置づけ」（染谷昌義・小山虎・齋藤暢人編著『世紀転換期の英米哲学における観念論と実在論――現代哲学のバックグラウンドの研究』第２章、ratik 2024年）、“An Interpretation of the Gray's Elegy Argument”（*Journal for the History of Analytical Philosophy,* 11, 2023年）など

一元論の多様な展開
——近代ドイツ哲学から、世紀転換期の英米哲学を経て、現代の分析哲学まで——

2025年3月30日　初版第1刷発行　　＊定価はカバーに表示してあります

編著者　小　山　　虎©
発行者　萩　原　淳　平
印刷者　河　野　俊一郎

発行所　株式会社　晃　洋　書　房
〒615-0026　京都市右京区西院北矢掛町7番地
電話　075(312)0788番(代)
振替口座　01040-6-32280

装丁　神田昇和　　印刷・製本　西濃印刷㈱
ISBN 978-4-7710-3873-8